KB082049

사랑을 배울 수 있다면

사랑을 이해하는 철학적 가이드북

사랑을 배울 수 있다면

로버트 C. 솔로몬 지음 | 이명호 옮김

우리가 알고 싶은 사랑의 모든 것들

Robert C. Solomon

Reinventing Romance for Our Times

About Love

odos

사랑을 배울 수 있다면

발행일 초판 1쇄 발행 2023년 3월 1일 | **지은이** 로버트 C. 솔로몬 | **옮긴이** 이명호 | **펴낸이** 최현선 |
펴낸곳 오도스 | **주소** 경기도 시흥시 배곧4로 32-28, 206호 (그랜드프라자) | **전화** 070-7818-4108 |
이메일 odospub@daum.net

ISBN 979-11-91552-22-5(03100) |

odos 마음을 살리는 책의 길, 오도스

나의 인내심 많은 스승 캐슬린Kathleen에게

나는 오늘날 사랑이 추상이 되고 있다고 생각합니다.
영혼은 섹스의 한 부서가 되었고, 섹스는 정치의 한 부서가 되었습니다.

우리 사회가 회복되려면 우리는 사랑의 개념을 회복해야 합니다. 그러나 생물학과 현대 과학이 상황을 변화시켰기 때문에 우리는 이전의 플라톤적이며 기독교적인 사랑의 이상으로 돌아갈 수가 없습니다. 시인, 미술가, 음악가, 그리고 상상하는 사람들은 새로운 사랑의 이미지를 찾아야 합니다. 이것이 가장 중요합니다. 이것을 찾지 못하면 인생은 사막이 될 것입니다. 우리는 사랑을 재발명해야 합니다.

— 옥타비오 파스Octavio Paz, 〈뉴스위크〉 인터뷰, 1979년 11월 19일

1994년 초판 서문

이 책은 에세이로서 학술적 연구나 과학적 탐구가 아니라 개인적 시도입니다. 이 책은 실험실의 연구, 사회학적 이론, 도덕적 로비가 아니라 투쟁을 그리고 있습니다. 나는 그럴듯한 언변, 영리함, 귀여움, 과시적인 학술 연구, 광범위한 철학적 논쟁, 그리고 여러 주의를 흐리는 것들을 피하려고 노력했지만 의심할 여지없이 완전히 성공하지는 못했습니다. 그렇지만 나는 내가 이런 익숙한 지지대 없이 발가벗고 있다는 느낌이 든다는 점을 고백합니다. 이 책에서 내가 사랑에 대한 이론을 줄곧 발전시키고 있긴 하지만, 나의 결론 역시 개인적이고 실제적이지 학술적이거나 과학적이지 않습니다. 요컨대 내 논지는, 사랑은 우리가 그것에 대해 이야기하는 것보다 훨씬 더 심오하고 우리 존재에 근본적이라는 것이며, 사랑은 애초의 열정이 강력한 힘으로 폭발하는 것에 의해서 추동되기보다는 우정을 통해 개발될 때가 가장 좋다는 것이며, 사랑은 실제로 우리가 자주 두려워하는 것처럼 시간이 흐르면 약해지기보다는 더 좋아진다는 것입니다. 이 책을 마무리하면서 무엇보다도 내가 이 결론에 도달하기까지 엄청난 지성과 경험과 감정과 잘못된 판단을 소모했다는 데 놀라지 않을 수 없었습니다. 많은 친구와 작가들이 이 책의 아이디어에 기여했지만, 특별히 안젤라 콕스Angela Cox, 베티 수 플라워즈Betty Sue Flowers, 캐롤린 리스토우Carolyn Ristau, 폴 우드러프Paul Woodruff, 수잔 타이슨Susan Tyson, 샤리 스타렛Shari Starrett, 어빙 싱어Irving Singer, 제인 이세이Jane Isay, 필리스 그린Phyllis Green, 이 책의 편집자인 사이먼Simon과 슈스터Schuster, 로리 리스터Laurie Lister와 그녀의 조수 스콧 콘골드Scott Corngold, 그리고 특히 1985년 인문학 세미나에 참여했던 모든 학생들, 지금 어디에 있든 모노톤 사람들이 이 책의 아이디어에 도움을 주었습니다.

2001년 메디슨 북스 서문

사랑, 낭만적인 사랑은 우리 시대를 가장 철저하게 사로잡는 주제 중 하나입니다. 어쩌면 누군가는 이 강박 자체가 우리가 사랑을 너무 미화하고 사랑과 관련하여 우리 자신을 너무 가혹하게 고문해서 성취하거나 실현할 수 없는 혼란스럽고 환상적인 욕구를 만들어냈던 산물이라고 주장할 수도 있겠습니다. 이 주제에 관한 위대한 저자들 가운데 어떤 이들은 사랑을 고통, 일종의 광기, 심지어 치명적인 질병으로 만들었습니다. 그러나 사랑은 현실입니다. 사랑은 고귀한 것이면서 또한 얻을 수 있는 것입니다. 사랑은 가치 있는 것이면서 또한 달성할 수 있는 것입니다. 그러나 사랑을 그토록 모호하게 만든 형이상학적 안개, 오해를 불러일으키는 신화, 위험한 비유를 뚫고 나간 뒤에야 비로소 연애는 이해 가능하고 분별 있으며 행복한 삶과 양립할 수 있는 것으로 드러납니다. 다시 한번 말하지만, 잠시라도 사랑과 연애의 장엄한 열정에서 그 무엇도 빼앗지 않으면서, 우리가 우리의 감정 기록에서 이 한 가지 감정을 다른 어떤 감정들보다 더 높이, 아주 더 높이 끌어올려 왔다는 것이 얼마나 놀라운 일인지 주목해야 합니다.

그럼에도 사랑을 다루고 있는 많은 글들은 지난 3천 년 동안 거의 변하지 않은 채 그대로 남아있습니다. 이로부터 우리는 곤혹스러울 정도로 무비판적이거나 쓰라릴 정도로 냉소적으로 연애편지와 논문과 낭만적인 시를 양산해왔습니다. 우리는 내가 “궤변론자와 조력자”라고 부르는 사람들 중에서 선택을 강요당하고 있습니다. 이들의 사랑 이론은 모호한 추상에서부터 정확히 요점을 알려주는 것들 사이에 걸쳐 있습니다. 요점을 알려주는 것에는, 이를테면 “치약 뚜껑을 닫으라”는 실용적인 조언과 “의사소통” 향상을 위한 초등학교식 가르침이 있는데, 이것들은 간단히 말해 “듣는 방법을 배우십시오!”라는 한 구절을 책 한 권 분량으로 반복하고 있습니다. 참으로 좋은 조언이지만 사랑의 본질과 가치에 대해서는 알려주는 바가 거의 없습니다.

『사랑을 배울 수 있다면』은 모든 감정 중에서 가장 가치 있는 이 감정, 사랑이라는 이 감정의 약속, 기쁨, 실망, 위험에 관한 개인적 탐구입니다. 우리는 어떻게 사랑을 “발견”하는가? 아니 사랑은 우리가 창조하는 것인가? 우리가 때때로 사랑을 발견하고, 사랑을 인정하고, 사랑을 적절하게 표현하는 것이 어려운 이유는 무엇인가? 왜 사랑은 잘못되고 우리는 잘못된 상대를 선택하는가? 우리 사회에서 사랑은 종종 젊은 날의 성적 열정에 지나지 않는 것으로 취급되지만, 이런 생각과 그 못지않게 유해한 수많은 사랑의 신화들이 성숙한 사랑을 어렵게 만듭니다. 우리가 사랑의 본성을 잘못 이해하고 있기 때문입니다.

나는 사랑을 그렇게 모호하게 만든 형이상학적 안개, 오해를 불러일으키는 신화, 위험한 비유를 뚫고 나가 길을 내면서 연애가 이해 가능하고 분별력 있으며 행복한 삶과 양립할 수 있다는 것을 보여주고 싶습니다. 사랑은 물론 "자연적"입니다. 이 말은 사랑이 생물학적 특성을 따른다는 말입니다. 그러나 사랑은 또한 사회적 구성이자 개인의 책임이기도 합니다. 이 책에서 나의 주요 논지는 사랑은 세대마다 개개 커플에 의해 발명되고 재발명되어야 한다는 것입니다.

우리 대부분은 사랑 없이는 "불완전하다"고 느낍니다. 단순히 사랑받는 것이 아니라 영혼에 더 중요한 것은 진정으로 사랑하는 것입니다. 이것은 고대로 돌아가는 주제, 플라톤이 『향연』에서 아리스토파네스의 입을 빌어 표현한 것으로 가장 유명한 주제입니다. 여기서 사랑은 그렇지 않다면 불완전했을 영혼의 두 반쪽이 "완성"되는 것으로 이해됩니다. 이 책에서 나는 이 매혹적인 우화를 설명하고자 합니다. 나는 독립적이고 자율적인 개인으로서 우리 각자가 다른 사람과 더불어 또 다른 사람을 통해 자신을 완성시키고자 한다는 의미, 보다 축자적으로 말해 자신을 재정의하고자 한다는 의미를 설명하고자 합니다.

우리는 우리 자신을 재규정하면서 또한 사랑이 무엇인지를 재규정하고, 그와 더불어 우리가 친밀감, 충실성, 성적 매력과 만족 같은 중요한 개념들을 어떻게 이해해야 하는지를 재규정합니다. 요컨대 이 책은 (커플과 공동체 안에 있는) 한 개인으로서, 그리고 점점 더 다양해지고 빠르게 발전하고 있는 문화의 일부로서 "우리 시대를 위해 연애를 재발명"하는 것에 관해 이야기하고 있습니다.

나는 사랑의 성공을 촉진시키는 처방책을 약속하지는 않지만, 내가 말하는 것이 (당연히) 철학적이라고 해서 너무 추상적으로 들리지 않기를 바랍니다. 내가 굳게 믿는 이 책의 전제前提 중 하나는 우리가 "사랑"이라고 부르는 것이 우리의 생물학만이 아니라 우리의 사회학과 우리의 관념에 기반을 두고 있다는 것입니다. 우리가 사랑에 대해 믿는 것은 우리가 사랑하는 방식, 또는 슬프게도 사랑하거나 잘 사랑하지 못하는 무능력이나 실패와 관련이 많다는 것이 나의 주장입니다. 겸손하게 말해서, 이 책은 우리의 가장 생생한 감정 중 하나를 이해하려는 철학적 노력입니다. 뻔뻔스럽게 이야기하자면, 나는 이 책에서 나의 목적은 삶을 바꾸는 것이라고 주장합니다.

이 책이 처음 출판된 뒤 지난 10년 동안 나는 수많은 사람으로부터 삶을 바꾸었다는 이야기를 듣고 무척 기뻤습니다. 또한 이 책이 결혼과 관계를 다루는 전국의 수많은 유용한 워크숍 속으로 들어갔다는 소식을 듣고 기뻤습니다. 이것이 내가 바랐던 바이고, 이 책이 다시 한번 새로운 모습으로 현현顯顯되는 것이야말로 지금 내가 바라는 바입니다.

2000년 9월

텍사스주 오스틴에서

로버트 C. 솔로몬

목차

1장.
불가해한 감정

2장.
(사랑에 대해) 잘못된 생각 바로잡기

3장.
사랑에 빠지기

4장.
사랑에 있어서 자아

5장.

사랑의 동역학動力學 : 사랑을 지속하기

옮긴이 후기

서론

사랑을 재발명하기

사랑을 재발명하기

오직 한 가지 심각한 문제가 존재한다.

그것은 다름 아닌 (…) 어떻게 사랑을 지속할 것인가이다.

— 톰 로빈스, 『딱따구리가 있는 정물화』

이 책은 사랑—낭만적 사랑에 관한 책이다. 사랑은 많이 예찬되고, 종종 조소와 비판을 받으며, 사람들이 절박하게 찾고 갈망하지만, — 결과적으로—많이 오해받고 있는 감정이다. 생각과 기대의 수준에서 일어나는 오해는 실제 행동에서는 실망과 비극을 낳는다. 우리는 사랑에 관해 역설적인 견해를 키워왔고, 그 결과 지속하는 사랑은 모호하고 힘들며, 심지어 미스터리라고 생각한다. 그러나 우리는 덧없는 경험일 수밖에 없는 방식으로 사랑을 **정의**하면서, 왜 사랑이 지속되지 않는지—가끔은 아주 쓰라리게—의아해한다. 우리는 사랑을 "느낌"이라고 주장하면서 느낌처럼 덧없는 것이 거품처럼 사라진다고 불평한다. 우리는 사랑을 열정이라고 말하면서 그렇게 열정적인 것이 사라진다고 실망한다. 우리는 연애를 새로운 것이라고 생각하면서도 새로운 것은 결국 낡는다고 반대한다. 우리는 “젊은 사랑”을 찬양하면서 왜 우리가 나이들어서 하는 사랑에는 곤란을 겪는지 의아해한다. 이와 함께 우리는 사랑을 지속하는 일은 불가능에 가깝다는 식으로 사랑을 이상화한다. 이를테면 사랑보다 자아와 더 많이 연관되는 감정은 사실상 존재하지 않는데도 우리는 사랑이 온전히 이타적이어야 한다고 배운다. 또한 사랑에서 우리를 매혹시키는 가치와 사랑을 움직이는 덕성 사이에는 실질적인 갈등이 존재하며, 이 갈등은 지속할 수 있는 사랑과는 상충相衝하는 연애와 낭만적 매혹의 이미지로 이어진다. 가장 나쁜 것은 사랑이란 역사를 통틀어 발명되고 재발명되는 것임에도 우리는 사랑이 영원하다고 배운다는 사실이다. 그리하여 실제로 사랑은 언제나 열린 질문이며 개인적 책임의 문제이지만, 우리는 사랑이 진정으로 발견되기만 하면 사실상 보증된다고 생각한다.

어떻게 사랑을 지속할 수 있을까? 사랑은 시간이 걸릴 뿐 아니라 미래로 나아가 자신의 토대를 세우는 감정적 과정이라는 것이 이 책의 주제이다. 사랑은 일시적인 느낌이나 열정이 아니며, 최초의 끌림과 젊은 첫사랑이라는 한정된 용어로 생각되어서도 안 된다. 또한 사랑을 과도하게 길들이거나 이상화해서도 안 된다. 사랑이 지속되지 않는 것은 우리가 사랑을 오해하고, 사랑에 관심을 잃고, 사랑을 당연한 것으로 여기거나 직업적 커리어career와 반복되는 일상으로 사랑을 질식시키기 때문이다. 사랑은 사랑이 자신을 중요한 것으로 인정할 때, 사랑이 자신의 어려움에 직면할 때, 사랑이 열정이 아니라 과정으로 자신을 이해할 때 지속된다. 이 책은 어떻게 사랑이 지속되는가를 다루는 책이지만, 무엇보다 먼저 사랑이 무엇인가를 다루지 않을 수 없다.

사랑은 우리 대부분이 마주했거나 마주하게 될 가장 환희에 찬—또한 종종 가장 고통스럽고 파괴적인—경험이다. 사랑은 오랫동안 종교적 경험으로 여겨졌는데, 이런 생각은 어느 정도 일리가 있다. 그러나 진정한 사랑의 본질은 진정한 종교의 본질만큼이나 다루기 힘들고 신학적인 문제가 되어 버렸다. 플라톤이 "에로스"라고 불리는 범박泛博한 가정의 신을 신적인 위상으로 격상시키고 그것을 일반적인 인간의 사랑과 확연히 구별한 다음부터 사랑에 대한 과도한 이상화와 성관계 및 그 변형 형태에 대해 보다 덜 천상적이고 더 평범한 사실 사이에는 해소할 수 없는 긴장이 존재해왔다. 사랑은 너무 자주 "신적인" 것으로 찬양되어 왔으며, 사랑의 화려한 측면은 인간의 욕망과 감정의 한계를 넘어서는—무한히 넘어서는 것이 아니라면—용어들로 설명되어왔다. 오늘날 우리가 사랑에 대해 갖고 있는 생각은 현실주의와 이상주의 사이에서, 자연스럽고 일상적인 사랑의 효용성과 "진정한 사랑"의 희소성과 어려움 사이에서 분열되어 있다. 우리는 기적을 원하고 기적을 당연한 것으로 기대한다.

그리고 기적은 항상 일어난다. 미국에서만 매일 밤 6천 명의 10대들이 새롭게 사랑의 행위—아직 사랑의 기술이 아니라면—속으로 입문한다. 미국에서만 매일 6천 명이 이혼하고, 6천 개의 사랑이 법적으로 종료된다. (이 수치는 톰 파커Tom Parker의 『하루 만에』에 나온다.) 이 수치는 사랑과 이혼의 상관 관계를 보여주는 통계이다. 이 수치는 우리를 놀라게 하지 않을 수 없다. 이 두 수치는 선거 여론조사와 성공 타율이라는, 진리를 파악하는 20세기 고유의 통계적 언어로 사태를 정확히 맞추고 있다. 우리가 놀라는 것은 사랑의 신비가 아니라 그 낯익음이며, 사랑이 압도적으로 보여주는 범속함이다. 사랑은 이따금 등장하는 로미오와 줄리엣을 강타하는 희귀한 감정이 아니다. 사랑은 수백만 명의 사람들이 공유하는 느낌이다. 다행스럽게도 이들 현대판 로미오와 줄리엣의 가족은 그렇게 불운하지 않으며, 이들의 사랑도 비극적이라기보다는 안락하고 희극적이다. 아이로니컬하게도 사랑을 갈구하고 사랑을 지속하는 일에 가장 많이 곤란을 겪는 이들은 사랑에 가장 적합하고, 사랑에 대해 가장 사려 깊고 양심적인 생각을 갖고 있으며, 인생 전반에서 가장 성공한 사람들인 것 같다.

우리의 당면 문제와 역설은 우리가 사랑에 집착하면서 사랑이란 무엇인가에 대한 지식을 잃어버렸을 뿐 아니라, 사랑이 어떤 것이어야 하는지를 더이상 성찰하지 않게 되었다는 것이다. 행복과 마찬가지로 사랑은 사랑을 너무 압박하지 않는 사람들, 사랑에 너무 많은 기대를 하지 않는 사람들, 안달복달하며 사랑을 들여다보려고 하지 않는 사람들에게 더 쉽게 다가온다. 우리는 사랑이 시작되는 순간에 너무 많은 것들을 쑤셔넣고, 우리가 실망할 수밖에 없는 "진짜"를 너무 많이 요구한다. 우리는 사랑에 빠진다. 몇 주 후에 (혹은 몇 년 뒤에) 사랑이 끝난다고 할지라도 우리가 사랑에 빠졌다는 사실은 사랑이 가능하다는 증거—이를테면 환희, 진심 어린 헌신, 서로가 공유하는 흥분과 신뢰, 누군가와 진정으로 나누는 경이로움 같은 것—를 마련해준다. 그러나 너무나 자주 사랑은 오래 지속되지 않는다. 이보다 훨씬 더 자주 사랑은 시작되지도 않는다. 그에 따라 우리는 당연히 실망하고 환멸과 비통함에 빠진다. 우리는 배반의 감정과 함께 사랑 자체가 환영이고 환상일 뿐이며, 사랑은 선동이거나 장치이거나 음모라고 서둘러 결론 짓는다. 이런 결론보다 이데올로기적으로 더 유행하고 더 파괴적인 것은 사랑은 괜찮지만, 남자와 여자는 괜찮지 않다고 결론짓는 것이다. 이런 식의 대응은 지혜의 수준으로 들어올려진 좌절이자, 정치성의 수준으로 격상된 유아적 분노이다. 그러나 이런 식의 비난을 계속할 수는 없다. 몇 주나 몇 달이 지나면 우리는 다시 사랑을 갈구하고 사랑을 찾는다. 우리는 무엇을 찾고 무엇을 갈망하는가? 우리가 찾으라고 배웠던 것이 정말 우리가 찾아야 할 것인가? 이렇게 말한다고 해서 모든 사람이 받아들여야 할 권위 있는 사랑 개념이 존재한다고 주장하는 것은 아니다. 아니 그 반대로 나는 사랑은 사적이고 개인적이며, 그에 따라 우리 각자는 자신의 욕구와 환경에 맞게 사랑을 재발명하는 일에 기여해야 한다고 제안한다.

'환희에 가득차고 경외감을 불러일으키는 낭만적 연애와 안정되고 행복한 결혼 중 어느 것이 나은가?'와 같은 질문에 최종적인 해답을 내놓을 수는 없다. 언쟁하는 커플, 사랑을 돌려받기보다는 짝사랑을 더 좋아하는 낭만주의자, 다른 방식으로는 해결하지 못할 관계를 유지하기 위해 섹스를 이용하는 커플, 흥분과 성적 열정보다 고요함과 정숙함을 더 좋아하는 커플을 비난할 독단적인 이유는 없다. 내가 이 책에서 하고자 하는 바는 이런 다양한 형태의 사랑이 가능할 뿐 아니라 이런 형태들이 나타날 수밖에 없는 요인과 심층구조를 탐구하는 것이다.

이 책의 중심 주제는 사랑이란 본질적으로 관념의 문제라는 것이다. 소설가 로리 콜윈Laurie Colwin이 썼듯이, 사랑은 예술처럼, 학문처럼, 건축처럼 인간의 천재성이 만들어낸 경이로운 산물이다. 사랑은 리비도가 촉발되면서 시작되지만, 사랑의 목표가 되고 사랑을 이끌고 규정하는 구조는 리비도적이지 않고 관념적이다. 욕망은 자연스러울 수 있지만(혹은 자연스럽지 않을 수 있지만), 우리가 **누구를 어떻게** 욕망하는가는 문화와 문화적 관념을 통해 계발되고 상상된다. 그러나 좋은 관념도 있고 나쁜 관념도 있으며, 창조적인 관념도 있고 자기파괴적 관념도 있고, 모호한 관념도 있고 명징한 관념도 있다. 또한 무엇을 찾아야 할지 알려주는 관념이 있고 우리의 길 찾기를 불가능하게 만드는 관념도 있다. 이 모든 관념들이 사랑 속으로 들어온다. 이를테면 나쁜 관념 하나를 들자면 사랑은 느낌이라는 생각이다. 이것은 사랑을 중대한 행동이 요구되고 주의와 노력이 필요한 복잡한 감정적 과정이 아니라 부지불식간不知不識間에 우리를 강타하고, 우리가 기다리거나 찾아야 하는 느낌이라고 본다. 사랑에 대한 또 다른 나쁜 관념을 들자면, 사랑은 서로 나뉘는 두 부분, 즉 서로를 흥분시키는 낭만적인 전반부와 이 전반부를 진행시키는 후반부—이것은 "나중에 행복하게 잘 살았다"라는 약속을 통해 전반부 안에 숨겨져 있다—로 나뉜다는 터무니없는 생각이다. 이 나쁜 생각은 사랑을 근본적으로 시간이 흐르면 자연스럽게 소진되는 일시적인 경험인 것처럼 바라보면서 "어떻게 사랑을 지속시킬 것인가"라는 골치 아픈 문제를 제기한다. 그러나 지속하는 사랑을 "진짜"가 아니라 애초의 열정에서 남은 찌꺼기이자 잔여물로 바라보는 생각은 과연 올바른가? 근대적 방종이라는 사치 속에서만 "사랑에 빠지기falling in love"—이는 "사랑에 빠져 있기being in love"와 대립된다—가 확실하게 관심을 끌 수 있다. 그러나 적절치 않은 이론(스캇 펙Scott Peck의 "유아적 퇴행")과 추악한 언어(도로시 타노브Dorothy Tannov의 "조증")로 애초의 열정을 부정하는 것 역시 사랑을 이해하는 데 도움이 되지 않는다. 진실을 말하자면, 모든 이야기에는 시작이 필요하다는 단순한 의미를 제외하고서는 사랑을 두 부분으로 나누어서는 안 된다.

사랑이 처음부터 갑작스럽게 우리에게 들이닥친다는 생각은 근대적 오해와 우리의 악명 높은 성급함이 빚어낸 산물이다. 사랑을 하려면 시간이 걸린다는 생각은 우리에게는 끔찍한 저주와 같다. 이런 생각은 우리의 바쁜 스케줄과도 맞지 않는다. 사랑하지 않는 사람과 수년 동안 시간을 보낼 수 있다는 생각은 비극적으로 보인다. (조지 거슈윈George Gershwin의 노래 "이런 상태가 얼마나 계속되어야 하는가"를 생각해 보라.) 누군가를 사랑하려면 세월이 흘러 어른이 되어야 한다는 생각은 오늘날의 우리에게는 야만적으로 보인다. 이런 생각은 우리 조상들이 살았던 중매결혼 시절로 퇴행하는 것처럼 느껴진다. 이와 비슷하게, 우리는 멋지게 치장하고 제때 제대로 된 장소에 나타나는 것을 빼고 나면 사실상 사랑을 위해 아무 일도 하지 않으면서 사랑을 기대한다. ("하지만 제대로 된 장소는 대체 어디에 있는가?") 우리는 우리 자신의 인생에서는 매사에 책임감과 자부심을 느끼면서, 사랑 문제에 이르면 사랑이란 그저 발견하거나 그 안으로 걸어 들어가는 것이 아니라 선택의 문제라는 사실을 애써 부정하고 싶어한다. 우리가 자랑스럽게 생각하는 독립적인 삶에서, 우리는 우리가 선택하는 것들이 파트너나 느낌, 관계, 성공을 꾸며주는 장식물만이 아니라 우리 자신의 삶이라는 점을 부정한다. 그 삶은 공유된 삶이자 변화된 삶이며, 우리가 아무리 독립적이라 할지라도 타인과 불가불不可不 얽혀 있고 타인에게 의존하는 삶이다. 우리는 사랑에는 시간이 걸린다는 생각, 사랑은 일회적 경험이 아니라 과정이라는 생각, 사랑은 이미 만들어져 있어 찾아서 즐기기만 하면 되는 게 아니라는 생각을 잃어버렸다. 다이아몬드를 찾으려면 다이아몬드 광산을 찾아가는 게 맞다. 그러나 당신이 당신에게 맞게 자르고 다듬고 세공한 원석을 찾으려면 다이아몬드 광산은 맞지 않는 곳이다.

궤변론자들과 조력자들

우리는 성찰할 수 없는 것을 성찰하려고 할 것이며,
알 수 없는 것을 알려고 할 것이다.
사랑은 너무도 광대하고 심오해서 인간의 언어로는
진정으로 이해하거나 측정하거나 한정할 수 없다.
사랑은 미스터리이다.
— M. 스캇 펙, 『아직도 가야 할 길』

사랑은 왜 이렇게 미스터리로 보이는가? 우리는 오랫동안 이런 식으로 사랑을 설명해왔던 사람들, 이렇게 모호하게 사랑의 찬가를 읊어 왔거나 사랑을 거대한 감정 관리의 문제이자 가정 관리학으로 축소시켜온 사람들에게 어느 정도 비난을 돌려야 할 것이다. 나는 이런 이론가들을 궤변론자와 조력자라고 부른다. 이들은 사랑을 진흙탕으로 만들어버렸다. 궤변론자들은 비판적 사유를 신성한 존경과 뒤섞으며, 사랑—지극히 평범한 일상적인 성적 사랑—을 헛된 약속과 오만하고 덧없는 감수성의 허황된 전시 뒤에 숨긴다. 궤변론자들은 사랑이 얼마나 멋진 것인가에 대해서는 말하지만, 사랑이 무엇인가에 대해서는 말하지 않는다. 이들은 진정한 사랑이란 얼마나 희귀한 것인지 말하지만, 사랑에 대한 진실, 즉 사랑이란 실제로 아주 평범하고, 우주적인 것에 미치지 못하며, 삶의 비참함과 세상만사를 해결하는 만능해결사가 아니라는 점은 말하지 않는다. 궤변론자들이 말하는 것은 교훈적인 사기이다.

사랑 그 자체는 무한히 좋은 것이고 사랑에 문제나 복잡한 사안이 있다면, 그것은 부분적으로 사랑의 구조 자체에서 생기는 것이 아니라 불완전하고 미숙하고 부적절한 사랑의 증표라고 주장하는 것이 이 궤변론자들의 전형적 특징이다. 이는 사랑에 대한 모멸적인 견해로서 플라톤만큼이나 오래된 것이다. 이런 생각은 오랫동안 종교적 사랑(아가페)과 평범한 성적 사랑(에로스) 사이에서 혼선을 겪으며 엄청나게 커졌다. 말할 필요도 없이 성적 사랑은 종교적 사랑과 대비되면서 큰 시련을 겪었다. 아이러니하게도 성적 사랑을 비하하는 이런 전통의 계승자들은 현재의 정신과 의사들이다. 이들은 인생의 해답은 사랑에 있다는 확신을 심어주는 것으로 시작하지만, 곧이어 우리가 너무 이기적이고, 너무 나르시시즘적이며, 너무 미성숙하고 섹스에 사로잡혀 있어서 사랑을 실천하지 못하고 있다고 비난한다. 이를테면 우리는 롤로 메이Rollo May와 프롬Erich Fromm 박사를 생각해볼 수 있고, 최근의 인물로는 펙Scott Peck 박사와 게일린Gaylin 박사를 생각해볼 수 있다. 이들은 우리가 사랑에서 부딪치는 문제들을 "신경증적"이라고 진단하면서, 자기네가 사랑과 섹스의 현대적 분리라고 (잘못) 주장하는 것을 공격하고, 성적 사랑을 부모애나 가족애와 뒤섞어 버리며, 프로이트에게 치명적으로 기대는 문제점을 노정露呈한다. (하지만 성에 대한 프로이트의 생각은 전혀 교훈적이지 않다.) 자신들이 따르는 중세의 사제들처럼, 오늘날 사랑의 현자들은 우리가 행하는 나날의 일상적인 성적 사랑을 비하하면서 이 사랑을 비현실적이고 추상적인 이상과 대비시킨다. 이런 이상적 사랑에 다가갈 수 있는 존재는 신이거나 베스트셀러 정신과 의사뿐인 것 같다. 그러나 이제 사랑을 도덕화하고 임상적 용어로 사랑을 의료화하는 경향을 넘어설 때가 되었다. 우리는 사랑을 경시하는 사회가 아니라 사랑을 발명해온 사회이다. 우리는 최초로 사랑과 섹스를 분리해온 사회가 아니라 사랑과 섹스를 결합하려고 노력해온 사회이다. 사랑을 바라보는 우리의 생각이 잘못된 것이 아니라 사랑 자체가 이상적이며 손에 잡히지 않는 것이라고 거들먹거리며 핑계를 대는 것이 잘못이다. 우리는 사랑을 재발명하고 있는데, 궤변론자들의 도덕주의적 언사는 이 과제를 명징하게 보여주지 않고 모호하게 흐린다.

이와 대조적으로 조력자들은 사랑을 일련의 기술로, 즉 협상하고, 감정을 표현하고, 자신이 원하는 바를 요구하고, 가사노동을 나누고, 함께 시간을 짜고, 성적 충돌을 해결하는 스킬로 바꾼다. 우리는 한편으로 궤변론자들의 설교를 들으며 우리 자신을 교화하려고 하면서, 다른 한편으로는 그에 못지않게 우리를 멍청하게 만드는 조력자들의 조언을 받아들인다. 궤변론자들이 사랑을 신비롭게 만든다면, 조력자들은 사랑에 관한 생각을 표피적으로 만든다. 조력자들에게 사랑은 지극히 단순한 것, 이를테면 새 일자리처럼 얻을 수 있는 상품이거나 우리를 돋보이게 해주는 패션 스타일 같은 것이다. 우리는 상담과 "커뮤니케이션"과 게임을 통해 사랑을 얻고 유지할 수 있다. 조력자들은 "감정의 쓰레기통" "아티초크 테스트" "관계의 공동조정"—이런 말들은 모두 『사랑을 성공시키는 법Making Love Work Out, Wander and Fabian』에 나오는 것들이다—같은 귀여운 제목이 붙여진 연습문제와 조립식 말 나누기를 쏟아붓는다. 월간 잡지들은 조력자들이 좋아하는 지면을—"당신이 진짜 원하는 것을 그 사람에게 말하는 법" "결혼의 불꽃을 유지하는 법"—제공한다. 연인을 사로잡고 지킬 신기술을 찾는 수요는 무한하다. 우리의 내밀한 자기 인식의 불확실성은—"당신은 얼마나 괜찮은 연인인가?" "당신은 사랑하고 있는가?" "자신의 사랑을 확인할 수 있는 열 가지 방법" 등등—절박해 보인다. 궤변론자들이 우리의 이상주의를 이용한다면, 조력자들은 우리의 불안을 이용한다. 그러나 이렇게 되면서 사랑은 그저 또 하나의 기술이자 업적으로, 은밀한 규칙은 있지만 승리 전략은 이미 검증된 게임으로 전락한다.

조력자들에게 사랑은 "유용"하다. 사랑은 고독을 피하고, 가정을 꾸리고, 규칙적으로 제공되는 믿을 만한 성적 만족을 보장해주고, 타인에게 헌신할 때 어쩔 수 없이 생기는 억압을 극복하는 데 유용하다. 최근 아주 진지한 어느 잡지 편집장이 말했듯이, 사랑은 쾌락을 즐기는 또 하나의 방식일 뿐이다. 사랑은 어리석거나 무책임한 행동의 변명거리로 ("사랑에 미쳐서") 활용되거나, 이미 확고한 패턴으로 자리잡은 보람 없는 결혼생활과 커리어를 망치는 핑계거리로 쓰일 수 있다. 가장 나쁜 것은 사랑과 "관계"를 혼동하는 것이다. "관계"의 진부함은 이 말의 공허함 속에 투영되어 있다. "관계"의 피상성은 단지 언어적 문제만이 아니다. "관계" 자체가 피상적이다. 다시 말해, 관계는 별개로 존재하는 자기 고립적인 두 실체를 다소 안정감 있게 병치竝置시켜 놓은 것이다. 그에 반해 사랑은 폭발적 융합이다. 이 폭탄의 부속물들이 "관계"에 불과한 것을 메워주지는 않는다.

오늘날 조력자들이 사랑을 고양시키며 모호하게 흐리는 현상은 사랑을 축소하고 비하하는 관념들의 이면裏面이라고 파악하는 것이 중요하다. 내가 사랑은 완전히 일상적이며 희귀한 현상이 아니라고 말한다고 해서, 사랑이 인생을 잘 꾸려나가기 위해 구매하는 또 하나의 상품이라거나, 특정 욕망과 추구를 만족시키고 성취하는 것이라고 말하는 것은 아니다. 사랑의 속물적 축소는 속물적 확장을 불러온다. 그리하여 우리는 사랑은 이따금 어리석고 치명적이지 않고 언제나 훌륭한 것처럼, 혹은 사랑의 미덕은 영혼의 들뜸과 난폭함이 아니라 "달콤함"과 "고요함"인 것처럼, 위험의 조짐은 드러내지 않으면서도 멋지게 사랑을 예찬하는 수많은 언사言辭를 보게 된다. 사랑을 "신적"이라거나 "해답"이라고 부르는 것은 언제나 멋지고 훌륭하고 시적이기까지 하다. 그러나 사랑이 추상화되고 이상화되면 될수록, 우리는 열정과 일상적 두려움과 욕망과 희망과 기대의 현실과 만나지 못한다. 이상적인 사랑은 더 "진실된" 것이 아니라 어떤 진실된 인간적인 감정과도 연결되지 않은 공허한 것일 뿐이다.

사랑의 이론

사랑을 견고하게 바라보는 것이 사랑에 대해 냉소적이거나 사랑을 반대하는 것은 아니다. 사랑의 이론이 패배주의적일 필요는 없다. 사랑은 환상적이고 모호하며 애써 노력할 만한 가치가 없는 것이라고 말하거나 제안할 필요는 없다. 하지만 진실은 우리가 사랑에 대해 말하고 믿는 많은 것들이 실상 쓰레기에 불과하다는 것이다. 그것은 낭만적 쓰레기가 아니라 우리의 감정을 가로막고 우스꽝스럽게 만드는 쓰레기이다. 그러나 실제로 낭만적 사랑은 종종 잘못된 이론 때문에 잘못 인도되어 우스꽝스럽게 보이긴 하지만, 매우 지적이고 통찰력이 있다. 사랑은 멍청한 느낌이나 텅 빈 추상이 아니다. 사랑은 특정한 유형의 통찰이며, 열정에 의해 촉발되지만, 애정이 초점을 맞추는 일련의 과정이다. 우리가 감정이 보여주는 심오한 통찰을 부인하지 않는다면, 종종 "맹목적"이고 유치하고 기만적이고 가식적인 것들이 우리가 "합리reason"라고 찬양하는 것—우리가 우리의 감정에 제시하는 심오한 합리화—이다. 파스칼의 말을 부연 설명하자면, 우리의 마음에는 이성이 너무 어리석어—혹은 너무 오만해서—인정하지 못하는 나름의 합리가 있다.

합리가—가장 비합리적으로—우리에게 말해주는 것은 우리 각자는 자기 고립적이며 자기 규정적인 개인이라는 것이다. 우리의 철학은 이 생각을 전제하고, 우리의 개인주의적 자부심은 이 생각을 지지하며, 우리의 정신과 의사들은 이 생각을 보증한다. 그러나 진실은 자아는 다른 사람들과 함께 다른 사람들을 통해서 상호 규정되는 사회적 구성물이라는 것이다. 이것이 사실이라면, 사랑은 별개의 고립된 자아들의 신비한 "결합"이 아니라 상호 규정된 자아의 창조를 보여주는 사례라 할 수 있다. 궁극적으로 우리가 누구를 어떻게 사랑하는가가 우리 자신을 규정한다. 사랑의 이론은 우리가 어떻게 우리 자신이 되는가를 말해주어야 한다. 그러므로 사랑의 이론은 무엇보다 먼저 자아의 이론이다. 여기서 자아는 **공유된 자아**, 두 사람에 의해 정의되고 소유되는 자아이다. 사랑의 이론이 해서는 안 될 것은 "이타성 selflessness"이라는 개념의 안갯속에 빠져 우리가 우리 자신을 시야에서 놓치게 만들거나 사랑의 디테일에 불과한 것들로 우리의 시선을 돌리게 만드는 것이다.

내가 이 책에서 사유하고 싶은 이론은 아주 오래된 것으로서 적어도 플라톤과 그의 동시대 친구들에게까지 거슬러 올라간다. 그것은 사랑을 두 영혼의 "융합" 혹은 "결합"으로 보는 형이상학적 관점이다. 이 생각은 기독교와 낭만주의 철학에 상당히 스며들어 있다. 그러나 이 견해를 보여주는 고전적 진술은 플라톤의 위대한 대화록『향연』에 등장하는 극작가 아리스토파네스의 연설에서 찾을 수 있다. 이 대화에서 아리스토파네스는 사랑이란 공유된 자아—정체성, 우리 각자가 자신의 나머지 반쪽을 찾으려는 절절한 필생의 노력이라고 제안한다. 희극작가인 아리스토파네스는 이런 생각을 희극적으로 말한다. 즉 우리 모두는 한때 두 겹으로 된 존재였는데, 너무 오만(고대의 휴부리스 hubris)해서 제우스가 우리를 "사과처럼" 둘로 싹둑 잘랐다는 것이다. 그때 이후로 우리는 우리 자신을 다시 완전한 존재로 만들고 싶어한다는 것이 아리스토파네스가 내린 결론이다. 이 이야기의 내용은 터무니없지만, 그 결론은 심오하다. 이 책의 목적이 바로 이 결론을 이해하는 것이다. 이 책은 두 영혼의 결합을 형이상학적으로 이해하는 것이 아니라 축자적으로 이해함으로써 사랑에서 새로운 의미를 끌어내고자 한다.

이런 해석의 핵심을 이루는 것이 바로 사랑은 근본적으로 타인을 통해 자신의 자아를 재정의하는 경험이라는 생각이다. 우리는 낭만적 사랑의 발명이 이 오래된 비유를 계승했지만, 개인, 성, 결혼, 가족, 자아의 인격적 특성, 사생활과 관련된 매우 근대적인 관념을 전제한다는 점에 주목해야 한다. 간단히 말해, 낭만적 사랑은 근대의 발명품으로서 불과 몇 세기 전 세계 일부 지역에서만 찾을 수 있다. 물론 이런 주장에 명백히 예외가 되는 사례들, 근대적이지 않은 낭만적 사랑의 예들도 분명 존재한다. 예를 들어, 오래전 성경에 나오는 시절 솔로몬의 영혼보다 더 낭만적인 감수성을 찾기란 힘들다. 그러나 한두 예외적 개인들이 (전형적으로 왕과 왕비나 높은 특권을 지닌 사람들) 보여주는 드문 감정이 일반적인 관념을 가리킬 수는 없다. 이런 예외들은 규칙이 존재함을 증명한다. 낭만적 사랑은 자율적인 두 개인, 과거에는 왕과 왕비만 누렸지만, 지금은 우리가 당연한 것으로 여기는 인상적인 선택의 자유, 결혼의 사회경제적 요구 및 가족에 대한 고려와는 별개로 여유롭게 사랑을 즐길 수 있는 자유를 전제하는 감정이다. (이런 오래된 옛날 연애들은 종종 비극의 주제이거나, 그렇지 않을 경우 최소한 희극과 비난의 주제였다는 점을 지적할 필요가 있겠다.) 다른 한 편, 성적 끌림과 애착과 애정을 모두 사랑이라고 쉽게 전제해서는 안 된다. 섹스는 모든 문화에 고유하게 나타나는 것이지만, 성적 열정은 사랑에 미치지 못하는 것이다. 특정 문화가 사랑을 발명했다고 주상할 때, 나는 그 문화가 섹스를 발명했다고 말하는 것이 아니다. 오히려 그 문화는 상이相異한 일련의 생각과 관념을 전제하면서 섹스에 대해 매우 특별한 의미를 발명했다. 또 내가 사랑을 재발명해야 한다고 말할 때, 사랑에 미리 주어진 요소나 감정이 없다고 말하는 것은 아니다. 또 사랑은 누구나 자신이 원하는 대로 만들 수 있다고 말하는 것이 아니며, 우리가 우리 자신을 발견하지만, 우리 자신이 발명하지 않았던 역사적, 개념적, 감정적 맥락으로부터 우리 자신을 분리해낼 수 있다고 말하는 것도 아니다. 우리들 각자가, 혹은 개개 커플들이 사랑에 관한 생각을 발명하지는 않는다. 물론 사랑 관념에는 여러 변형들과 중요한 결정들이 존재한다. (가장 중요한 결정은 상대를 선택하는 것이다.) 그럼에도 이러한 변형과 결정이 일어날 수 있는 특정 맥락과 확립된 개념들은 분명 존재한다.

무엇보다도, 내가 여기서 기술하는 사실상 모든 개념들은 항구적 긴장 상태에 있다는 점—보다 적절히 말하자면 **변증법**을 이루고 있다는 점—을 분명히 해야 한다. 그런데, 이런 긴장 상태에서 어느 한 주장은 다른 주장이 당기는 힘에 맞설 경우에만 의미를 지닌다. 그러므로 나의 가장 핵심적인 주장, 즉 사랑은 타인과 더불어 타인을 통해 자신을 다시 상상하는 경험이라는 주장은 낭만적 사랑의 전제인 개인의 정체성과 자율성의 중요성에 대한 인정과 균형이 맞춰져야 한다. 사랑이라는 강력한 감정과 익숙한 흥분을 낳는 것이 바로 이 변증법이다. 내 생각에, 맥스웰Maxwell은 그저 코일을 끼워 넣는 것이 아니라 코일을 통해 일어나는 자력의 운동 때문에 전기가 발생한다는 것을 발견함으로써 발전기를 발명했다. 지금 우리가 다루는 주제와 좀 더 가까운 문제로 이야기하자면, 섹스의 흥분과 환희가 일어나는 것은 피부와 피부가 서로 부딪치거나 압력을 가하기 때문이 아니라 신체의 운동 때문이다. 마찬가지로, 사랑의 열정이 일어나는 것은 우리 자신에 대해 상반되는 두 변증법적 개념—개인으로서, 그리고 둘이 하나가 되는 결합으로서—의 운동 때문이다. 내가 공유된 정체성이라고 부르는 것—결과적으로 사랑 그 자체—은 과정이지 상태가 아니다. 개인과 결합 둘 중에 어느 하나만 평면적으로 말하는 것은 어리석은 오류이다. 이런 평면성에 빠졌기 때문에 궤변론자들은 사랑이 파괴적이라는 게 확실해 보일 때에도 사랑은 항상 좋다고 주장하고, 조력자들은 사랑이 얼마나 강력하고 경이로운 것인지 인정하지 못한다.

무엇보다 먼저 사랑의 이론은 개인적 경험에 토대를 둔 이론이고 또 당연히 그래야 한다. 사랑의 이론은 여러 시대에 걸쳐 과학과 역사와 비교문화인류학과 문학의 지지를 받는 이론이고 또 당연히 그래야 한다. 사랑과 연관된 모든 것들이 그러하듯이, 사랑의 이론은 수많은 컨트리송과 주일예배 설교 제목을 살펴보면 예측할 수 있다. 이것이 옳다면, 사랑의 이론은 모든 독자에게 익숙하게 다가와야 한다. 여기서 익숙하다는 것은 "나는 예전부터 그 모든 것을 들어서 알고 있다"라는 진부한 의미가 아니라 난처하고 당혹스러운 다양한 수위의 경험들이 갑자기 이해되기 때문이다. 난처하고 당혹스러운 사랑의 경험에는 아래의 질문도 포함된다. 왜 괜찮은 사랑은 나빠질 수 있고 또 어떻게 더 좋아질 수 있는가? 어떻게 열병과 "진짜"를 구분할 수 있는가? 왜 사랑은 그렇게 흥분되며, 사랑이 깨질 때는 왜 그렇게 힘이 드는가? 인생에서 우리를 철저하게 옭아매는 것이 더이상 남아있지 않을 때, 사랑은 어떻게 그렇게 해방적이며 희귀한 창조력으로 표현되는가? 사랑을 이론화한다는 것은 특히 개인적 경험에 주목하고, 사랑의 친밀성에 대한 이해를 놓치지 않으면서 여러 문화적, 사상적, 역사적 힘의 산물로서 사랑을 이해하는 것이다. 그것은 이상화와 일상의 사소한 디테일을 부정하지 않으면서 이것들을 더 큰 맥락 속에서 이해하는 것이다. 사랑은 개인적이면서 추상적이고, 현실적이면서 이상적이다. 이것이 사랑이 그렇게 쉽게 "관계"의 실행 계획으로 축소되는 동시에, 우주적이거나 희극적 수위로 확장되는 이유이다. 사회심리학은 우리 자신의 감정적 눈가리개 너머를 바라볼 수 있는 귀중한 통찰을 주지만, 심리학만으로는 충분치 않다. 사회심리학은 거리와 폭넓은 시야를 준다. 그러나 사랑의 이론은 개인적이고 근시안적이어야 한다. 물론 거리와 시야도 놓쳐서는 안 된다. 궁극적으로 사랑의 이론의 적절한 토대가 되는 유일한 근거는 '사랑하고 있는 것'이다.

사랑은 관념에 기대고 관념은 시간이 흐르면 변한다. 한때는 잘 작동했던 관념이 시대착오적인 것이 될 수도 있고, 한때 해방적이었던 관념이 스스로 만든 감옥이 될 수도 있다. 또 폐기된 것처럼 보이는 오래된 관념이 영감을 주는 계시처럼 나타나는 경우도 있다. 사랑은 시간이 걸린다는 소박한 생각이 이런 계시적 관념에 해당한다. 사랑이 터져나올 때 사랑은 그저 발견되거나 체험되는 것이 아니라 계발되고 성장해야 한다는 관념도 여기에 들어간다. 사랑은 단순히 서로가 경험하는 매혹이나 즐김이 아니라 일종의 상호 필수불가결必須不可缺함으로서, 두 자아의 실제적 결합을 내포한다는 오래된 관념도 그렇다. 사랑에 대한 이런 좋은 관념들이 너무 성스럽고 너무 도덕적인 관념들 때문에 질식당해왔으며, 너무 빈약한 관용과 사유로 말미암아 허술해졌다. 너무 많은 요구, 너무 많은 성급함과 자포자기, 너무 많은 정치적 진단과 비통함이 이런 관념들을 사라지게 만들었다. 단순한 진리는 사랑이란 인생에서 가장 경이로운 경험이지만, 쉽게 접근 가능한 일상적인 것이라는 점이다. 그러나 우리는 사랑을 재발명해야 한다. 이제 남성과 여성의 새로운 독립과 평등에 어울리는 연애의 규칙을 다시 만들어야 할 때가 되었다. 그러나 무엇보다 먼저 "사랑이란 무엇인가?"라는 오래된 질문을 다시 열어젖혀, 사랑은 단지 느낌이나 육체적 매혹, 변치 않는 동반자에 대한 갈망 그 이상이라는 해답을 내리고 우리 시대에 맞는 갱신된 연애의 관념을 제시해야 할 것이다.

1장.

불가해한 감정

"찰리, 너 또 사랑하고 있는 거니?"
"음, 이번엔 진짜야."

— 에드거 버겐과 찰리 맥카시의 대화 중에서

"사랑이란 무엇인가?" 이 질문은 추상적 정의가 아니라 구체적 해명을 추구한다. 이 질문에 대한 답은 영화 〈지붕 위의 바이올린〉에 나오는 멋진 노래 '당신은 나를 사랑하나요?'에 표현되어 있다. 이 노래는 이 질문에 이렇게 답한다. "무슨 말이에요? 나는 25년 동안 당신의 음식을 만들었고 당신의 옷을 빨았어요." 다시 질문이 반복된다. "그래요. 하지만 당신은 나를 사랑하나요?" 이 물음에 대한 답은 다시 한 번 평생에 걸친 봉사와 헌신의 목록을 나열하는 것이다. 그러나 계속해서 이런 목록들을 쌓는다고 해서 사랑에 이를 것 같지는 않다. 어떤 점에서 이 목록은 사랑을 넘어서고 사랑을 증명하는 것을 넘어서는 것 같다. 평생 결혼한 사람이라면 누구도 이 질문의 통렬함을 놓칠 수 없을 것이다. 그 누구도 사랑을 의심할 만한 점이라곤 전혀 없어 보일 때 사랑이 가장 의심에 휩싸인다는 점을 놓칠 수 없을 것이다. 얼마나 자주 오랜 세월 괜찮은 결혼생활을 영위해왔던 부부는 잘못된 일이 일어나서가 아니라 "뭔가가 빠져 있는 것 같다"라는 느낌 때문에 사랑을 의심하며 결혼 바깥으로 뛰쳐나갈 생각을 하게 되는가? 부부의 삶은 여전히 재미있다. 부부는 잘 지낸다. 그들은 수년 동안 더이상 대화를 나눌 필요조차 없는 좋은 사이인 것처럼 말해왔다. 두 사람 사이엔 무한한 관심과 배려가 있다. 어느 쪽도 상대 없이 살 수 있다고 생각해 본 적은 없다. 그러나 이것이 사랑인가? 이것이 낭만적 사랑인가? 이 물음은 강박적으로 모든 것을 빨아들인다.

결정적 질문

나는 관음증적 매혹의 시선으로 80대 정도 되는 부부가 일요일 아침 식사를 하기 위해 위스콘신주 시골 마을에 있는 홀리데이 인 커피숍 의자에 천천히 앉는 것을 지켜본 적이 있다. 당시 나는 혼자 여행 중이었다. 나는 작가처럼 이야기를 짜기 시작했다. 위스콘신주 시골 고등학교에서 일어난 짧은 구애, 오래전에 떠난 가족들로 넘쳐나는 작은 마을의 결혼식, 자녀들과 가정의 의무, 몇 달 혹은 몇 년 동안 계속된 상처를 남기는 치명적인 싸움, 어떤 기대도 없는 틀에 박힌 섹스, 조용한 저녁과 무례한 친절로 가득찬 결혼으로 정착되기 전 두 사람이 나누었을 몇 주 동안의 광란적인 섹스. 나는 이런 이야기를 상상하면서 생각했다. '그런데 이것이 사랑인가?' 이것이 내가 원하고 찾으려는 것인가? 나는 내가 바라본 광경에 매혹되었지만, 그곳에 이르기 위해 수많은 사람들이 걸어간 길을 견딜 수는 없었다. 그러나 진정한 동반자 관계, 말 그대로 영혼의 결합, 수십 년의 세월에 걸쳐 서로 비비고 부딪치는 과정을 거친 뒤 서로에게 완벽하게 맞춰진 두 마찰 없는 표면, 시간의 힘으로도 갈라놓을 수 없는 강한 응집력이 바로 이 장면에 있다. 이것이 우리가 꿈꾸는 사랑인가? 그렇다면 우리는 이미 사랑을 찾아 멀리 온 것이 아닌가? 그렇지 않다면 우리가 꿈꾸는 사랑은 도대체 어떤 것인가?

최근에 만난 한 젊은 남녀를 생각해보자. 이미 낡아버린 표현을 쓰자면 이들은 아직 "데이트"를 하고 있다. 이들은 아직 광란이 계속되는 상태에 있다. 광란이란 표현은 중단 없이 계속되는 성 욕망과 성행위를 가리키지만, 꼭 그것에 한정되지는 않는다. 두 사람은 아무리 애를 써도 서로에게서 눈을 떼지 못한다. 남자는 정말로 여자를 알지 못하고, 여자도 남자를 알지 못한다. 그럼에도 그들은 서로를 위해 목숨을 내어줄 것처럼 느낀다. 두 사람 모두—아직 그러진 않았다고 할지라도—머지않아 "당신을 사랑해"라고 말할 준비가 되어 있다. 그러나 미래는 너무 불확실하고 감정은 예측할 수 없다. 관계를 계속 끌고 가려면 심각한 개인적 위험과 상당한 희생을 감수해야 한다. 그들은 "이것이 사랑인가?"라는 결정적 질문을 던져야 한다. 그들은 "특별한" "굉장한" "당신과 함께 있는 것이 얼마나 좋은가?" 등등의 뻔한 회피적 발언에 지쳤다. 그들이 우유부단하기 때문에 "나는 당신을 사랑해"라는 마법의 공식을 말하지 못하는 것은 아니다. 그들은 이 세 단어에 얼마나 많은 것들이 걸려 있으며, 얼마나 빨리 의무와 기대가 늘어나는지 잘 알고 있다. 그들은 아직 확신이 서지 않는다. "나는 과연 사랑하는가?" 어떻게 그들은 사랑하는지 아는가? 사랑하는지 알려면 무엇을 찾아야 하는가? "나는 당신을 사랑해"라고 말하는 것은 각자가 느끼는 마음의 상태를 묘사하는가? 아니면 무언가를 현실로 만드는 것인가? 사랑은 그들이 느끼는 것인가, 아니면 느낌 뒤에 따라 나오는 것인가? 사랑은 흥분과 욕망인가, 아니면 만족과 만족의 지속인가?

이것이 결정적 질문이다. 사랑을 너무 자세히 들여다보면 마법을 망친다고 불평할지 모르겠다. 그러나 들여다보기만 해도 망쳐지는 것이라면 사랑은 싸구려 기술에 지나지 않는다. 사랑을 분석하는 것에 반대하거나 혹은 사랑은 정확한 것이 아니라고 주장할 수도 있을 것이다. 그러나 경험에 비추어보면, 우리는 그런 정확함과 이해가 필요하다. 우리는 사랑을 상당히 세밀하게 구분하면서, 그 미세한 정도의 차이를 걱정한다. 젊은 여성은 필사적으로 접근해오는 남자친구를 거절하면서 "당신을 사랑해. 하지만 그런 식은 아니야"라고 말한다. 그녀는 어떤 식을 말하는가? (어떤 위로를 말하는가?) 남자의 친구들은 이구동성으로 말한다. "너는 그녀를 진심으로 사랑하지 않아. 그건 열병일 뿐이야." 하지만 사랑과 열병은 어떻게 다르고, 우리는 그 차이를 어떻게 아는가? 사춘기 젊은이들은 사랑이라는 말을 하기 전에 "나는 너를 좋아해"에서 "나는 너를 아주 많이 좋아해"로, 그다음에는 "나는 너를 **진짜로** 좋아해"로 조심스레 옮겨간다. 젊은 시절 이 단계를 경험했던 어른들은 신중하게 말한다. 그녀는 사랑을 하지만 "사랑에 빠져 있지는 않다." (장식 핀 머리 위에서 천사를 세는 일도 이만큼 정확할 수는 없을 것이다.)

나이가 지긋한 한 여성이 7개월 동안 훌륭한 남자를 사귀고 있었다. 그녀는 지독히 불행하고 파괴적이었던 이혼 절차가 끝난 뒤의 행복하고 생산적인 시간에 그 남자와 사귀었다. 그녀는 그 남자를 흠모했고 그와 보내는 시간을 즐겼다. 그녀는 남은 인생을 그와 행복하게 보내는 것을 상상하곤 했다. 섹스도 괜찮고 두 사람이 공유하는 것도 많았다. 그러나 그녀는 구슬픈 목소리로 말한다. "나는 그를 사랑하지 않아 (…) 사랑하고 싶지만 아니야." 도대체 이게 무슨 말인가? 그녀는 어떻게 해야 하는가?

서른여덟의 나이에 한 번 결혼했다가 다시 가족을 꾸리기로 한 남자를 생각해보자, 한두 달 정도 데이트를 한 다음 그 남자는 모든 여성들이 잘 알고 있고 경멸해 마지않는 준비된 멘트를 늘어놓는다. "나는 책임지고 싶지 않습니다." 혹은 더 한심한 행태로는 "나는 책임지는 게 두렵습니다." 이 남자와 데이트를 하고 있는 여성은 그가 단지 **그녀에게** 헌신할 의사가 없다는 점을 잘 알고 있지만, 그 남자의 말을 믿고 싶어하면서 헛되이 일반화한다. "남자들은 원래 책임지는 것을 두려워해." 그러나 그 남자는 이 짧은 문장을 이미 여러 차례 내뱉었다. 그가 자신이 정말 사랑할 능력이 있는지, 그리고 친구가 환기시켜 주듯, 온전히 인간적인지에 대해 걱정하는 것은 당연하다. 그는 자신이 독신의 삶을 즐기고 있으며, 결국 사랑은 중요하지 않다고 말하면서 기분 전환을 한다. 그러나 의심은 똬리를 튼 채 남아있다. 그리고 그는 넉 달 뒤 결혼한다.

자신과 결혼하기 위해 아내를 떠나겠다고 선언한 지 4년이 흘렀지만 "나는 아직도 당신을 사랑해"를 읊어대는 남자의 경우는 또 어떤가? (그는 아직도 짐을 싸지 않고 있다.) 그 남자는 거짓말을 하고 있는가? 두 번째 바이올린을 연주하면서도 사랑은 사랑일 수 있는가?

여기 이혼 과정을 겪으며 심신이 피폐해진 친구가 있다. 그는 이혼한 지 불과 몇 달이 지나지 않아 자신을 버린 아내를 쏙 빼닮은 여자를 만나 결혼한다. 그는 그 여자를 사랑하는가? 아니면 이혼한 아내에게 돌아가고 있는가? 그는 아직도 아내를 사랑하고 있는가? 상황을 바꾸어 이혼하면서 심신이 피폐해진 한 남자가 있다고 생각해보자. 그런데 그는 몇 달이 지나지 않아 자신을 버린 아내와는 딴판인 여자를 만나 결혼한다. 이 경우에도 같은 질문을 던져보자.

한 젊은 여성이 매력적이고 유혹적이며 침대에서는 상상할 수 없을 정도로 굉장하고 멋진 남자에게 푹 빠져 있다. 그러나 그녀는 남자를 특별히 좋아하지는 않는다. 그녀는 그가 "너무 매끈하며", 특별히 재미있거나 지적이지 않다는 것을 알게 된다. 그 남자는 믿을 만하거나 사려 깊지 않으며, 종종 잔인하기까지 하다. 그녀는 자신에게 말한다. "이건 잘못된 거야." 그러나 자신을 통제할 수 없을 때 그녀는 남자에게 "당신을 사랑해"라고 불쑥 내뱉는다. 그리곤 그에게 점점 더 빨려 들어가는 자신을 발견한다. 그녀는 남자를 사랑하는가?

오셀로는 데스데모나를 지극히 사랑한다. 그래서 그는 분노에 사로잡혀 그녀를 목 졸라 죽인다. 이것이 사랑인가?

결정적 질문은 늘 앞으로 나아가지 않고 종종 뒤를 돌아보기도 한다. 6년 뒤 이 연애는 재앙으로 끝난다. 그녀는 의혹에 찬 시선으로 자신에게 물어본다. "내가 과연 그를 사랑하기는 했는가?" 과거의 감정을 다시 파악하기는 어렵다. 과거의 감정이 의심과 쓰라림으로 씻겨 나간 후에는 특히 그렇다. 우리는 좋았던 시간을 기억하고, 다툼과 오해는 지워버리며, 달콤했던 순간을 상상하려고 한다. 그러나 의심은 사라지지 않는다. 우리는 "뭔 소용이 있어? 다 지난 일인데"라는 식으로 말하려는 유혹을 받는다. 하지만 어떻게 이 질문이 공허할 수 있는가? 우리 인생 전체가 이 질문에 어떤 답을 내리느냐에 달려있는데.

"나는 당신을 사랑해"

우리가 "사랑"이라고 부르는 것은 사회적 발명품, 우리 사회에서 아주 특별한 기능을 수행하는 관념들의 구성물이다. 우리가 사랑이라 부르는 것은 보편적 현상이 아니라 성적 끌림과 그로부터 비롯되는 복잡한 문제들이라는 보편적 현상에 대해 문화적으로 특수하게 내린 해석이다. 사랑은 생물학에서 시작될 수 있지만 본질적으로 일련의 관념들이다. 이 관념들은 그 원천인 생물학적 충동에 반할 수도 있다. 낭만적 사랑의 역사는 섹스에 대한 특별한 태도의 역사이다. 이는 섹스가 전혀 언급되지 않는 곳에서도 그러하다. 사랑이 너무 모호하다면, 이는 부분적으로 섹스가 너무 구체적이기 때문이다. 윌러드 게일린 Willard Gaylin이 말하듯이, 사랑은 섹스 "이상"이다. 그러나 "바로 이 이상" 때문에 사랑은 모호하다. 사랑이 손에 잡히지 않고 모호한 까닭은, 이 "이상"이 다름 아닌 우리 자신이 하는 일이고, 우리가 그것을 바라볼 때에도 그것은 계속 바뀌기 때문이다.

"사랑"은 무엇보다 먼저 말이다. 사랑은 우리가 존중하라고 배운 말, 우리가 사용하라고 권유받는 말이다. "데이트"를 한 지 오래지 않아 우리는 우리가 배운 대로 자신이 느끼는 바를 사랑이라고 말하지 않을 수 없다고 느낀다. 타이밍이 중요하다. 당신이 놀랄 만큼 자신만만하거나 굴욕감에 맞서는 경우가 아니라면, 처음 만났을 때 사랑한다고 말하지는 않을 것이다. 섹스를 하면서 사랑한다는 말을 맨 처음 하지 않도록 조심해야 한다. 그럴 경우 사랑한다는 말은 진지하게 받아들여지지 않는다. 너무 길게 늘어진 영화의 클라이맥스 장면처럼 사랑한다고 말하지 않고 너무 오래 끌면 효과가 커지지 않는 것이 아니라 오히려 반감된다. 우리 사회에서 사랑의 존재와 사랑의 중요성에 대해 책임을 지는 것은 "사랑"을 느끼는 것이 아니라 "사랑"한다고 말하는 것이다. 작가이자 잠언가인 라 로슈푸코La Rochefoucauld가 2세기 전에 썼듯이, 사랑한다는 말을 적이 없다면 얼마나 많은 사람들이 정말로 사랑을 할까? 이 질문에 대한 답은 아무도 사랑하지 않을 것이라는 것이다. 사랑하는 것은 자연스럽게 감각을 경험하는 것이 아니라, 근대 서구 문화에서 지속적으로 일어나고 있는 거대한 혁명의 과정 중 하나에 참여하는 것이기 때문이다.

그러므로 사랑에서 결정적 순간은 만남의 순간, 첫 시선과 첫 접촉과 첫 애무가 아니라는 사실에 놀라지 말아야 한다. 결정적 순간은 섹스를 하거나 사랑을 느끼는 것이 아니라 "사랑"이라는 한마디 말 혹은

"나는 당신을 사랑해I love you"라는 "그 작은 세 마디 말"이다. 이 세 마디 말에서 첫 번째 말은 자아를 가리키고, 세 번째 말은 타인을 가리킨다. 그 사이에 있는 동사는 의도와 의무와 사회적 기대의 놀랍고 새로운 복합체 속으로 두 사람을 끌어들인다. 사랑에는 분명 욕망과 느낌이 들어 있다. 그러나 사랑이 욕망이나 느낌뿐이라면 사랑을 선언하거나 사랑이라고 부를 필요는 없을 것이다. 사랑이 우리 인생에서 최고로 중요한 사건이라고 밝힐 필요는 더더욱 없을 것이다. 만일 그게 사실이라면 우리는 사랑이 잘못될 수 있다는 점을 걱정하지 않을 것이며, 사랑이 "진정한" 것인지 아닌지도 생각하지 않을 것이다. 또 우리는 사랑의 시를 쓰지 않을 수 없다고 느끼지도 않을 것이다. 불안이나 당혹감을 느끼지도 않을 것이고, 잠 못 드는 밤과 끝없는 혼란을 느낄 필요는 더더욱 없을 것이다. 냉소주의자들이 주장하듯이, 사랑이 "무지와 타락"(킹슬리 에이미스Kingsley Amis의 『럭키 짐』)이나 "예의라는 시련이 보태진 욕정"(프로이트)에 불과하다면, 사랑은 왜 그렇게 중요해야 하는지, 사랑의 보상을 받는 것이 아니라 **누군가를** 사랑하는 것이 왜 그렇게 중요해야 하는지, 그리고 왜 사랑은 긁으면 즉각 사라지거나 잊힐 근지러움 이상이어야 하는지 상상하기 힘들 것이다. 또한 사랑이—일시적이 아니라 "영원히" 지속되기를—바라는 것이 이 감정에 왜 그렇게 중요한지, 그리고 무엇보다 우리가 이 감정을 그토록 갈망하는 이유가 무엇인지 분명치 않을 것이다.

"나는 당신을 사랑해"라고 말하는 것은 단순히 느낌을 전달하는 것이 아니다. 그것은 그저 느낌을 표현하는 것이 아니다. 그것은 타인을 예상치 못한 취약한 위치에 놓는 공격적이고 창조적이며 사회적으로 중요한 행위이다. "나는 당신을 사랑해"라고 말하는 데에는 오랜 시간의 숙고와 수줍은 망설임이 필요하다. 물론 아무 준비 없이 자신도 놀랄 만큼 갑자기 이 말을 내뱉는 경우도 있다. 이 말을 하는 데 몇 개월 동안의 열정과 동반자 관계가 소요될 수도 있고, 상대를 만나고 나서 이상하리만치 길고 최면을 거는 듯한 "안녕"이라는 말을 한 다음 곧바로 말할 수도 있다. 상대에게서 받아들여졌다는 응답—"나도 당신을 사랑해"—을 수용할 채비가 되어 있다면, 사랑한다고 말하는 것이 그토록 끔찍하지는 않을 것이다. "사랑해"라는 말보다 더 좋은 말은 없을 것이다. 다른 어떤 변명도 적절치 않을 것이다. 우리는 "내가 다른 사람도 사랑하고 있다니 얼마나 재미있는지, 얼마나 궁금한지 몰라"라고 말하지는 못할 것이다. "당신은 곧 극복할 거야"라고 말하는 것은 매정하다. 침묵을 택하는 것이 매정함보다 낫지도 않다. 그러나 "나는 당신을 사랑해"라고 말하는 순간 만사가 과거와 같지 않다. 이 순간 이후 과거로 돌아갈 수는 없다. (누군가에게 실수로 "당신을 사랑해"라고 말한 뒤 "내 말은 그런 뜻이 아니었어"라고 해명한다고 생각해보라.) 사랑한다고 말하는 순간부터 우리는 오랫동안 매일매일 이 말을 계속 말해야 할 것이다.

사랑한다는 말이 왜 이렇게 중요한가? 그것은 이 말이 결정을 의미하고, 자신의 인생 전체를 바꾸게 될지도 모를 세계로의 초대, 또는 딜레마를 표현하기 때문이다. 감정처럼 이 말은 그 기저에서 **상호적**이다. 사랑한다는 말이 상호적인 것은 그것이 거절될 수 없기 때문이 아니라 본질적으로 응답해 달라는 간청이자 요구이기 때문이다. 그것은 유쾌한 우정이나 가벼운 관계 이상으로서, 불발되면 그 아래 상태로 변한다는 신호이다. "나는 당신을 사랑해"라는 단지 하나의 구절이나 표현이 아니며, 느낌을 묘사하는 것도 아니다. 그것은 알지 못할 미래로의 열림, 새로운 삶의 방식으로의 초대이다.

"나는 당신을 사랑해"가 언제나 동일한 의미를 갖는 것은 아니다. 이 점 또한 파악하기 힘든 사랑의 불가해성에 대해 말해줄 것이다. "나는 당신을 사랑해"란 말은 처음에는 언제나 놀람, 공격, 공격적 행동을 가리키지만, 일단 말해지고 나면 반복될 수 있다. 이 말을 여러 번 반복해서는 안 된다는 것은 상상할 수 없다. 얼마 동안 이 말을 하지 않으면 위기가 초래될 수 있다("어쩌면 당신은 이렇게 여러 달 동안 사랑한다고 말하지 않는 거지?"). 다른 한편, 이 말은 위협("이걸로 나를 압박하지 마. 당신은 나를 잃을 수도 있어"), 감정적 뇌물("사랑한다고 했잖아. 그러니 이제 당신이 똑같이 답해줘야 해"), 경고("내가 이 모든 일을 기꺼이 참는 것은 오로지 당신을 사랑하기 때문이야"), 사과("방금 전에 내가 당신에게, **바로 당신에게** 말한 것이 내 뜻은 아니었어")로 작용할 수 있다. 지루하거나 고통스러운 대화를 멈추기 위한 수단—크게 소란을 피우는 것보다 더 효과적인—이 될 수 있으며, 울음, 간청, 언어적 경고("나에게 주목해줘"), 변명("그건 내가 당신을 사랑하기 때문에 한 일이었어")이 될 수도 있다. 또한 그것은 가장(그는 어색하게 열린 창문 너머를 비스듬히 바라보면서 "나는 당신을 사랑해"라고 속삭였다), 공격("어떻게 나한테 이럴 수 있어?"), 끝("그래 됐어. 섭섭하긴 하지만 잘 가. 안녕")이 될 수도 있다. 이 한 구절에 이렇게 많은 의미가 담겨 있다면, 사랑이라는 감정은 얼마나 다채롭고 다양하게 변할 수 있겠는가?

그러나 "나는 당신을 사랑해"가 보편적 언어는 아니다. 대부분의 사회에서 이런 보편 언어는 존재하지 않는다. 그것과 견줄 수 있는 감정도 존재하지 않는다. 성적 욕망은 보편적이다. 그러나 "나는 당신을 사랑해"라는 말에 합성되어 있는 일련의 생각과 요구와 의식과 기대는 매우 특별하며, 인류학적으로 말해 대단히 희귀하다. 사랑이 모호한 것은 우리가 진행 과정에 있는 창조적 행위를 정의내리려고 하기 때문이며, 시간 속에서만 우리 것일 수 있는 것을 완성된 것처럼 파악하려고 하기 때문이다. "나는 당신을 사랑해"라는 말이 의미를 갖는 것이 실상 우리 자신에게 달려있는데, 우리는 증거와 확증을 요구한다.

사랑과 상호성

사랑이 말로 시작된다면, 사랑이 모호한 것은 어느 정도 말의 오용 때문이다. 사랑의 말에 관해서라면 우리는 둔감한 사람들이다. 우리는 뮤직 밴드에 대한 열정, 맥도날드 감자튀김에 대한 열정, 우리가 여생을 함께 보내려고 하는 사람에 대한 열정을 표현하기 위해 진이 다 빠진 똑같은 동사를 사용한다. 여기에는 우리의 언어가 구별해주지 못하지만 구별해야 하는 차이들이 존재한다.

사랑의 이론에 의미가 있다면, 그것은 특별한 종류의 사랑, 즉 한 명의 연인의 사랑에 한정된다. 그것은 『사랑의 기술』에서 에리히 프롬이 말하듯이, 인류애나 만인을 사랑하는 일반적 태도를 가리키지 않는다. 흔히 종교 지도자들이 말하듯이, '아가페'로 불리는 고귀한 감정은 세계를 구원해줄 열정일 수 있다. 그러나 아가페는 낭만적 사랑과 같지 않으며, 그와 연관되지도 않는다. 낭만적 사랑은 전적으로 특수하고 특별한 한 사람에게만 향한다. 또 낭만적 사랑은 배타적이다. 자식이 여럿인 어머니는 자식들을 다툼 없이 공평하게 사랑할 수 있다. 그러나 한 사람 이상을 낭만적으로 사랑할 수 있다면, 이는 가장 계몽된 사람들 사이에서도 갈등을 불러일으킬 것이다. 우리가 이야기하는 사랑은 아무리 유쾌하고 황홀한 것이라 할지라도 무생물을 사랑하는 것이 아니다. 2천5백 년 전에 아리스토텔레스가 말했듯이, "살아있지" 않은 대상을 사랑하는 것에 **필리아**philia라는 말을 쓰지는 않는다. 무생물에 대한 사랑은 상호적 사랑이 아니며, 이 사랑에는 상대의 좋음을 바라는 것이 없기 때문이다. 포도주가 좋기를 바란다고 말하는 것은 우스꽝스럽다. 우리가 포도주에게 뭔가를 바란다면, 그것은 우리가 먹기 위해 포도주가 계속 존재하기를 바라는 것이다. (『니코마코스 윤리학』 8권 2절) 또 이런 사랑은 아무리 경건하고 열정적이라 해도 신의 사랑은 아니다. 이처럼 서로 다른 사랑들이 똑같아보이는 것은 영어의 잘못 탓이다. 라틴어와 희랍어에는 명징하게 나타나는 이런 의미의 구별이 영어에는 존재하지 않는다. (성 테레사의 유사 낭만적 열정은 극히 다른 두 유형의 사랑을 뒤섞은 것이 아니라면 매우 이례적이다.)

우리가 사랑이라는 말로 의미하는 것은 한 사람에 대한 사랑, **특별한** 한 사람에 대한 배타적 사랑이다. 우리가 연인으로서 돈 후안의 애정과 용기에 대해 무슨 말을 하던, 돈 후안은 사랑하지 않는다. "그는 그들 모두를 사랑한다"라는 식으로 그럴듯하게 포장되기도 한다. 그러나 알베르 카뮈가 『시시포스의 신화』에서 돈 후안이 사랑한 것은 **여**

성woman 일반, 추상적 집합으로서 여성이지 개개 여성이 아니라고 말할 때, 그는 문제의 핵심을 찌르고 있다. 사랑은 전체적 시각이나 우연한 목적이 아니라 특별한 초점을 요구한다. 사랑은 우리가 의도한 대로 나누어줄 수 있는 애정의 모금함이 아니다. 법적 용어를 사용하자면, 연인들은 본질적으로 대체 불가능하다. 연인들은 망가진 토스터나 낡은 올즈모빌 자동차처럼 같은 메이커에 같은 스타일의 제품으로 대체되지 않는다. 그러나 사랑에 존재하는 이 특별함이 흔히 "약속commitment"이라고 불리는 것을 요구하거나 그것을 수반하는 것은 아니라는 점을 덧붙이는 것이 중요하다. 물론 약속이 사랑으로 연결되는 경우도 있다. 결혼의 약속처럼 사랑을 지켜야 할 아주 좋은 이유가 될 수 있다. 그러나 내 생각에, 사랑이 약속에 기초해 있다는 생각은 근본적으로 잘못되었다. 이는 사랑이 지닌 힘을 과소평가한다. 설령 약속이 사랑의 표현으로 나타날 때에도 사랑의 헌신과 특별함은 약속을 불필요한 것으로 만든다.

사랑에는 특별한 한 사람이 필요하다고 말하는 것으로 충분치 않다. 사랑은 우리가 그 한 사람과 어떻게 관계 맺는가의 문제이기도 하다. 사랑은 오랫동안 일종의 욕망이나 연인에 대한 찬양으로 생각되어 왔다. 플라톤은 사랑을 아름다움에 대한 욕망이자 찬양으로 표현했으며, 스페인 철학자 오르테가 이 가세트Jose Ortega y Gasset는 사랑을 "욕망의 대상에 끌리는 중력"이라고 묘사했다. 그러나 사랑은 아무리 그, 그녀, 그것이 아름답거나 매혹적이라 할지라도, 특정 "대상"에 대한 욕망이 아니며 대상에 대한 감탄도 아니다. 사랑은 우리 자신과 마찬가지로 감정과 태도를 지닌 다른 **주체**, 특히 **우리에게** 감정과 태도를 보이는 다른 주체를 향한 감정적 욕구이다. 우리는 다른 주체의 얼굴이 유쾌하다거나 그의 신체가 아름답다고 생각할 수는 있다. 그러나 사랑에서 우리의 관심을 끄는 것은 그 얼굴과 몸이 우리에게 **말해주는** 것이다. 근자近者에 프로이트는 "사랑 대상"에 대한 심리 역학의 관점에서 사랑을 생각하라고 가르쳐 주었다. 연인을 사랑의 "대상"으로 다룸으로써, 프로이트는 자신을 포함한 많은 사람으로 하여금 사랑을 다른 존재를 향해 손을 뻗어 그 존재를 소유하거나 획득하려고 하는 고립된 자아의 측면에서 생각하도록 했다. 사랑의 대상이라는 이미지는 선반 위에—혹은 받침대 위에—놓인 도자기를 가리키는 것 같다. 우리는 도자기를 바라보며 감탄하지만, 도자기를 만지고 도자기에게 말을 걸려고 하지는 않는다. 심지어 프로이트는 사랑받는 사람(대상)은 우리의 심적 에너지로 가득찬—카섹시스cathexis[1]가 투여된—그릇 같은 것일 뿐이라고 말한다. 사랑받는 사람은 실존하는 실제 인간이 아니라 환상일 뿐이라는 것이다. 놀라울 것도 없이, 프로이트는 어떻게 사랑이 신경증적이고 비현실적인 기원을 가질 수 있으며, 어떻게 사랑이 환영이자 승화가 될 수 있는지에 대해 통찰력을 준다. 그러나 사랑을 이렇게 바라보는 것은 사랑의 분석을 위한 토대로는 잘못된 것이다. 사

1 카섹시스cathexis : 정신 분석학의 용어로, 어느 특정한 관념이나 대상 따위에 감정이나 성적 에너지를 지속적으로 집중하는 일을 이른다—옮긴이주.

랑의 "대상"이라는 이미지에서 빠진 것이 사랑은 두 사람 사이의 복잡한 감정적 애착이라는 생각이다. 프로이트의 모델에서 나르시시즘은 예외가 아니라 일반적 규칙이며, 성공한 사랑이란 논리적으로 불가능하지 않다면 정신분석적 미스터리이다. 이런 설명 방식은 최근에 생긴 오류가 아니다. 아름다움을 향한 신적 사랑이라는, 많이 상찬賞讚되어 온 플라톤의 사랑 이미지도 평범하고 일상적인 사랑을 급작스럽게 변질시키고 타락시킨다. 아름다움을 향한 사랑은 두 사람 간의 관계를 규정하지 않는다. 사랑에 대한 이런 소크라테스적 이미지가 아무리 훌륭하고 장엄할지라도, 이런 사랑은 우리가 여기에서 관심을 갖는 감정이 아니다.

다시 말해 사랑은 필연적으로 **상호적**이다. 그것은 특정한 한 사람에 대한 사랑이며, 우리가 돌려받기를 원하는 사랑이다. 낭만적 사랑은 욕망이 아니다. 단순히 다른 사람을 향한 태도도 아니다. 우리가 사랑이라고 부르는 것들 중에서 아주 많은 것들이 멀리서 보내는 흠모, 익명의 감탄, 추상적 욕정이다. 이것은 실제로 거절당하거나 인정받을 가능성이 없다. 이것은 벨라스케스[2]가 그린 오달리스크[3]를 사랑하는 것과 흡사하다. 우리는 인간적 자질 때문에 오달리스크를 즐겨보지만 그녀가 고개를 돌려 우리에게 윙크해줄 것이라고 기대하지는 않는다. 설령 그런 일이 일어난다고 해도 반기지 않을 것이다. 많은 사

2 벨라스케스Diego Velazquex : 17세기 스페인 바로크 회화를 대표하는 화가—옮긴이주.

3 오달리스크 : 터키 궁궐에서 황제의 시중을 드는 여성—옮긴이주.

람들이 사랑을 상호성이 아니라 욕망과 흠모의 관점으로 생각한다. 심지어 어떤 사람들은 사랑을 상호 흠모와 존중으로 생각하고 자신들이 서로 사랑한다고 말하면서도, 아주 중요한 의미에서 상호성을 거부한다. 그러면서 "소통"의 부족이라는 낡아빠진 말로 이 사실을 위장한다. 사랑은 욕망에서 시작될 수 있다. 그러나 응답을 요구할 때만 사랑이 된다. 사랑하는 것은 한 사람의 아름다움이나 매력, 지성 등등을 흠모하는 것이 아니라 모종의 응납을 원하는 것이다. 이것은 너무도 자명한 것 같다. 그러나 플라톤에서 프로이트에 이르기까지 역사상 위대한 사상가들 중 많은 이들이 응답의 중요성을 무시해왔다.

사랑은 종종 "이타적"이고 "무조건적"이라고 말해진다. 그러나 우리는 왜 그럴 수 없는지를 위로부터 살펴볼 것이다. 우리는 어떤 보상도 바라지 않고 순수하게 주는 것으로 사랑을 생각하는 이런 숭고한 이상을 왜 포기해야 하는지 살펴볼 것이다. 대부분의 사람들은 아주 짧은 시간 동안만 이런 사랑을 상상할 수 있을 것이다. 소수의 사람들은 다소 긴 시간 상상할 수 있을 것이다. 그러나 사랑에는 언제나 조건이 있고, 언제나 실망과 배반의 위험이 있다. 우리가 이타적으로 되는 경우는 극히 드물다. 사랑하고 있을 때—이때가 자아 인식이 최고조에 이르는 순간이다—우리가 상대에게 주는 모든 선물과 몸짓 속으로 자아가 쓰여 들어가지 않을 수는 없다. 우리가 사랑이란 어떠해야 한다는 불가능한 관념에서 출발하지 않는다면, 이것은 부도덕한 일이 아니다. 사랑은 상호적이다. 사랑을 이기심과 이타심의 관점으로 바라보는 것은 사랑에 본질적인 상호성을 지워버리는 것이다. 사랑한다는 것은 당신에게 없어서는 안 될 사람에게 당신이 **없어서는 안 될** 존재가 되고 싶은 것이라고 말하는 것은 지나치지 않다. (이런 연유로 사랑에서 권력투쟁은 불가피하다. 이 문제에 대해서는 나중에 더 이야기하도록 하겠다.)

낭만적 사랑

"세상은 사람들 사이의 신비한 연결, 궁극적 결합을 통해서만

묶인다는 것이 내 생각입니다. 이것이 유대이지요.

가장 직접적인 유대는 남자와 여자 사이에 존재합니다." 그가 말했다.

— D. H. 로렌스, 『연애하는 여인들』

이제 우리는 사랑의 신비를 없애는 대신 사랑이란 무엇이며, 사랑은 어떻게 작동하고, 또 어떻게 지속될 수 있는가에 대한 보다 구체적인 이해를 제공하면서, 사랑을 명징하게 정의하고자 하는 우리의 목표에 다가가고 있다. 순진하게도 우리는 사랑의 이해를 방해하는 지배적인 두 장애물을 제거하는 것으로 시작했다. 그중 하나는 사랑을 어쩔 수 없이 어느 한 개인에게 집중된 특별한 열정이 아니라 두루 널리 사랑하는 태도라고 생각하려는 유혹이다. 이런 생각은 칭찬할 만하지만 잘못된 것이다. 또 다른 장애물은 사랑을 특정 형태의 흠모나 욕망으로 바라보는 잘못된 생각이다. 이런 생각은 연인을 자신의 애정을 돌려주는 주체가 아니라 대상으로 취급한다. 이런 생각은 모든 형태의 개인적 사랑, 이를테면 모성애나 형제 사랑, 우정에 두루 적용된다. 낭만적 사랑은 특정 형태의 사랑으로서 어머니와 아이의 사랑이나 형

제간의 사랑에는 부적절하거나 맞지 않으며, 우정과도 다르다. 낭만적 사랑에 대한 전통적 패러다임은 미혼의 청춘 남녀가 "사랑에 빠지는 falling in love" 것이다. 그러나 사랑하는 연인들이 청춘이냐, 미혼이냐, 남자냐 여자냐 하는 것은 본질적인 문제가 아니다. 사랑하는 것이 어떤 것 속으로 "빠지는" 것이냐 아니냐 하는 문제 역시 본질적이지 않다.

낭만적 사랑은 가족애와는 세 가지 특징에서 구분된다. (1)낭만적 사랑은 아무리 억제되고 정숙하고 승화되어 있다고 하더라도 그 기원과 동기에 있어서 성적이다. (2)낭만적 사랑은 자발적이고 자유의지에 따른 것으로서 환경의 문제만이 아니라 의지의 문제이다. (3)신데렐라와 채털리 부인이라는 예외적인 사례가 없지는 않지만, 낭만적 사랑은 평등한 사람들 사이에서만 어울리는 감정이다.

무엇보다 낭만적 사랑의 본질적인 구조는 섹스이다. 낭만적 사랑은 섹스에 **관한** 것이 아니지만, 섹스에 기대고, 섹스를 즐기고, 섹스를 매개체이자 언어, 종종 주요 내용으로 이용한다. 무엇보다 낭만적 사랑은 성적 끌림의 영감과 환희와 함께 시작된다. (성행위는 부차적이며 실제로 많은 경우 기분 전환이기도 하다.) 물론 성적 매력이 육체적인 것만은 아니다. 성적 매력을 육체적 페티시즘이나 우리가 흔히 매력과 혼동하는 할리우드식 매력과 뒤섞어서는 안 된다. 그러나 무엇보다 섹스는 육체적인 것이며, 성적 욕망은 체화體化된 존재로서 우리를 사로잡는다. 이런 체화된 존재에게 "외모"와 자연의 축복은, 우리는 모두 "심층에서는" 본질적으로 같다는 평등주의적 주장만큼이나 중요하다. 이런 주장은 종종 정신적 사랑에 대해 이상적 생각을 하고 있는 궤변론자들의 심기를 거슬렀다. 또한 주체의 역사에서 신학자들은 섹스가 완전히 지워진 이상화된 사랑 관념을 세우기 위해 투쟁해왔다. (불과 지난 세기에도 미국 철학자 랠프 월도 에머슨은 "섹스를 알지 못하는 사랑"에 대해 열정적으로 말했다. "섹스를 알지 못하는 사랑"이란 표현은 서기 1000년 이후 반복되는 후렴구이다.) 그러나 우리는 사랑을 선호하고 우정을 폄훼해왔듯이, 성도 폄훼해왔다. 섹스는 육체적 충동일 뿐 아니라 정신적 충동이기도 하다. 또한 섹스는 자아의 일부일 뿐 아니라, 심지어 영혼의 일부이기도 하다. 진정한 자기 정체성은 사회가 공식적으로 부여하는 명예, 성공, 지위 이상이다. 우리는 사회가 부여하는 이런 요소들보다는 우리가 느끼는 감정에서 진정한 자기 정체성을 찾는다. 니체는 "육체는 **실재**인 양 대담무쌍하게 행동하는 힘을 보유하고 있다"라고 말했다. 확실히 육체는 우리가 우리의 실재를 찾을 수 있는 곳이다. 도덕적·의학적 이유로 첫날밤이 없는 연애가 있을 수 있다. 그러나 미식가의 취향이 음식과 연결되어 있듯이, 낭만적 감정은 본질적으로 섹스와 연결되어 있다. "우리는 우리가 먹는 것이다"라고 포이어바흐는 말했다. 마찬가지로 우리의 존재는 우리의 욕망을 통해 드러난다.

낭만적 사랑이 지닌 두 번째 본질적 특성은 사랑에서 개별적 **선택**이 갖는 중요성이다. 어떤 점에서 이것은 너무도 자명하다. 그러나 또한 이것은 너무나 특별한 것이라서 우리는 다소 거리를 두고 우리 자신을 바라볼 경우에만 우리가 대부분의 다른 세계인들과 얼마나 다른 지 온전히 이해할 수 있다. 낭만적 사랑을 이해하는 것은 "첫눈에 사랑에 빠지고" 낯선 사람과 사랑에 빠질 수 있는, 시간과 자발성에 대한 아주 독특한 느낌을 인정한다. 중매결혼이 일어나는 사회나 결혼을 기존의 사회적, 종교적, 경제적 기대의 프레임 안에서 다소 형식적으로 지시하는 사회에서, 선택의 여지는 매우 제한되어 있고 그에 따라 낭만적 사랑이 발생할 여지도 아주 적다. 우리는 대부분의 사랑 형태가 사람들이 처해 있는 상황의 규정을 받는다는 점에 주목해야 한다. 우리는 정말로 우리의 형제나 자매를 선택하지는 않는다. 우리는 우리 자신이 가족 질서 안에 있음을 발견하고 가족 구성원에게 정서적으로 최선을 다한다. 형제·자매간에 사랑이 생기려면 시간이 걸린다. 모성애는 아이가 태어나는 즉시 발생한다. 그러나 아이는 9개월 혹은 그 이상의 시간 동안 어머니의 몸 안에 잉태되어 있었으며, (입양된 경우를 제외하면) 어떤 경우에도 어머니는 모성애의 수혜자를 **선택하지** 않는다. 그러나 우리가 낭만적 사랑을 **찾거나**, 또는 낭만적 사랑이 예기치 않은 곳에서 우리를 "찾는다." 일반적으로 사랑에는 시간이 걸린다. 그러나 낭만적 사랑은 갑자기 시작될 수도 있다. 시간이 흐르면서 낭만적 사랑은 깊어가거나 풍부해질 수 있지만, 그 강도나 중요성이 반드시 커지는 것은 아니라는 점을 우리는 너무도 잘 알고 있다. 간혹 낭만적 사랑의 강도는 사랑을 발전시킬 시간이 생기기 **전이** 가장 세다. 일부 저자들은 오래 확립된 사랑 또한 낭만적일 수 있자는 점을 부정한다. 이런 사랑은 더이상 선택의 문제가 아니기 때문이라는 것이다. 사회적

의의, 지식, 오래된 가족적 관행은 부인할 수 없는 그 나름의 가치를 지니고 있다. 그러나 이런 것들은 자발적이지 않고, 흥분되지 않고, **새롭지** 않기 때문에 낭만적 사랑과 어울리지 않을 뿐 아니라 적대적이기까지 하다고 말해진다. 우리 서구 문화에서 낭만적 사랑과 결혼이 이어지는 것은 신성한 일이지만, 사랑이 지속되려면 사랑은 선택의 문제, 지속적 결정의 문제로 남아있어야 한다. 사랑이 결혼을 정당화하는 것이지 결혼이 사랑을 정당화하는 것은 아니다. 그러나 우리와 다른 문화에서는 기혼자들 사이에도 사랑이 존재할 수 있으며 이런 불륜의 사랑도 섹시할 수 있지만, 사랑이 결혼의 필요조건은 아니다. 우리와 다른 사회에서 낭만적 사랑은 용인되거나 이해될 수 있다. 그러나 낭만적 사랑에 부여하는 우선권은 매우 낮다. 선택이 허용되지 않는 곳에서의 낭만적 사랑은 일탈로 보일 수 있고, 어떤 사회나 환경에서는 범죄로 비치기도 한다.

종종 무시되거나 거부되어온 낭만적 사랑의 세 번째 구조는 강한 평등주의적 형식이다. 여기서 평등주의란 사회적이고 정치적인 개념이 아니라 두 개인 사이의 평등과 관련된 것을 의미한다. 사랑은 종종 거대한 "수평화" 장치라고 말해진다. 사랑은 강력한 것을 평범한 것으로 끌어내리고, (밖으로 내쳐진 것은 아닐지라도) 아래에 깔린 것을 (예외적 위치로까지는 아닐지라도) 수용 가능한 수위로 끌어올린다. 낭만적 사랑은 평등을 요구할 뿐 아니라, 프랑스 낭만주의자 스탕달이 이야기하듯이, 평등을 "**창조**"하기도 한다. 이 평등은 완벽한 왕자의 배필이 되는 부엌데기 신데렐라로 나타날 수도 있고, 정원사의 오두막집을 찾아가는 채털리 귀부인으로 나타날 수도 있다. 이런 까닭에 낭만적 사랑은 원래 귀족의 감정이었지만 의식적으로 평등한 사회에서 가장 널리 대중화된다. 낭만적 사랑은 계급 차별에 맞서는 음모이자 해독제이다. 할리퀸 로맨스의 주인공은 귀족일 수 있지만 낭만적 사랑 자체는 확실히 부르주아적이다.

그러나 구조적 측면에서 바라보면 낭만적 사랑은 흔히 여성을 종속적 역할에 묶어두는 반反평등주의적 감정으로 비판받는다. 마초 남성들은 낭만적 사랑을 권리로 주장해왔으며—『성적 자살』에서 조지 길더George Gilder가 다소 역설적으로 대변하는 주장—많은 페미니스트들은 불법적 행동이거나 잔인한 행동이라고 주장해왔다. 나는 이런 주장이 낭만적 사랑의 본성에 대한 모욕이자 오해라고 주장하고 싶다. 대개의 사랑 관계에서 평등은 복잡한 문제이다. 오웰이 쓴 구절을 빌어서 말하자면, 특정 시간에 한 연인은 다른 연인보다 평등하다고 주장할 수 있다. 낭만적 사랑이 평등을 요구한다는 주장은 양성 사이에 중대한 부정의와 제도화된 불평등이 존재한다는 점을 부정하지 않는다. 이 주장은 사생활에 대한 급진적 개념화를 전제한다. 사생활에서 공적 차원은 유예되고, 개인적 선택은 결정적이며, 평등은 두 개인이 결정하는 것이지 그들을 에워싼 구조가 결정하지 않는다. 낭만적 사랑은 그 기원은 귀족적이라 할지라도 민주적 감정이다. 어떤 경우에도 낭만적 사랑은, 이를테면 부모가 아이를 사랑하거나 국가가 복종적인 국민을 사랑하거나 파테pâté[4]애호가가 파테를 사랑하는 것처럼 어느 일방의 지배와 권위가 중요한 사랑과는 확연히 구분되어야 한다. 신에 대한 사랑은 그 사랑이 아무리 개별적이라 해도 평등하지 않다. (신을 사랑한다고 말하는 것 자체가 그리스 사람들이 오만hubris이라고 불렀던 것이다.) 연애는 평등의 수단이지 평등을 가로막는 장애물이 아니다. 신데렐라는 왕자를 만난 후에는 부엌데기로 남아있을 수 없다.

이 세 가지 특성은 낭만적 사랑과 여타 개인적 사랑의 차이를 설명해줄 뿐 아니라, 낭만적 사랑이 우리 사회에서 왜 그토록 칭송받는 강력한 감정인지 설명해준다. 연애의 성은 폭발적이다. 연애의 성은 금지되거나 오용되거나 거부당할 때는 특히 폭발적이다. 사랑의 평등주의는 동등한 몫과 지위를 얻기 위한 지속적 투쟁을 보장한다. 이는 시기와 원한을 일으킬 비옥한 토양을 만들 뿐 아니라 다양한 요구와 기대와 희생 사이에서 끝없는 긴장을 만들어낸다. 그러나 사랑의 드라마, 그리고 사랑 안에서 일어나는 드라마는 자발성의 결과이다. 사랑은 선언 없이, 급작스럽게, 종종 부적절하게, 심지어 비참하게 일어난다. 사랑은 우리의 평범한 시민적 일상과 기묘할 만큼 분리되어 있을 뿐 아니라 일상에 적대적이기까지 한 감정이다. 사랑은 우리의 허영, 오만, 고집과 결부되어 있으면서 대결과 불확실성에 능한 감정이다. 그러나 자발성이 수동성을 의미하지는 않는다. 갑작스럽다는 것이 준비되어

4 파테pâté : 고기나 생선을 다져 양념한 후 빵에 발라먹는 페이스트(반죽)—옮긴이주.

있지 않다는 것을 의미하지는 않는다. 우리는 결코 사랑의 피해자가 아니다. 사랑은 언제나 우리의 선택, 우리의 허영, 우리의 성취, 우리의 곤혹, 우리의 비극이거나 희극이다. 낭만적 사랑은 본질적으로 결정이거나 결정의 연속이다. 그 결정이 아무리 힘들고 또 우리를 제멋대로 강타하는 것처럼 보일지라도, 낭만적 사랑은 본질적으로 결정이다. 더욱이 낭만적 사랑은 우리의 전 생애에 걸쳐 공개적으로—강박적으로—개발되고 장려되는 감정이다. 너무도 그러하기 때문에 돌연 무無에서 솟구친 것처럼 보일 따름이다.

이제 우리는 사랑을 정의하고 있는가? 아직 우리는 사랑의 정의에 근접하지도 않았다. 아직 우리는 사랑에 참으로 중요한 염려caring와 동반자 관계와 연민과 함께 보내는 좋은 시간에 관해 아무 말도 하지 않았다. 아직 우리는 시간에 대해, 사랑에 필요한 시간과 사랑이 성장하기 위해 걸리는 시간에 관해서는 아무것도 말하지 않았다. 무엇보다 아직 우리는 사랑을 사랑이게 하는 것, 즉, 섹스와 우정과 동료애와 염려와 동거와 이익의 공유, 그리고 사랑에서 흔히 찾을 수 있지만 사랑이 없어도 일어날 수 있는 것들과 구별되는 사랑 고유의 특성에 관해서는 아무것도 말하지 않았다. 나는 사랑을 사랑이게 하는 결정적인 본질적 특성이란 개인의 정체성에 대한 특별한 관념, 우리 자신을 타인의 관점에서 재정의하는 것이라는 점을 보여주고 싶다. 사안을 다소 복잡하게 만들자면, 이런 재정의의 용어들은 매우 다양하다. 사랑은 역사적 감정이다. 사랑은 특정 문화 및 문화적 환경의 산물이다. 사랑은 그 자체로 정의될 수 있는 현상이 아니라 모든 문화에서 재정의되고 재발명되는 과정이다. 여러 문화들을 횡단하면서 사랑을 정의 내릴 수는 없다. 사랑은 서사에 의해 규정된다. 사랑을 규정하는 서사는 개인의 선택과 자율성을 바라보는 우리 (서구) 문화의 생각, 우리의 자연스러운 성과 우리가 평등에 대해 갖고 있는 개인적·정치적 관념을 "사랑에 빠지는" 익숙한 과정과 그 뒤에 일어나는 일들 속으로 짜 넣는 문화적으로 규정된 이야기이거나 이야기들이다. 연애romance라는 말이 가리키듯이, 연애가 다른 모든 사랑 형태들과 구별되는 것은 드라마와 플롯 전개에 대한 관념이다. 연애는 우리의 사랑이 아무리 특별하다고 해도 자신들의 열정도 완전히 특별하고 개별적이라 생각했던, 우리보다 앞서 살았던 수많은 연인들의 발자취를 따르고 있다. 사랑을 이해하는 것은 이 공유된 자아의 이야기를 이해하는 것이며, 이 이야기가 얼마나 흥미진진하고 특별한 것인지 이해하는 것이다.

우리 인생에서 낭만적 사랑이 맡고 있는 고유하고 특별한 역할은 열세 살 된 내 친구 딸이 최근 보인 반응에 압축되어 있다. 내 친구 딸은 자기네 반 남자 한 명이랑 데이트를 할 수 있지 않겠느냐는 이야기를 나누다가 깜짝 놀라며 이렇게 말했다고 한다. "지미는 아니에요. 그 애는 그냥 친구예요." 이 대답은 사랑에 대한 우리의 생각을 규정짓는 감정과 판단의 구조물 속으로 깊이 파고드는 것 같다. 나는 이 어린 이론가의 이름을 따라 이것을 '베키의 공리'라 부르겠다. 베키의 공리는 우리가 사랑과 우정과 친근함과 심지어 결혼까지 모두 하나의 부드러운 죽 안에 쑤셔넣는 게 얼마나 순진한 일인지 보여준다. 베키의 공리는, 우리가 기존의 확립된 관계의 보증과 지식과 편안함에서 떨어져나와 우리가 우리 자신이라고 생각하는 많은 것들을 규정하게 되는 감정에 얼마나 기이한 집착을 보이고 있는지 여실히 보여준다. 이 감정은 다른 모든 애정과는 극적으로 다른 사랑 형태이다.

다른 문화들

혼전 관계에서 성교의 관습은 엄격하게 준수된다. 확실히 이것은 행위 관습이라기보다는 언어 관습이다. 소년은 소녀가 자신에게 호의를 보여주지 않으면 죽어버리겠다고 말하지만, 사모아인들은 낭만적 사랑 이야기를 들으면 비웃는다. 사모아인들은 서로 오래 떨어져 지내는 아내나 정부에게 정절을 지키는 것을 비웃으며, 한 사랑이 다른 사랑을 곧바로 치유한다고 믿는다…… 열정적인 사랑 노래를 만들거나, 화려하고 긴 연애편지를 쓰거나, 언어적 구애를 할 때 달과 별과 바다를 끌어들이는 것은 사모아인들의 사랑 행위가 우리의 사랑 행위와 표면적으로 아주 흡사하다는 인상을 주는 데 일조한다. 그러나 (…) 일부일처제, 배타성, 질투, 흔들림 없는 충실성의 관념과 결합된 낭만적 사랑 등 우리 서구 문화에 나타나는 낭만적 사랑은 사모아에서는 생기지 않는다. (…) 한 사람에 대한 열정적 애착, 오래 지속되며 또 실망스러운 일들에 부딪혀도 계속되지만 다른 관계들을 배제하지 않는 그런 열정적 애착을 사모아인들에게서 찾기는 어렵다. 이와 달리, 결혼은 상대적 부, 지위, 부부의 기술을 모두 고려해야 하는 사회 경제적 장치로 여겨진다. (…) 사모아인들의 경우 정략결혼을 탐탁지 않게 생각하도록 만드는 섹스 감정의 억제와 그것을 세밀하게 특화시키는 경향은 부족하지만, 결혼의 행복을 다른 버팀목으로 보강할 수는 있다.

— 마거릿 미드, 『사모아에서 어른 되기』

사랑을 자연스러운 것, 배고픔이나 상호 의존, 성 충동이나 식욕 같은 보편적 현상으로 생각하는 한, 우리는 낭만적 사랑이 문화적으로 규정되는 정도, 그에 따라 우리가 사랑의 맥락이나 규칙을 결정하는 데 져야 할 책임의 정도를 인정할 수 없다. 반면에, 이런 주장을 과장되게 펼치면서 (프랑스인들을 비롯하여 데카당트decadent한 일부 다른 나라의 유럽인들과 함께) 우리들만이 낭만적 사랑을 믿거나 그것이 무엇인지 안다고 주장하는 것도 우스꽝스럽다. 확실히 고전 시대에도, 이를테면 소포클레스, 겐지 이야기, 솔로몬의 노래, 타지마할 전설에서도 낭만적으로 보이는 이야기들은 존재했다. 그러나 연애가 모든 사회에 나타나는 모든 형태의 성적 집착, 이웃에 사는 선남선녀와 결혼하고 싶은 모든 욕망을 모조리 포괄할 정도로 그 개념을 넓히는 것은 중요한 구분을 지워버리면서, 우리가 우리 사회에서는 당연시하지만, 대부분의 다른 사회에서는 보기 드문 매우 특별한 사랑의 조건과 요구를 무시하는 것이다. 우리 서양의 과거 역사와 타 문화에 등장하는 유명한 연인들의 사례는 모두 특별히 운이 좋은 조건에서 찾을 수 있다. 왕족과 귀족들에게서만 사랑을 찾을 수 있는 것은 연애라는 사치스러운 개념 때문만은 아니다. 이런 예외적인 사람들만이 우리가 "사랑"이라고 부르는 사치를 부릴 여유와 자유를 누리고 있었기 때문이다. 이와 다른 한편에서, 우리는 우리 자신을 사랑할 수 있는 한 개인으로 바라보는 평범한 능력이 5천 년의 역사와 극히 이례적으로 좋은 사회 환경이 빚어낸 산물이라는 점—우리가 그것에 대해 아무리 비난과 불평을 늘어놓는다고 할지라도—을 깨닫지 못하면서, 우리의 개인주의가 지닌 자유와 안락함과 상대적 여유를 당연하게 생각한다.

바로 이런 개인성, 선택의 자유, 여가가 부족했기 때문에 우리가 정의하는 사랑의 형태가 존재하지 않는 문화가 지배하게 되었다고 설명할 수 있을 것이다. 이는 이런 문화에 살고 있는 사람들이 본질적인 감정을 결여하고 있기 때문이 아니며, 관계에서 우리보다 덜 배려하고, 덜 동정적이며, 덜 섬세하고 덜 부드럽기 때문이 아니다. 이들이 우리보다 성적으로 덜 흥분하고 덜 만족하기 때문도 아니다. 근대 서구적 삶에서 자의식적으로 가장 낭만적이었던 시대 중 하나인 19세기 빅토리아 시대의 문화는 사랑을 섹스의 대체물 같은 것으로 이용했다. 빅토리아 시대 문화는 연애에 기초한 결혼을 찬양하고 장려했지만, 악명 높게도 기혼 부부가 함께 섹스를 즐긴다는 생각은 비난했다. 예의 바르게 사랑하는 아내는 "눈을 감고 영국을 생각하라"라는 조언을 들었다. 정략결혼을 통해 결혼한 부부가 서로를 존중하고 사랑하는 것은 완전히 바람직하고 또 가능하다. 하지만 우리에게 이런 사랑은 낭만적으로 보이지 않는다. 이국적인 남해 섬에 살고 있는 10대 소년·소녀가 함께 도망치는 것을 꿈꿀 수는 있다. 하지만 이 사회에서 이런 유치한 상상은 오락거리 이상의 진지한 가치를 지니고 있다고 생각되지 않는다. 이런 사랑은 사랑 그 자체가 목적이 아니며, 부러워할 만한 감정은 더더욱 아니다. 성적 실험과 열정은 괜찮지만, 결혼은 변덕스러운 요소들에 기댈 수 없는 극히 중요한 것으로 여겨진다.

모든 사회에는 섹스가 있다. 우리가 섹스의 결과를 인정한다면, 모든 사회에는 섹스가 허용되는 상황과 허용되지 않는 상황을 기술하는 규칙과 관행이 있다. 자유방임적 사회에 보내는 지속적 경고에도 불구하고, 우리 사회는 성적 난잡함과 충실함에 관한 한 가장 관대한 사회도 아니고, 가장 엄격한 사회도 아니다. 사모아 사회의 성을 기술한 마거릿 미드Margaret Mead의 고전적 작업은—초기 남성 탐험가들의 관음증적 기술과 환상과 마찬가지로—그곳에서의 섹스는 풍요롭지만 "별 것 아니라는 점"을 분명히 한다. 결혼이 사랑과 무관한 것은 사랑을 무시하기 때문이 아니라 우리가 생각하는 사랑을 고려해야 할 상황이 아니었기 때문이다. 이와 마찬가지로, 『야만인들의 성생활』에서 위대한 인류학자 브로니슬라브 말리노프스키bronislaw Malinowski는, 많은 사회에서는 우리가 낭만적 사랑이라고 부르는 것이 결여되어 있다고 쓰고 있다. 한 사람을 이상화하는 것은 에로스의 만족을 가로막는 실질적 장애가 존재하는 곳에서만 나타나기 때문이라는 것이다. 말리노프스키가 피력한 이런 견해는 최근 필립 슬레이터Philip Slater가 더욱 발전시키고 있는데, 슬레이터는 사랑이란 섹스를 인위적 희귀 상품으로 만든 결과라는 논란의 소지가 있는 진단을 내리고 있다. (『외로움의 추구』) 이 주장에 의할 것 같으면, 언제든 복수의 섹스 파트너를 구할 수 있는 상황에서 낭만적 사랑의 강도는 중요하지 않다. 물론 섹스를 죄라고 가르치는 것은 여러 명의 섹스 파트너를 구할 가능성을 규제하지는 않지만, 그것의 허용 가능성을 규제할 효과적인 방안이다. (최근 기독교로 개종한 아프리카와 남태평양 나라들에 대한 관찰이 분명히 보여주듯) 우리는 낭만적 사랑이 기독교로 개종한 사회에서 번성하는 경향을 보인다는 점에 놀라지 말아야 한다. 그런데, 유독 기독교 사회가 낭만적 사랑을 잘 수용했던 것이 성적 규제 때문만은 아니다. 이 못지않게 중요한 사항이 기독교가 개인성과 평등을 강조한다는 점이다. 따라서 유럽에서 낭만적 사랑이 빌달한 것은 기독교에 대한 관념에 일어난 보다 극적인 변화, 이를테면 12세기에 일어난 성모 마리아에 대한 관심의 증대와 긴밀한 평행관계를 이루고 있다는 점에 놀라지 말아야 한다. 12세기 당시는 여성의 지위가 상당히 향상되면서 궁정풍 사랑—낭만적 사랑의 전신—이 가능해졌다.

낭만적 사랑을 가능하게 만들거나 불가능하게 만드는 여러 요인들 중 하나는 사생활의 존재와 그 중요성이다. 오늘날 사실상 모든 사회에는 사생활의 중요성에 대한 인식이 자리잡고 있다(배링턴 무어Barrington Moore의 『사생활』, 1986). 고대 그리스부터 아프리카의 푸라니 부족과 아메리카 서남부의 호피족에 이르기까지 대부분의 사회는, 비록 성행위 자체에 대해서는 상당한 관용을 보여주지만, 성행위는 사적이라고 주장한다. 그러나 이런 물리적 사생활보다 더 중요한 것은 개인의 사생활을 개인의 권리와 사적 선택의 문제로부터 개념화하는 것이다. 또한 앞으로 보겠지만, 개인적 정체성의 관념, 다시 말해 사회에서 수행하는 역할이 아니라 개인적 관계에서 규정되는 형태의 자기 정체성 개념이 물리적 의미의 사생활보다 더 중요하다. 대부분의 사회에서 사적인 것과 개인적인 것에 대한 이런 관념은 존재하지 않으며, 인간의 정체성은 사회적 지위에 의해서만 규정된다. 그런 사회에서는 결혼 역시 사회적 결정의 문제가 될 것으로 기대된다. 낭만적 사랑은 이와는 관련이 없고, 그런 사회의 삶과도 당연히 관련이 없다.

앞서 말했듯이, 낭만적 사랑의 또 다른 본질적 요소는 평등이다. 이것은 낭만적 사랑을 인정하는 사회가 왜 그렇게 적으며, 왜 고대의 희귀한 소수 사례들에 사회 최고위층의 여성들, 이를테면 귀네비어와 시바 같은 여왕들이 포함되는지 말해준다. 대부분의 사회에서 불평등한 양성 간의 위치는 낭만적 사랑을 생각할 수 없게 만들었으며, 결혼은 대개 지배와 종속의 문제였다. 서양의 역사에서 고대 히브리인들은 낭만적 사랑이라는 관념을 갖고 있지 않았다. 남성과 여성의 역할은 철저히 사회적으로 규정되었으며 불평등했다. 결혼은 선택을 통해 결정되지 않았으며 중매를 통해 이루어졌다. 중매결혼이 낭만적 사랑에 기초한 결혼만큼 성공적이냐 아니냐 하는—증거를 보면 성공적임을 알 수 있다—불편한 물음은 논외로 치더라도, 우리에게 중매결혼은 연애와 가장 반대되는 것으로 비쳐진다. 일본에서도 결혼이 낭만적이었던 적은 없었다. 그것은 결혼이 중매로 맺어졌기 때문이 아니라 여성의 역할이 너무 종속적이었기 때문이고, 여성들로 하여금 헌신적이면서 많은 경우 학대당하는 노예가 아니라 평등하고 흥미로운 파트너로 만들어줄 재능들을 꽃피우지 못하도록 단념시켰기 때문이다. 이를 입증하듯, 일본 역사에서 낭만적 사랑이 번성했던 유일한 공간은 토카와타 막부Tokagawa Shogunate의 "부세화[5]"였다. 춘화로 일컬어지는 일본 고전 예술에서 서로 즐기는 성교를 풍성하게 그린 사람들은 기혼자들이 아니라 대개 상인과 창녀였다. 영리한 막부가 부유하지만 사회적 지위를 갖지 못한 상인 계층을 정치에서 분리시키기 위해 만든 우키요에는 계급적인 일본 사회에서 잘 교육받은 여성들이 어느 정도 평등하게 남성을 만날 수 있는 유일한 공간이었다. 그 결과 수많은 러브스토리들이 탄생했다. 여기서는 성적 자유가 전제되었으며, 평등이 보다 중요한 토대를 이루었다. 이는 사랑 없는 결혼에서는 찾을 수 없는 평등이었다. 우리는 이런 성적 불평등이 반드시 양성 간 젠더 구분에만 나타나는 것은 아니라는 점을 주목해야 한다. 남성과 여성 사이에 현저한 불평등이 존재했던 고대 그리스에서는 동성애 관계 역시 균형을 이루지 못했으며, 그에 따라 동성애는 당연히 낭만적이지 않았다. 성인 남성과 "젊은이"의 관계가 동성애의 표준적 관계였다. 이들이 맡는 역할은 달랐고 이들이 느끼는 감정 또한 달랐다. 성인 남성은 멘토였다. 그는 연인의 아름다움을 찬미했다. "젊은이"는 성인 남성에게 감사하도록 기대되었지만, 완전히 홀딱 빠지도록 기대되지는 않았다. (플라톤의 『향연』에서는 아이로니컬한 반전이 일어난다. 『향연』에서는 알키비아데스라는 이름의 젊은이가 소크라테스에게 구애를 하면서 이런 전통을 뒤집고 있

5 부세화浮世畵 : '우키요에'로 불리는 17세기 에도막부 시대에 유행한 풍속화—옮긴이주.

다.) 낭만적 사랑은 평등을 전제하지는 않을지라도 평등을 요구한다.

인류학과 인간 본성에 관한 논의에서 지속적으로 제기되는 쟁점은 인간들 사이의 차이가 갖는 상대적 중요성 대 문화 횡단적 유사성과 연관되어 있다. 다시 말해, 무엇이 문화의 문제이고 무엇이 생물학이나 인간 조건의 산물인가가 논쟁의 화두이다. 낭만적 사랑과 관련하여 말하자면, 모든 사회에서 찾을 수 있는 사랑의 특성은 존재한다. 이런 특성은 섹스의 중요성과 한 상대가 다른 상대보다 매력적이라고 생각하는 문화적 선호도이다. 그러나 낭만적 사랑의 속성은 매우 특수하게 만들어졌으며 극히 적은 수의 사회에서만 찾을 수 있다. (물론 이런 사회의 숫자가 급속하게 늘어나고 있는 것은 사실이다.) 연애가 있는 우리 사회가 연애가 없는 사회보다 낫다는 도덕적 결론을 끌어내지 않으려면, 우리의 발명품이 비록 행복을 주지는 않을지라도 최소한 사회의 조화나 안정에 기여한다고 찬사를 늘어놓기 전에 많은 문제를 해결해야 한다는 점을 기억하도록 하자. 대다수 사회의 사람들은 우리의 낭만적 환상을 사회적 혼란과 무책임을 일으키는 근원이자 수많은 불행의 원인이라고 생각한다. 분명하게 이야기하면, 이들은 우리 사회에서 끔찍한 이혼율과 엄청난 수의 미혼녀들이 양산된 배경에 이런 낭만적 사랑의 환상이 자리잡고 있다고 생각한다. 우리 사회의 나이 든 여성들은 특별히 민감하거나 책임감이 있지 않은 문화에서 자신들이 버려졌다고 느낀다. 우리 사회는 연애를 강조하면서 동지애 대신 허영심을, 공동체 대신 고립을, 책임감 대신 변덕을, 사회적 안정 대신 감정적 흥분을 부추긴다. 그 결과 우리 사회는 낭만적일 뿐 아니라 (또한 바로 그렇기 때문에) 파편화되어 있고, 욕구의 좌절을 겪고 있으며, 고독한 문화인 것 같다. 이런 비판에 답할 수 있는 낭만적 사랑을 재발명할 때까지 우리는 우리의 열정에 겸손해야 할 것이다.

사랑의 역사

서양의 사랑 관념은 (그것이 지닌 이성애적이고 인본주의적 측면들에서) 12세기에 이르러서야 비로소 그 이전에는 전혀 존재하지 않았던 형태로 —발명되거나 발견되었던 것이 아니라면—발전했다고 말할 수 있다. 이토록 뒤늦게 인간은 성적 충동을 이상주의적 동기와 조화시키고, 성적 친밀성을 종족을 보존하거나 신을 찬양하거나 숭고한 형이상학적 대상을 얻는 수단이 아니라 인생을 살만하게 해주는 목적으로 정당화할 수 있었다.

— 어빙 싱어, 『사랑의 본성』 2권

우리는 사랑이 역사적이라고 말했다. 이것이 의미하는 바는 사랑의 역사를 이해할 때에야 비로소 우리는 사랑을 이해할 수 있다는 것이다. 사랑이 지닌 여러 미덕 가운데 많은 것들은 우리 문명이 이룩한 가장 자랑스러운 성취이다. 개인의 존중과 개인적 선택의 보호, 양성의 평등과 사회적 계급 구별의 철폐, 성적 욕망 및 성적 표현과 사생활과 섬세함과 한계에 대한 욕구 사이의 균형, 행복의 추구 등이 우리가 이룩한 성취의 목록 안에 들어간다. 이와 함께 사랑이 오랜 세월에 걸쳐 진화해왔다는 것은 우리가 과거의 짐들 가운데 많은 부분을 여전히 짊어지고 있다는 것을 말해준다. 우리가 지고 있는 과거의 짐에는 잔존하는 성역할, 억제, 사랑과 종교를 혼동하는 과잉 이상화 등이 있다.

사랑은 5천 년의 역사에 걸쳐 발전해오면서 지난 세기에 이르러서야 '낭만적' 사랑으로 결실을 맺었다. 성욕은 역사를 통틀어 언제나 존재해왔던 항수恒數로 보일지 모르지만, 욕망의 대상과 근원, 욕망의 본성과 변화는 사회나 철학반큼이나 다양하다. 낭만적 사랑은 양성의 지위, 성관계의 중요성, 결혼의 의미, 생명 활동의 영속적 자극만이 아니라 개인적 정체성의 본질과 삶의 의미에 대한 근대적 관념 위에 세워졌다. 엄밀히 말해 플라톤의 『향연』에 낭만적 사랑과 관계되는 것은 아무것도 없다. 근대적 사랑을 느끼려면 근대적 관념이 필요하다. 고대인들의 통찰이 아무리 풍요롭고 그들의 시가 아무리 화려하다고 해도 사랑에 대한 이해는 우리에게 달려있다.

낭만적 사랑에는 성과 성이 갖는 의미에 대한 원시, 고대, 중세, 근대의 관념들이 합금되어 있다. 성은 다른 방식으로 다른 사회에 "맞춰" 들어가며, 그 결과 사랑과 결혼에 관한 생각도 변한다. 사회를 유지하는 데 이성애적 성교가 반드시 필요하다고 해도 성욕은 이런 재생산의 목적에 한정되지 않는다. 성욕은 언제나 일련의 철학적 관념들과 연관되어 있다, 그 관념들은 모든 욕망은 궁극적으로 선과 아름다움을 향한 욕망이라는 플라톤적 관념일 수도 있고, 친밀성은 신과의 합일을 나타낸다는 중세적 원리일 수도 있으며, 성이란 우리 모두에게 흘러드는 우주의 생명력이라는 후기 낭만주의 철학일 수도 있다. 낭만적 사랑이 다른 사랑 관념과 다른 것은 무엇보다 사랑을 그 자체로 중요하게 여긴다는 점이다. 낭만적 사랑에서 사랑은 아이를 낳기 위한 수단이 아니며, 신을 찬양하기 위한 것도 아니다. 중요한 것은 (사랑을 자극하는 섹스가 아니라) 사랑이라는 감정 그 자체이다. 이 감정은 사랑이 사회에서 수행하는 역할이나 효과와는 별개이다. 사랑을 그 자체로 찬양한다는 것은 개인적 선호와 느낌에 일차적 관심과 최고로 중요한 위상을 부여한다는 의미이다. 이는 개인의 느낌이 비이성적이고 자기파괴적이며 만인의 선에 반하는 경우에도 그러하다. 성과 결혼을 개인적 욕망과 만족과 감정과 향유에 따라 결정할 수 있는 사치를 누릴 수 있었던 사회가 역사상 과연 얼마나 될까?

낭만적 사랑의 역사는 그리스인들과 함께, 특히 플라톤과 함께 꼴을 갖추기 시작했다. 그리스인들이 찬양했던 사랑 관계가 엄밀히 남성들 사이의 관계로서 여성은 배제했다거나, 에로틱한 관계는 대개 불평등했다는 점에 관해서는 신경쓰지 말라. 플라톤은 섹스를 보다 중요하게 생각하는 원시적 관념에 이상화라는 관념을 덧붙였다. 여기서 이상화는 연인을 이상화하는 것만이 아니라 사랑 자체를 이상화하는 것을 말한다. 플라톤은 흔히 사랑을 지나치게 이상화했다는 비판을 받는다. 그러나 돌이켜 생각해보면 이런 이상화에 대한 인식이 없었다면 우리가 성적 욕망을 넘어서는 사랑 관념을 갖지는 못했을 것이다. 우리는 여전히 아름다운 사람이 아니라 아름다운 육체에 매혹당할 것이며, 플라톤이 말하듯이 사랑이라는 감정이 "영원히" 지속될 것인가는 신경쓰지 않을 것이다.

기독교가 항상 낭만적 종교로 생각되었던 것은 아니다. 이는 교회가 수 세기 동안 성적 욕망을 드러내는 모든 형태의 표현에서—심지어 결혼 관계에서 드러낼 때에도—성적 욕망을 공격해왔기 때문이다. 그러나 에로틱한 사랑의 역사를 규정해왔던 것은 기독교사상이 성적 사랑을 비천한 것으로 여겼나는 사실뿐만 아니라 기독교가 개인의 내적 영혼과 믿음, 헌신 같은 감정의 중요성을 강조했던 것을 통해서도 일어났다. 기독교의 탁월함은 기독교가 내적 자아를 발명했을 뿐 아니라, 몇몇 감정들을 신적 중요성을 지니는 수위로까지 격상시켰다는 데 있다. 성 아우구스투스의 『고백론』을 생각해보라. 그러나 플라톤과 마찬가지로 기독교 역시 에로틱한 사랑을 취하고선 그것을 다른 것으로 변형시켰다. 에로틱한 사랑은 동료 인간에 대한 사랑이거나 부부간의 사랑일 수 있지만, 더이상 성적이지 않고 개인적이지 않으며 인간적인 것만도 아니게 되었다. 사랑은 가장 긍정적인 측면에서 이상화의 형식이 되었을 뿐 아니라 숭배의 형식이 되기도 했다. 또한 사랑은 자신과 자신의 이익을 넘어서려는 시도일 뿐 아니라 한갓 인간관계에 지나지 않는 한정된 세계를 초월하려는 시도가 되었다. 기독교적 사랑 관념은 언제나 "더 높이" 날아올라 덕이나 행복만이 아니라 완성을 지향했다. 기독교와 함께 사랑은 정말로 "신적"으로 되었다. 사랑은 환희에 찬 것일 뿐 아니라 그 자체로 절대적이다. 그러나 부정적 측면에서 기독교적 사랑 관념은 인간의 자연스러운 본능을 부정할 뿐 아니라 사랑으로 이루어진 결혼이라는 관념 자체를 부정하면서 잔혹하고 비인간적일 수 있다. (실제로 종종 그렇다고 이야기된다.) 사도 바울의 충고를 들어보라. "불 질러 버리기보다는 결혼하는 편이 낫다"라는 바울의 충고는 이런 수정된 사랑 관념을 지배하는 보다 관대한 감정 중 하나이다. 자기 아내를 욕정의 눈으로 바라보는 것조차 죄라고 주장했던 사람이 테르툴리아누스 한 사람밖에 없었던 것은 아니다. 실상 모든 욕정은 사랑에 반하는 것이었지 사랑을 표현하는 것이 아니었다. 기독교는 대중을 위한 플라톤주의라는 니체의 발언에 우리는 다음의 발언, 즉 오늘날 우리가 정신분석학을 갖게 된 것은 기독교 덕택이라고 덧붙일 수 있을 것이다.

기독교 신학은 다른 무엇보다 사랑을 장려하고 존중했을 것이지만 그러나 에로스적 사랑이 크게 번창한 것은 아니었다. 사랑을 가리키는 다른 이름들—카리타스, 필리아, 아가페—은 사랑에 대한 학술적 연구를 명료하게 만들어줄지는 모르지만, 사랑이라는 감정의 현상학을 명확히 보여주지는 못할 것이다. 누군가를 사랑의 눈으로 바라볼 때, 실제로 자신이 느끼는 감정이 신적인 카리타스인지 저열한 에로스인지 말할 수 있는 사람이 과연 존재할까? 우리는 그저 카리타스를 느껴야 한다는 것만을 알 수 있을 뿐이다. 사랑과 성적 욕망은 항상 구분될 수 있을 뿐 아니라 심지어 대립하는 것처럼 양자를 구별하는 수많은 문건들이 양산되었고, 그리고 이 문건들에서 우리가 좋아하는 최상의 대화들이 생겼다. 14세기에 이르러 이런 혼동은 플라토닉 러브로 신성화되었다. 플라토닉 러브에 대한 책임은 당연히 플라톤(아니면 최소한 소크라테스)이 져야 할 것이다. 사랑은 소크라테스가 촉구했던 것보다 더 신성화되었다. 그러나 에로스적 열정과 행복한 인간관계가 그 자체로 갖는 중요성을 부정하면서 우리가 정신성에서 얻었던 것들은 상실되었다.

12세기 궁정풍 사랑은 바로 이 인간적 욕망과 애정에 보인 둔감함을 겨냥한 것이었다. 낭만적 사랑은 역사적으로 종종 궁정풍 사랑과 합쳐진다. 궁정풍 사랑은 중세 말기에 등장한 낭만적 사랑의 주요 선조로 여겨진다. 그러나 『사랑의 본성』에서 어빙 싱어Irving Singer가 주장하듯이, 낭만적 사랑과 궁정풍 사랑은 다르다. 이 두 사랑은 종종 합쳐지고, 특히 궁정풍 사랑은 흔히 아름답지만 접근할 수 없는 귀부인이 살고 있는 (드높은) 탑 앞에서 감상적 노래를 부르는, 육욕肉慾적이지만 좌절당한 음유시인이라는 우스꽝스러운 이미지로 환원된다. 궁정풍 사랑은 섹스의 아름다움과 중요성을 새로이 인정한다. 그러나 사랑을 성적으로 완성하는 것이 구애의 목적이긴 하지만, 그것이 아주 중요한 의미에서 궁정풍 사랑의 목적은 아니다. 궁정풍 사랑은 완성을 향한 갈망으로써 섹스를 지렛대 삼아 좋은 태도(기사도)와 용기와 표현력과 시적 창조성을 독려한다. 음유시인을 비롯한 여타 궁정풍 사랑 유형들은 플라톤을 따랐지만, 또한 기독교를 상당 부분 통합해들였다. (물론 교회는 궁정풍 사랑의 관행에 모호한 시각을 보이면서 궁정풍 사랑이란 섹스의 이단적으로 합리화에 불과하다고 생각했다.) 확실히 궁정풍 사랑의 패러다임은 순결하지만 좌절된 (시적) 욕망에서 비롯된 것이 아니라, 은밀하고 불법적이며 만인을 아우르는 불륜의 사랑(예를 들면, 랜슬롯과 귀네비어)에서 시작되었다. 사회적으로 보았을 때 궁정풍 사랑은 상류 계층의 놀이였다. 궁정풍 사랑은 실제 행위였을 뿐만 아니라, 말이었다. 또한 가장 중요한 점으로 궁정풍 사랑은 결혼과 완전히 구별되었을 뿐 아니라 결혼과 대립하기까지 했다. 남성 음유시인—특히 안드레아스 카펠라누스Andreas Capellanus—의 텍스트와 이론의 출처가 대부분 불륜에 대한 오비디우스의 조언이었다는 것은 놀랍지 않다. 그러나 여성 음유시인들—아키텐의 엘리너—이라고 해서 사랑과 결혼을 더 진지하게 다루었던 것은 아니다. (이는 부분적으로 여성 음유시인들은 거의 대부분 기혼여성들이었기 때문이다.)

사랑의 관념에 일어난 역사적 변화는 상당 부분 플라톤과 기독교적 사랑이 제시한 이상화를 연인들의 현실적 요구 및 욕망과 결합하고 종합하려는 시도와 연관되어 있다. 궁정풍 사랑의 덕은 이런 종합을 수행하면서, 또한 성적, 미적 만족을 사회적, 정치적, 경제적 측면만을 고려하는 정략결혼의 세계 안으로 끌어들이는 것이다. 또한 궁정풍 사랑은 에로틱한 사랑이 그 자체로 좋다고 바라보는 본질적으로 낭만적인 관념을 도입했다. 이는 플라톤의 『향연』에 나오는 신들의 계보나 기독교적 사랑 관념에서는 찾아볼 수 없는 생각이다. 싱어는 궁정풍 사랑이 지니고 있는 다섯 가지 전반적 특징을 다음과 같이 정식화한다.

1)남성과 여성 사이에 일어나는 성애적 사랑은 그 자체로 추구할 만한 가치가 있는 이상이다. 2)사랑은 사랑하는 사람과 사랑받는 사람 모두를 고귀하게 만든다. 3)성적 사랑은 좁은 의미에서 성적이기만 한 것이 아니라 윤리적, 미학적 성취이다. 4)사랑은 정중한 격식과 구애와 관련되지만 (반드시) 결혼과 관계되는 것은 아니다. 5)사랑은 남성과 여성의 신성한 하나됨을 내포한다.

이 중 첫 번째 특징은 전통적인 기독교적 사랑 개념에 대한 급진적 도전을 가리킨다. 반면에, 세 번째 특징은 사랑은 성적 욕망에 지나지 않는다는 통속적 관념을 거부한다. 우리 시대의 사랑 개념에서 가장 중요한 것은 다섯 번째 특징이다. 남성과 여성 사이의 합일의 관념은 기독교 신비주의뿐 아니라 고대 신화에 뿌리를 두고 있는데, 이는 낭만주의 시대의 가장 중요하고 난해한 ("불가사의하고" "신비로운") 주제이다.

낭만적 사랑은 하나의 독특한 근대 철학으로서 낭만주의의 핵심적 일부를 구성한다. 낭만적 사랑은 결합이라는 인상적인 형이상학과 결합하여 자아, 개인의 자율성, 열정에 관해 이례적일 만큼 강력한 관념을 전제한다. 결합 중에서는 사랑에서 이루어지는 성적 결합이 특히 짜릿하고 실재하는 경우에 해당된다. 위대한 독일 철학자 헤겔은 우주를 하나의 통일체로 바라보는 시각을 옹호했다. 그는 이 단일한 통일체를 "사랑"이라고 불렀다. 낭만주의 시인 셸리Percy Bysshe Shelley는 사랑 속의 두 자아를 "뒤섞인 불꽃으로 이루어진 하나의 영혼"으로 묘사했다. 낭만적 사랑에는 개인의 자아가 다른 자아를 포괄해들이는 확장의 관념이 전제되어 있다. 그런데, 이 관념은 시민성과 여타 성원권membership이 우리가 상상할 수 있는 모든 공유된 정체성을 제공해주는 사회에서는 거의 필요하지 않다. 개인적 자아의 확장이라는 관념은 "내적 자아" 관념이 최고조에 이른 것이다. 하지만 이런 관념은 심리적이거나 개인주의적인 성격이 적은 사회에서는 이해되지 못할 덕성이다. 낭만적 사랑이 발달했던 시기는 새로이 점차 산업화되고 익명화되어가고 있던 사회가 경제적으로 독립적이고 사회적으로 축소된 (핵)가족을 만들어낸 시기, 남성뿐 아니라 여성도 결혼 상대를 선택함에 있어 상당한 정도의 개인적 **선택권**을 행사할 수 있게 된 시기, 낭만적 러브 스토리가 다수의 중산계급 여성들에게 사랑의 복음을 퍼뜨린 시기(이와 달리 궁정풍 사랑은 소수 귀족계층 여성들만이 누린 특권이었다), 철학적으로 가장 중요한 것으로서 (계몽주의 시대의 다른 많은 관념들처럼) 신성한 사랑과 불순한 사랑의 오랜 대립이 무너져 양자가 세속적 방식으로 통합된 시기이다. 낭만적 사랑은 역사학자 로버트 스톤Robert Stone이 "정서적 개인주의affective individualism"라 부른 것에 기대고 있다. 정서적 개인주의는 개인과 개인이 느끼는 감정의 중요성을 바라보는 태도로써 근대 이전에는 등장하지 않았고 등장할 수도 없었다.

낭만적 사랑에서 특히 근대적인 측면은 사랑과 결혼이 연결되어 있다는 점이다. 사랑과 결혼은 대중가요가 읊조리듯이 "말과 마차처럼" 그렇게 필연적으로 연결되어 있지는 않다. 플라톤이 에로스를 고려할 때 결혼 문제는 등장하지도 않았다. 여기엔 분명한 이유가 있었다. 오비디우스는 마음에 둔 상대가 결혼을 하면 이것이 힘겨운 장애물을 만들어 부가적 흥분의 원천이 될 수는 있지만, 사랑과 결혼은 서로 충돌한다고 생각했다. 결혼을 신성한 의식으로 바라보는 장구한 역사는 성애적 사랑에 관해서는 말할 게 별로 없지만, 성애적 사랑에 반하는 것에 관해서는 말할 거리가 무척 많다. 궁정풍 사랑의 시대에 이르면 구애는 대개 결혼에 이르는 서곡이거나 (거의 들어본 적 없는) 결혼의 내용을 이루는 것이 아니라, 사랑 없는 결혼의 **대안**을 제공해주었다.

사실상 낭만적 사랑의 역사를 통해 우리는 사랑의 기원이 결혼과 독립해 있을 뿐 아니라 결혼에 **맞서는** 반역이라는 점을 알 수 있다. 카멜롯의 고전적인 기사도적 사랑 이야기는 아서왕과 귀네비어의 이야기가 아니라 귀네비어와 랜슬롯의 이야기[6]—운명적이고 비밀스럽고 불법적인 불륜 이야기이다. 트리스탄과 이졸데 두 사람 다 다른 사람과 혼인한 기혼자들이었다. 유럽 문학에 등장하는 대부분의 연애는 성공적인 결혼 이야기가 아니라 정부情婦와 간통의 이야기이다. 12세기 음유시인들은 사랑 없는 정략결혼의 덫에 빠진 여성들을 지켜주는 안전판이라며 혼외 사랑을 권장했다. 프랑스 역사학자 드니 드 루즈몽Denis de Rougement에 따르면, 낭만적 사랑의 전 역사는 그가 "부부간" 사랑이라고 부른, 조용하고 충실한 결혼 안에서 일어나는 사랑과는 판이한

6 귀네비어는 아서왕의 왕비로서 가장 용감한 원탁의 기사였던 랜슬롯과 사랑에 빠진다—옮긴이주.

병리적 반역과 자기파괴의 역사이다. 17세기에, 이를테면 셰익스피어 희극에 이르러서야 비로소 사랑과 결혼의 이상이 종합되는 양상이 나타나기 시작한다. 여기서 결혼은 대체로 (극의 결말일 뿐 아니라) 사랑의 완성을 제시하는 것으로 그려진다. 그러나 셰익스피어와 비슷한 시기에 살았던 몽테뉴와 19세기의 가장 위대한 낭만주의자 스탕달, 두 사람 모두 사랑과 결혼을 섞을 수 없다고 생각했다. 오늘날 우리가 짜릿한 젊은 사랑과 지루한 결혼생활을 강조하고 있다는 사실을 인정한다면, 사랑과 결혼을 조화시키려는 근대적 시도는 아직 효과를 발휘하지 못하고 있다고 결론지을 수 있을 것이다.

우리가 낭만적 사랑으로 알고 있는 것은 이교도적 에로스, 이상주의적인 기독교적 사랑, 그리고 근대 철학을 종합하려는 오래되고 고통스러운 역사적 노력의 산물이다. 낭만적 사랑은 성적일 뿐만 아니라—그 기본적 성격은 성적이다—, 또한 개인의 사생활, 자율성, 감정을 중요하게 여기는 근대적 맥락에서, 문화적 배양과 관능이라는 이교적 덕성과 기독교의 헌신과 충실성을 이상주의적으로 갱신한 것이기도 하다. 낭만적 사랑을 한 사람이 다른 사람에게 보이는 "자연스러운" 반응으로만 이해한다면, 우리는 가장 평범한 연애 사건 뒤에 놓여 있는 전 역사적 발전 과정을 무시하게 될 것이다.

정체성으로서의 사랑

사랑은 오래된 욕구의 표현이다. 인간의 욕망은 원래 하나였고, 우리는 전체였으며, 전체에 대한 욕망과 추구가 사랑이라 불린다.

— 아리스토파네스, 플라톤의 『향연』에서

이제 사랑의 핵심적인 구성 요소, 다른 모든 요소들—섹스, 동반자, 결혼과 맺는 자연스러운 연결 끈, 열정이 갖는 엄청난 중요성과 열정을 잃을 때의 파멸적 충격—을 하나로 묶어주는 개념적 중핵中核을 소개할 때가 되었다. 사랑을 구성하는 이 중핵적 요소는 개별적 자아 정체성이다. 여기서 우리는 정체성 이론을 다소 경박하긴 해도 가장 강력하게 표현하고 있는 언술, 즉 플라톤의 『향연』에서 희극작가 아리스토파네스가 말한 것을 재서술하는 것으로 시작하는 편이 가장 좋을 것 같다.

향연에 참여한 사람들은 모두 사랑을 예찬하는 연설을 해달라는 요청을 받는다. 이 요청에 따라 아리스토파네스는 이야기를 하나 지어낸다. 이 이야기는 앞선 연설들의 허황되고 거만한 주장에서 다소 가볍고 유머러스하게 벗어날 의향으로 창작된 것이다. 그러나 아리스토파네스가 지어낸 이야기는 낯익은 것이지만 심오한 문제를 건드리고 있다. 그 이야기는 "옛날 옛적에" 우리 모두는 오동통한 이중적 존재로서 땅 위를 깡충깡충 뛰어다니며 행복한 시간을 보냈다는 것이다. 그 시절 우리의 모습은 지금과 달리 거의 완벽했다고 한다. 그리스 기하학에서 완벽함은 공 모양이라는 뜻이다. 두 개의 얼굴은 완벽한 시각을 주었고, 네 개의 손과 네 개의 발은 뛰어나게 몸을 돌릴 수 있게 해주었다. 우리는 지금보다 더 똑똑했고, 더 대담했으며, 더 오만으로 가득차서 신들에게 도전했다. 우리의 도전을 막기 위해 제우스는 우리를 둘로 쪼개 우리의 오만을 하찮은 것으로 만들었다. 이로써 우리의 힘은 줄어들었으나 우리의 숫자는 늘어났다. 아폴로 신은 남은 인간들이 마주한 기이하고 불완전한 형상 안으로 신체의 나머지 반쪽을 재배치했다. 그리하여 그때 이후로 우리들 각자는 누군가에게 붙잡힌 자로서 자신의 나머지 반쪽을 찾아 세상을 떠돌게 되었다. 여기에 사랑의 힘이 존재한다. 사랑은 단순히 성적 욕망이 아니며 흠모의 형태도 아니다. 사랑은 다시 전체가 되려는 욕망이다. 우리는 결합하고자 한다. 그것은 누군가 다른 사람을 찾는 것이 아니라 **우리 자신**을 찾는 것이다. 섹스는 자기 자신을 찾기 위한 손쉬운 수단이다, 섹스는 부분적으로만 성공할 뿐이며 극히 일시적이다. 아리스토파네스는 섹스가 사랑의 목표가 아님을 분명히 한다. "그들이 각자 다른 사람에게 드러내는 강렬한 열망은 교접의 욕망 같지 않다. 그 열망은 영혼이 갈망하지만, 알 수 없는 어떤 것, 그에 대해 영혼은 어두컴컴하고 불확실한 짐작만 할 수 있을 뿐인 어떤 것을 향한 욕망과 같다." 이 욕망은 결합의 욕망이다. 아리스토파네스는 신들의 대장장이인 헤파이스토스가 우리의 두 반쪽—영혼과 신체—을 손질하여 잘 이어 붙일 수 있다면 더 바랄 게 없다고 제안한다. 다시 말해, 냉소주의자들에 맞서 우리는 사랑을 섹스의 견지에서 이해하려고 해서는 안 된다. 오히려 우리는 사랑의 관점에서 섹스의 힘을 이해해야 한다. "우리 안에 심어진 타인을 향한 욕망은 유구한 것이다. 그것은 우리의 본래적 본성과 재결합하고, 둘에서 하나를 만들며, 인간의 상태를 치유한다."

이 이야기에서 무엇을 읽어낼 것인가? 『향연』에서 소크라테스는 아리스토파네스가 하는 이야기를 우스꽝스럽다며 배척하고 있으며, 근대의 학자들은 이 이야기가 "야만적이고 철학적이지 않다는 이유로 반대한다." (J. A. 스튜어트, 『플라톤의 신화』) 역사는 해부학적 신체 못지않게 불합리하다. 재미있다는 점을 제외하고, 이 이야기가 우리를 자극하는 것이 무엇이건, 이 이야기가 우리의 사랑 이해에 도움을 주었다고 쉽게 말할 수는 없을 것이다. 그러나 나는 아리스토파네스가 우리에게 준 것이 근대적 사랑을 이해하는 고대적 모델이라는 점을 보여주고 싶다. 그것은 사랑에 대한 기독교적 설명에서 반복되는 모델이다. 기독교는 결혼이라는 신비한 "결합union"에서 두 영혼이 "합쳐지는 것merging"이 사랑이라고 설명한다. 이런 생각은 오늘날에도 반복되고 있다. 이를테면 윌러드 게일린Willard Gaylin은 설명할 수 없는 두 존재의 "융합fusion"이 사랑이라고 말한다.

우리가 원초적 결합이라는 잘못된 역사적 그림 없이 공유된 정체성 개념을 해석할 수 있다면, 우리가 이 비유를 실제 심리적 기제로 번역할 수 있다면, 우리가 (섹스를 통해 부분적으로 이루어지는) 두 자아의 결합을 터무니없이 신화와 연관시키지 않으면서 이해한다면, 우리는 사랑이 무엇이고, 사랑은 왜 중요하며, 사랑은 왜 종종 희극이자 비극으로 나타나는지, 왜 사랑은 섹스를 벗어나지 않으면서도 섹스를 넘어서는 "무한한 갈망" 주위를 맴도는지 이해할 것이다. 또한 어떻게 사랑은 지속하는지, 왜 사랑은 자연스레 흐려지거나 사라지지 않고 계속되는지 이해할 수 있을 것이다. 우리는 우리가 정말로 "우리 자신을 합칠" 수 있고 또 정말로 합치고 있는지 이해할 것이다. 바로 이것이 사랑이기 때문이다.

사랑의 역설

사랑은 모순의 드라마다.

— 프란츠 카프카

역설은 매혹적이지만 현상적으로 불가능해보이는 생각이다. 낭만적 사랑은 역설이다. 사랑의 역설은 두 사람이 하나가 될 수 있다는 생각, 매우 다르고 독립적인 두 인격이 마찰과 부조화를 일으키지 않고 서로 맞춰 들어갈 수 있을 뿐만 아니라, 솔기 없이 매끈하게 일관된 통합성을 이룰 수 있다는 생각과 함께 시작된다. 확실히 사람들은 서로 조정할 수 있고, 시간과 쾌락과 아파트를 나눌 수 있다. 사람들은 협력하며 함께 살 수 있을 뿐 아니라 우정, 동료애, 공유된 욕망과 이익을 평생 누릴 수도 있다. 사람들은 동맹을 맺을 수도 있고, 심지어 "결혼"이라 불리는 평생에 걸친 법적 동맹까지 맺을 수 있다. 『향연』에서 아리스토파네스는 사랑이란 자신의 나머지 반쪽을 찾는 것이라고 제시한다. 그러나 진실은 우리가 과거에 함께 지낸 적이 없다는 것이다. 확실히 우리는 다양한 경험과 두려움과 기대를 지니고 서로 떨어져서 아주 다르게 자라왔다. 우리는 우리의 독립성과 "우리 자신"일 수 있는 능력을 뛰어난 예술이라 부를 수 있을 정도로 정교하게 가다듬어 왔다. 이미 확립되고 만개한 두 자율적 개인을 폭발성 없는 조화로운 실체로 합친다는 생각 자체가 논리적으로 불가능해보인다. 그러나 우리는 늘 그렇게 하려고 한다.

나는 낭만적이지 않은 유추, 즉 분자 하나를 만들려면 독립적인 원자 두 개가 합쳐져야 한다는 유추를 제안하고 싶다. 원자는 어떤 요소를 지닌 원자로서 자신의 정체성을 유지하지만, 또한 매우 상이한 속성을 지닌 새로운 실체를 형성한다. 그러나 우리는 화학적 역학이 폭발적일 수 있음을 안다. 원자는 개인들처럼 결합하는 것에 강한 저항을 보일 수 있다. 이런 저항은 원자들이 그 자체로 안정적일 때 특히 두드러진다. 실상 결합이 일어나려면—아주 많은—에너지가 필요하고, 합성물에 들어간 요소들은 더이상 본래의 성격을 유지할 수 없으며, 쉽게 재결합될 수도 없다. 이 유추는 사랑의 역설을 구체적으로 드러낼 뿐 아니라 감추기도 한다. 즉, 어떻게 매우 다른 두 사람이, 지극히 독립적이고 고집 센 두 개인이 결합을 이루어낼 수 있는가? 분자의 결합은 당기는 힘과 내치는 힘이 폭발적으로 결합된 복합체라는 것을 보여준다. 우리는 사랑도 분자의 결합 못지않다고 생각해야 한다.

사랑의 역설은 이렇다. 즉, 독립적 개인은 사랑의 전제 조건이지만 사랑이 극복하고 부인하고 싶어하는 것이 바로 이 독립성이다. 개인은 자기 정의를 주장하지만, 사랑은 상호 공유된 정의가 필요하다. 개인은 자신의 공간과 시간을 점유하고 있지만, 사랑은 거리를 부수고 고립된 신체의 온전성을 부정한다. 사랑은 신체를 침범하고 점유하면서 자신의 욕구로 신체를 전복한다. 시간은 함께하는 시간으로 재정의된다.

우리는 이 역설을 연인들이 나누는 대화와 애무에서 느낀다. 우리는 너무 오래 머물거나 충분히 오래 머물지 않는 손길에서, 삐걱거리는 말들에서 이 역설을 느낀다. 우리는 하나라고 느끼지만, 우리가 여전히 둘이라는 생각은 상존한다. 나는 당신이 나를 떠날 것이라고 상상할 수는 없지만 그럴 수도 있음을 안다. 성행위는 하나가 되기 위한 절박한 시도로서 일시적이며 성공할 때도 있다. 그러나 우리는 가장 만족스러운 순간에도 우리 사이에 심연이 존재함을 고통스럽게 인지한다. 그리하여 우리는 언제나 더 많은 것을 원하고, 사랑은 만족이 아니라 절박한 시도가 된다. 욕망의 진정한 목적은 충족되지 않기 때문이다.

우리가 똑같을 수 있다면(이 이미지는 한 자루에 든 콩 두 알처럼 상상력이 부족한 함께함의 이미지이다), 혹은 아리스토파네스가 말한 두 반쪽처럼 상호 보완적이기 때문에 서로에게 정확히 "맞춰 들어간다면" 괜찮다고 생각할지 모르겠다. 그러나 이것은 사랑이 아니다. 사랑에는 유사성이나 상보성과 달리 극복해야 할 차이와 갈등과 대조가 전제되어 있기 때문이다. 우리는 단순히 서로에게 맞춰 들어가지 않는다. 사랑은 우연한 발견이 아니라 과정이다. 물론 어떤 과정은 다른 과정에 비해 확실히 더 어렵고 개연성이 적어 보인다. 러브 스토리의 중심 플롯에는 오해, 과소평가, 의견 충돌, 혼선이 들어가 있다. 러브 스토리는 완전한 조화와 "영원히 행복하게 잘 살았다"라는 목가적 이미지가 아니라 조정과 타협의 이야기이다. 사랑이 잘 굴러가는 회사처럼 매끈하게 진행될 것이라고 기대하는 성공한 남자와 여자는 헛된 감정을 찾고 있는지 모른다.

어떻게 고립된 독립적 자아가 다른 자아에게 접근하여 합쳐지는가? 진정한 사랑은 상대에게 다가가는 것이 아니라 자기 고립적인 "짝사랑" 상태에 머물러있는 것이라고 대답하는 것은 만족스럽지 않다. D. H. 로렌스는 양극에 떨어져 있는 두 별의 이미지를 아리스토파네스의 생각과 대비시킨다. 두 별은 하나의 궤도를 돌면서 서로 묶여 있다. 그렇지만 두 별은 독립적이며 융합되지 않는다. 사랑은 결혼 때문에 망가지는 것이 아니라 관계 자체의 성격 때문에 망가진다고 주장하는 극단적인 생각도 있다. 이 주장에 의할 것 같으면, 사랑에서 중요한 것은 욕망이고 환상이지 현실이 아니다. 현실에서 사랑은 불가능하다. 음유시인들은 종종 이런 왜곡된 견해를 대변하는 것으로 여겨졌지만, 실상 음유시인들이 강조하는 것은 지속과 영감이지 사랑의 좌절이 아니다. 하지만 스탕달은 달리 생각했다. 스탕달은 사랑을 망칠 상대가 없는 사랑이 더 낫다고 믿은 것 같다. 괴테가 직설적으로 말하듯이, "내가 당신을 사랑한다면 당신이 사랑하는 것이 무슨 의미가 있는가?"

이런 형태의 결합은 실제로 일어나는 것이 아니라 순간적인 자기

현혹에 불과하다고 제시된다. 『럭키 짐』에서 킹슬리 에이미스Kingsley Amis는 사랑의 본질적 요소는 무지와 박탈감이라고 쓴다. 이른바 결합이라는 것은 환영이고, 현상적으로 조화롭게 보이는 것은 실상 상호 무지에 기초해 있으며, 거대한 욕망은 좌절과 무경험에 기초해 있다. 따라서 라임에이드가 갈증을 해소시켜 주듯이, 지식과 성적 만족이 사랑을 없애줄 것이라고 제시한다. 이와 마찬가지로 위대한 코미디언 필즈W. C. Fields는 사랑은 욕정과 소유욕과 혼란이 결합된 것이라고 주장한다. 이런 생각들은, 영혼이 합쳐진다는 것이 시적 환상에 지나지 않으며, 환상의 실상은 시적이거나 정신적이지 않다고 말한다. 냉소주의자들은 아리스토파네스의 형이상학적 결합 대신 인식론적 실수와 성적 실패를 제시한다. 이런 입장은 사랑의 역설을 이루고 있는 두 항목 중에서 하나를 제거하는 방식으로 역설을 해소한다. 즉, 정신적 결합은 없고, 비이성적인 두 개인만 존재할 뿐이라는 것이다. 그러나 이럴 때 사랑은 존재하지 않는다.

이런 냉소주의는 우리가 실제로 갖고 있는 상식 속에 꽤 구현되어 있다. 상대를 알고 상대와 가까이서 보낸 시간이 길어지면 사랑은 왜 쉽게 사라지는가? 한때는 그토록 숨 가쁘며 만족시킬 수 없던 성적 욕망은 왜 서서히 눈에 보이지 않게 식어 뻔한 일상이 되고 무관심해지기까지 하는 것일까? 우리가 자주 실망한다면, 우리가 높이 칭송해 마지않는 정체성 자체가 환영이라고 생각하는 편이 더 그럴듯하지 않은가? 다시 말해, 정체성은 현실적으로 실현 가능한 것이 아니라 시인들이 창조한 이미지라고 생각하는 것이 더 그럴듯하지 않은가? 최근 프랑스계 캐나다인인 내 지인은 한 일본 여성과 결혼했다. 그녀는 영어나 프랑스어를 말할 줄 모르고, 내 지인은 일본어를 모른다. 이 부부는 이상적인 커플이었다. 이들은 서로 사랑하며 서로에게 관심을 기울였다. 이들은 완벽하게 열정적이었으며 '하나됨'의 패러다임처럼 보였다. 하지만 아내가 영어를 배우기 시작하면서 이제 이 부부는 늘 다툰다. 이 부부는 서로를 알아가는 중이다. 섹스 또한 예전만큼 좋지 않다. 한때는 서로에게 욕정 어린 신비로 보였던 것이 상호 원망과 저항으로 바뀌었다. 이들의 유대는 무지에 기초해 있었다. 이들 사이에 "결합"은 없었으며, 평소에 가질 수 없었던 것을 가지려는 욕망이 있었을 뿐이다.

플라톤은 "이미 가지고 있는 것을 어떻게 욕망할 수 있는가"라는 물음을 던지며 사랑에 내재된 역설을 논했다. 한 편에서는 욕망과 끌림, 다른 한 편에서는 충족과 결합 사이에 모순이 존재한다. 사랑은 욕망과 끌림이 아니라 충족과 결합이다. 하지만 욕망과 끌림이 없다면 사랑은 공허하며 파탄이 난 것 같다. 더욱이 우리를 매력적으로 만들어주는 특성들이 (이를테면 강한 의지를 지닌 독립성, 자기 신뢰, 이른바 "쿨함" 등등) 조화로운 결합을 불가능하게 만드는 것들이다. 욕망을 자극하는 욕구와 환상은 가장 만족시키기 어려운 것들이다.

둘이 하나가 되는 역설을 그저 망상이라고 내버릴 수는 없다. 우리가 이해해야 하는 것은 자아의 본성, 즉 자아는 "합쳐질 수 있다"는 점이다. 그러나 또한 우리가 이해해야 할 것은 이런 형태의 결합이 결코 완벽할 수 없다는 것이 자아의 특성이라는 점이다. 사랑은 항상 완전한 결합이라는 이상과 그에 못지않게 강력한, 자율적이고 독립적 자아라는 이상의 대립 사이에서 발생하는 긴장이다. 따라서 자아와 독립성에 대해 강한 자의식을 지닌 사람들은 특히 사랑하기가 힘들다. 차가운 물속으로 천천히 들어가지 않고 곧장 뛰어들면 사지가 축 늘어지는 것과 마찬가지로, 이런 사람들은—완전히 자제력을 잃고—"사랑에 빠지는 것"이 유일하게 사랑하는 길이라는 순간적 망상에 빠져든다.

사랑은 우정과 섹스 사이의 역설—모순—이다. 우리는 사랑과 섹스가 같은 것이며, 섹스는 사랑의 부분집합에 불과하다고 생각하고 싶다. 우리가 연인에게 바라는 것을 생각해본다면, 우정은 우리의 소망 목록의 제일 앞자락에 놓이는 것 같다. 어떤 점에서 우정이 사랑보다 더 만족스러운가? 사랑과 우정은 전제 조건이나 이상의 측면에서 많은 점을 공유한다. 사랑과 우정 모두 평등과 상호 관심에 대해 급진적 생각을 갖는 것이 필요하다. 사랑과 우정 모두 개인적 선택과 선호의 문제이다. 역사적으로 궁정풍 사랑이 출현했던 12세기에 우정의 숭배도 등장했다. 여기서 우정은 세속적 위안이 아니라 기독교적 덕성이다. 하지만 사회적 맥락은 달랐다. 궁정풍 사랑은 궁정에 한정되었고, 우정의 숭배는 대개 수도원에서만 일어났다. (궁정풍 사랑의 이론가들은 오비디우스를 열광적으로 읽었고, 우정의 옹호론자들은 보다 철학적인 아리스토텔레스와 키케로의 글을 읽는 경향을 보여주었다.) 몇 세기를 더 거슬러 올라가면, 그리스인들은 실제로 사랑과 우정을 구별하지 않았다. (우리가 에로스와 필리아를 읽는 방식은 그리스인들의 구분 방식이 아니라 우리 자신의 구분방식을 더 많이 반영하고 있다.) 그러나 우리에게 사랑과 우정은 같지 않으며 양자는 쉽게 용합溶合되지도 않는다. ("지미는 아니야, 그는 친구일 뿐이야"라고 말했던 베키의 말을 상기해보라.)

사랑의 역설은 다른 무엇보다 남성과 여성 사이의 역설, 남성적인 것과 여성적인 것 사이의 역설일 것이다. 이것은 두 섹스나 두 젠더, 두 신체나 두 마음의 역설이 아니라, 두 문화, 두 역사, 인생을 바라보는 두 모순적인 견해 사이의 역설이다. 시몬느 드 보부아르Simone de Beauvoir는 남자와 여자는 사랑에 대해 다른 생각을 가지고 있으며, 이것이 남자와 여자가 서로를 이해하지 못하는 이유라고 말한 적이 있다. 나는 설령 이 사실이 변한다 해도 보부아르의 말이 옳다는 것은 의심하지 않는다. 여성들은 사랑하는 일과 사랑이 가져오는 실망감을 이야기하는 반면, 남성들은 사랑의 신적 본질을 가르치고 전문가로서—심오한 사상가로서, 심리 치료사로서, 성인으로서—사랑을 이야기하지 한 사람의 남자로서 이야기하지는 않는다. 우리는 어떻게 남자와 여자가 그토록 자주 만나 함께 지낼 수 있는지 의아하다. 우리는 어떻게 사랑이 가능한지, 아니 정말 사랑이 가능하기는 한지 궁금하다.

2장.

(사랑에 대해) 잘못된 생각 바로잡기

오, 나는 사랑 노래를 안다네.
슬픔이나 행복은 차례차례 돌아온다네.

— 브르타뉴의 옛 사랑 노래, 작자 미상

사랑이 관념의 문제라면 잘못되거나 부적절한 관념은 사랑에 대한 우리의 생각과 우리가 겪는 사랑의 체험 자체를 왜곡하거나 붕괴시킬 것이다. 이를테면 사랑은 난데없이 출현한다는 믿음은 우리가 사랑을 찾기보다는 사랑을 기다리도록 만들고, 사랑을 공들여 적극적으로 찾아야 할 때에도 그저 사랑이 우리에게 "일어나기를" 기대하도록 만든다. 이와 비슷하게, 사랑이 행복을 보증해준다는 믿음은 사랑이 냉담해지고 악화되도록 방치하는 과잉 신뢰와 부주의함으로 이어진다. 사랑이 영원히 계속된다는 생각 때문에 우리는 사랑이 끝났을 때 과도하게 자신을 비판하며 숱한 혼란에 빠져든다. 사랑은 언제나 좋은 것이라는 생각 때문에 우리는 정말로 끔찍한 관계를 합리화한다. 반면에, 사랑이 환영이라는 생각 때문에 우리는 나중에 멋진 것으로 드러날 꽤 괜찮은 연애를 일축해버린다.

사랑이 문화적 구성물이라는 사실은—이 문화의 원주민으로서—우리 대부분이 이런 점들을 분명히 이해해야 한다는 것을 의미한다. 태어날 때부터 우리는 낭만적인 이야기와 이미지와 영화와 소문을 먹으며 살아왔기 때문에 우리가 "배웠던" 것이 "자연스럽고" 보편적이라고 잘못 생각한다. (다른 문화에서 자란 사람들에게 일어난 사랑의 불운은 흥미롭다. 우리가 인정하기 어려운 것은 우리의 태도가 다른 문화에 수출되었을 때 그 못지않게 흥미롭고 우스꽝스럽게 보인다는 사실이다.) 우리가 사랑에 대해 배운 많은 것들은 현재에 속하는 것이 아니라 과거에 속하며, 사랑에 관한 확고한 믿음은 20세기 후반보다는 봉건제가 무너지고 최초로 핵가족이 실험되던 시기에 더 잘 어울린다. 20세기 후반에는 엄청난 이동성과 유연성이 일어났고, 전통적인 사회적 역할과 책임이 무너졌으며, 인구 과잉 문제가 발생했고, 산아 제한은 거의 완벽해졌으며, 대도시의 중심은 혼잡하고 익명적으로 바뀌었고, 미증유의 야망과 탐욕이 일어났고, 그에 따라 혼선이 초래되었다. 변함없이 남아있는 것은 어떤 형태로든 출산을 계속하고 친밀한 유대를 형성해야 할 필요성이 있다는 것이다. 그러나 이런 최소한의 요구로부터 낭만적인 사랑, 심지어 이성 관계와 가족의 필요성을 추론할 수는 없다. 하물며 핵가족의 필요성에 대해서는 더 말할 나위도 없다. 핵가족은 200년도 채 안 된 실험이며 다음 세기에는 실패한 것으로 선언될 수도 있다. 역사는 빠르게 변하고 있다. 사랑에 대한 우리의 생각은 우리 문화에 뿌리박고 있지만, 우리 문화는 변화해왔고 현재도 극적으로 변하고 있기 때문에, 우리는 오늘날 우리에게 더이상 의미가 없는 사랑 관념과 환상에 대해서는 특히 비판적이어야 한다.

사랑에 대한 우리의 생각은 종교, 생물학, 사회학이 결합된 것이며, 영화와 낭만적 소설에서 유래한 수천 가지 주제와 결합되어 있다. (낭만적 소설은 젊은 여성들의 가정생활을 장려하기 위해 18세기에 발명되었다.) 낭만적 영웅주의라는 오랜 이미지는 연인이 검을 잘 다루고 견고한 갑옷을 가질 충분한 이유가 있었던 기사도 시대에서 건너온 잔존물이다. 이 이미지는 사회적 성공이 주식 시장에 대한 올바른 이해와 비즈니스 정장과 연관되어 있을 가능성이 더 큰 오늘날에는 맞지 않는다. “일상의 영웅”이라는 몽테뉴의 기이한 부르주아 개념에서, 그리고 훨씬 더 최근에는 반영웅, 멋지게 그려진 “나쁜 남자”, 벨몽도Jean Paul Belmondo / 버트 레이놀즈Burt Reynolds 세트라는 극단적 개념을 통해 근대의 영웅 개념을 보존하고 갱신하려는 시도가 있었다. 그러나 근대 사회의 미덕은 영웅적으로 될 가능성이 극히 희박하다. 근대 사회의 미덕은 “좋은 사람”이 되고, 진실성과 감수성과 공감 능력을 갖추는 것과 같은 단조로운 도덕적 장점과 더 많이 연관되어 있다. 슬픈 진실은 사람들 사이에서 유통될 영웅들이 충분하지 않다는 사실이다. 바로 이런 까닭에 영화는 수많은 사람들에게 영웅의 이미지를 제공해야 한다. “사랑받는 연인”이라는 수동적이고 수용적인 역할을 담당하는 여성이라는 관념 역시 이 사회에는 더이상 맞지 않는다. 근대 사회에서 수동적인 여성이라는 관념은 중세 시대 여성들이 경제적 동산으로서 기능했던 역할을 뛰어넘는 발전이면서, 또한 폭력적인 시대에 여성들이 처한 사회적, 육체적 취약성을 감안할 때 여성들에게 꼭 필요한 것이기도 했다. 그러나 이런 수동적 여성 관념은 점차 기회가 평등해지고 남성이라는 “보호자”가 별 소용이 없고 산발적인 폭력이 일어나는 근대 사회에서는 더이상 맞지 않는다. 중세의 결혼으로부터 우리는 비대칭적인 전통적 결혼 서약을 물려받았다. 오늘날 젊은 커플들은 이런 결혼 서약을 독창적인 예식으로 바꾼다. “순종”의 맹세는 사랑이나 결혼에서 더이상 용인되지 않으며, “부자나 가난한 자”를 위한 서약은 더이상 진지하게 받아들여지지 않는다. 삶이 힘든 시절 결혼을 포기한 배우자는 결혼을 '이용'했다거나 배려가 부족했다는 비판을 받을지언정 신성한 의무를 위반했다는 비판을 받지는 않는다.

성에 대해 초기 교회가 보여준 태도는 영지주의the Gnostics 시대부터 반역의 원천이었다. 사랑의 역사뿐만 아니라 기독교 역사의 많은 부분은 성과 성적 향유의 수용 가능성에 대한 태도의 변화로 규정될 수 있을 것이다. 더이상 사랑은 성에서 비롯된 죄악으로 간주되지 않으며, 사랑에서 성의 중요성을 부정하는 태도는 영성의 표시가 아니라 신경증의 증상인 경우가 더 많다. 음유시인들은 심지어 불륜의 성을 정절과 같은 기독교적 미덕과 통합하려고 했을 때 스스로를 훌륭한 기독교인이라고 생각했다. 마르틴 루터가 교회에 맞서 반역을 꾀한 것은 결혼생활에서 성을 신성화하려는 시도였다. 에드먼드 라이테스Edmond Leites는 최근 영국 국교회에 맞섰던 청교도 반군들이 성적으로 열정적인 결혼생활을 실천했다는 주장을 설득력 있게 펼쳤다. 이는 현재 우리가 청교도주의에 대해 갖고 있는 일반적 생각과는 상충된다. 대체로 강조점은 성과 성의 향유를 (특히 여성들에게) 죄로 바라보는 시각에서 성을 권리로 바라보는 시각으로 이동했다. 사실 "성 혁명"이 이룬 것이 무엇이건, 성 혁명은 가장 보수적인 기독교의 반경 안에서도 성을 완전히 수용 가능하도록 만들었다. (에렌라이히Barbara Ehrenreich 외, 『사랑을 다시 만들기』)

우리는 사랑이 무엇인지 정확히 이해하기 전에, 사랑이 아닌 것은 무엇이며, 또 사랑을 쉽게 오해하게 만드는 환상에 대해서 이야기할 필요가 있다. 나는 우리의 사랑의 실천과 이론을 체계적으로 왜곡하는 여섯 개의 잘못된 일반적 관념을 다루고 싶다. 물론 이 여섯 개가 전부는 아니다. 여섯 개의 그릇된 관념들 중 일부는 우리 문화가 수세기 동안 사랑에 관해 생각하고 실험해 온 유산의 일부이다. 또 다른 일부는 사랑이 실제 행동으로 옮겨지는 것보다는 환상에 기원을 두고 있다. 그러나 돌이켜보면 우리는 환상과 실재의 차이를 언제나 명료하게 인식하지는 못한다. 그릇된 관념의 또 다른 일부는 보다 최근에 등장한 현대 심리학의 산물이다. 이런 잘못된 관념들은 우리 모두가 사랑을 현대적 삶에 적합한 감정으로 재창조하고자 할 때 특별히 주의를 기울여야 정도로 몹시 해롭다.

사랑에 대한 여섯 가지 잘못된 관념은 다음과 같다.

1. 사랑은 느낌feeling이다.
2. 사랑을 이해하는 것은 관계의 역학을 이해하는 것과 같다.
3. 사랑은 그 자체로 좋으며, "당신에게 필요한 것은 사랑이다."
4. 사랑은 러브 스토리와 같거나 같아야 한다.
   "옛날 옛적에…… 그리고 행복하게 잘 살았다."는 이야기.
5. 사랑은 본질적으로 아름다움과 연관되어 있다.
6. 사랑은 젊은이들을 위한 것이다.

사랑은 느낌인가?

사랑이 평생 지속되는 것은 조금도 이상하지 않다.

열정이 지속되지 않는 것이다.

— 톰 로빈스, 『딱따구리가 있는 정물화』

사랑을 느낌으로 생각하고 사랑이 지속되지 않는다고 불평하는 것은 어리석다. 느낌은 지속되지 않는다. 섹스에 휩쓸리는 황홀감은 한 시간 가량 지속된다. 흥분은 기껏해야 의견 충돌 정도 지속된다. 행복감은 몇 개월 지속될 수 있다. 그러나 사랑의 달력에서 이 시간은 여전히 짧다. 물론 "느낌"이라는 말이 반드시 그런 극적이고 생리적으로 파괴적인 감각을 가리키는 것은 아니라고 이의를 제기할 수 있다. 어떤 사람에 대해 "편안하다는" 느낌, 존경하고 충성한다는 느낌 같은 것도 있을 수 있지만, 이 경우 "느낌"이라는 말은 구체적인 의미를 잃어버리고 정신적 태도를 가리키는 것 같다. 실제로 마음에 관해 이야기할 때 "느낌"이라는 단어를 쓰는 것은 대상에 대해 이야기할 때 "사물"이라는 단어를 쓰는 것 정도의 유용성을 갖는다. 느낌이라는 말은 사실상 거의 모든 것을 다루기 때문에 우리가 어떤 것도 이해하지 못하게 만든다.

예를 들어, 우리가 감각sensation이라고 부르는 느낌의 팔레트가 있다. 이런 느낌들은 매우 구체적이며 감각과 연결되어 있고 생리적으로 쉽게 규정할 수 있다. 번쩍거리는 색깔, 피아노 건반을 누를 때 나오는 중간 C음, 메이플 시럽의 맛, 손톱이 허벅지 안쪽을 따라 올라갈 때의 스멀거리는 느낌 등이 이런 감각들이다. 다음으로는 감각의 복합체complexes of sensations가 있다. 감각의 복합체는 여전히 구체적이지만 구조화되어 있다. 감각의 복합체는 더이상 단순하지 않고 신경 자극과 신경 종말만으로는 설명되지 않는다. 모네의 수련이나 들라크루아의 그림에 등장하는 사자의 인상, 모차르트의 멜로디, 카베르네의 맛, 사랑하는 사람이 안아줄 때 느끼는 온기와 애정 같은 것들이 여기에 들어간다. 이런 감각의 구조 속에는 취향과 해석, 가치판단과 중요성에 대한 평가가 이미 내포되어 있다. 그것들은 유쾌하거나 불쾌하거나, 성공적이거나 실패한 것일 뿐만 아니라 **의미가 있다**. 어떤 "느낌"은 감각이 전혀 필요하지 않다. 또 다른 느낌은 어떤 점에서 신체적이긴 하지만 오감과 실질적으로 연관되지 않는 것 같은 "내적" 감각들로 이루어져 있다. 이런 내적 감각들은 정확한 발생 원천이나 국소적 부위를 말할 수 없다. 메스껍거나 역겹다는 느낌, 기쁨의 환희나 유쾌한 놀라움surprise 등이 여기에 해당한다. 이런 느낌들 중 일부는 호르몬 분비의 효과로 쉽게 설명할 수 있다. 하지만 대부분의 느낌들은 호르몬 분비 이상의 것으로서 신체에 대한 인지만이 아니라 판단judgment과 지각perception을 포함하고 있다. 그다음으로 "직관intuition", "성향inclination", 심지어 "생각thought"이라고 부르는 편이 더 좋을 느낌의 종류들도 존재한다. 왜냐하면 이런 느낌들은 단순 감각과 연관되어 있을 뿐 아니라 생각과도 연관되어 있기 때문이다. 출처 불명의 사과가 자신의 머리 위에 떨어졌을 때 아이작 뉴턴이 경험한 느낌에는 별의 운동을 설명할 수 있는 것과 같은 힘(중력)으로 사과가 떨어지는 현상을 설명할 수 있다는 통찰이 들어 있다. 이런 "느낌"에는 우리 모두가 경험하는 통찰, 깨달음, 자신감의 느낌뿐 아니라 과학과 수학의 역사에서 가장 위대한 생각들도 일부 포함된다. 그러나 사랑이 느낌이라고 주장하는 것의 의미가 이런 것은 아닐 터이다.

사랑이 느낌이라고 하면 상대적으로 멍청하고 목적이 없고 들뜨고 흥분되는 느낌, 사랑과 혼동되는 전신에 느껴지는 "따뜻한 느낌"을 가리킨다. 이와 마찬가지로, 많은 감정들emotions—일부 심리학 이론에서는 모든 감정들—은 이 감정들에 수반되어 나타나는 생리적 느낌과 혼동된다. 하지만 거의 대부분 이는 심각한 오류이다. 감정은 그렇게 멍청하거나 목표가 없지 않다. 모든 강한 감정들은—특히 낭만적 사랑의 경우는 더더욱—강한 신체적 반응을 수반할 수밖에 없지만, 감정 자체는 느낌 이상이며, 느낌이 분출되지 않고도 꽤 길게 지속될 수 있다. 심지어 느낌의 경우도 느낌과 함께 나타나는 감정의 해석에 따라 달라질 수 있다. 예를 들어, 어떤 느낌이 유쾌한 느낌인지 불쾌한 느낌인지는 해당 느낌과 연결되어 있는 감정에 달려있다. 똑같이 얼얼한 감각이라 할지라도 이 감각이 사랑에 나타나면 즐겁고, 원하지 않는 공포에 나타나면 기분 나쁘다. 감정은 느낌과 연결되어 있는 경우에도 단순한 느낌이 아니다. 감정은 지능의 형태, 일련의 판단, 세상을 바라보는 방식이다. 감정은 몇 년 동안 지속될 수 있으며, 심지어 평생 지속되는 경우도 있다. 이처럼 지속시간이 극히 짧고 제한된 느낌과 달리 진정한 감정은 잠깐 동안만 지속하는 경우가 거의 없다. 진정한 증오와 진정한 분노처럼, 신성한 사랑에는 견디려는 의지가 내재되어 있다. 진정한 사랑은 다루기 힘들고 완고하고 까다롭다. 느낌과 달리 진정한 사랑은 그저 생리적으로 느끼는 사건이 아니며, 단순히 의식 속으로 뚫고 들어오는 어떤 것이 아니다. 모든 감정과 마찬가지로 사랑은 의지의 산물이며, 사랑의 의지 안에서 덧없는 연애라는 생각은 상상하기 힘들다.

사랑을 느낌으로 생각하는 것에는 두 번째 문제, 어떤 면에서는 첫 번째 문제보다 더 심각한 문제가 놓여 있다. 그것은 "느낌"이 사랑의 본질을 표현하는 것이 아니라 사랑을 방해하는 것으로 드러날 수 있다는 점이다. 사랑을 나누는 초기 단계에서 경험하는 따뜻하고 유쾌한 감각에 주의를 기울이는 것은 우리의 주의를 사랑의 전략과 의무로부터 혼미하게 흩트려 놓을 수 있다. 이런 이유로 장 폴 사르트르jean-Paul Sartre는 낭만적인 사랑이란 본질적으로 책임으로부터의 도피라고 말한다. 더욱이 사랑에 관여되어 있는 느낌은 신나고 고무적이다. 이런 느낌들은 우리가 대개 알고 있듯이 가장 자연스럽게 "취한 상태"이다. 그러나 이런 느낌은 (그것의 원인이 되는 화학작용과 함께) 매우 중독적일 수 있다. 우리는 매우 낭만적인 몇몇 인사들이 사랑을 지속하기보다는 중단된 연애 관계를 계속 주입하는 것을 더 선호하는 이유를 이해할 수 있다. 그러나 느낌은 사랑의 본질이 아니다. 아이로니컬하게도 사랑의 느낌은 사랑에서 멀어질 수 있다.

인간의 삶에서 쾌감이 담당하는 역할에 대한 길고 유명한 논의에서, 위대한 그리스 철학자 아리스토텔레스는 인간의 활동이 즐거움enjoyment을 추구하기 위한 목적이라고 생각하는 것은 저속하고 오해의 소지가 있다고 주장했다. 이런 생각은 인생의 "더 높은" 목적을 무시하거나 모욕하기 때문에 저속하며, 삶의 목적을 쾌감을 얻기 위한 수단에 불과한 것으로 환원시켰다. 또한 이런 생각은 쾌감의 성격 자체를 잘못 이해하고 설명했기 때문에 오해의 소지가 있다. 몇몇 가능하고 특별하게 뚜렷한 감각을 제외하면, 쾌감은 느낌이 아니다. 실제로 분석해보면 쾌감은 느낌이 아닌 것 같다. 어쩌면 오르가슴의 쾌감은 가장 극적인 예외가 될 터이지만, 이마저도 논란의 여지가 있다. 우리 모두는 오르가슴의 힘을 "기억"하는 것이 얼마나 힘든지 잘 알고 있다. 이런 점은 심지어 오르가슴을 막 경험한 후에도 마찬가지이다. 오르가슴처럼 강력한 감각이 의미하는 바는, 심지어 그것을 경험할 당시에도, 전적으로 해당 감각들이 일어나는 맥락에 달려있다. 건강검진을 하다가 자동적으로 느끼는 오르가슴은 즐거운 경험이 아니며 강간에서 느끼는 오르가슴은 너무도 고통스러운 경험이다. 오늘날과 같이 수행 지향적인 성적 맥락에서, 성관계를 하면서 느끼는 오르가슴은 대체로 그것이 기대했던 것이자 성취한 것이기 때문에, 혹은 누군가가 "진짜" 남자나 여자임을 증명해주는 것이기 때문에 즐거운 것일 수 있다. 사랑에서 경험하는 오르가슴은 아리스토파네스가 가정한 "결합", 그리고 (이와 다른 맥락에서) 기독교 성인들이 권고한 완전한 이타심을 가리킬 수 있다. 그러나 여기서도 즐기는 것은 감각에 내재된 본질적인 쾌감이 아니라 쾌감이 나타나는 맥락과 의미이다. 아리스토텔레스에 따르면 쾌감과 즐거움은 경험이 아니라 우리가 즐겁게 관여하는 활동에 수반되는 것이자 그 활동의 "완성"에 해당하는 것이다. 스키를 즐기는 것은 약간의 쾌감이라는 감각을 얻기 위한 목적으로 다소 위험하고 혹독한 행위를 하는 것이 아니다. 오히려 스키의 즐거움은 실제로 스키를 타는 행위와 분리될 수 없다. 쉽게 말해서, 사람들은 쾌감을 얻기 위해 스키를 타는 것이 아니라 스키를 즐기면서 쾌감을 얻는다. 사실 스키의 쾌감에 집중하려면 나무 주위를 빙빙 도는 것이 좋은 방법이다. 마찬가지로 사랑의 즐거움도 사랑하는 행위 안에 있다. 사랑하는 연인을 찬양하지 않고 느낌을 찬양하는 사람보다 더 나쁜 연인은 없다. 이런 사람들은 오르가슴을 철저히 의미가 투여된 행위—이를테면 첫 애무부터 모닝커피를 같이 마시는 행위에 이르기까지—가 육체적 절정에 도달한 것으로 바라보는 것이 아니라 오르가슴 자체를 성행위의 목표로 보는 사람들과 같다.

즐거움을 우리가 즐기는 활동의 일부가 아니라 그 자체를 목적으로 혼동하는 것은 사랑에 나타나는 보다 분명한 느낌들—홍분excitement과 환희exhilation—을 사랑과 혼동하는 것과 흡사하다. 우리는 우리가 그에 **대해** 흥분하는 대상을 흥분과 착각한다. 이것은 사랑에서 흥분이 차지하는 위상과 중요성을 부정하는 것이 아니라 흥분에 제자리를 찾아주는 것, 다시 말해 흥분에 사랑의 자리가 아니라 사랑의 충실한 동반자로서의 자리를 부여하는 것이다. 연인들은 흥분의 느낌을 즐길 수 있지만—그렇지 않은 사람들도 많다—흥분이 사랑의 척도는 아니다. 사실 많은 경우 흥분은 사랑의 **어려움**의 척도이다. 이런 이유로 흥분은 사랑의 실현 불가능성의 척도이기도 하다. 환희는 뭔가를 극복했다는 신체적 느낌이지만, "이상적인" 관계에서는 두 사람의 "핏fit"이 너무나 쉽게 안성맞춤으로 잘 맞아서 극복할 만한 것이 별로 없다. 이런 사랑은 뜨거운 온천욕보다는 따뜻한 목욕과 비슷하지만, 그럼에도 완전히 낭만적이다. 들뜬 흥분은 사랑의 증상일 뿐이다. 흥분은 사랑 그 자체가 아니며 사랑에 반드시 필요하지도 않다. 사실 최근 몇몇 이론가들은(타노브와 펙 같은 이론가들) 사랑의 초기 단계에서 경험하는 황홀감은 순수하게 병리적이며 사랑과 정반대된다고 주장한다. 이런 주장은 반대 방향으로 너무 나간 발언으로서 모든 사랑을 뜨뜻미지근한 것으로 만들어버리고 낭만적인 사랑을 유지하는 더 극적인 사례는 부정한다. 그러나 이런 생각은 종종 뇌 분비물과 뇌 분비물이 끼치는 단발적이고 파괴적인 (종종 영감을 주는) 효과에 보이는 과도한 관심을 거부한다는 점에서는 옳다.

우리는 큰 느낌이 사랑을 구성하며, 느낌이 크면 클수록—설령 그 느낌이 우리를 무력하게 만들지라도—사랑도 크다고 쉽게 결론짓는 경향이 있다. 그러나 이것은 위험한 헛소리이다. 느낌은 정신을 따르지만, 정신을 이끌지는 않는다. 느낌은 몸이 마음과 마음의 의도를 따라가려는 시도이다. 느낌은 사랑의 전부가 아니며 사랑의 척도도 아니다. 실제로, 사랑의 열병infatuation을 이해하는 한 가지 방법은 그것이 흥분의 느낌, 그것도 아주 압도적인 흥분의 느낌으로만 이루어져 있을 뿐이지 사랑을 구성하는 다른 구조들, 이를테면 염려와 연민, 상호 정체성에 대한 감각, 심지어 강한 성적 욕망도 갖고 있지 않다고 의심해 보는 것이다. 열병에 빠졌을 때 우리는 다른 사람의 존재 앞에서—혹은 다른 사람에 대해 생각하는 것만으로도—극도의 흥분 상태에 빠져 있는 자신을 발견할 따름이다. 이 흥분의 느낌은 아주 즐거울 수 있다. (그것은 또한 심신을 약화시킬 수도 있다.) 그러나 이 느낌은 사랑과는 거의 아무런 관련이 없다.

그러나 사랑에서 느낌을 강조하는 것 자체는 강조할 만한 가치가 있다. 그러나 이렇게 하는 것은 느낌을 강조하는 것이 종종 사랑에 대한 잘못된 설명으로 작용해왔기 때문이 아니라 무엇보다 사랑을 키울 때 느낌이 중요하기 때문이다. 내적 자각의 강도는 그 자체로 깊은 자기성찰적 감정으로서 사랑의 현상을 구성하는 일부이다. 우리가 사랑에 집착하지 않는다면, 우리가 사랑하는지 아닌지 알려는 욕구가 없다면, 우리가 무엇을 왜 느끼는지에 관심이 없다면, 우리가 세계에서 우리의 위치나 행동이 아니라 우리 내면의 의식 상태에 관심을 보이지 않는다면, 사랑은 존재할 수 없다. 사랑이 단순히 느낌이 아니고 또 사랑이 우리처럼 자기에 몰입해 있고 지적으로 복잡한 문화에 특별한 한 가지 이유는 사랑이 자기 성찰적 감정이기 때문이다.

사랑의 자기 인식은 사랑이 가변적이며 성찰과 비판의 과정에서 변화하는 경향이 있다는 것을 설명해준다. 심지어 감각마저 성찰 과정에서 바뀌고 관점을 변경하고 의미를 변화시키는 당혹스러운 습관이 있다. 감각은 그것이 일어나는 맥락과 우리가 그것에 부여하는 중요성에 따라 의미를 획득한다. 예를 들어, 일시적인 오한의 경우 우리가 오한을 공포의 신호로 해석하는지, 낭만적인 기대로 해석하는지, 아니면 독감의 최초 증상으로 해석하는지에 따라 얼마나 다르게 나타나는지 생각해보라. 감각은 그것에 대한 우리의 인식에 따라 변한다. 감정은 훨씬 더 심하다. 의사가 간단한 통증에 대한 지각을 파악하는 것조차—통증을 기술하는 것은 말할 것도 없고— 얼마나 힘든지 생각해보라. 간단하게 어떤 감정(수치심이나 당혹감, 또는 시기나 질투)이나 사랑에서 자신의 "느낌"을 묘사하려고 노력해보라. 아무리 임상적으로 정확하고 시적으로 세련되어 있다고 해도 사랑을 포착하는 묘사는 없다. 이는 우리의 의학적 재능이나 문학적인 재능이 부족하기 때문이 아니라, 사랑은 느낌이 아닐 뿐 아니라 구체적인 느낌들을 갖고 있지 않기 때문이다. 하나의 큰 "느낌"만이 예외인데, 실상 이것은 느낌 이상이다. 사랑은 자신을 개방하는 것이다. 세상을 향해 여는 것이 아니라 특정한 다른 한 사람에게 여는 것이다. 사랑은 이 다른 한 사람에 맞춰 자신을 재정의하고자 고투한다. 사랑은 단순히 느낌이 아니라 발견과 발전의 과정이면서 함께 성장하는 과정이다. 사랑의 황홀감은 궁극적 결합에 다가가려고 하지만 도달하지 못하는 이런 자기 변형의 과정에 대해 우리가 보이는 반응이다.

사랑과 관계

나는 결혼은 작은 사업이고 결혼한 부부는 사업 파트너라는 것을 우리 모두가 지혜롭게 인식해야 한다고 생각합니다.

— 데이비드 홉킨슨Hopkinson, David

섹스가 먼저 시작되고 그다음에 (어쩌면) 느낌이 따라오는 정사 관계나 동거 관계가 등장하기 이전 구혼의 시절에는, 낭만적 사랑과 관계가 별개라는 생각을 고수하기가 쉬웠다. 사랑은 자신이 원하는 사람과 지속적이고 형식적인 유대감을 갖는 것 이외에는 어떤 것도 더 열정적으로 원하지 않는 마음의 상태이다. 우리가 오늘날 밋밋하고 모호하게 "관계"라고 부르는 것은 당시에는 "결혼"이라고 불리는 확실하고 법적으로 규정되는 계약상의 합의였다. 오늘날 관계는 불규칙한 데이트 패턴부터 플라톤식 룸메이트 배치에 이르기까지 무엇이든 될 수 있다. 사랑은 성 접촉이 처음 일어나기 몇 시간 전이나 며칠 전에 먼저 생길 수 있다. 그러나 종종 "의미 있는 관계"가 일어날 가능성에 근거하여 섹스가 먼저 시작되고, 사랑은—만일 사랑이 나타난다면—중간쯤 생길 수도 있다. 실제로 사랑이 정말로 왔는지, 아니면 관계가 잘 작동하고 있다는 행복한 사실을 선언하기 위해 "사랑"이라는 말을 쓰고 있는지를 구별하기란 쉽지 않다. 그렇기 때문에 사랑과 관계를 명료하게 구분하고, 사랑은 경험이고 관계는 (마음과 함께) 사랑이 발전하는 매개라고 주장하는 것은 중요하다.

사랑은 감정적 과정이다. 이 과정은 불확실한 사랑의 초창기의 특징을 이루는 광란과 절망으로 가득찬 단계일 수도 있고, 함께 보낸 지 몇 년이 흐른 뒤 찾아오는 고요한 위안일 수도 있다. 관계는 객관적인 사실이다. 관계는 삶의 일상적인 문제를 해결하고 삶(또는 삶의 일부)의 이점을 함께 누리는 사회적 배치이다. 사랑은 사랑하는 사람의 죽음처럼 관계가 끝난 뒤에도 계속될 수 있다. 사랑은 함께한다는 객관적인 사실이 더이상 존재하지 않는다고 해서 끝나는 것이 아니다. 생존자는 여전히 기억하고 느끼고 상상하는 것으로 충분하며, 의심할 여지없이 그러기를 바란다. 사랑에는 나름의 심리적 역동성이 있고, 관계 또한 나름의 대인 관계와 사회적 역동성이 있다. 물론 사랑과 관계는 모든 단계에서 서로에게 영향을 미친다. 그럼에도 사랑과 관계를 구분하는 일은 중요하다. 이는 사랑과 관계가 두 개의 다른 영역—주관적 영역과 객관적 영역—을 차지하고 있기 때문만이 아니라, 각기 다른 장점과 단점을 지니고 있기 때문이다. 직설적으로 말하자면, 사랑을 찾는다고 주장하는 많은 사람들이 실제로는 관계를 찾고 있으며, 사랑과 함께 나타나는 감정적 트라우마로 인해 매우 불행하다. 나는 이런 사람들을 비하하기 위해 이 말을 하는 것이 아니다. 나는 많은 사람들이 "사랑할 능력이 없거나" 기꺼이 "사랑하려고 하지 않는다"라고 비난하는 것이 아니다. 많은 사람들은 진정으로 편안하고 유익한 관계를 원하며, 사랑을 미처 경험하지 못했으면서도 (종종 꽤 만족하고 흥분을 즐기면서도) 욕망에서 가정으로 곧장 옮겨간다. 이들은 사랑이 요구하는 자기 변형과 트라우마를 원하지 않으며, 간혹 연애에 필요한 자기성찰적 고민에도 관심이 없다. 반면에 사랑을 열렬히 찾고 있지만 관계는 별로 신경쓰지 않는 사람들도 있다. 실제로 사람들은 사랑과 관계 중 어느 하나를 피하기 위해 (아마도 무의식적으로) 무척 애쓰고 있다. 다시 말해, 관계에 대한 욕망은 사랑과는 전혀 다를 수 있으며, 사랑의 흥분과 극적 드라마는 종종 안정되고 오래 지속되는 관계가 일어나지 못하게 만든다. 이상적으로 우리 대부분은 극적 드라마와 안정감을 모두 갖고 싶어한다. 그러나 항상 타협이 있고, 항상 선택이 있다. 가장 고무적인 사랑은 불가능한 사랑일지 모른다. 드니 드 루즈몽 Denis de Rougement은 자신의 고전 『서구 세계의 사랑』에서 낭만적인 사랑을 정의하기 위해 이런 불가능한 사랑을 잘못 일반화했다.

여기가 '짝사랑'이라는 익숙하면서도 약간은 비극적인 현상을 끌어낼 수 있는 지점이다. 흔히 짝사랑은 사랑이 될 수 없다고 말해지곤 한다. 왜냐하면 그 본질상 거절당하거나 되돌아오지 않는 사랑이 자신을 표현할 수 있는 관계는 존재하지 않기 때문이다. 사실, 누군가는 사랑이란 상호적이라고 했던, 앞서 나의 주장을 증거로 짝사랑은 돌려받지 못하기 때문에 사랑일 수 없다고 주장할지 모른다. 그러나 사랑의 상호성은 사랑의 요구이지 사랑인지 아닌지를 가르는 기준은 아니다. 우리는 상호성에 대한 요구가 충족되지 않더라도 분명 사랑을 요구할 수 있다. ("낚시"는 "물고기를 잡으려는 것"으로 정의되지만, 이 말이 물고기가 낚시에 협력적이라는 뜻은 아니다.) 사랑은 사랑이 되돌아오기를 바란다는 것, 이 바람이 없는 흠모와 존경과 숭배의 태도는 사랑으로 여겨질 수 없다는 것이 사랑의 필수 요건이다. 하지만 짝사랑은 온전히 발달한 사랑은 아니라 해도 만개한 사랑으로 인정받아 마땅하다. 물론 짝사랑에서 감정적 과정은 중간에 잘렸다. 많은 경우 감정적 과정에는 위로와 기쁨만이 아니라 오해와 억제된 말들과 과민함과 감정 표현의 주고받기가 들어 있기 때문이다. 그러나 스탕달은 짝사랑의 미덕을 주장했는데, 그의 옹호 근거는 짝사랑이 지저분한 일상으로 더럽혀지지 않고 순수하게 남아있을 수 있으며, 사랑의 기관이라 할 수 있는 상상력이 흘러넘쳐 나름의 시련과 고난을 만들어내고, 연인과 자신만의 대화를 창조하고, 심지어 만족에 뒤따르는 낙담이나 친밀감에서 비롯되는 터무니없는 말다툼 없이 사랑을 나눌 수 있다는 것이다. 또한 짝사랑의 경우 무한한 변이가 가능하고 단 한 점의 흠집이나 난처한 상황 없이 사랑을 나눌 수 있다고 한다. 짝사랑은 우리가 생각하는 사랑의 이상은 아니다. 그렇지만 짝사랑은 사랑을 다루는 이론이라면 반드시 대적해야 하는 경우에 해당한다.

어쩌면 이 지점이 사랑하는 것이 나은지, 아니면 사랑받는 것이 나은지와 관련되는 낯익은 질문에 관해 이야기할 수 있는 자리이기도 하다. 서둘러 말하자면 이 질문에 대한 나의 대답은, 사랑받는 것은 감정이나 경험이 아니라는 것이다. 사랑하지 않고 사랑받는 것은 기껏해야 칭찬이나 편리함일 뿐이고, 종종 원치 않는 의무이며, 최악의 경우 부담이자 저주이다. 중요한 것은 사랑하는 것이고, 그다음으로 사랑받는 것이 중요하다.

관계는 항상 공개적이라는 말에는 중요한 의미가 있다. 관계는 두 사람만이 아니라 경계조건으로서 사회 전체와 연결되어 있다. 예를 들어, 밀회에서 비밀은 곧바로 관계의 지배적인 특징이 된다. 결혼은 공개적 관계를 공식화하는 기능을 갖는다. 바로 이것이 결혼은 언제나 사랑 이상이며, 단지 "종이 한 장"에 불과한 것이 아닌 이유이다. 우리는 종종 사랑은 약속commitment이라고 말한다. 그러나 낭만적 약속은 결혼과 비교하면 추상적인 것처럼 보인다. 이는 연인들이 아무리 용감하고 서로에게 충실하다고 해도, 또 연인들이 서로에게—또는 스스로에게—항상 함께할 것이라는 말을 얼마나 자주 하는가에 상관없이 그러하다. 사랑은 약속 없이도 계속될 수 있다. 관계에는 조정된 행동과 상호 의존이 포함되어 있다. 이런 연유로 관계에는 언제나 몇 가지 약속과 의무가 수반된다. (이 약속과 의무가 특정한 날짜를 정하고 그날 그 시간에 나타나는 것에 불과한 것이라 할지라도) 사랑은 수많은 장애물을 만나도 (지혜롭거나 지혜롭지 않게) 계속될 수 있다. 이 장애물에는 사랑하는 두 사람이 서로 잘 맞지 않는다는 점도 포함된다.

관계는 실용적이다. 관계는 잘 굴러가거나 굴러가지 않을 수 있고, 우리를 행복하게 만들어주거나 그렇지 못할 수 있다. 그러나 담백하게 말하자면 사랑은 실용적이지 않다. 관계와 마찬가지로 사랑도 우리를 행복하게 만들거나 비참하게 만들 수 있다. 하지만 행복이 사랑의 목적은 아니며, 불행이 사랑의 실패는 아니다. 물론 아무도 비참해지기를 바라지는 않을 것이다. 잘 굴러가는 관계는 사랑을 만족스럽게 이루기 위해 꼭 필요하지만, 사랑과 관계가 동일한 것은 아니다. 우리는 관계는 해결하지만 사랑은 키운다.

따라서 관계는 관리적으로 되기에 십상이다. 이것이 관계가 사랑의 매개체를 주기보다 사랑에 간섭하는 경우가 더 많은 이유이다. 관계의 목적은 잘 "작동"하는 것이다. 관계는 바쁜 두 인생을 세상과 조정한다. 관계는 여러 장치와 기술을 이용한다. 이 장치와 기술에는 냉장고에 붙여 놓은 리스트에서 이중제어 전기담요, 상담, 매년 6월에 함께 떠나는 휴가에 이르기까지 모든 것들이 들어갈 수 있다. 물론 사랑하는 관계와 보다 실용적인 관계 사이에는 차이가 없다. 룸메이트나 회사 동료처럼 연인들은 함께 삶을 정리해야 한다. 그러나 사랑에는 어쩔 수 없이 모종의 긴장이, 낭만적 감성과 실용적 감성 사이의 눈에 띄지 않는 깊은 갈등이 수반된다. 어쩌면 이것이 "낭만주의자"로 불리는 사람들이 비세속적인 성향을 보이는 이유일 것이다. 다른 한편으로, 가정사를 사랑의 토대이자 사랑이 따라야 할 구조로 바꾸는 것은 너무 쉽고, 너무 유혹적이다. 바로 이런 까닭에 조력자들Facilitator은 실로 엄청난 피해를 줄 수 있다. 기업 관리를 다루는 책과 관계의 촉진을 다루는 책이 베스트셀러 목록에 함께 오르고, 간혹 동일 필자가 쓰기도 한다는 사실은 전혀 놀랍지 않다. 그러나 사랑에 이런 처방을 내릴 수는 없다. 사랑은—가정의 평온과 달리—협상할 수 없는 성질의 것이기 때문이다. 물론 사랑도 전략을 쓴다. 심지어 공유된 전략을 쓰기도 한다. (달빛 아래서 함께 저녁 식사를 하거나, 기분을 북돋우고 긴장을 풀기 위해 와인과 소프트 클래식 음악을 활용하기도 한다.) 그러나 사랑에는 기술도 장치가 없다. 돈 후안이 능수능란하게 여자들이 자신을 사랑하도록 만들었다면, 이는 그가 여자들을 사랑하지 않는다는 것을 보여주는 또 다른 증거이다. 우리는 '조정' 같은 전술에 당연히 반대한다. 사랑이 조작되지 않고 자발적이며 억제될 수 없을 때 우리는 사랑을 가장 신뢰한다. 사랑이 "계획"이었다는 사실을 알게 되면 성공한 연애로 다시 돌아가 그것을 망가뜨릴 수 있다. 우리는 하나의 감정으로서 사랑을 가꿀 수는 있지만 관리할 수는 없고, 관리해서도 안 되기 때문이다.

사랑과 관계를 혼동하는 것은 엄청난 실제적 중요성을 지닌다. 너무도 많은 사람들이 관계를 원하면서도 자신이 바라는 것은 사랑이라고 주장**해야 한다**고 느낀다. 이런 사람들은 자신들이 정말로 원하는 것이 만족스러운 결혼, 다시 말해 만족스러운 성생활과 가정의 동반자 관계일 때 열정적 사랑을 필사적으로 찾아 나선다. 아주 최근까지 결혼의 만족은 모든 사람들이 가장 바라는 것이었다. 대부분의 사람들은 좋은 결혼생활에 만족했다. 그러나 이제 낭만적인 사랑은 아무리 불편하고 아무리 일어날 법하지 않아도 반드시 갖춰야 할 필수 조건처럼 되어 버렸다. 연애보다 극적인 측면은 부족하더라도 괜찮은 결혼생활이 연애보다 "열등한" 것은 아니다. 그러나 우리는 연애 없는 섹스와 결혼은 생각하지도 말라고 배웠으며, 실제로 "의미 있는 관계"는 "사랑에 기초한 관계"를 가리킨다. 그러나 존중, 상호 존중, 즐거움, 동료애, 훌륭하고 멋진 섹스와 대화, 신뢰, 정직, 친밀감으로 가득차 있지만 반드시 "사랑에 기초한 관계"가 아닐 수 있는 관계를 통해서도 우리는 완벽하게 행복한 삶을 누릴 수 있다.

이것은 미세한 차이라고 말할 수 있지만, 나는 이 차이가 본질적이라고 주장하고 싶다. 사랑과 관계는 불가불不可不 연결되어 있는 것 같다. "의미 있는" 관계는 사랑 안에서, 그리고 사랑에 의해서 유지되는 관계를 의미하고, 이 관계가 충분히 발전하려면 관계의 상호성이 필요하다. 그러나 짝사랑이라는 현상이 존재한다는 점뿐만 아니라 대체로 사랑이 관계보다 먼저 일어난다는 점을 고려하면, 우리는 사랑과 관계를 구분해야 한다는 것을 알 수 있다. 사랑은 마음의 상태이자 감정적 과정이다. 이 사실을 이해하는 것이 연인이 세상을 바라보는 특수한 방식을 이해하는 것이다. 우리는 사랑이 그 안에서 발전하고 자신을 표현하는 관계와 사랑 자체를 혼동함으로써 사적이고 주관적인 자아의 감각, 관계의 사회심리학과는 매우 다른 경험의 현상학에 대한 감각을 잃어버린다. 가장 친밀한 최상의 관계 안에서도 사랑의 환희가 발전하는 것은 이런 사적 주관성의 감각을 통해서 일어난다. 관계와 달리 사랑은 궁극적으로 자기 자신의 것이라는 것이 사랑의 진리이기 때문이다.

전부 아니면 무無: 사랑의 이상화

> 왜 그는 그녀에게 "나는 당신 없이는 살 수 없어요"라고 썼는가?
>
> 그리고 왜 그녀는 그에게 "나는 당신 없이는 살 수 없어요"라고 썼는가?
>
> 그는 서쪽으로 갔고 그녀는 동쪽으로 갔다. 그리고 두 사람 다 살았다.
>
> — 칼 샌드버그

이상화는 사랑의 핵심에 놓여 있다. 사실, 애초부터 사랑 개념을 가능하게 만들어준 것이 이상화이다. 이상화가 없었다면 섹스는 여전히 금기와 의례儀禮로 둘러싸인 단순한 욕구일 수는 있지만 사랑 같은 것은 되지 못했을 것이다. 사랑을 그토록 매력적인 감정으로 만들어준 것은 연인에 대한 이상화(그리고 그에 대한 보상으로 자신에 대한 이상화)이다. 이상화는 때때로 "환상"으로 치부되기도 한다. 그러나 이상화의 특징을 보다 공정하게 이야기하자면, 이상화란 긍정적인 측면에 대한 강조를 이례적으로 찬양하거나 주장하는 것이라고 할 수 있다. 당신의 연인을 "세상에서 가장 멋진 사람"으로 바라보거나, 그 또는 그녀가 "완벽한 코"를 가졌다고 생각하는 것은 "잘못"이 아니다. 우리가 타인에 대해 무조건 좋게 느끼는 경우는 드물고, 자기 자신에 대해 황홀할 정도로 좋게 느끼는 경우도 드물다. 사랑하는 것은 상대를 이상적 존재로, 그리고 자기 자신도 이상적으로 될 가능성이 있는 존재로 바라보는 것이다. 또한 사랑하는 것은 사랑 역시 이상화하는 것이다.

그러나 사랑의 이상화는 완전한 선善이 아니다. 이상화는 곡해와 혼미함으로 이어질 수 있고, 최악의 경우 접근이 용이하지 않은 더 신비로운 열정을 위해 사랑을 완전히 회피하도록 만드는 방향으로 나아갈 수도 있다. 『향연』에서 소크라테스는 (별로 중요하지 않은 가정의 신이었던) 에로스를 신성의 위치로 승격시켰다. 문제를 더 혼란스럽게 만드는 것은 소크라테스가 에로스를 철학과 등치等値시키고 있다는 것이다. 철학은 플라톤과 아리스토텔레스 같은 사람들에게는 인간이 수행하는 최고의 노력이지만 대부분의 인간관계의 소재가 될 수는 없다. 에로스는 아름다움에 대한 사랑이 되었고, 그다음에는 진리, 선, 지혜에 대한 사랑이 되었다. 이것은 인상적으로 보일지 모르지만 과도하며, 사랑을 고양시키기는 했지만 성애적 사랑이 지닌 힘과 복합성, 그리고 성애적 사랑이 갖는 중요성을 이해하는 데에는 별 도움이 되지 않는다. 따라서 사랑의 과도한 이상화는 플라톤과 함께 시작되었으며, 이후 수 세기에 걸쳐 사랑을 인간적 맥락에서 분리시켜 우주와 신을 하나로 묶어주는 접착제가 되었다. 12세기에 이르러 이러한 과잉화가 교정되기 시작했을 때, 무조건적인 도덕적 상찬이라는 이해할 수 없는 언어로 사랑을 말하는 관습(과 듣는 관습)은 이미 확고하게 뿌리내리고 있었다. 오늘날 우리 시대의 궤변론자들은 마음의 문제를 다룸에 있어서 비판적 정교함은 부족하면서 대중적 감상성에 호소하는 이런 유구한 역사적 현상의 최신 버전일 뿐이다.

사랑의 이상화는 필연적으로 일상적인 성관계의 비하로 이어졌다. 플라톤에게 에로스는 미의 형상을 "움켜쥐려는" 탐욕적 욕망이었지만, 플라톤의 뒤를 이은 해석들에서 이런 "탐욕적" 측면은 모조리 사라지거나 부정되었다. 특히 특정한 인간의 몸을 탐하는 것은 더욱 그러했다. 플라톤은 사랑의 욕정적 기원을 부정하지 않았다. 그는 더 훌륭하고 "더 높은" 대상을 목표로 삼으라고 촉구했을 뿐이다. 사랑의 뿌리는 언제나 열정이고, 열정은 언제나 부분적으로는 성적이다. "플라토닉 러브"의 기독교적 버전은 이런 점을 부정했다. 이처럼 사랑에 대한 과도한 이상화는 육체적인 것의 부정, 상호주관적 열정이 갖는 중요성의 거부, 두 사람 간의 역동적 상호 작용의 무시로 나타났다. 예컨대, 이런 측면은 초기 기독교가 판이한 두 사랑 개념을 구분하는 것에서 분명하게 나타났다. (이와 대조적으로, 사랑을 나누는 몇 가지 그리스적 구분법은 중첩되고 함께 흘러들어 서로를 강화시켰다.) 플라톤은 에로스를 이상화했지만, 에로스와 대조되는 "아가페"라는 말이 도입되면서 에로스는 "성적 사랑"에 불과한 것으로 격하되고 에로스에서 이상주의적 측면은 잘려 나갔다. 이제 아가페가 상대적으로 이타적이고 무성無性적인 인류애라는 영예로운 역할을 부여받게 되었다. 에로스와 아가페를 나누는 이런 구별은 점점 거칠어져 이제 에로스는 에로티시즘에 불과하게 되었고 아가페는 영성과 이타성의 높이로 상승하여 궁극적으로 하느님만이 취할 수 있는 태도라는 것이 분명해졌다. 우리는 베풀고 희생하고 타인(배우자를 포함하여)에게 욕정적 태도를 보이는 것을 자제하면서 조금씩 아가페에 다가갈 수 있을 뿐이다. 반면에 에로스는 영적인 기미조차 없는 이기적이고 탐욕적인 것으로 간주되었다.

우리는 이국적인 용어들을 포기했지만, 여전히 모순되는 생각들로 찢겨 있다. 한편, 사랑은 세속적이고, 인간관계와 연관되며, 욕망에 의해 규정되는 (욕정적 감정이 아니라면) 감정이다. 그러나 동시에 우리는 "진정한" 사랑은 완전히 이타적이고, 모든 것을 희생할 준비가 되어 있고, 자신의 이익에 무심하고, 오로지 연인의 안녕에만 관심을 보이는 것이라고 스스로를 설득시켰다. 사랑이 확실할 때에도 성적 욕망은 여전히 죄책감을 불러일으킬 수 있다. 성욕은 사랑을 표현하는 방식이 아닌 것처럼 말이다. 이로 인해 어떤 커플은 간절히 욕정을 느끼면서도 서로를 부끄러워하고 있는 자신들을 지켜봐야 하는 견딜 수 없는 굴욕감의 대가를 치르고 있다. 이들은 먼 과거에서 물려받은 정신분열증적 개념을 비난하는 대신 자신들이 불경한 마음을 먹고 있다고 비난한다. 그들은 순수하고 영적인 무언가를 느껴야 **한다**. 그러나 그들이 느낀 것은 욕망이다. 그들은 함께 신성한 황홀경에 빠져야 "한다." 그러나 그들은 불화를 일으키는 오해를 마주하고 있다. 기대는 너무 크고 너무 모순된 것이라서 의심할 여지없이 확실히 사랑하고 있는 경우라 할지라도 현실이 이런 기대와 맞서 경쟁할 수는 없는 법이다.

사랑의 신이라는 관념과 이 관념에 수반되는 윤리는 서구 문화의 가장 영광스러운 개념 중 하나이다. 하지만 지극히 종교적인 사람들에게도 낭만적 사랑의 본질에 관한 문제는 전통적인 종교 교리와 분리되어야 **한다**는 점을 분명히 하자. 낭만적 사랑은 이타적이지 않으며 그렇게 되어서도 안 된다. 낭만적 사랑은 희생이 아니라 공유이다. 낭만적 사랑은 무성적이지 않다. 에로스와 아가페를 노골적으로 대조시키는 것에 반해, 성적 사랑은 영적이지 않은 것이 아니며 성적 욕망은 단순히 탐욕적인 것이 아니다. 낭만적 사랑은 공유하려는 욕망이고 또 마땅히 그래야 한다. 낭만적 사랑의 핵심은 공유이다. 공유는 이타성과 이기심, 희생과 육욕肉慾적인 소유와 대립한다. 낭만적인 사랑은 종교가 아니며 종교가 되어서도 안 된다. 이것은 일부 결혼에서 종교적 믿음과 대인 관계의 감수성이 공존하지 않을 수 있다고 말하는 것이 아니다. 하지만 성적이고 자기 본위本位적인 사랑을 비하하고 실현 불가능할 만큼 이타적인 사랑을 과도하게 이상화하는 것은 이 중요한 인간적 감정을 일관되게 이해하는 데 도움이 되지 않는다. 사랑하는 것은 성인이 되려는 열망이 아니다.

이상화는 사랑을 단순한 성적 욕망과 동반자 관계 이상의 것으로 바꾼다. 이상화에는 개성을 지닌 어느 한 사람에 대한 찬양과 성찰을 통한 자기 자신과 관계에 대한 찬양이 포함되어 있다. 하지만 우리는 이상화를 극단으로 몰고 가 사랑을 '전부 아니면 무'로 만들어버린다. 우리는 과거의 관계에 얽매이지 않고, 과거의 사랑이 남긴 "열정"과 장애와 말해지지 않았거나 행동으로 옮겨지지 않은 것 없이 온전히 우리를 사랑해줄 사람을 찾는다. 이런 것은 소위 동정녀의 매력이거나 아이들에게나 있다고 가정되는 순수함이다. (이런 사람을 찾느니) 차라리 백지나 감정적 빈 서판書板 같은 상대, 실패하거나 상실한 사랑과 이루지 못한 꿈, 실현되지 못한 환상에 시달리지 않는 인생을 찾으려고 해라. 스무 살 때에는 인생이 앞에 많이 놓여 있는 것처럼 보인다. 그러나 마흔 살에는 현명한 사람이라면 자기 정체성의 무게 중심이 과거에 놓여 있음을 안다. 이는 미래에 대해 급진적 해결책을 갖고 있든 아니든 마찬가지이다. 청소년 시절의 자유는 자아와 미래를 별로 생각하지 않고 너무 멀리 뻗어나가고, 너무 유연하고, 너무 개방적이다. 이 시절의 자유는 과거에 기초해 있지 않기 때문이다. 그러나 열여섯 살짜리에게도 감정적 짐이 없지는 않다. 많은 사람들이 찾는 것 같은 새로운 얼굴은 유아적이고, 경험이 부족하며, 병적으로 역사적 감정이 결여되어 있고, 기억상실증에 걸렸거나 정신병적이다.

사랑의 이상화는 연인에게 과도하게 완벽함을 요구하는 것이 타인의 현실을 압도할 때 일어난다. 그 결과 두 개의 비참한 선택지 중 하나—때로는 둘 다—가 발생한다. 즉, 연인은 이룰 수 없는 요구와 기대에 시달리며 존경을 받다가 한순간 넘어지거나, 또는 자신의 "가능성"에 미달하는 것으로 여겨져 설령 사랑을 잃지는 않는다고 하더라도 지속적으로 실망과 분노를 일으키는 원인이 될 수 있다. 두말할 필요 없이, 이 두 개의 선택지 중 어느 하나는—혹은 차례로 둘 다—사랑하는 사람 자신의 불안과 결함을 투사한 것일 수 있다. 사랑이 모든 의혹에 답하고, 모든 문제를 해결하며, 모든 분쟁을 진정시킬 것이라고 기대하면 과도한 이상화가 생긴다. 우리의 기대와 달리 사랑은 '답'이 아니다. 사랑은 답을 주는 만큼이나 많은 문제를 노정한다. 사랑하는 것은 거친 말과 언쟁과 성격 불일치와 실망이 하나도 없는 청정한 세계에 들어가는 것이 아니다. 사랑은 영적이고 고양될 수 있으며, 인생에서 가장 완전한 경험일 수 있다. 그러나 사랑이 "순수"할 수는 없다. 우리는 그저 인간일 뿐이다. 평생에 걸쳐 지속되는 감정은 삶이 노정하는 문제를 피해 갈 수 없다.

사랑의 이상화에는 대가가 따른다. "당신에게 필요한 것은 사랑뿐"이라는 말은 사실이 아니다. 우리는 사랑 외에도 대출금과 독립 공간과 믿을 만한 친구와 상당한 이해와 인내가 필요하다. 이런 식으로 사랑에 초점을 맞추면 다른 열정은 어쩔 수 없이 소홀히 하게 되고, 더 큰 사회적 문제를 소홀히 할 가능성도 매우 크며, 부모와 친구와 커리어를 소홀히 할 수도 있다. 사랑의 이상화는 바람직할 수 있다. 그러나 또한 사랑의 이상화는 사랑을 경시하거나 거부하는 사람들을 윽박지르고, 사랑보다 더 중요한 일이 있을 수 있다고 말하는 사람들을 수치스럽게 하거나 굴욕감을 안겨주는 무기로 이용될 수도 있다.

지나친 사랑의 이상화는 사랑만이 중요하다고 믿게 만들 것이다. 이는 지난 수 세기 동안 여성들이 교육과 직업을 갖지 못하도록 만들기 위해 사용된 계략이었다. 이런 생각 때문에 우리는 사랑을 도전이자 과정이 아니라 그 자체가 목적이며 이미 보증된 것이라고 생각한다. 이는 프로이트가 말한 유아기의 "일차적 과정"처럼 사랑에 대한 욕망을 사랑의 만족과 혼동하는 것이다. 이는 사랑에 필요한 심리적 노력과 타협을 완벽한 결합과 평생 지속되는 행복이라는 이상적인 목표와 오인하는 것이다. 가장 나쁜 것은 우리가 이런 생각 때문에 어리석고 고집스럽게 되어 이루어질 수 없는 것을 주장하느라 정작 눈앞의 사랑을 놓친다는 것이다. 우리는 사랑이 **이것** 아니면 아무것도 아니어야 한다고 요구한다. 그런데, 바로 '이것'이 종종 터무니없는 말들("휩쓸려 버린다" "완벽한 행복")로 이해되기 때문에 실망하지 않을 수 없다. 설상가상으로 사르트르가 지적했듯이, 모든 강한 감정—사르트르는 슬픔에 대해 이야기했다—에는 그것으로 충분치 않다고, 결코 충분하지 않다고 잔소리를 늘어놓는 특유의 목소리가 뒤따른다. 우리는 우리가 느끼는 것보다 더 많이 느끼기를 기대한다. 이런 연유로 우리는 자신을 의심하지 않을 수 없다.

또한 사랑의 이상화는 사랑이란 우리가 "찾거나" 찾지 못하는 독특한 현상이라는 독선적인 생각으로 이어진다. 그러나 사랑은 일련의 감정의 스펙트럼이다. 이 스펙트럼의 한쪽 끝은 시인들이 예찬하는 완전히 헌신하는 몰두일 것이고—이런 몰두에 빠질 수 있거나 기꺼이 빠지려고 하는 사람들은 많지 않을 것이다—, 다른 끝은 조용히 염려하는 친숙함이다. 이런 친숙함은 우정과 다르지 않으며, 여기서 사랑이라는 말은 절절한 열정을 표현하기 위해서 쓰이는 것이 아니라 이 관계에서 기대되기 때문에 쓰인다. 사랑은 다른 감정과 마찬가지로 강도가 다양하다. 우리는 '약간 화났다'거나 '조금 슬프다'고 주저 없이 표현하지만, 사랑에만은 유독 단계적 차이를 인정하지 않는 것 같다. 우리들 대부분은 열정의 환각을 오래 유지할 수 없기 때문에(우리에게는 돌아가야 할 직업이 있고, 아이는 소아과 의사를 만나야 하고, 차고는 고쳐야 한다), "이것이 정말 사랑인가?" "나는 여전히 그를 사랑하는가?"와 같은 고약한 의심이 곧 들이닥친다. 사랑은 그것이 폭발적이고 강박적일 경우에만, 사람들을 무력하게 만들고 완전히 몰입시킬 경우에만 확실히 진짜 같다. 그러나 사랑은 여러 다양한 삶에서 다양한 방식으로 나타난다. 다른 모든 일들과 마찬가지로, 사랑도 삶에 맞춰 들어가야 한다. 그리고 우리의 삶은—그것이 만족스러운 것이든 아니든—사랑이 시작되기 훨씬 전에 이미 많은 일들로 가득차 흘러넘치고 있다. 우리의 선택이 "전부 아니면 무"일 때 우리는 인생에서 거의 아무것도 얻지 못할 것이다.

왜 우리는 사랑이 파트타임일 수 있고 또 실제로 그렇다는 사실을, 그리고 사랑은 슬픔이나 기쁨처럼 기다려야 하는 것이라는 점을 인정하지 못하는가? 최고의 사랑은 수많은 욕망들이 수렴된 것이거나 시너지 작용을 일으킨 것이다. 이 욕망들 중 일부는 성적이고, 또 다른 일부는 윤리적이다. 이 가운데 다수의 욕망들은 매우 직접적으로 실용적이며, 적지 않은 욕망들은 낭만적이고 환상적이다. 우리는 사랑에서 섹스와 안전뿐만 아니라 행복, 동지애, 재미, 함께 여행하고, 함께 외출하고, 조언을 얻고, 자랑스러워하고, 지지하고 싶은 사람을 바란다. 우리가 원하는 사람은 사회적 자산이자 동맹이고, 집안일은 나누고 수입은 늘리며, 어려울 때 의지하고 괴로울 때 보살펴줄 수 있는 사람이다. 다시 말해, 우리는 "모든 것"을 원한다. 우리는 황홀감과 정조, 완벽한 편리함과 안전과 흥분을 모두 원한다. 그리고 우리는 이 모든 것들이 한 패키지 안에, 소위 사랑이 보장하는 한 패키지 안에 담기기를 원한다. 그러나 사랑은 이 패키지 안에 들어가는 한 요소일 뿐이다. 아무리 우리가 원하지 않는다 않더라도 우리는 동지애 없는 사랑, 섹스 없는 사랑, 감정적 지지와 격려 없는 사랑, 설렘 없는 사랑, 안정감 없는 사랑을 할 수 있다.

우리는 모든 것을 원하지만, 때로 선택해야 한다. 많은 사람들이 사랑이 끝났다고 생각하는 것은 사랑과 함께 갖고 싶은 이런 탐나는 것들 가운데 하나를 잃는 것이다. 섹스는 덜 흥미진진해지고, 두 사람은 너무 바빠 많은 시간을 함께 보내지 못한다. 하지만 이것은 사랑을 잃는 것이 아니라 "패키지"를 잃는 것일 뿐이다. 이제 우리는 선택해야 한다. 사랑은 우리가 잃는 것을 보상해줄 만큼 정말로 가치 있는가? 그러나 사랑(또는 다른 사랑)이 패키지를 보장해주는 것은 아닌 것 같다. 우리는 욕망들이 서로 부딪친다는 것을 깨닫는다. 예를 들어, 새로운 것과 짜릿한 흥분을 원하는 욕망과 편리함과 안전을 원하는 욕망은 서로 충돌한다. 그리고 우리는 현실이 불편하게 끼어들어 우리의 우주적 식탐을 만족시켜 주려 하지 않는다는 점을 깨닫는다. 하지만 이것은 삶이 부조리하다거나 우리의 운명이 불행과 좌절일 수밖에 없다는 뜻은 아니다. 간단히 말해, 이것은 우리가 전부를 가질 수는 없다는 것을 의미한다. 사랑 문제가 아니라면 이 현실원칙은—프로이트적 의미의 트라우마와 반대로—그렇게 어려워 보이지 않는다. 우리는 사랑에서만은 우리가 얻은 것을 수용하고, 합리적으로 기대할 수 있는 것을 즐기지 못하는 것 같다. 우리는 사랑에서만은 열정과 함께 갖고 싶은 모든 좋은 것들, 이를테면 우정, 멋진 섹스, 우정의 지속, 격려와 지원, 집안 살림을 해주는 훌륭한 가정부와 생계 부양자 등등을 열정과 구별하지 못하며, 사랑이 이 욕망들을 흐릴 수 있다는 것을 인정하지 못한다. 우리의 이상은 여전히 "패키지", 즉 이 모든 것들이 담긴 하나의 패키지로 남아있다. 이렇게 파편화되고 좌절감을 안겨 주는 세상에서 누가 이 패키지의 매력을 부정할 수 있겠는가?

사랑을 비판적으로 다루는 것은 흔히 사랑에 부정적이고 냉소적이라고 여겨진다. 그러나 어떤 미덕을 제대로 옹호하려면 그 미덕의 적절성과 한계를 인정하는 것 또한 꼭 필요하다. 인생의 다른 문제들과 마찬가지로 사랑은 자신의 위상과 적절한 비중이 있다. 사랑은 틀릴 수 있고, 부적절할 수 있고, 비참할 수 있고, 치명적일 수 있다. 이런 점은 궤변론자들이 절대 언급하지 않는 것들이다. 궤변론자들이 사기를 치고 있는 것이 이런 점이다. 부작용이나 치사량을 알려주지 않으면서 처방전 없이 모든 사람들에게 강력하게 작용하는 기적의 약을 팔지는 않는다. 사랑은 특히 강력한 감정적 자극제이다. 이 자극제의 효과는 종종 기적적으로 보인다. 그러나 사랑은 생명을 구할 뿐 아니라 생명을 파괴할 수도 있고, 우리에게 해답을 줄 뿐 아니라 끔찍한 문제를 안겨 주기도 하며, 다른 세상을 열어줄 때에도 세상의 일부를 닫기도 한다. 사랑은 우리 삶의 특정한 자리에 맞는 매우 특수한 현상이다. 사랑은 궤변론자들이 광고하듯 언제 어디서나 어울리는 천상의 빛이 아니다. 사랑은 치러야 할 대가는 없이 늘 좋기만 한 것이 아니다.

이와 동일한 '비판적' 맥락에서 사랑은 늘 다른 감정들과 그리고 그 감정들 속에 들어 있는 것들과 섞이게 된다고 주장할 필요가 있다. 이 감정들에는 사랑과 반대되는 증오뿐만 아니라 분노, 시기, 질투, 자기 의심, 자부심, 원한, 불안, 좌절 등등이 있다. 물론 순수한 사랑의 순간이 있을 수도 있다. 그러나 이것은 형이상학적 문제라기보다는 일시적 집중의 문제이다. 사랑의 감정을 즐기는 것은 자기 자신을 "취약하게" 만들고, 그 논리적 구조가 사랑과 얽혀있는 열정의 회로에 쉽게 노출된다는 것을 의미한다. 예를 들어, 사랑에는 본질적으로 믿음이 들어가 있기 때문에 배신당할 가능성도 있다. 사랑에는 소속감이 들어가 있기 때문에 질투에 나타나듯이 상실의 가능성도 존재한다. 또한 사랑에는 강력한 인간관계의 대결이 들어가 있기 때문에 이 대결을 증오로 왜곡할 가능성도 있다. 그런 고로, 사랑도 욕구와 욕망과 희망과 두려움과 기대의 행렬 속으로 들어간다. 에리히 프롬 같은 궤변론자의 주장과는 달리, "무조건적" 사랑 같은 것은 없다. 무조건적 사랑은 심지어 부모의 사랑에도 존재하지 않는다. 그것은 낭만적 사랑이라고 불리는, 의도적이고 언제나 우발적으로 일어나는 애정에는 확실히 존재하지 않는다.

러브 스토리

낭만적 사랑의 근저에는 로맨스romance, 즉 이야기가 있다. 사랑은 단순히 순간적인 열정이 아니라 감정의 전개이다. 그것은 우리에게 너무나 친숙하고 '자연적'인 것처럼 보여서 우리가 거의 이야기라고 생각하지 않는 구조화된 서사이며, 예측 가능한 진행과 갈등과 해소와 함께 우리가 따라야 한다고 배우는 시나리오이다. 다른 문화의 이야기를 들을 때 우리는 이 이야기가 종종 기이하거나 특별하다고 생각하기 쉽다. 하지만 우리는 우리 자신의 낭만적 유산도 인류학적으로 보면 기이하고, 갈등으로 가득차 있고, 종종 파괴적인 시나리오라는 사실을 반드시 인정해야 한다. 예를 들어, 우리 문화의 낭만적 러브 스토리는 젊은이들에게 집중되어 있다. 그러나 실상 사랑은 서른 살의 분수령을 넘긴 사람들에게도 젊은 사람들 못지않게 중요하고 고무적이다. 우리의 낭만적 주인공은 종종 부유하고 버릇없고 이국적이다. 그러나 지난 세기 이래로 사랑은 완전히 길들여졌고 중산층적이며 민주화되었다. 실제로 우리가 좋아하는 주인공들은 전형적으로 오래 지속하는 사랑과는 어울리지 않는다. 이 주인공들이 한창나이에 일찍 죽는 경우도 드물지 않다. 귀네비어를 향한 랜슬롯의 불륜의 사랑부터 『라 보엠』의 소모적 사랑에 이르기까지 로맨스의 패러다임은 흔히 금지된 사랑이거나 불가능한 사랑이다. 그렇지 않을 경우 이야기는 해피엔딩, 즉 포옹과 "영원히 행복하게 잘 살았다"라는 믿기 힘든 문장으로 중단된다. 그러나 비극으로 끝나든 "영원한 행복"으로 끝나든, 이런 이야기는 시간이 경과하면서 풍요롭게 발전해가는 사랑을 배제한다.

나는 문학을 전공하는 대학원생들에게 『로미오와 줄리엣』—우리의 전형적인 사랑 이야기에 해당될 문학 작품—을 낭만적으로 만들어 주는 것이 무엇인지 물은 적이 있다. 이들은 두 연인에게 나타나는 점들을 아래 순서로 나열했다. 두 연인은

죽는다.
서로를 알지 못한다.
자신들의 사랑에 심각한 반대에 직면한다.
이국적인 환경에서 산다.
서로 비밀리에 만나야 한다.
서로에게 비밀을 털어놓는다.
젊고 아름답다.

사랑을 선언하는 말을 한다.

조급하며 갈망과 열정으로 가득차 있다.

고집이 세다.

실용적이거나 실제적인 일에는 관심이 없다.

서로에게 강한 성적 욕구를 가지고 있다.

이 목록을 보고 놀라기 위해 낭만적인 학자가 될 필요는 없다. 미네소타주 워베곤호에 살고 있고, 예쁘지 않으며, 부모와 친구들이 자신들의 관계를 인정해주는 것을 좋아하며, 공개 데이트를 하고, 연극의 5막 마지막 장면에서 죽지 않아도 되는 커플은 이 목록에서 제외된다. 실상 우리가 가장 좋아하는 러브 스토리는 사랑의 본질과 사랑의 서사에 대해 그릇된 인상을 준다. 그러나 이런 이야기와 이를 닮은 이야기들이 적어도 12세기 이래로 우리의 로맨스 장르를 규정해왔다. 이런 로맨스의 시발점은 랜슬롯과 귀네비어의 대중적인 사랑 이야기이다. 두 사람의 사랑은 불륜이었고 왕국을 멸망시켰다.

그러나 불륜과 비밀과 치명성이 없어도 전형적인 러브 스토리를 정확히 짚어내기는 어렵지 않다. "소년은 소녀를 만난다. 소년은 소녀를 잃는다(왜 그 반대는 아닌가?)." 그리고 그들은 "영원히 행복하게" 살았다. 우리가 던지는 첫 번째 질문은 사랑이 사춘기의 관심사만이 아니라 어른들의 주요 관심사가 되거나 혹은 되어야 할 때, 왜 '소년'과 '소녀'이어야 하는가와 관련된다. 우리가 두 연인은 서로 **만나야** 한다고 무심

결에 가정하는 것도 눈여겨볼 만하다. 소년과 소녀는 함께 자라지 않았다. 그들은 기본적으로 연인으로서 만난다. 연인 이외의 다른 모든 자질은 핵심에서 많이 벗어나 있다. 어쩌면 이들은 우연히 만난 낯선 사람일 것이다. 결말은 더 나쁘다. 우리는 이야기가 "영원히 행복하게"라는 정직하지 못한 구절로 시작하기도 전에 실질적인 스토리라인을 잘라버린다. 결혼은 사랑의 매개체라기보다는 사랑의 절정을 의미한다. (물론 결혼식은 종종 포함되지 않는다. 결혼식은 대개 극적인 사건이 아니다.)

물론 러브 스토리의 핵심, 즉 러브 스토리를 낭만적으로 만들어주는 것은 "문제"이고, 갈등이고, 서스펜스이다. 로맨스 작가들이 기술을 발휘하고, 우리의 마음을 찢고, 우리의 언어를 보라색으로 물들이는 곳이 여기다. 사랑은 도전이자, 오해와 비극과 명백한 배신을 극복하기 위한 엄청난 노력이자 종종 병적일 정도로 완강한 시도이다. "왜 그녀는 다른 남자를 사귀지 않는가?"는 아예 선택지에 들어가지 못한다. 사랑은 인내와 고통이며, 심지어 개인적 파멸에 이른다. 물론 러브 스토리는 "문제"가 해소되면 끝난다. "남자는 여자를 얻거나" 아니면 그 반대다. 바로 이 순간이 우리가 유사 문학적인 책임회피에 이르거나("그리고 그들은 영원히 행복하게 살았다"), 두 연인 중 한 사람이 죽거나, 더 좋기로는 두 사람 다 죽는 경우(『러브 스토리』, 『로미오와 줄리엣』, 『트리스탄과 이졸데』, 『소피의 선택』)이다. 때때로 사랑은 갑작스럽게 끝나거나(『바람과 함께 사라지다』) 영웅적인 이별을 겪기도 하지만(『카사블랑카』),

곰곰이 생각해보면 이 모든 선택지들은 놀랍다. 우리의 사랑 패러다임은 사랑의 핵심을 배제한다. 우리의 사랑 패러다임은 초창기 멜로드라마는 포함하지만, 현실에서 실제로 일어나는 연애의 수많은 세부사항들은 제외시킨다. 다시 말해, 사랑 이야기는 사랑을 빼버린다. 우리의 사랑 패러다임은 사랑이란 시간이 걸리며 어쩌면 평생 함께 시간을 보내야 한다는 점—"행복하게 잘 살았다"라거나 때 이른 죽음은 모두 이 사실을 가리킨다—을 부정하지는 않지만, 그것을 완전히 무시한다. 그렇다면 어떻게 우리가 이 패러다임을 따르는 삶을 살 수 있겠는가? 물론 우리는 당대의 문학적 유행이 실연에 빠진 젊은이들에게 종종 자살을 명령했던 짧은 역사적 시기, 1774년 괴테의 불행한 낭만적 소설 『젊은 베르테르의 슬픔』이 출판되었던 시기를 모방해서는 안 된다.

하지만 여기 또 다른 사랑 이야기, 여러분이 확신하건대 할리퀸 로맨스가 될 수 없는 사랑 이야기가 있다. 저 노부부는 위스콘신주 홀리데이 인에서 아침 식사를 하고 있다. 부부는 조간신문을 함께 읽고 있고, 남편은 정중하게 커피와 데니쉬 빵을 가져오려고 한다. 이들의 이야기는 평생에 걸친 동반자 이야기일 것이다. 우리는 이들에게서 짧지만 서툰 구애의 장면을 어렴풋이 상상해볼 수 있다. 그러나 쉽게 잊힐 수 있고 (그들 마음속에서는) 우스꽝스러운 것일 수 있는 구애의 경험은 이들의 러브 스토리에서는 별로 중요하지 않을 것이다. 이들은 약간의 오해나 초창기 사랑의 라이벌을 기억할 수도 있고 그렇지 않을 수도 있다. 이들은 자기들의 결혼식을 기억할 수도 있지만, 둘 다 당시에는 너무 멍하고 혼란스러웠을 것이다. 이들에게도 열정은 있었을 것이다. 사귀는 처음에는 약간의 의심이 있었을지 모른다. 하지만 이 의심은 1,600쪽 분량의 소설에서 20쪽 정도일 것이다. 분노, 원망, 경멸, 심지어 폭력이 며칠이나 몇 주 혹은 몇 년 동안 일어났을 거라고 어렵지 않게 상상할 수 있다. 하지만 이 열정들 역시 세월의 안개 속으로 흩어졌을 것이다. 이 부부는 사랑에 대해 거의 말하지 않거나, (기념일에) 가끔 "사랑해"라고 말하는 정도일 것이다. 그러나 사랑에 대한 철학적 논의를 하지는 않을 것이며, 이것이 "진짜" 사랑인지 아닌지에 대한 형이상학적 회의도 없을 것이며, "이것이 정말로 내가 원하는 것인가?" 혹은 사랑은 실상 나르시시즘인가 아니면 합리화될 수 없는 의존적 욕구인가에 대한 고통스러운 개인적 고민도 없을 것이다. 사랑이 계속될 것이라는 점은 의심할 여지가 없다. ("영원히"라는 단어는 불필요할 것이다.) 이들의 사랑은 그저 존재할 뿐이다. 이들의 사랑은 이들이 걷고 있는 중서부 지방의 화강암만큼이나 진짜이고 단단한 토대 위에 서 있다. 이 사랑은 이름조차 필요 없다.

우리의 이상화된 연애 이야기가 실제 사랑 이야기와 너무나 다르고, 너무나 멀리 떨어져 있으며, 그 결과 우리의 사랑 관념이 완전히 분리된 두 부분, 즉 낭만적이고 흥미진진하지만, 비현실적인 부분과 가정적이고 인내심이 있지만, 많은 사람들이 인생을 가치 있게 만들어준다고 주장하는 흥분이 부족한 부분으로 나누어져 있다는 것은 비극이며 불합리하다. 이 불행한 사랑 관념을 이루는 두 부분은 정말 실망스러운 방식으로 서로를 보완한다. 낭만적 이야기는 모두 새롭게 찾는 사랑의 황홀감과 관련되어 있다. 하지만 이 이야기는 너무나 서스펜스와 흥분과 파토스로 가득차 있어서 미래의 무게를 버틸 수 없다. 따라서 "영원히"는 시간을 기념하기보다는 시간을 회피한다. 이 이야기에서 로맨틱한 속성이 적은 부분은 동반자 관계가 형성되어 작동되는 것을 다루는 부분이다. 동반자 관계는 법적으로는 결혼으로 규정된다. 동반자 관계의 이야기는 회계사와 고문과 상담사들에게 어울리는 주제이다. 이 직종에서 종사하는 사람들에게는 정직과 공정한 교환이라는 시장의 덕목과 협상과 타협이라는 비즈니스 기술이 큰 가치를 갖는다. 별로 부유하지 않은 사람들의 경우 포기하지 않고 끝까지 해내는 시간, 이를테면 자식을 키우고, 손주를 기다리고, 주택담보대출금을 벌고, 인생사 여러 문제들에 대처하는 일생이 있다. 다시 말해, 황홀감이 앞서 있고 그다음에 인생의 문제를 대처하는 일이 있다. 처음에는 멜로드라마에 가담하는 독립적인 두 사람이 있다. 그다음에 그들은 "해결"해야 한다. 사랑이 시드는 한 가지 이유가, 우리가 사랑을 절망적일 정도로 정신분열적이고 근본적으로 황량한 방식으로 규정하기 때문이라고 가정하는 것은 불합리하지 않다. 로맨스의 서스펜스와 짜릿함은 기본적으로 지속될 수 없다. 파트너들은 서로 사랑하면서 서로에게 맞춰지고 자신감이 생긴다. 그리고 사랑 이외에 해야 할 일이 너무 많다.

두 파트로 이루어진 사랑 이야기의 단점은 그것이 비문학적일 뿐 아니라 불행을 유도한다는 것이다. 좋은 소설은 결말에서 5백 페이지 떨어진 2장에서 클라이맥스에 도달할 수는 없다. 낭만적 사랑은 멜로드라마의 첫 부분도 아니고, 동반자 관계에 불과한 무미건조한 관계 다음에 나오는 이야기도 아니다. 사랑은 먼저 정복이 일어나고 그다음에 관계가 뒤따라 나오는 것이 아니며, "영원히 행복하게 잘 살았다"는 더더욱 아니다. 사랑은 계속되는 자기 정의의 이야기이다. 이 이야기의 플롯과 주제와 인물과 시작과 중간과 끝은 상당 부분 사랑에 참여하는 불특정한 자아들의 저자authorship에게 달려있다. 우리의 러브 스토리에 나타나는 또 다른 문제점은 이 이야기들이 사랑의 완벽한 윤곽과 조리법을 제공해주는 것 같다는 것이다. 그러나 실상 모든 로맨스는 사랑에 대해 한 가지 판본을 제공해줄 뿐이다. 모든 이야기는 시작부터 다 다르다. 일단 '행복하게 잘 살았다'라는 책임 회피 아래 숨겨진 현실에 이르면, 남은 것은 모든 커플들 자신들이다. 우리는 이야기책에 나오는 로맨스가 없으면 실망하겠지만, 진실은 우리 모두가 우리 자신의 이야기, 우리 자신의 로맨스를 창조해야 한다는 것이다.

모든 러브 스토리가 전해지는 것은 아니다. 우리는 이 러브 스토리들 가운데서 적어도 일부를 살지 않을 수 없다. 우리에게 가장 친숙한 러브 스토리 가운데 적어도 몇몇은 전혀 낭만적이지 않다. 감정은 표준 행동 상황에서, 철학자 로날드 드 수자Ronald De Sousa가 '전형적 시나리오paradigm scenario'라고 부른 상황에서는 학습된다. 이를테면 분노는 우리가 좌절을 겪은 뒤 다른 사람을 비난하는 것을 배우는 상황에서 학습된다. 우리는 "사랑의 전형적 시나리오는 무엇인가?"라고 물어야 한다. 우리 대부분에게 사랑의 전형적 시나리오는 **데이트** 상황이었다고 말하기가 민망스럽다. 이것을 어떻게 표현해야 할까? 데이트 상황이란 두 사람이 자신들에게 익숙한 맥락과 친구들의 지원에서 떨어져 나와 완전히 낯선 사람의 인정과 감탄, 그리고 그 이상을 구하지 않을 수 없는 지극히 인위적인 상황이다. 다시 말해 우리 대부분에게 러브 스토리는 백지상태에서 시작하는 것이 아니라, 호소할 배경이나 역사가 없고, 우리가 누구이고 또 무엇을 해야 하는지에 대한 진정한 감각도 부재한 상태에서 우리에게 강요된 인물과 함께 시작한다. 그러니 이런 시련에서 우리를 어루만져 줄 보다 감상적인 러브 스토리가 필요하다는 것은 너무나 당연하다. 우리가 현재 가지고 있는 사랑 관념이 보다 일반적인 위로나 사회성 개념과 너무나 어긋나고, 너무나 사적이고 배타적이며, 우리를 지원하고 호소할 다른 모든 원천들과 담을 쌓고 있다는 것은 조금도 놀랍지 않다. 우리는 이처럼 완전히 고립된 조건에서 사랑을 배운다. 또한 우리는 사랑을 수용되거나 거부되는 잔인한 게임으로 배운다. 그리하여 사랑을 찾는 것은 삶의 필수품일 뿐 아니라 큰 위안을 주는 일로 다가온다. 최근 출판된 한 책에서 지적되고 있듯이, 누군가와 사랑에 빠지고 함께 사는 강력한 이유는 더이상 데이트를 할 필요가 없기 때문이다

문학적인 관점에서 볼 때 인생은 허술하기로 악명이 높다. 우리가 어떻게 서술해야 하는지 미처 알기도 전에 인생은 시작되며, 우리

는 인생이 어떻게 끝날지 절대로 알지 못한다. 니체 같은 철학자는 "삶을 예술 작품처럼 살아야 한다"라고 주장할지 모르지만, 진실은 어떤 예술 작품도 우리네 삶만큼 복잡할 수 없고, 그렇게 긴 시간을 메울 수 없으며, 그렇게 혼란스럽게 배열된 세목細目들을 다룰 수 없다는 것이다. 그러나 다른 어떤 곳에서보다 사랑에서 우리는 삶을 살고자 하는 욕구를 단순한 이야기로 인식한다. 이 이야기는 시작과 플롯과 발전과 클라이맥스가 있는 내러티브를 따른다. 물론 어디에서 클라이맥스를 찾을 것인지가—첫 키스, 섹스, 사랑한다는 말, 결혼, 첫 아이, 죽음?—늘 분명한 것은 아니다. 하지만 모든 이야기에는 반드시 결말closure이 있다. 결말은 사랑이 해소되는 지점이다. 소설은 클라이맥스 바로 다음에 끝날지 모르지만, 우리의 이야기는 계속되어야 한다. 우리는 우리의 삶을 내러티브로 살려고 노력하지만, 항상 자신이 중간에 있음을 알게 된다. 그리하여 우리가 사랑이 절정에 이른 특정 순간에서—그 순간이 첫 키스이든 결혼이든—결말을 찾으려고 할 때, 우리는 "그 후로 행복하게 잘 살았다"라는 문학적 구절에 사로잡힌다. 그러나 우리에게 이런 구절은 없다. 우리에겐 살아야 할 더 많은 삶과 해결해야 할 더 많은 일들이 있을 뿐이다. 그래서 우리는 갈등과 좌절을 안겨주는 플롯의 전환을 최소한으로 줄이면서 이야기를 다시 시작하거나 속편을 만든다. 하지만 영화에서 볼 수 있듯이, 속편은 대개 원작의 모방이거나 원작에 미달하는 것 같다. 우리는 수많은 로맨스처럼 결정적 단어나 구절로 이야기를 끝내거나 봉인하고 싶어한다. 그러나 우리는 계속 나아가야 한다. 또한 놀랍지는 않지만 역설적이게도, 우리는 위기를 부추기거나 바깥으로 뛰쳐나감으로써 주기적으로 결말을 지으려고 한다. "예"가 이야기가 계속되어야 한다는 것을 의미하는 곳에서 "아니요"는 결말을 만들어낸다. 지루한 이야기보다 더 나쁜 이야기는 없다. 비록 그 이야기가 자신의 이야기라 할지라도. 아니 자신의 이야기라면 특히나 더 그러하다.

사랑의 토대로서의 아름다움

(사랑이라는) 이 열정, 그것의 진정한 표현은
아름답다는 속성을 지니고 있다는 것이다.
— 스탕달, 『사랑에 대하여』

이번 달 (또는 어느 달, 어느 해든 상관없이) 인기 있는 영화는 방자하고 사랑스러운 여주인공과 거칠고 잘생긴 남자 주인공의 결합을 암시하는 것으로 끝난다. 여자는 뉴욕(또는 파리나 시카고)의 펜트하우스에서 자랐고, 남자는 정글에 있을 때에만 (혹은 사막이나 바다에 있을 때나 혹은 전쟁 중일 때) 마음이 편안하다. 두 남녀가 공유하는 유일한 공통점은 육체적 매력이다. 영화 내내 이들은 함께 모험을 한다. 남자는 여자를 구하고, 여자는 남자를 (한 번) 구해준다. 영화는 이들이 함께 지내는 것으로 끝난다. 여자는 평생 자신에게 구혼한 도회지적인 남자와 맺은 약혼을 파기하고, 남자는 황야로 돌아가는 것을 연기한다. 우리는 조금의 망설임도 없이 이들이 몇 주 지나지 않아 이혼할 거라고 예상한다. 두 남녀는 전혀 어울리지 않는 커플이다. 그러나 진정한 낭만주의자들이라면, "글쎄요, 잘 될지도 모르지요"라고 말하면서 우리의 예상에 반대 의견을 표명할 것이다. '잘 될지도 모르지요'라는 허술한 말 위에 낭만적 신화 전체를 세운다고 상상해보라. 두 연인이 서로를 아름답다고 생각하는 것만으로는 사랑하기에 충분치 않다. 그러나 놀랍게도 우리는 너무도 자주 그렇다고 믿는다.

이것은 러브 스토리의 절단된 구조와 관련된 문제만은 아니다. 이는 또한 우리가 사랑과 사랑스러움에 대해 갖고 있는 관념의 문제이기도 하다. 우리는 성공을 찬양하고 지성을 존중하겠지만, 우리가 아름답기 때문에 사랑하고 사랑받는다고 생각한다. 사랑받는 사람은 그 혹은 그녀가 아름답다는 것 이외에 다른 어떤 자질을 갖고 있는가에 관계없이 아름다워야 한다. 그토록 자주 사랑에 꼭 필요하다고 제시되는 이 아름다움의 특성은 성격, 성취, 인격과는 거의 관련이 없으며, 관계의 성공 가능성과도 별 관련이 없다. 연인으로서 우리를 매혹시키는 미덕은 사랑을 정당화하거나 실행 가능하게 만들어주는 덕성과는 아주 많이 달라 보인다. 어쨌든 '매력'은 거리, 즉 사랑의 친밀감이 부정하는 거리를 전제한다. 바로 이것이 아름다움의 핵심 포인트이다. 이것이 의미하는 바는 아름다움이 바람직하지 않다는 것이 아니라 사랑을 잘못된 방향으로 이끈다는 것이다. 다시 말해, 아름다움을 사랑이 공유보다는 흠모와 숭배를, 지혜보다는 자극을, 깊은 친밀감과 앎보다는 피상적인 매력으로 이끈다.

스탕달뿐만 아니라 플라톤을 비롯하여 그보다 한 단계 낮은 수많은 (남성) 사랑 이론가들은 아름다움이라는 이 유일한 인간적 특성을 사랑의 토대로 꼽는다. 육체적 아름다움은 사랑과 별 상관이 없고, 크게 성격을 드러내지 않으며, 오해의 소지가 아주 많고 "피상적"이며, 도덕적 선이나 관계의 성공 가능성과 아무 관련이 없다고 불평할 수 있다. 어떤 진지한 이론가도 이런 불평에 대해 육체적인 아름다움, 즉 회화나 누드 조각상에서 찾을 수 있는 그런 아름다움만을 생각하는 것은 아니라고 대답할 것이다. 아름다움에는 수려한 이목구비와 몸매뿐만 아니라 매력, 지성, 그리고 적어도 인격의 가능성이 들어가 있다. 궁극적으로 플라톤을 비롯한 여러 이론가들은 우리가 사랑에서 진정으로 추구하는 것은 아름다운 얼굴과 몸매가 아니라 '아름다운 영혼'이라고 주장한다. 그러나 플라톤은 아름다움에 대한 집착을 문제 삼지 않고 오히려 증폭시킬 뿐이다. 그는 우리를 사랑으로 이끄는 것이 인격이나 관계의 가능성이 아니라 아름다움의 매력이라고 본다.

그러나 이들은—그리고 우리는—설득되었는가? 소크라테스 자신은 아테네에서 가장 아름다운 젊은이들을 즐겁게 해주고 그들에게서 즐거움을 받으면서 매우 행복했다. 아테네의 청년 알키비아데스가 "사티로스의 얼굴을 닮은" 사납고 고집 센 노인네와 사랑에 빠졌다는 것은 당혹스럽다. 팜므파탈에 대한 공포는 사랑만큼이나 오래된 것이다. 팜므파탈은 미모로 상대를 유혹하고 함정에 빠뜨리지만, 사랑을 할 수 없거나 사랑에 무관심한 여성이다. 팜므파탈과 관련된 수많은 이야기들이 존재한다. 이 이야기들은, 삼손은 아름답지만 기만적인 델릴라에 의해, 안토니우스는 유혹적인 클레오파트라로 인해, 트로이라는 국가 전체가 아름다운 헬레네로 인해 무너졌는지 말하고 있다. 궁정풍 사랑에서 가장 먼저 언급된 것이 여성의 아름다움이었다. 여성의 아름다움은 멀리 떨어진 탑에서도 눈에 띄는 유일한 특징이었을 것이다. 이 시절부터 기사도 이야기는 처녀의 "아름다움"은 반드시 강조하지만, 그녀의 미덕에 대해서는 자주 침묵한다. 18, 19세기 이래로 낭만주의 소설은 남자를 사랑으로 이끄는 것은(행복한 것이든 치명적인 것이든) 아름다움이며 —단지 아름다움만은 아니라 할지라도—, 여성 또한 마찬가지라는 점을 분명히 한다. 개구리와 야수가 잘생긴 왕자로 밝혀지는 것이 동화가 개연성을 갖는 데 필수적이었다. 또한 아무리 각성되어 있다고 하더라도 육체적 아름다움은 여전히 우리의 사랑 관념에 기이하고도 중심적인 역할을 담당하고 있는 것 같다.

아름다움의 문제는 그것이 우리가 사랑에 대해 믿고 싶은 것들을 모조리 허무는 것 같다는 것이다. 아름다움은 심오한 것 대신 피상적인 것을, 평생에 걸친 재능과 업적 대신 자연의 이점과 화장의 인공성을, 경험 대신 젊음을, 인격 대신 시각적 "외모"를 강조한다. 또한 아름다움은 가장 자의적인 토대 위에서 반평등주의적이며, 덕, 선, 염려, 동정심, 동반자 관계, 그리고 사랑이 줄 것으로 기대되는 온갖 좋은 것들과 아무 관련이 없다. 설상가상으로, 우리가 매력적이라고 생각하는 구체적 특성들 중 많은 것은 플라톤이 "아름다운 영혼"이라고 불렀던 것과 정반대이다. 광고에 등장하는 남자와 여자를 보라. 이들은 가학적이고 자기중심적이거나 어리석을 뿐이다. 흔히 남자들은 여자가 아주 예쁘면 그 무엇으로도 사랑을 막지 못할 것이라는 두려움을 표현한다. 결점 많은 인격, 의심스러운 성격, 세련됨이나 지능이 심각하게 결여된 경우일지라도 아름다움만 있다면, 육체적 아름다움**만 있다면** 사랑할 이유로는 충분한 것 같다. 아름다움을 위해서라면, 우리는 가장 친한 친구의 경멸과 원망에 맞서고, 심지어 자신의"더 나은" 판단이 외치는 반대 목소리에도 맞선다. 결점은 용인될 뿐 아니라 용서되거나 무시된다. 적어도 진지한 관계를 더이상 유지할 수 없고 지속적으로 굴욕을 겪을 수밖에 없는 상황이 아름다움에 매료되었던 연인의 삶에 들이닥칠 때까지는 그리할 것이다.

이처럼 아름다움이 사랑에서 으뜸의 자리에 놓여야 할 합당한 이유는 없다. 사실 낭만적 사랑의 역사는 특히 매력적 특성으로서의 아름다움에서 시작된다. 하지만 궁정풍 사랑은 아름다움뿐만 아니라 성격과 시적 재능을 강조했으며, 근대 시대 사랑의 민주화는 일정 정도 부와 계급과 육체적 매력에 상관없이 만인에게 사람에게 연애를 확장하는 것이었다. "모든 사람에게는 누군가가 있다"는 것, 그리고 아름다움은 "보는 사람 눈"에 달려있어서 누구나 사랑받으면 아름다워질 수 있다는 것은 우리가 소중히 간직하고 있는 믿음 가운데 하나이다. 우리는 모두 사랑에서 아름다움이 주요 고려 사항이 되어서는 안 되며, 성격과 달리 아름다움은 나이가 들면 퇴색하며, 인격과 지성과 좋은 사람이 되는 것이 아름다움보다 훨씬 더 중요하다고 말할 것이다. (아니 그렇게 주장할 것이다.) 하지만 아름다움은 여전히 그 위상을 유지하고 있는 것 같다. 일반적으로 사랑은 여전히 젊고 아름다운 한 사람이 다른 사람과 사랑에 빠지는 것으로 묘사된다. 못생긴 사람들과 나이 든 사람들의 특이한 사랑은 대개 희극적 암시 이상을 함축하고 있으면서 감상적이지만 기묘한 예외로 보일 뿐이다.

아름다움에 대한 집착은 주로 남성들의 집착이었던 것 같다. 사랑의 미학적 전통을 규정해온 것은 플라톤과 스탕달 같은 남성 이론가들이다. (사적 위치에 있을 것을 강요받았기 때문에) 사랑의 결과에 더 기댔던 여성들은 아름다워지기 위해 수고를 아끼지 않았지만, 아름다움이 행사하는 낭만적 지배를 받아들였던 적은 없었다. 여성들은 혐오스러워서는 안 된다는 점은 인정하고서 진실성, 지성, 신사다움, 양심, 정직성, 성실성 같은 요소를 사랑스러운 남자의 특성으로 보았다. 다시 말해, 여성들은 단순히 매력적으로 보이는 덕목보다는 사랑과 결혼생활을 유지시켜주는 덕목의 중요성을 인식했다. 이런 특성이 빠르게 변하고 있다는 것은 우리 시대 낭만적 사랑에 발생한 기묘한 아이러니 중 하나이다. 점점 더 많은 여성들이 경제적, 사회적, 감정적 측면에서 자기 충족적으로 되면서, 여성들 또한 보다 가볍고, 미학적이며, 때로 자기파괴적인 사랑의 속성을 자유롭게 강조하게 되었다. 우리는 이제 남성들이 오랫동안 여성들을 찾아다녔던 것과 똑같이 부적절한 이유로, 즉 성적 매력과 성적 수행에 대한 무정하고 사랑 없는 관념, 도전과 정복, "복잡한 문제"에 얽매이지 않고 벗어나기 (에리카 종Erica Jong의 《노골적인 섹스》) 같은 이유로 여성들이 남성들을 찾아다니고 있는 것을 본다. 많은 여성들은 남성들처럼 순진한 애정과 의존성을 말하는 것에 곤혹스러워하며, 이제 남성들은 무책임해지려는 용기를 낸다. 섹스는 예전에는 사랑의 "절정"이었지만 지금은 흔히 사랑의 존재 이유가 되었다. 이로 인해 비참한 로맨스가 점점 늘어나는 것은 놀랍지 않다.

이처럼 매력을 기묘할 만큼 강조하는 것은 사랑과 성에 국한되지 않는다. 한 연구에 따르면, 매력은 젠더와 성차별의 문제를 안고 있다는 점과 별개로, 더 좋은 직장과 성적과 승진으로 이어진다. 또한 매력은 인종적 경계를 넘는다. 매력 있는 아이들은 사람들이 자기들을 더 좋아한다는 것을 안다. 매력 있는 아이들은 더 똑똑한 존재로 인식되고, 더 친근하고 덜 비열한 존재로 여겨진다. 이런 교훈은 확실히 아주 일찍 시작된다. 그리하여 우리는 매력적이지 않은 연인을 용인하지 못할 뿐 아니라 그런 연인을 만나는 것을 상상하는 것조차 힘들어한다. 매력 없는 연인이 어떤 다른 덕성과 재치와 매혹과 지성을 지니고 있다고 해도 마찬가지이다. 매력적이지 않은 사람들이 우리를 행복하게 해줄 수 있고 또 우리도 그들을 행복하게 해줄 수 있다는 사실은 중요하지 않다. 우리는 모두가 아름다움을 누릴 **자격이 있다**고 느끼고, 아름다움 없는 사랑은 불행하거나 조악한 취향을 보여준다고 느낀다. 간혹 우리가 아름다움에 맞서는 경우도 있다. 우리는 플라톤이 "아름다운 영혼"을 역설했던 것을 반복한다. 그러나 결론을 말하자면, 우리는 외모에 끌리면서 좋은 성격이 뒤따라오기를 바란다. 보통 영화배우를 위시한 아주 매력적인 사람들이 '내면의 아름다움'에 대해 온갖 이야기를 늘어놓지만, 사실상 대부분의 사람들은 내면의 아름다움을 그 자체로 똑같이 아름다운 어떤 프레임을 통해 바라본다.

나는 우리가 어떤 사람을 매력적이지 않기 때문에 사랑해야 한다거나 콰지모도Salvatore Quasimodo[7]가 우리의 낭만적인 영웅이 되어야 한다고 제안하는 것이 아니다. 아름다움은 건강, 활력, 그리고 어느 정도는 자신감과 신체의 안전성을 드러낸다. 그러나 이처럼 육체적인 아름다움을 강조하는 것이 짓누르는 무게는 너무 부담스럽고 너무 강박적이 되었다. 오늘날에는 여성과 남성 모두 (천박한 것은 말할 것도 없고) 아무 생각 없이 필사적으로 허영심에 빠져들고 있다. 몇십 년 전이라면 이런 허영심은—설령 죄가 되지는 않더라도—창피하게 여겨졌을 것이지만, 이제는 자기 실현적 예언이 된다. 사랑스럽다는 것은 아름답다는 것이고, 아름답다는 것은 사랑스러워지는 것이다. 매력이 있으면 나쁠 게 없고, 아름다움과 욕망이 연결되어 있다는 것은 느끼기도 쉽고 이해하기도 쉽다. 생물학적으로 잘생긴 외모가 건강과 연결되어 있고, 그에 따라 아이를 낳고 보호할 신체적 단련이나 힘과 연결되어 있다고 생각하는 것은 타당하다. 하지만 우리가 아름답다고 생각하는 것들은 대개 야생 상태의 생존이나 도시에서의 생존과는 거의 또는 전혀 상관이 없다. 실제로 우리가 아름답다고 생각하는 것들 중 상당수는 그 반대이다. 다시 말해, 우리가 아름답다고 여기는 것은 제멋대

7 콰지모도Salvatore Quasimodo, : 1959년 노벨문학상을 받은 이탈리아 시인—옮긴이주.

로이고, 철저하게 자기중심적이며, 무능하거나 무력한 모습—우리가 "귀엽다"고 말하는 것의 주요 요소—이다. 글래머러스glamorous하다고 생각되는 모델들의 비쩍 마른 모습에서 어떤 종류의 "건강"을 찾을 수 있는가? 가슴이 크고 광대뼈가 튀어나온 여성이나 코가 곧고 턱이 튼튼한 남성이 지닌 생물학적 이점은 무엇인가? 이런 점과 관련하여 상상력이 풍부한 생물학자라면 마음껏 즐길 수 있을 것이다. 이를테면 데즈먼드 모리스Desmond John Morris는 『털 없는 원숭이』에서 큰 가슴이 매력적인 이유는 큰 가슴이—기하학적으로—성교를 할 채비가 되어 있는 여성의 등뼈 모양을 닮았기 때문이라고 말한다. 이런 해석은 재미있을 수는 있지만 터무니없다. 아름다움 또한 단순히 자연의 산물이 아니라 문화적 장치이다. 한 집단이나 문화에서 아름다운 것이 다른 집단이나 문화에서는 혐오스러울 수 있다.

왜 우리는 어떤 사람은 매력적이고 다른 사람은 그렇지 않다고 생각하는가? 우리가 매력적이라고 생각하는 속성들은 본능적인 것이 아니라 학습된 것이다. 남성의 유방 페티시즘은 어머니에 대한 잔존하는 욕망이거나 여타 유아적이고 본능적인 욕구와 연관된 것이 아니라, 미국 영화 산업과 잡지 산업, 전통적으로 남성 탈의실에서 벌어지는 가십 문화, 그에 따라 여성의 스웨터 패션과 잘 차려입은 의상 속 젖가슴의 변화하는 건축적 모양과 더 많이 연관되어 있다. (5만 년 전만 해도 우리 모두가 나체로 뛰어다녔다는 사실을 생각하면) 강인하고 신체적으로 보호해줄 것 같은 남자가 매력적이라는 것은 어느 정도 일리가 있다. 하지만 분명한 사실은 오늘날 대부분의 도시 환경에서 육체적 힘은 허영심을 만족시켜주는 것 이외에 별 쓸모가 없다는 사실이다. 어느 경우든 오늘날 매력을 규정하는 것은 우리에게 흔적으로 남아있는 정글에서의 대처 능력이 아니라 이 세상에서의 성공이다. 우리는 우디 앨런이나 알베르트 아인슈타인이 낭만적 이상이 되어야 한다는 것에 놀라지 않는다. 우리의 기대 수준에 비하면 더디게 변하고 있지만, 여성의 성공과 성취가 낭만적이며 성적인 매력의 토대로서 육체적 특성을 협소하게 강조하는 시각을 대체하기 시작했다. 우리 현대인들에게도 아직까지 'V자형' 남성의 몸과 '모래시계'형 여성의 몸에 대한 선호는 남아있다. 그러나 이런 신체적 특성이 사랑이나 사랑스러움과는 큰 상관이 없다는 것을 모를 만큼 우리가 어리석지는 않다. 우리의 취향은 매우 느리게 바뀐다. 그사이 우리는 이따금 그만한 가치가 전혀 없는 사람에게 정신이 혼미해질 정도 매혹되면서, 우리가 훨씬 가치 있고 바람직한 파트너라고 알고 있는 사람이 지니고 있는 "내면의 아름다움"에 열정을 느끼기 위해 고군분투할 것이다.

육체적 매력의 특성은 생물학에서 특히 뚜렷하게 드러난다. 허영심은 다윈의 적자생존 이론에 등장하는 여러 변이적 속성 가운데 하나이다. 몇몇 수컷 새의 경우, 암컷을 유혹하는 수컷의 매력은 생존과는 아무 상관이 없다. 이런 수컷 새 중에는 공작새가 가장 유명하다. 사실, 살이 아주 맛있는 새의 경우 밝고 무거운 깃털보다 생존에 더 불리한 특성을 찾기는 어렵다. 밝고 무거운 깃털은 공작새가 날지 못하게 하거나 심지어 제대로 달리지도 못하게 만든다. 공작새가 동물원과 농장의 보도 위에서 엔터테이너 노릇을 하는 것 이외에 다른 생명 기능에 더 "적합한" 어떤 특성을 갖고 있는지는 얼마든지 상상할 수 있다. (새에게 미학을 말할 수 있다면) 수컷 공작새의 매력이 미학적인 것은 아니다. 수컷 공작새가 가진 매력은 성적 매력이다. 이는 페티시즘이라 부를 만한 것이다. 꼬리를 더욱 풍성하고 우스꽝스럽게 만들기 위해 새의 몸에 인위적으로 손을 댄 생물학자들은 주변의 암컷들이 온통 이처럼 남성적 매력이 형편없이 망가진 수컷을 차지하기 위해 다른 암컷들을 재빨리 버린다는 사실을 발견했다. 이제 암컷과 수컷들은 짝짓기를 하면서 더 매력적이고 더 쓸모없는 수컷 새끼들을 낳는다. 물론 이 수컷 새끼들에 끌릴 암컷 새끼들도 낳는다.

별다른 근거도 제시하지 않으면서 우리는 우리가 아름답다고 여기는 특성들을 **성적으로** 매력적인 속성이라고 생각한다. 그러나 이는 단지 문제를 이동한 것일 따름이다. 어떤 사람에게 나타나는 특성이 매력적인 것은 성적 기능 때문이 아니다. 얼굴은 아름다움이 모여 있는 곳이다. 그러나 얼굴 자체가 성적 기능을 갖고 있지는 않다. 얼굴보다는 아름다운 신체가 성적 기능을 한다는 주장이 더 그럴듯하다. 그러나 우리는, 섹스 및 섹스의 만족과 가장 직접적으로 연관되어 있는 신체 기관은 아름답다고 알려져 있고, 아름다움 이외의 다른 모든 특성들은 아름답기 때문에 성적으로 매력적이라는 점에 주목해야 한다. 이런 특성들은 성적으로 매력적이기 때문에 아름다운 것이 아니다. 게

다가 우리가 매력적으로 느끼는 대부분의 특성에 기본적으로 성적인 측면은 존재하지 않는다. 여성의 엉덩이와 허벅지가 성을 연상시킬 수는 있다. 그러나 그토록 관심의 대상이 되는 엉덩이와 허벅지 살의 비율과 분포의 차이가 성적 수행이나 성기능에 영향을 미친다는 증거는 별로 없다. 우리 사회에서 남성의 불룩 튀어나온 배는 "기형"이라고 생각되지만, 윌리엄 하워드 태프트[8] 대통령 재임 기간과 여러 다른 나라에서 통통한 배는 번영의 표시로 받아들여졌다. 나는 아름다움과 아름다움의 매력을 기능적인 측면에서 이해하려는 시도가 흥미로울 수 있지만 시간 낭비라고 생각한다. 아름다움과 아름다움이 사랑에서 수행하는 역할을 연구할 때 어떤 특성이 무엇을 **나타내며**, 왜 우리가 그런 특성에 끌리는지 묻는 편이 오히려 더 큰 발전을 이룰 것이다.

이런 종류의 질문에 대해 내릴 수 있는 가장 분명한 대답은, 우리는 우리가 아름답고 매력적이라고 인지하도록 배운 특성들만을 아름답고 매력적으로 보게 된다는 것이다. 매 순간 아름답고 매력적인 이미지들로 넘쳐나고, 이런 이미지들이 우리의 취향과 의식 속으로 깊숙이 스며들고 있다는 점을 부인하기는 어려울 것이다. 그러나 이것 역시 문제를 한 발짝 뒤로 미루는 것이다. (한 문화의 구성원으로서) 우리는 왜 그런 특성들을 매력적이라고 보는가? 물론 정답은 없다. 한 문화에서 아름답다고 여기는 것이 다른 문화에서는 기괴해보이기도 한다.

8 윌리엄 하워드 태프트William Howard Taft : 미국의 27대 대통령. 재임 기간은 1903~1913—옮긴이주.

미국 남성들은 가슴이 크면 매력적이라고 생각하지만, 프랑수아 부셰 François Boucher[9]가 그린 풍만한 누드에 성적으로 흥분되었던 18세기 프랑스 퇴폐주의자들은 큰 가슴을 역겹지는 않다고 해도 시시하다고 생각했다. 여성이 남성에게서 매력을 느끼는 특성과 달리 남성이 여성에게 매력을 느끼는 특성에는 상이한 이유가 있을 것이다. 그리고 이런 특성은 여성이 여성에게, 그리고 남성이 남성에게 매력적으로 느끼는 특성과 다를 것이다. 하위 문화는 크게 다를 것이며, 프로이트가 주장한 부모 패러다임은 그의 설명만큼 그렇게 큰 힘을 행사하지는 않을지라도 틀림없이 영향을 미칠 것이다.

우리가 안고 있는 미스터리의 핵심, 즉 사랑에서 가장 매력적인 것은 어떤 기능도 하지 않는 것이라는 미스터리로 돌아간다면 우리는 이런 무기능이 아름다움을 결정짓는 요소일 수 있음을 알 수 있다. 노동과 생존만 있는 사회에서는 기능이 제일 중요하다. 이런 사회에서는 낭만적인 사랑을 할 시간과 여유가 없다. 그러나 낭만이 만연하는 여가 사회에서 가장 아름답게 보이는 것은 여가를 나타내는 증거들, 이를테면 긴 손톱, 시간이 많이 걸리는 화장, 불편하지만 비싼 가운, 목장식, 신발 등이다. 여성의 경우 근육이 아니라 적정 부위의 지방이 흔히 가장 예쁘다고 여겨지는데, 이는 육체적 노동이 필요하지 않음을 말해준다. 사람들이 하루 종일 책상에 앉아서 많은 일을 하고 있으며 운동을

9 프랑수아 부셰François Boucher : 1703~1770, 로코코풍 회화로 유명한 프랑스의 화가—옮긴이주.

하려면 여가 시간과 엄청난 돈이 필요한 오늘날의 문화에서, 우리가 날씬한 근육질의 몸매를 강조하는 것은 놀랍지 않다. 이 주장은 다소 순환적이다. 즉, 우리는 유혹을 하려면 시간과 여가가 필요한 곳에서 유혹적인 특성들에 성적으로 끌린다. 따라서 식민지 시대 영국 귀족들이 희고 매끄러운 피부를 특히 귀하게 여겼으리라는 점은 하등 놀랍지 않다. 검은 피부의 원주민과 달리 들판에서 일한 적이 없는 젊은 여성들만이 뜨거운 햇살 아래에서 일한 흔적이 묻어나지 않기 때문이다. 또한 (미국과 유럽 대부분의 지역에서) 선탠이 아무 목적 없이 휴식을 취하고 호화로운 지역으로 여행할 수 있는 여가와 돈을 가리키기 때문에, 우리가 선탠을 섹시하고 매력적이라고 생각하기 쉽다는 것도 문화적으로 전혀 이상하지 않다. 우리가 아름답다고 보기 쉬운 특성들은 지위와 연관되기 쉬운 특성들이다. 아름답다고 생각되는 특성들이 문화적 삶의 관점에서 그럴듯한 기능적 설명력을 가졌는지와는 상관이 없다. 운 좋게도 적합한 특성을 타고난 가난한 집안 출신의 남자나 여자는 보다 쉽게 사회적 상승을 도모할 수 있다. 그런데 이는 그가 잘생겼기 때문이 아니라 운 좋게도 이런 특성이 성공과 계급을 함축하고 있기 때문이다. 매력적인 사람들이 우리 사회에서 성공하는 것은 그들이 아름답기 때문이 아니라 그들이 성공한 사람들의 부류에 속하는 것으로 보이기 때문이다. 아름다움은 그것을 소유하고 있는 사람의 지위에 있다.

아름답다고 여겨지는 몇몇 특성들은 모멸적이다. 우리는 모두 중국 여성들이 어떻게 전족을 해야 했으며, 남태평양과 아프리카 지역의 부족들이 어떻게 미의 기준에 도달하기 위해 고통스럽게 신체를 절단했는지에 관한 이야기들을 많이 들어서 알고 있다. 그러나 아름다워지려는 우리 사회의 노력도 그 못지않게 훼손적이지 않은가? 이는 생리적 왜곡의 측면만이 아니라 예뻐지기 위해 쏟아붓는 시간, 잘못 쏠린 관심, 자존감의 남용이라는 측면에서 그렇다는 말이다(귀 뚫기, 머리 염색, 가발, 눈썹 뽑기, 선탠 살롱에서 하는 선탠, 유방 보형물, 코 성형, 복부지방 제거 수술 등등). 장 폴 사르트르는 성적 매력과 연관된 많은 특성들이 어떻게 수동적인지 지적했다. 여기서 수동적이라는 것은 타자를 대상으로 환원한다는 의미이다. 예를 들어 큰 가슴은 일부 다른 문화권에서는 모성애를 연상시킬 수 있지만, 우리 문화에서는 수동성, 어색함, 운 좋은 여성들이 짊어지고 다녀야 하는 짐을 나타내는 표식에 가깝다. 깃털 때문에 쉽게 육식 동물의 먹잇감이 되는 새처럼 우리 사회의 매력적 특성들 중 상당수는 골칫거리이다. 다른 시대 귀족 남성들처럼 여성들에게 아름답다고 여겨지는 것은 여성들이 혼자 힘으로는 제대로 기능할 수 없도록 만드는 특성 같다.

그러나 이런 골칫거리와 역기능은 지위를 나타내는 표식으로 숭배되고 있다. 여기서 우리는 유행이 변하고 어느 해에는 살이 쪘다가 다음 해에는 비쩍 마를 수 있지만 그럼에도 우리가 현재의 모양새에 끌리는 숨은 이유를 알게 된다. 지위를 얻으려는 열망과 지위를 보여주는 현재의 몸매는 변치 않는 항수恒數로 남아있다. 그런데, 지위를 나타내는 현재의 용모는 우리 사회에서는 미디어의 영향력을 통해 수천 배 더 확대되고 있다. 들창코보다 우아한 코가 본질적으로 더 아름다운 것은 아니다. (물론 과거에 들창코가 패전을 가리켰다고 가정할 수는 있다.) 한때 추하다고 생각되었던 (즉, 지위가 없는) 얼굴 특징이 새로운 유명 인사들 덕분에 아름답게 보이게 된 경우가 많다는 점을 기억하기 위해 굳이 나이를 많이 먹을 필요는 없다.

그렇다면 우리가 아름답다고 여기는 특성들은 기능성은 거의 없고 연애보다는 허영심과 더 많이 관련되는 것 같다는 점을 인정할 때, 사랑에서 아름다움을 강조하는 것이 왜 잘못인가? 아름다움에 대한 첫 번째 반론은 우리가 흔히 아름답다고 여기는 특성들이 그렇지 않았더라면 우리가 반대했을 성격적 특성들, 이를테면 엘리트주의적이고, 버릇없고, 무기력하고, 오만하고, 게으르고, 자아도취적인 허영심을 보여주는 것이라는 점이다. 우리는 우리가 매력적이라고 생각하는 유형의 아름다움들, 사실상 친밀한 관계를 회피하는 "외향적" 성격, 외모에 집착하는 나르시시즘적 모델에 대해서는 의심해야 한다. 우리를 가장 매혹시키는 것은 유혹적인 것이 아니라 제일 손에 넣기 어려운 것이라는 말은 틀리지 않다.

두 번째 반론은 현재 광고와 영화계 주변에서 일어나고 있는 추세에서 볼 수 있듯이 오늘날 우리에게 무척 매력적으로 보이는 특성들은 성공적인 관계를 위해서는 가장 부적절해보이는 기능들이다. 이를테면 쿨하고, 무관심하고, 초연하고 비인간적인 외모를 가지고 있고,

성공을 향해 돌진하면서 관계를 위해서는 좀체 시간을 내주려 하지 않는 정력적인 사업가 이미지, '당신 없이도 할 수 있고' '당신에겐 절대 주지 않겠다는 태도'—『바람과 함께 사라지다』에서 레트 버틀러가 수년간 스칼릿의 약을 올린 뒤 말한 것으로 유명해진 태도로서, 오늘날에는 이별을 선언하는 것보다 더 매력적인 유혹의 몸짓으로 다가오는 것 같다—같은 특성들이다. 또한 우리는 기본적으로 미디어 사회라 할 수 있는 우리 문화가 실제 삶과는 거의 관계없는 것으로 확인되는 영화적, 사진적 아름다움을 떠받들어왔다고 생각할 수 있다. 그리고 우리는 어린 시절부터 이상적인 미인과 완벽한 연인은 바로 이런 모습, 즉 완벽한 몸매와 얼굴과 미소를 가지고 있으며, 모든 대사가 다 쓰여 있고 친숙한 사랑 장면은 사전에 조율되어 있는 사람이라고 배웠다. 아름다운 얼굴과 몸매는 우리가 다른 사람에게 매력을 느끼고 관심을 갖게 할 수 있지만, 이런 매력이 사랑의 유대와 어떻게 연관되는지는 알기 어렵다. 사실 "매력"이라는 관념 자체가 이미 건너야 할 거리를 함축하고 있다. 두 사람을 하나로 묶어주는 최초의 요인은 있겠지만 육체적 매력이 계속해서 두 사람을 이어주는 주요 연결 끈이 될 수 없다는 것은 분명하다. 더욱이 육체적 매력이 사랑의 친밀성을 불러들이는 가장 적절한 것인지는 분명치 않다.

마지막으로, 에리히 프롬이 『사랑의 기술』에서 썼듯이 아름다움과 아름다워지는 것을 강조하는 것은 사랑하는 것에서 **사랑받는 것**으로 관심을 옮긴다. 프롬에 의할 것 같으면, 오늘날 우리는 너무나 멋지고 (특히 우리 자신에게) 성공한 것처럼 보이고 싶기 때문에 사랑하는 것만이 아니라 사랑받을 만한 존재가 되는 것도 거의 무시한다. 최신 유행하는 외모로 "유혹하는 것"이 사랑을 불러들이는 것과 같지는 않다. 사실 이런 유혹은 종종 사랑과 정반대되는 것을 불러들이는 것 같다. 우리는 불평한다. "나는 매력적이고 성공했는데, 왜 괜찮은 애인을 만나지 못하는가?" 아름다움에 대한 우리의 생각은 대다수 사람들이 공유하는 특성이 아니라 오히려 공유하지 않는 특성을 찬양하는 경향이 있다. 우리는 우리 자신을 쉽게 접근할 수 있는 사람이 아니라 이국적이고 심지어 비인간적으로 보이게 만들려고 한다. 우리는 대부분의 사람들과 같지 않고, 매력의 정도만이 아니라 매력의 종류에 있어서도 우리보다 더 매력적인 존재, 극히 예외적인 인간성의 표본을 추앙한다. 마치 자신들과 매우 다른 사람들, 어쩌면 다른 인종에 속해 있는 사람들이 자신들보다 더 아름답다는 것을 알게 된 어떤 문화를 발견한 듯이 말이다. 이는 모욕적일 뿐만 아니라 관계에서 만족감을 거의 느끼지 못하게 만든다. 우리가 사랑하고 싶은 사람은 표준을 벗어난 사람일 뿐만 아니라 같은 종種에 속하지도 않는 것처럼 보이기 때문이다.

사랑과 함께 아름다움을 재정의하는 일은 반드시 필요하다. 문제는 우리가 건강과 활력 같이 완벽한 아름다움에 대한 '자연스러운' 관념에서 인위적으로 만들어진 관념으로 옮겨갔다는 것이다. 아름다움에 대한 이런 인위적 관념은 성격이나 사랑보다는 여가 시간과 돈과 지위에 관해 더 많은 것을 말해준다. 이런 관념에 맞서 우리는 사랑에는 아름다움에 대한 단 하나 중요한 관념이 있으며, 그것은 아름다움이 인격과 성격을 드러내는 것이어야 한다고 주장해야 한다. 이런 아름다움은 단순히 표피적인 것이 아니라 우리가 "내적 인격"이라고 부르는 것을 드러낸다. 한 사람의 "외모look"는 육체적 외양만이 아니라 그 사람이 어떤 사람이고 어떻게 살고 있고 세상을 어떤 눈으로 바라보고 있는지—눈길—를 보여준다. 육체적 외양은 그저 신체적이며 자연적인 것일 뿐이며 우리의 행동 범위를 벗어난다는 것은 사실이 아니다. 사람들은 자신의 외모와 외모가 표현하는 것에 몰두한다. 우리는 우리 자신이 선택한 정형화된 이미지를 강화하려고 한다. 우리는 터프하거나 쿨하거나 예민하거나 순수하게 보이려고 **노력한다**. 어느 정도 나이가 들면 사람들은 자신에게 맞는 얼굴을 갖게 된다고 한다. 못생긴 사람은 없고 게으른 사람만 있다고 말해지기도 한다. 이 두 생각은 의심할 여지없이 불공평하지만 중요한 요점을 말하고 있다. 즉, 우리가 어떻게 보이는가는 외양의 문제만이 아니라 언제나 **표현**의 문제이기도 하다는 것이다. 배우나 사기꾼이 아닌 대부분의 사람들에게, 이런 방식으로 우리가 어떤 사람인지 표현하는 것은 아름다움에 대한 비인격적인 관념 못지않게 인상적이다.

우리가 아름다움에 대해 갖고 있는 지나치게 시각적이고 영화적인 관념을 넘어서서 외양이 전부가 아닌 일종의 표현으로서 아름다움의 중요성을 인식하게 되면 '아름다운 영혼'이라는 개념이 훨씬 설득력 있게 다가온다. 적어도 플라톤에게 있어 이 개념은 순수하게 정신적인 것을 위해 육체적인 것을 거부하는 것이 아니라, 하나를 **통해** 다른 하나를 바라보는 것이다. 보다 최근에 비트겐슈타인은 "인간의 영혼을 가장 잘 그린 그림은 인간의 몸"이라고 말했다. 비트겐슈타인과 마찬가지로 우리도 아름다움에서 쉽사리 덕을 추론할 수 있다. (우리는 오스카 와일드의 『도리언 그레이의 초상』이 보여주는 도착적 공포를 쉽게 이해할 수 있다. 이 작품에서 악은 아름다움에 집착하여 숨은 그림 속에서만 자신의 타락을 표현한다.) 아름다움이 의미가 있다면, 그것은 덕의 인격적 표현이어야 한다. 아름다움은 "글래머glamour"라고 불리는 허영심을 장식한 효과가 아니다. 스탕달이 주장하듯이, 아름다움은 사랑보다 앞서지 않고 사랑을 뒤따라올 때 가장 바람직하다. 우리는 누군가가 아름답기 때문에 사랑하는 것이 아니라 사랑하기 때문에 아름답게 보여야 한다. 이런 아름다움은 '사라지지 않고' 점점 커지는 아름다움이며, 사랑하는 이에게 있는 모든 것을 모두 가리는 것이 아니라 그것을 전제前提하는 아름다움이다.

로미오와 줄리엣을 넘어: 노년의 사랑

(…) 숨은 조건이 있다. 섹스는 젊은이를 위한 것이다. 생명보험이나 비용을 사전 정산한 장례식 광고가 아니라면, 나이 든 커플이 서로 사랑하며 포옹하는 장면을 보여주는 광고는 설령 있다고 해도 매우 드물다. 이런 연유로 나이 든 사람들이 아이를 낳는 것처럼 섹스를 하는 데에도 때가 있다는 생각을 하게 되는 것은 전혀 놀랍지 않다. 50대나 60대, 그리고 그 위 연령대의 사람들이 섹스를 한다는 생각은 젊음에 사로잡힌 우리 문화에서는 우스꽝스럽거나 혐오스러워 보인다.

— 버트 크루거 스미스, 『미국 사회에서 나이 든다는 것』

설사약과 철분 강장제를 제외한 대다수 대중적 광고와 달리, 사랑은 본질적으로 젊은이들을 위한 것이 아니며, 심지어 '마음의 청춘'을 위한 것도 아니다. 우리가 갖고 있는 사랑의 패러다임, 즉 사랑은 기쁨과 호르몬으로 충만한 아름다운 두 젊은이 사이에서 일어나는 일이라는 생각은 우리 사회에 보편화된 "청년 문화"의 일부이다. 우리 사회는 이 패러다임이 일으킨 치사율로 가득하다 '잘 나이 드는 것'이 서른 살 아래로 보이는 것으로 이해되는 로스앤젤레스에서, 그리고 죽는 것보다 '나이 드는 것'이 더 무서운 문화에서, 사랑이 젊은이들에게 맞춰지는 것은 놀라운 일이 아니다. 사랑을 분석하는 많은 심리학자들은 (관찰과 인터뷰와 실험 대상이 대개 18세 대학생들이기 때문에) 최초의 "홍분"을 설령 사랑의 본질은 아니라 할지라도 사랑을 이루는 필수 지표로 여긴다. 물론 이런 생각은 새로운 것이 아니며 특유하게 미국적인 것도 아니다. 젊은 시절의 괴테도 "첫사랑만 한 사랑은 없다"라고 주장했다. 많은 사람들은 괴테의 말에 "고마워라"라고 덧붙일 것이다. 그러나 "두 번째 사랑이 더 사랑스럽다"라고 말한 프랭크 시내트라Francis Albert Sinatra의 지혜도 있다. 여기에 더해 우리는 세 번째 사랑, 네 번째 사랑도 있다고 덧붙일 것이다. 사랑은 와인처럼 잘 보살피기만 한다면 세월이 흐르면서 더 좋아지기 때문이다.

나이가 사랑의 구성 인자로 논의되는 경우는 거의 없다. 여전히 성생활을 하고 있는 노인 부부를 다룬 글들은 종종 우리를 고무시키려는 의도 못지않게 충격을 주려는 의도로 쓰인다. 많은 사람들에게 노인들이—더 활기찼던 젊은 시절에서 사랑을 끌어내기보다는—새로운 사랑에 빠져들 수 있다는 생각은 놀라운 것으로 다가온다. 그러나 이는 우리가 우리와 다른 대부분의 시대와 사회의 지혜와는 상반되는 건강과 자아에 대한 생각을 갖고 있기 때문이다. 우리는 현명함과 경험보다는 젊음을 예찬하며, 사랑보다는 사랑의 초기 단계를 예찬한다. 우리는 사랑이 죽음과 관련되어 있다는 사실을 부정하며('죽음이 우리를 갈라놓을 때까지'라는 구절은 엄연히 관용적인 표현으로 간주된다), 사랑의 아름다움이 주름진 피부와 망가진 장기와 공존할 수 있다는 감히 엄두를 내지 못한다. 물론 이런 생각과 상충되는 멋진 구절들도 존재한다. 그러나 70대가 되어서도 계속해서 이동할 뿐만 아니라 이동이 점점 더 늘어나는 사회, "로맨틱"한 부류에 드는 사람들이 대체로 중년에 들어서고 있는—중년을 벗어난 것이 아니라면—사회, 성공적으로 결혼한 부부가 더이상 젊지 않은 사회, 꽤 괜찮다고 여겨지는 멋진 독신자 명단에 나이 든 사람들이 다수 포함되어 있는 사회, 이런 사회에서 이토록 젊은 사랑에 집착한다는 것은 참을 수 없으며 비인간적이다.

텍사스에 살고 있는 내 친구 두 사람이 막 그들의 결혼 50주년을 기념했다. 나는 부부가 함께 보낸 이 장엄한 시간 중 16년 동안만 이들을 알고 지냈지만, 로맨틱하다는 말 이외에 다른 어떤 말로도 이들이 서로에게 보여주는 사랑을 표현하기 어려울 것 같다. 이들의 사랑이 로맨틱한 것은, 그 사랑이 손주들의 사랑과 닮았거나 이들이 가끔 향수에 찬 어조로 말하는 것이 아니라 유머러스하게 이야기하는 젊음의 사랑과 허술하게 비교해서 그런 것이 아니다. 이들은 여전히 촉촉한 눈빛으로 서로를 바라보며 함께 있다는 사실만으로도 기쁨을 보여준다. 이들은 상대가 하는 농담에 낄낄대며, (그저 웃을 뿐만 아니라) 두 사람 중 한 사람이 이전에 적어도 50번은 더 들었던 이야기를 제삼자에게 들려주어도 주의 깊게 듣는다. 나는 이들 부부의 성생활에 관해 물어본 적은 없지만, 행복할 거라고 생각한다. 이 부부가 싸우지 않는지 물어보지 않아도 된다. 흔치 않지만, 나는 이들이 언쟁을 한 뒤 말

꼬리를 잡으며 뒤끝을 재점화시키기보다는 서로를 부드럽게 배려하면서 싸움의 뒤끝을 씻어 내리는 광경을 지켜본다.

나의 다른 친구들은 이 부부 앞에서는 난처해하고, 심지어 비판적 태도를 보이기까지 한다. 이 부부가 나누는 애무가 너무 부적절하고, 이들이 끊임없이 서로에게 보이는 관심과 자신을 낭만적으로 언급하는 행위가 비윤리적으로 보이기도 하는 모양이다. 하지만 어떤 기준으로 볼 때 그렇다는 것인가? 언론은 헬스 스파에서의 첫 만남, 완벽한 치아, 햇볕에 그을린 근육질의 몸, 지식과 보살핌과 로맨스라는 말에 걸맞은 모습은 전혀 보여주지 못하는 비현실적인 인물을 세일즈하는 것 같다. 광고 비디오 영상만 볼 경우 우리는 중년 부부에게서 무엇을 보게 되는가? 우리는 이들 사이에 존재했을 강렬한 육체적 감정보다는 세탁물에 묻은 얼룩이나 자동차보험 가격을 더 걱정하는 겁쟁이 부부를 본다. 우리는 표본을 빼앗기고 있다. 우리는 30분마다 또 다른 로미오와 줄리엣을 보지만 오래 지속되는 진정한 사랑을 보여주는 사례들에는 굶주려 있다. 실제로 미국의 예술 작품과 대중 문화에 등장하는 소수의 나이 든 남녀 주인공들을 떠올려보면, 이들이 대개 혼자라는 사실을 알 수 있다. 간혹 혈기 왕성하고 뛰어난 성취감을 보여주는 예순 살 먹은 노인이 등장할 경우는 있지만, 예순 살 된 노인 두 사람이 사랑에 빠졌다는 생각은 어떤가? 이런 생각은 람보 세대의 자식들 눈에는 맞지 않는다.

우리는 여기에서 내가 지금까지 함께 논의해왔던 두 개의 서로 다른 문제를 구분해야 한다. 여기에는 두 개의 상황이 걸려 있다. 즉, 노년의 부부가 오래 유지해온 결혼생활이 있고, 노년에 이른 두 사람이 새로이 시작하는 사랑이 있다. (이 둘 사이에 다양한 연령과 기념일이 있다.) 우리들 대부분이 여전히 사랑과 성공적인 결혼을 믿고 있다는 점을 인정한다면, 전자가 이상이 되어야 할 것이다, 그러나 우리가 나이 드는 것에 대한 두려움과 젊음과 새로움에 대한 찬양이 이를 불가능하게 한다. 후자, 즉 나이 든 사람들의 만남도 젊은 사람들의 만남만큼 수용되어야 할 뿐 아니라 더 환영받아야 한다. 그러나 슬프게도 현실은 그렇지 않다. 우리는 우리 자신이 나이들었을 경우를 제외하면 노인에게는 사랑의 열정이 이미 지나갔다고 생각한다.

"자극"이 사랑의 토대를 이룬다는 생각은 사랑을 막 시작한 처음 얼마 동안의 열정적 고통을 포함하여 대부분의 낭만적인 경험과 맞지 않는다. 자극은 생리적 측면을 포착할 수는 있지만, 낭만적 경험이라는 현상은 놓친다. 우리가 바라는 것이 닷새 동안의 도피가 아니라 평생을 함께할 가능성이라면, 자극은 모종의 기능을 수행하기에는 너무 일시적이고 실존적으로 너무 하찮다. 우리에게 필요한 것은—우리가 수십 년 동안 지속되어온 사랑을 살펴볼 경우에서만 얻을 수 있는 것은—사랑이 어떻게 "자라는지", 혹은 다른 매력적인 비유를 쓰자면 사랑이 어떻게 "깊어지는지" 이해하는 것이다. ('자라고' '깊어진다'라는 이 두 비유가 어떻게 "단단히 뿌리 내린다"라는 비유와 합쳐지는지 궁금하다.) 이는 뿌리가 땅속으로 더 깊숙이 자랄 때 생기는 것과 같다. 뿌리는 나이가 들면서 더 튼튼해지는 식물을 단단히 고정시키고 영양분을 공급한다. 사랑이 자라고 깊어지는 것은 서로를 알아가는 문제라고 말해지곤 한다. 그러나 나는 아는 것이 중요하고 또 필요하지만, 앎은 친밀감과 정체성의 공유가 점점 커지고 있다는 느낌을 지원하는 역할을 할 뿐이라고 생각한다. (다시 말하지만, 친밀감 그 자체—이것은 평생 지속될 수 있다—와 친밀감을 느끼는 최초의 열광을 구별하는 것은 중요하다.) 부부가 그 많은 일들을 함께 겪었다는 것이 처음의 열광보다 이들의 삶에 훨씬 더 중요하다. 설령 부부가 겪은 많은 일들이 부정적이고, 가정이 극단적 위기에 봉착할 때 나타나듯 이들을 갈라놓을 때에도 마찬가지이다. 경험을 나누고 함께 희망과 환상을 만들어가는 것이 사랑의 기반을 넓힌다. 그리하여 마침내 두 사람은 평생에 걸쳐 너무나 많은 일들을 함께 나누어서 다른 어떤 정체성도 상상할 수 없을 경지에 이른다. 욕망은 계속될 것이고 관심과 염려도 의심할 여지없이 계속되겠지만, 사랑의 성공을 이루는 특성은 정체성의 감각이다. 이 정체성의 감각은 헤어지는 것을 고통스럽게 만들고 서로에게 무심할 수 없게 만든다. 사랑은 단번에 이룰 수 있는 것이 아니라 평생에 걸쳐 함께 만들어야 하는 구조이다. 평생을 함께한 부부는 사랑의 찌꺼기를 즐기는 것이 아니라 진짜를 즐긴다. 이들이 10대 시절 우리를 (즐겁게 해주기보다는) 흥분시키는 호르몬의 자극을 더는 느끼지 않을 것이라는 점은 하등 중요하지 않다.

그러나 지속성이—관계의 성공을 보여주는 표시일 수는 있지만—

그 자체로 사랑의 성공을 보여주는 지표는 아니라는 점도 분명히 해야 한다. 부부는 함께 지내며 수백 가지 다른 이유로 적당한 '협의'에 이를 수 있다. 이 협의 중 사랑과 관련되는 것은 하나도 없을 수도 있다. 부부가 함께 사는 것은 "자식과 손자 때문"이거나 이혼하는 것이 수치스럽거나 실패로 비쳐지기 때문에, 다른 아파트를 찾을 수 없기 때문에, 헤어지는 것보다는 인생이 덜 힘들기 때문에, 혼자 사는 것이 두렵기 때문에, "인생의 많은 시간을 함께 보냈기" 때문일 수 있다. 이 모든 것들은 사랑의 이유가 되기에는 충분치 않지만, 비단 지나간 인생에 대한 향수의 측면만이 아니라 투자의 관점에서도 함께 살 충분한 이유가 된다. ("성숙"을 주장하는 의심스러운 목소리에는 이런 열정 없는 타협이 흔히 나타나는데, 이는 오래 지속되는 사랑에는 오점이다.) 평생 지속되는 관계가 사랑이 자라게 만들어주는 이상적 매개일 수는 있지만, 오래 지속된다고 해서 (혹은 오래 인내한다고 해서) 언제나 사랑이 있다고 말할 수는 없다.

젊은 사람들 뿐 아니라 나이 든 사람들도 만나 사랑에 빠지고 함께 의미 있는 삶을 시작할 수 있다. 나이 든 사람들은 그들의 사랑을 소재로 한 영화를 많이 만들지는 않는다. (미디어는 문화적 인증 도장이다.) 그렇기 때문에 나이 든 사람들도 자신들의 사랑이 편안하거나 "자연스럽게" 느껴지지 않을 수 있다. 물론 차이는 있다. 스무 살 먹은 두 젊은이가 평생 함께 지내겠다는 환상을 품을 수는 있다. 이들 또래의 사회경제적 여피족들의 통계수치를 살펴보면, 이들이 평생을 함께 살

가능성은 20%에 불과하다. 60대에 새로 만난 커플이라면 앞으로 12년 정도 함께 살려고 할 것이고—사실 더 많은 시간을 보낼 가능성도 있다—훨씬 많은 인내를 기대할 것이다. ("영원"이라는 말이 열여섯 살짜리에게 갖는 의미와 예순 살 먹은 사람에게 갖는 의미는 매우 다르다.) 우리는 아리스토파네스의 환상이 가장 생생하게 살아나는 것은 두 노인이 만날 때라고 상상할 수 있다. 두 젊은이라면 아직 삶이 온전히 만들어지지 않았고 매우 유연해서 자신이 누구이고, 무엇을 원하며, 어떻게 서로에게 맞는지 혹은 맞춰야 하는지 제대로 알지 못한다. 반면에 성숙한 어른 두 사람에게는 평생의 경험과 자아가 있다. 이들은 자신이 누구이고 무엇을 원하는지 (어느 정도) 알고 있으며, 두 사람이 잘 어울린다면 그것은 부드럽고 말랑말랑한 두 개의 반쪽이 착 달라붙어서 모양을 갖추었기 때문이지 이미 굳어진 두 반쪽이 기적적으로 잘 맞고 어울린다는 것을 알게 되었기 때문이 아니다. 물론 완전무결하게 맞는 경우는 없다. 또한 이미 풍부한 인생 경험을 가진 두 인생이 조화롭게 결합하는 일은 늘 우연히 일어난다. 그러나 경험이 풍부하다는 것은 우리의 성품뿐 아니라 사랑도 개선시키며, 서로에게 맞지 않는다는 것이 관계를 복잡하게 만들 수도 있지만 풍요롭게 만들 수도 있다. 우리의 사랑의 이상은 로미오와 줄리엣의 짧고 순수한 비극이 아니라 스펜서 트레이시Spencer Bonaventure Tracy와 캐서린 헵번Katharine Hepburn이 말년에 찍은 영화처럼 견고하고 변함없는 사랑이어야 한다.

그러므로 평생 지속하는 사랑은 사랑과 우정이 하나로 수렴되는 이상적 모델을 보여줄 것이다. 사랑은 여전히 소유적일 수 있겠지만, 이제 소유의 감각은 견고할 것이다. 거기에는 새로운 사랑을 괴롭히는 의심이 없을 것이며 사랑과 개별성의 오랜 변증법이 요구하는 저항도 없을 것이다. 이것은 사랑을 당연한 것으로 여길 수 있다고 말하는 것이 결코 아니다. 정체성이 견고해졌기 때문에 더이상 정체성을 얻기 위해 기대하거나 투사할 필요가 없듯이, 이제 사랑도 안정적으로 자리 잡아서 사랑을 얻기 위해 더이상 다툴 필요가 없다는 뜻이다. 또한 이것은 이제 더이상 소유욕이 문제가 되지 않는다고 말하는 것도 아니다. 왜냐하면 사랑이 힘을 행사하는 한, 사랑이 개인의 의지에 가하는 위협은 항존할 것이기 때문이다. 반항적인 젊은 연인들과 마찬가지로 나이 든 연인들도 자신의 권리를 주장할 것이며 또 당연히 그래야 한다. 그러나 성적 질투가 줄어들면 사랑에 관심을 쏟을 여지가 더 많이 생긴다. 바로 이때 사랑은 자신을 성찰하고, 헤겔이 세계정신에 대해 사유했듯이, 서사적 역사로서 자신을 견고하게 세우고 자기를 실현할 수 있다. '부주의한 유년 시절'이 아니라 바로 이때 낭만적인 저녁 식사와 휴가와 꽃과 부드러운 대화를 나눌 수 있다. 사랑이 결실을 볼 가장 적당한 시기에 수많은 사람들이 더이상 할 일이라곤 아무것도 없다는 그릇된 생각으로 사랑을 시들게 하거나, 자신의 인생에서 탁월한 성취가 될지도 모를 일을 애써 무시하면서 쓸데없는 이야기와 말다툼으로 사랑을 낭비하고 있다는 것은 아이로니컬하다.

3장.

"사랑에 빠지기"

나는 난로 안에 들어 있는 얼음덩어리처럼
내 몸 안에 들어 있다.

— 리베카 골드스타인, 『마음-신체의 문제』

"사랑에 빠진다falling in love"는 것은 무엇인가? 이 말 자체가 갑작스럽고 불가항력적이고 불안하고 파괴적이고 신체적으로 불편하고 위험한 것을 암시한다. 비유는 경험을 조명해주지만 왜곡하기도 한다. "빠진다"라는 비유는 너무 쉽게 과장된다. 여기서 간과되는 것은 사랑이 실수나 우발적 사건이 아니라, 사랑이 하나의 결정—혹은 몇 개의 결정들—에 기대는 성도이다. 사랑은 빠지는 것이 아니라 솟아오르는 것이다. 사랑은 우리가 타인과 함께 경험하는 흥분에서 의미심장한 무언가를 만들어내는 하나의 선택—혹은 여러 선택들—이다. 사랑은 불편해서 짜증을 내기로 결정하는 것과는 다르다. 사랑은 공유된 자아와 상호 관심이라는 근본적으로 모호하고 추상적인 목표를 추구하겠다는 결정, 만나본 적조차 없는 누군가에게 관심—진심 어린 관심—을 기울이겠다는 결정이다. "빠진다"라는 비유에서 간과되고 있는 것은 이런 갑작스러운 경험을 폭넓게 준비하는 작업, 이를테면 몇 년에 걸쳐 이야기를 상상하고 듣고 바라보고, 일어날 가능성에 대해 생각하며, 마침내 사랑에 "빠질" 순간이 다가왔을 때 자극제로 작용할 공간—어쩌면 얼굴—을 그려내는 일이다. 사랑하는 사람을 만나는 상황은 갑작스럽고 예기치 못하게 일어날 수 있지만, 사랑이 일어나려면 평생에 걸친 감정적 수양과 준비가 필요하다. 이는 가장 자발적이고 예기치 않게 일어나는 사랑의 경우도 마찬가지이다.

사랑에 빠지는 것은 사랑의 초기 단계이다. 그러나 이 확실한 사실은 곧 시야에서 사라진다. 존경받는 여러 이론가들은 사랑에 빠지는 첫 단계를 사랑에서 분리하라고 주장하며 심지어 어떤 경우에는 이 첫 단계가 사랑과는 아무 관계가 없다고 주장하기도 한다. 스캇 펙은 사랑에 빠지는 것을 일종의 "유아적 퇴행"이라고 시사했으며, 인기 작가 도로시 타노브는 사랑의 이 파괴적인 초기 단계에 "리머런스limerance[10]"라는 추악한 이름을 붙였다. 리머런스란 음란 오행시 '리머릭limerick'을 가리킨다. 이와 달리, 사랑의 초기 단계의 중요성을 과대평가하는 사람들도 있다. 이들은 사랑의 초기 단계에 나타나는 흥분과 신기함, 발견의 느낌, 종종 저항하기 힘든 상호 성적 감각 등을 과장하면서, 이 초기 단계 이후 사랑에 나타나는 것을 내리막길로 보거나 가정성이라는 밋밋한 안락함을 향해 서서히 퇴화해가는 것으로 바라본다. 이 두 생각 모두 터무니없고 위험하다. 사랑은 감정적인 과정이다. 과정에는 시작과 발전이 필요하다. 사랑은 무에서 생길 수 없고, 사랑의 초기 단계만을 사랑으로 분리할 수 없으며, 초기 이후의 단계도 사랑으로 간주해야 한다. 물론 사랑은 종종 상대의 거절, 상황적 요인, 오해, 작동 불가능한 관계, 죽음 등등으로 인해 중단되거나 퇴짜를 맞을 수도 있다. 사랑에 빠지는 것은 사랑에 필요한 부분이다. 그러므로 사랑에 빠지는 것을 무시할 수는 없다. 그러나 사랑에 빠지는 것을 사랑 그 자체와 혼동해서는 안 된다. 사랑은 과정이며 시간이 걸린다. 사랑

10 리머런스limerance : 오행시를 가리키는 리머릭에서 유래한 말로 처음 사랑에 빠졌을 때 경험하는 흥분되고 들뜬 조증의 심리 상태를 가리킨다—옮긴이주.

에 빠지는 것은 대개 기대이자 탐색이고 환상이며, 바로 그렇기 때문에 사랑이기도 하다.

무엇보다 사랑에 빠지는 것은 세상을 바라보는 새로운 방식으로서 평범하고 일상적인 것을 의도적으로 무시하면서 (처음에는) 매우 단순한 일련의 욕망에 초점을 맞춘다. 어떤 미소나 시선이, 심지어 그럴 가능성이 욕망을 자극하고 부추길 수 있다. 다른 모든 감정과 마찬가지로 사랑은 나름의 논리가 있기 때문에 계속되거나, 혹은 우리가 사랑이 계속되도록 놔둔다. 사랑의 논리는 비타협적인 강박적 속성과 문화적 서사를 갖고 있다. 우리는 단지 우리의 "마음"(혹은 멍청한 우리의 신체)을 따르는 것처럼 보이지만 실은 이 문화적 서사를 따르는 것이기 십상이다. 사랑이 '우리 두 사람보다 더 크고' 또 그렇게 보이는 것은 사실이다. 그러나 실상 '더 큰 것'은 것은 사랑의 문화, 기존의 확립된 이야기, 외부의 영향과 내면화된 요구의 힘, 사랑이 우리의 통제를 벗어난 것처럼 보이게 만드는 희망과 기대이다. 그러나 사랑이 늘 갑작스럽게 일어나는 것은 아니며, 한번 시작하면 멈출 수 없는 것도 아니다. 물론 사람들은 대체로 이미 시작한 사랑을 중간에 멈추고 싶어하지 않는다. 왜냐하면 사랑의 첫 경험은 흔히 매우 흥미롭고, 조짐이 좋고, 활력이 넘치고, 집중되어 있고, 영감을 불러일으키며, 열정이 아니라면 최소한 호기심 때문이라도 "사태가 어떻게 전개될지" 엿보게 만드는 희망과 두려움과 기대로 가득차 있기 때문이다. "사랑에 빠지는 것"은 갑작스럽고 놀라운 일일 수도 있고, 천천히 의도된 일일 수도 있다.

사랑은 오랫동안 서로 알고 지낸 두 사람이 이런 '빠지는' 단계나 방향 감각을 잃어버리는 혼돈의 시기를 거치지 않고 천천히 일어날 수도 있다. 사랑에 빠지는 일은 멜로드라마나 "소년은 소녀를 잃어버린다"와 같은 줄거리 없이 고요한 기쁨과 함께 일어나는 아주 소박하고 단순한 사건일 수도 있다. 또한 "빠지는" 단계는 서로 적대하고 대결하는 시간일 수도 있다. 이 단계는 별과 꽃과 무지개가 아니라 거친 말과 분노에 찬 비난으로 시작할 수도 있다. 빠지는 단계에서 중요한 것은 두 사람이 (혹은 각자 홀로) 서로를 받아들이는 특별한 과정에 참여하고 있다는 사실이다. 두 사람은 상대를 자신의 관심의 중심에 놓고, 이례적일 만큼 상대에게 주목하고 상대에 대한 환상을 키운다. 성적 끌림과 욕망과 환상과 만족은 놀랄 정도로 서로를 받아들이는 이 목표에 기여한다. 그러나 에로틱한 측면이 다소 부족한 다른 관심도 이 목표에 기여할 수 있다. 만일 그 관심이 진지한 상호 자기 발견의 과정을 통해 공유된 자아 정체성이라는 직조물을 짜면서 일시적으로 두 사람을 결합하고 두 사람이 서로에게 매혹을 느끼며 기댈 수 있을 만큼 강렬하다면, 그럴 수 있다.

첫눈에 반하는 사랑, 오래 지속되는 불안이나 좌절과 연결되어 있는 강렬한 육체적 매력, 희망과 자포자기가 교차하는 시간들은 사랑에 "빠지는" 현상에 나타나는 익숙한 모습들이다. 그러나 이와 다른 경우도 많다. 아무튼 사랑을 처음 경험할 때 나타나는 이런 불쾌한 증상들을 "사랑에 빠지는 것"과 혼동하는 것은 흔히 범하는 실수이다.

사랑에 "빠지는 것"은 결정이다. 그 시작이 정신적 트라우마를 초래할 만큼 충격적이든 아니면 고요한 기쁨이든, 수년간 알고 지냈던 친구나 룸메이트가 서로를 서서히 알아가는 것이든 아니면 갑작스러운 깨달음이든, 어떤 경우라도 사랑에 "빠지는 것"은 결정이다. 이 결정을 천천히 내리는 경우도 있다. 이 결정은 파티가 끝날 때까지 떠나지 않고 남아있겠다는 결정일 수도 있고, 6개월 동안 시내에 머무르겠다는 결정일 수도 있으며, 한두 해 "시도해보려는" 결정일 수도 있다. 가장 극적일 경우 사랑에 빠지는 것은 두 사람이 내리는 확고부동한 결정이다. 몇 달 동안 두 사람은 "서로 만났다." 어쩌면 이들은 야간 수업 시간이나 버스에서 만났을 수 있다. 그러나 이들은 곧바로 서로가 비슷한 야망과 개인적 취향, 특히 서로에게 강렬하면서도 확실한 성적 관심을 공유하고 있다는 것을 알게 된다. 물론 에로틱한 관심이 오로지 성적일 필요는 없다. 성관계를 가지려는 의식적 목적이나 환상을 가질 필요도 없다. 그러나 사태를 보다 분명히 드러내고 사랑을 좌절된 성적 욕망과 쉽게 뒤섞어버리는 여러 요인들을 없애기 위해, 두 사람이 만난 지 첫 주가 끝나갈 무렵의 어느 목요일 오후, 특히 두 사람이 격하게 테니스를 치고 난 다음 서로의 욕망을 충족시켰다고 상상해보자. 이들은 계속해서 일주일에 두세 번 "만나" 서로의 육체를 즐기고, 저녁 식사를 요리하고 밤늦게까지 이야기를 주고받고, 기쁜 일만이 아니라 괴로운 일도 함께 나눈다. 그러나 두 사람은 늘 서로에 대해 다소 조심스러워서 너무 많은 말을 하거나 자신을 너무 많이 드러내지 않았으며, 사랑을 섹스나 우정과 가르는 무언의 경계선을 넘지 않았다. 이들은 이렇게 시간을 보내다가 그다음 주 목요일 오후 공원에서 즐겁게 산책을 한 뒤 사랑에 "빠졌다." 이들은 평소보다 약간 더 즐거웠는지 모른다. 어쩌면 전날 밤 별 의미 없이 다투었던 것과는 확연히 다른 뭔가를 느꼈는지도 모르겠다. 특별히 감상적인 느낌을 경험했을 수도 있고, 서로가 특히 사랑스럽게 보였을 수도 있다. 실제로 일어났던 일, 다시 말해 이 "느낌"이 그들이 다른 때 느꼈을 더 정답고 황홀한 느낌과 다른 것은 이들이 결정을 내렸다는 점이다. 그 결정은 "나는 너를 사랑해"라는 의례적 형식으로 표현되었을 수도 있고, "나도 너를 사랑해"라는 말이 두 사람 사이에서 처음으로 발화되었을 수도 있다. 이 말을 한 것이 처음이 아니라면, 더 특별하고 간절한 의미를 담아 "아니, 내 말은 너를 정말로 사랑한다는 거야"라고 말했을 수도 있다. 이 말을 건네기 전에도 모종의 느낌은 분명 존재했을 것이다. 그러나 느낌 그 자체는 정말로 중요하지 않다. 상황이 우호적이지 않았을 수도 있고, 이전에는 서로에게 감응하는 타이밍이 잘 맞지 않았을 수도 있다. 그러나 실제 일어났던 일, 즉 사랑을 시작하도록 만들었던 것은 '결정'이다. 이 커플처럼 행복한 경우에는 상호 결정, 즉 자신들의 느낌과 관계를 특별한 방식으로 해석하고 그것을 일시적 관점이 아니라 무한한 미래의 관점으로 바라보고, 서로를 성적으로 적합한 친구로 보는 것이 아니라 서로 의존하고 얽혀있는 존재로 바라보겠다는 결정이다. 이들이 결정을 내릴 당시에는 그렇게 예리하게 느끼지 못했을 수도 있다. 그래서 (돌이켜보면) 갑작스레 사랑에 "빠진" 것처럼 비칠 수도 있다. 이 결정을 내리기 전에도 이들은 가끔 이런 점들을 생각했거나 느꼈을 수 있다. 그러나 그것을 말로 표현하거나 서로에게 분명하게 나타낸 적은 없었다. 사랑이 시작되는 것은 바로 이런 결정이다. 이런 결정은 대체로 기존의 정해진 형식으로 표현된다.

사랑과 그 변형들: “진짜”

나는 사랑을 믿지 않습니다. 증오나 슬픔을 믿지 않는 것보다 사랑을 더 믿지 않습니다. 사랑은 다른 모든 감정과 마찬가지로 여러 감정 중 하나입니다. 그러므로 당신이 사랑을 느낀다면 그건 좋습니다. 그러나 나는 사랑이 어떻게 절대적일 수 있다는 것인지 모르겠습니다. 사랑은 인간관계의 일부일 뿐 그 이상은 아닙니다.

— D. H. 로렌스, 『연애하는 여인들』

우리는 어떤 과정이 시작될 때에는 나중에 그것이 어떻게 드러나게 될지 알지 못한다. 심지어 우리는 전체 계획과 기획이 터무니없는 것인지, 부패한 것인지, 부적절한 것인지도 알지 못한다. 어떤 사람이 열정과 희망에 부풀어 동유럽 히치하이크 여행을 떠난다고 상상해보자. 돌이켜보면 이는 멋진 모험을 제대로 예상했던 것으로 드러날 수도 있고, 허술하게 짠 무책임한 계획을 가리는 어리석고 자기기만적인 흥분으로 밝혀질 수도 있다. 그러나 어느 쪽이든 애초의 흥분, 모험에 대한 애초의 생각은 같다. 사랑도 마찬가지이다. 사랑에 “빠지는” 첫 단계에서는 사랑이 현명한지 어리석은지, 진짜로 실현 가능성이 있는지 아니면 착각과 자기기만에 기초한 것인지 알 수 없다. 시간이 흘러 한

결 현명해진 눈으로 뒤돌아보면, 사랑의 시작 단계를 판단할 여러 방식들이 존재한다. 그러나 이는 돌아볼 경우에만 그렇다. 바로 이런 시각에서 우리는 열병, 허영의 사랑, "빠져들기"처럼 사랑과 연관된 여러 변형들을 이해할 수 있다. 이런 사랑의 변형들은 종종 "진짜"와 대조된다.

열병infatuation, 허영의 사랑vanity love, "빠져들기being swept away"는 사랑과 닮아 있지만 어쩔 수 없이 실망스럽고 종종 극도로 자기파괴적인 기만적 감정으로 여겨진다. 첫째, 이런 감정들 각각은 제 자리가 있으며—이 감정들이 건강하다거나 "좋다"고 말하는 것은 아니다—, 둘째 이런 감정들과 "진짜" 사랑 사이에는 아무런 차이는 없다는 점을 말하도록 하자. 열병의 환희와 사랑의 환희는 그 종류나 강도에 있어서 다르지 않다. 사랑의 초기 단계를 압도하는 환상 만들기는 열병의 특징인 이상화보다 "현실적"이지 않으며, 종종 열병을 설명해주는 성적 광란은 사랑에 나타날 때에도 그에 못지않게 강박적이고 외골수적이다. 돌이켜보면, 사랑의 초기 단계가 제대로 작동하지 않을 때 우리는 이건 열병일 뿐이라고 말함으로써 스스로를 위로하거나 비판한다. 그러나 이것은 실제로 사랑의 초기 단계였거나 그랬을 수 있다.

갈등적 상황, 타인의 성격에 대해 보이는 나무랄 수 없는 무지, 과도한 섹스, 대화의 부족, 일어날 수도 있을 법한 일들에 과도하게 쏟아 붓는 열광적 희망, 이 모든 것들이 관계의 발전을 망가뜨리고, 사랑이 있었다는 사실을 부정하지 않으면서도 사랑이 이루어지지 못하게 만들 수 있다. 이와 마찬가지로, 진정한 사랑과 그저 "빠져드는 것being swept away"을 가르는 현재의 이분법은 진정한 사랑과 성적 욕구와 쾌락에 대한 집착을 억지로 나누려고 한다. 이렇게 성적 욕구와 쾌락에 지나치게 매달리면 사람들은 자신의 감정을 정당화하기 위해 그것을 사랑이라고 합리화하지 않을 수 없다. 하지만 사랑은 성적 집착에서 시작될 수도 있다. 나중에 되돌아보았을 때에야—즉 섹스가 실망스러워지거나 관계의 다른 양상들을 참을 수 없게 되었을 때에야—비로소 우리는 "그건 섹스였을 뿐이야"라거나 "나는 그를 사랑하지 않았어"라고 판단한다. 그러나 이 판단은 옳지 않을 수 있다. 그건 실제로 사랑의 시작이었을 수도 있다. 그러나 그 사랑은 허술한 토대 위에 세워진 사랑, 다른 욕구와 다른 성격적 측면들이 작동하기 시작하면—이런 일은 일어나기 마련이다— 더이상 지속될 수 없는 사랑이다. 사랑의 이름으로 "빠지는 것"과 충만한 성적 열정을 느끼며 사랑에 빠지는 것을 구분할 수는 없다.

최근 여러 저자들이 허위 감정 또는 모조 감정이라고 부르는 것은 종종 허술한 토대 위에서 투사된 사랑이다. 이런 사랑의 경우, 지식은 너무 부족하고, 경험은 너무 적으며, 한 가지 흥분만 지나치게 많고 다른 흥분은 빠져 있다. 이런 사랑이 오래 지속될 수는 없다. 그럼에도 그것을 여전히 사랑이라고 말할 필요는 있다. 이런 사랑은 불발되고, 과녁에서 빗나가고, 계획에서 어긋난 사랑이다. 그것은 도공의 돌림판 한가운데 던져진 도자기와 같다. 똑같은 진흙 덩어리, 똑같은 돌림판,

흙을 매만지는 똑같은 손이 어떤 때는 완벽한 꽃병을 만들고, 어떤 때는 보기 흉한 엉망진창의 꽃병을 만든다. 열정, 욕망, 낭만적 신화라는 동일한 가마솥이 어떤 때는 만족스러운 사랑을 만들고 또 어떤 때는 가동될 수 없는 엉망진창의 관계를 만든다.

허영의 사랑은 어쩌면 기만적 사랑 중에서 가장 흥미로운 사례일지 모르겠다. 허영의 사랑—스탕달에서 가져온 용어인데—은 돌이켜보면 타인에 대한 관심과 애정보다는 자신의 이해와 자기 이미지에 빠진 것으로 밝혀지는 사랑을 가리킨다. 흔히 자기를 탓하는 열병이나 "빠져드는 것"과 달리, 허영의 사랑은 대개 다른 사람을 비난한다. 실망한 사랑에 종종 나타나듯이, 이 비난은 흔히 과장되어 있어서 자신의 전前 애인은 이기심에**만** 빠져 있어서 사랑은 눈곱만큼도 하지 않았다고 불만을 쏟아낸다. (전 애인은 "사랑할 능력이 없다"라는 말도 덧붙인다.) 그러나 이기심과 이타심을 구분하는 일은 우리가 흔히 대조시키는 이기심과 성스러움의 구분보다 훨씬 더 복잡미묘하다. 타인과 연합을 통해 자신에 대한 의견을 고양시키려면 타인에 대해 긍정적 시각을 갖는 것이 필요하다, 심지어 타인과 연합적 관계associative relation—친밀한 관계intimate relation와 구분되는—를 맺으려면 어느 정도의 교환과 조정과 상호 지원이 필요하다.

남성은 아름다운 여성과 "함께" 있어서 자신에 대해 기분이 좋거나, 혹은 여성은 부유한 남성과 함께 있어서 자신에 대해 좋게 느낄 수 있다. 하지만 저녁 시간을 보내기 위해 그런 남성과 여성을 빌리지는 않는다. 사람들이 원하는 것은 단순히 누군가를 대동하는 것accompaniment이 아니라 그 사람과 연합을 맺는 것이다. 설령 그 연합이 상호 작용보다는 외양에 의해 과도하게 규정되는 것이라 할지라도. 심지어 자신의 허영심을 채우기 위해 타인을 이용하는 것이 확실한 경우에도 타인의 자질과 태도와 이해에 대한 필수불가결한 이해requisite interest와 자기 이해가 섞이게 된다. 순수하게 이기적인 행동은 순수하게 이타적인 행동만큼이나 드물다. 이는 이타주의가 극히 이례적이거나 초인간적이기 때문이 아니라 인간의 행동에서 순수함은 드물기 때문이다. 우리의 동기는 언제나 뒤섞여 있다. 우리 모두는 다른 사람에게 유용하기 때문에 사랑받는 것이 아니라 "우리 자신으로서" 사랑받겠지만, 이 두 요소는 서로 얽혀있다. 허영의 사랑 역시 사후적 판단이다. "당신은 내가 생각했던 것만큼 **나를** 배려하지 않았다"라는 발언은 결과를 성토하는 것이다. 그러나 이 말은 불평의 성격뿐 아니라 불평이 발생하는 근원을 드러낸다. 이 말은 특정 형태의 사이비 사랑을 묘사한다기보다는 실망감을 표현한다.

모든 사랑에는 자기 이익과 자기 이미지와 타인에 대한 염려와 관심이 섞여 있다. "완전무결하게 이타적인 사랑" 같은 감정은 없을 것이다. 물론 자기 염려와 타인에 대한 염려가 차지하는 비중은 고정되어 있지 않다. 양자의 비중은 상이한 관계에 따라 극히 다양하게 나타나는데, 관대하고 동정심 많은 두 사람이 타인의 이해와 복리를 자기 인생에서 가장 중요한 관심사로 삼는 경우부터, 이 못지않게 우리에게 익숙한 두 명의 나르시시스트의 경우에 이르기까지 실로 다양하다. 나르시시스트에게 타인에 대한 사랑은 타인 안에 비친 자아상에 따라 커지는 자기애에 가깝다. 한쪽은 관대하고 다른 쪽은 자기몰입적인 커플들이 비교적 잘 지낸다. 다른 문제에서 그러하듯이 여기서도 도덕적 훈계는 별 도움이 되지 않고 오히려 복수심을 불러일으키는 것 같다. 허영의 사랑이라는 비난은 특정 유형의 사랑을 기술하는 것이라기보다는 관계에 어느 정도 들어 있는 자아도취를 참아주지—혹은 계속해서 참아주지—않겠다는 거부의 표현이다.

왜 우리는 이런 구별에 높은 가치를 부여하는가? 빠른 결정과 즉각적 대답에 대한 과잉 열정이 사랑을 대체했기 때문이라는 것이 내가 제안하고자 하는 바이다. 우리는 이것이 정말로 "진짜"인지 곧바로—심지어 처음 만났을 때—알고 싶어한다. (결국 우리는 시간 낭비를 하고 싶지 않다.) 우리가 어떤 과정의 처음을 과정 자체와 너무 쉽게 혼동하듯이, 우리는 사랑이 자신을 증명하도록 기다리는 것이 아니라 너무 쉽게 처음의 매력 포인트를 사랑의 증거로 간주한다. 처음에 두 사람을 결합시키는 것은 그들을 계속해서 결합시키는 것과는 매우 다르며, 서로에게 매력을 느끼는 토대는 사랑을 지탱하는 토대와는 매우 다르다. 사랑의 감정적 과정이 시작되는 것은 서로에게 보이는 아주 가벼운 관심이나 흠모에 토대를 두고 있다. 그것은 허니문 이후에는 남아있지 못할 성적 매력이나 이례적으로 짜릿한 성행위에 기초해 있을 수도 있다. 사랑이라는 감정적 과정에서 "빠져드는" 부분이 중요한 것은 이 시기에 함께할 어느 정도의 토대와 함께 시간을 보낼 어느 정도의 동기가 형성되기 때문이다. "빠져드는" 시기는 두 사람이 서로를 알아가고 하나가 될 상호적인 감정과 생각과 행동을 만들 기회가 된다. 이 토대가 사랑의 기반이 될지, 혹은 이 동기가 관계로 이어질지의 여부는 크게 중요하지 않다.

이렇게 말한다고 해서 우리가 사랑에 '빠져드는 것'이라고 부르는 것의 가치와 중요성을 부정하는 것은 아니다. 사랑이 진행되도록 작동시키는 것은 최초의 매혹과는 별 상관이 없다는 점을 말하는 것일 뿐이다. 반대로, 사랑이 시작될 때 사랑을 짜릿하게 만들어주는 것이 나중에 사랑을 성공시키는 것과 반드시 같을 필요는 없다. 그러므로 우리는 사랑과 앎과 친밀성을 발전시키는 전 과정보다는 사랑의 초기 단계에서 타인과 기쁨을 나누는 "절정의 경험"을 더 좋아하는 사람들을 비난하지 않으면서 이들을 이해할 수 있다. 비록 사랑이 더 발전하지 못하고 제대로 작동하지 못한다고 해도, 서로를 발견하고 정복하는 사랑의 초기 단계에는 그 나름의 미덕과 보상이 있다. 사랑이라는 감정적 과정의 초기 단계는 이 과정의 운명 전체를 드러내지 못한다. 문제는 우리가 양자를 혼동하고, 초기의 "절정의 경험"을 사랑을 고무시키는 최초의 동력이 아니라 사랑을 완성하는 것으로 오해하고, 우리가 사랑하도록 만드는 동기를 영감과 흥분을 주긴 하지만 자아를 큰 변화 없이 온존溫存시키는 일시적 동기로 대체할 때 발생한다. 어떤 사람은 (반드시 연인에게 불이익을 주지 않으면서도) 모종의 열병이나 누군가에게 "빠져드는" 주기적 기쁨에 만족하는 것으로 충분할지 모른다. 물론 이런 열병과 "빠져들기"를 사랑과 혼동해서는 안 된다는 조건 하에서만 그렇다. 우리 사회처럼 소유적이고 자아 지향적인 사회에서 허영의 사랑은 자아의 확장을 가장 완벽하게 정당화하는 사랑 형태일 것이다. 이는 자아의 확장이 현재 일어나고 있다는 것이 확실하게 나타나거나, 가급적 그렇게 나타날 경우에 그러하다. 그러나 우리는 회고나 경험을 통해서만 이런 것들 가운데 상당 부분을 알 수 있다. 물론 회고보다는 경험을 통해 아는 편이 낫다.

사랑의 시작은 창조성의 자극, 자존감의 일시적 부양, 자신의 성적 능력에 대한 깨달음일 수 있다. 이런 점들은 사랑과 별개로 그 자체로 정당한 목표가 될 수 있다. 하지만 사랑은 이런 것들과 똑같이 시작되지만 다르다. 시간만이 사랑이 무엇인지 말해줄 것이다. 그러자면 사랑이 그 안에서 성숙해가는 관계에 자양분을 공급하는 자기 관여적인 열정적 과정과 인내와 관심과 염려 속으로 들어가는 힘든 감정적 과정이 수반되어야 한다. 사랑은 단순히 약속commitment이 아니다. 사랑은 헌신이며, 사랑과 함께하고 끝까지 사랑을 지키겠다는 신속한 결정이다. 사랑의 느낌과 열병의 느낌을 가를 결정적 차이는 없다. 그러나 참고 인내하는 사랑의 지향성과 자기만족 너머를 보지 못하는 한갓 흥분에 불과한 것 사이에는 실로 엄청난 차이가 있다.

섹스의 기쁨

섹스는 당신이 가지고 놀 어떤 것이 아니다.

섹스는 당신 자신이다. 섹스는 삶의 흐름이다.

섹스는 움직이는 자기이다.

그러므로 당신은 마땅히 섹스의 본질에 충실해야 한다. (…)

— D. H. 로렌스

사랑에 빠지는 것은 늘 그런 것은 아니지만 흔히 성적 흥분과 연결되어 있다. 우리 시대보다 정숙하고 조심스럽던 시절 성적 흥분은 상상 속에서만 예측할 수 있었다. 하지만 그렇다고 해서 흥분이 적었던 것은 아니다. 실제 성 경험은 온전히 알 수 없는 미지의 세계였을 것이다. 이는 실제 성 경험이 끔찍하거나 두려운 것이었을 때에도 마찬가지이다. 성을 경험할 수 있다는 것 자체가 엄청난 일이었다. 이와 달리, 오늘날 우리의 성 경험은 너무나 익숙하고, 성에 완전히 무지할 때 나타나는 신비는 너무나 적고, 남성이든 여성이든 만인이 소유하는 **권리**는 너무나 많다. 그리하여 사랑의 성적 토대를 예측하기만 하는 경우는 드물다. 이런 현상은 사귀는 두 사람이 "섹스까지 가는 것"을 관계가 한참 진행된 후나 결혼할 때까지 기다리기로 결정하든 하지 않든 상관없이 나타난다.

우리가 사랑을 바라보는 생각은 성적 만족이라는 관념을 내포하고 있을 뿐 아니라 그것에 기초해 있다. (잘못된 정보, 임신의 위협, 여성의 성적 욕망과 향유에 가해지는 비난을 고려하면 적어도 낭만주의 시대까지도 여성들은 이런 관념을 알지 못했을 것이다.) 우리는 강렬한 성적 욕망과 적절한 성기능을 손쉽게 얻을 수 없다면 사랑에 심각한 결핍이 존재한다고 쉽게 결론짓는다. 또한 우리는 강박적인 성적 욕망과 완벽한 성기능이 사실상 사랑과 같은 것이라고 쉽게 결론 내린다. 달라진 점은 과거에는 성관계를 사랑의 완성으로 여기면서 감정적 과정이 한참 진행되고 상당히 늦게 성관계가 이루어졌다면, 오늘날에는 성관계가 흔히 사랑의 시작이자 토대가 되고 있다는 것이다. 이렇게 말한다고 해서 성관계가 앞으로도 계속 그런 역할을 할 것이라거나 그래야 한다는 뜻은 아니다. (스탠리 코왈스키Stanley Kowalski와 스텔라 코왈스키Stella Kowalski를 제외하면) 오로지 성적 욕망과 성적 만족에만 기대어 관계를 유지할 수 있는 경우는 매우 드물다. 그러나 교제 기간이 길어지는 것을 못 견디는 극도로 참을성 없는 우리 사회에서 성적 만족과 순간적인 성적 집착은 두 사람을 결합시키는 가장 효과적인 수단으로서, 두 사람이 서로에게 관심을 쏟고 사랑으로 이어지게 될—그렇게 되지 않을 수도 있지만—복잡한 상호 작용을 신속하게 만들어낸다.

20세기 말에 이르러서도 여전히 성적 흥분은 아이를 낳기 위한 생물학적 준비 작업이거나 혼인의 의무를 다하기 위해 반드시 거쳐야 할 사전 작업이 아니라 그 자체로 좋은 것이라고 주장한다면 의아할 것이다. 성적 흥분은 그 자체로 신나고 고무적이다. 성적 흥분은 우리가 육체를 지니고 있고, (특히 사랑에 있어서) 본질적으로 서로 연결되어 있다는 생생한 느낌을 준다. 그러나 이런 성적 활력은 쉽게 꺾일 수 있다. 성 아우구스투스에서 프로이트에 이르기까지 주체의 전 역사가 보여주듯이, 성적 활력은 기본적으로 모멸감과 좌절감을 안겨주는 경험이 아니다. 물론 이런 성적 활력은 자손의 번식으로 결실을 맺는 결혼에서 그 정당성을 얻고 사랑의 표현으로 전환될 수 있다. 이 점은 그 자체로 깊이 생각해볼 만한 주장이다. (어떻게 본질적으로 수치스럽고 모멸적인 것이 우리 안의 가장 높고 가장 정신적인 것을 표현하기 위해 쓰일 수 있는가?) 성 욕망과 성 활동은 우리 안의 동물성의 출현을 표현하는 것이 아니라, 최근 로저 스크러턴Roger Scruton이 『성 욕망』이라는 책에서 길게 논의하고 있듯이, 우리 안의 가장 인간적인 것을 표현한다. 사랑의 토대로서 성 욕망과 성 활동은 엄청난 힘으로 (서로에 대해 거의 알지 못하는) 두 사람을 결합시키는 압도적인 힘을 지니고 있다. 성 욕망과 성 활동은 단 몇 분 안에 상대에 대한 욕망을 창출한다. 이런 상호 욕망은 "단순히 성적이기만"한 것은 아니다. 그것은 그저 스쳐지나가는 욕망이 아니라 미래 전체를 예견하고 있다. 물론 이 예견은 잘못될 수 있다.

성적 흥분의 중요성을 과대평가할 수도 있다. 어떤 커플에게 성적 광란의 강도는 사랑의 견고함이나 친밀성과 반비례할 수 있다. 섹스는 섹스를 하지 않으면 부족할 두 사람 사이의 소통을 보완하거나, 섹스를 하지 않으면 존재하지 않을 연결성을 감각적으로 포착한다. 섹스는 이처럼 두 사람이 서로에 대해 "말하는" 유일한 상황일 수도 있다. (표현되는 것은 대개 사랑의 메시지가 아니다.) 성적 흥분은 두 사람 사이의 친밀감이 아니라 거리를 나타내는 기능을 할 수도 있다. 그것은 아주 멀리 떨어진 곳 위를 빠른 속도로 날아가며 즐기는 짜릿함 비슷한 것일지 모른다. 성적 흥분은 신기한 경험의 산물일 수도 있고, 세상에서 가장 친밀한 경험이 될 수도 있는 상황에서 서로 어떻게 만나야 할지 모르는 두 사람이 겪는 어려움의 산물일 수도 있다. (이 어려움은 처음 성적으로 만났을 때 느끼는 황홀감과 불안으로 나타날 수도 있고, 성적 만남이 아니라면 도저히 가까워질 수 없는 두 사람이 보이는 섹스 중독으로 나타날 수도 있다.)

이와 대조적으로 섹스와 우정은 폭발적 힘과 섞이지 않고 부드러움과 고요한 기쁨과 섞이기도 한다. 섹스가 편안할 수 있다는 것은 섹스가 신나고 짜릿할 수 있다는 것, 심지어 황홀한 종교적 경험일 수 있다는 점을 배제하지 않는다. 그러나 섹스는 견고한 사랑을 벗어나지 않으며, 무모하게 "빠져드는" 완벽한 도취의 경험을 주지도 않는다. 일부 성관계에서 경험되는 흥분은 애정보다는 버림받을지 모른다는 불안과 공포의 산물에 더 가깝다. 안정적으로 자리잡은 연애 관계에 "부재하는" 것이 이런 위험의 느낌이다.

많은 경우 섹스는 사랑을 촉발하는 동기를 부여한다. 하지만 그렇기 때문에 시간이 흐르면 섹스가 줄어든다거나, 혹은 사랑은 섹스 이외의 다른 요인들을 통해서는 일어날 수 없다고 생각해서는 안 된다. 사랑에 빠지는 것을 성적 끌림과 성적 만족으로 설명하기는 너무 쉽다. 사랑이 없어도 성적 끌림과 성적 만족은 있을 수 있고, 성적 만족이 없어도 사랑은 있을 수 있다. 그러나 보다 깊은 차원에서 사랑은 성욕일 수만은 없다. 왜냐하면 아리스토파네스가 사랑의 "무한한 갈망infinite yearning"이라 부른 것은 아무리 섹스가 열정적이고 만족스럽고 또 자주 일어난다고 해도 섹스로는 결코 충족될 수 없는 성질의 것이기 때문이다. "사랑에 빠지는 것"을 이해하려면 사랑에 잠재되어 있는 일련의 관념들, 그중에서도 특히 정체성의 "융합"이 갖는 매력과 연관된 관념들이 행사하는 강력한 역동성을 이해해야 한다. 이는 자신의 눈과 세상의 눈에 자신의 정체성이, 자신이 사랑하는 그 특별한 타인의 정체성과 구분될 수 없도록 자신의 개인적 정체성을 재구성하는 관념의 힘을 이해하는 것이다. 이런 식으로 성 욕망을 이해한다면 성 욕망의 본질적 성격이나 강도가 줄어들 필요는 없다. 신기함이 줄어들 뿐인데, 이는 무한한 갈망의 관점에서 보면 그리 큰 손실이 아니다.

1장에서 나는 낭만적 사랑이 다른 사랑 형태와 다른 것은 부분적으로 그것이 성과 밀접하게 연결되어 있는 점이라고 주장했다. 그러나 이 말이 사랑은 성관계를 가져야 한다고 말하는 것은 아니며, 성적 욕망은 사랑의 자명하고 확실한 양상이라고 말하는 것은 더욱 아니다. 사랑은 보답받지 못할 수 있듯이, 성적 만족이 금기되거나 그것을 얻지 못할 수도 있다. 한때 내 강의를 들었던 수녀님 한 분은 성당에서 함께 일했던 신부님을 사랑했고, 신부님도 자신을 사랑했다고 털어놓았다. 수녀님과 신부님은 순결을 유지했고, 자신들의 사랑이 지닌 정신적·인격적 측면을 확실하게 강조했다. 그러면서 수녀님은 절망 섞인 어조로 "왜 우리의 사랑을 적절히 표현하는 유일한 방식이 육체적이어야만 하는 것일까요?"라고 물었다. 이처럼 사랑을 가장 깊이 경험할 때 우리는 종종 섹스로는 충분치 않으며, 아리스토파네스가 예견했듯이, 완전하고 영원한 결합에 이르지 못한 것으로는 결코 만족할 수 없는 "무한한 갈망"을 가지고 있다고 느낀다. 하지만 그럼에도 우리는 아주 순간적이라 할지라도 섹스가 그런 결합에 가장 가까이 다가갈 수 있는 것으로 경험한다. 성은 사랑을 통해 그리고 사랑에서 자신을 표현하는 강력한 욕망이다. 성은 성교의 욕망뿐 아니라 만지고, 애무하고, 부드럽게 키스하고, 볼을 어루만지려는 작은 욕망들로 나타난다. 낭만적 사랑이 섹스라고 말하는 것은 잘못된 것이다. 사랑이 섹스를 요구한다고 주장하는 것은 불순하다. 그럼에도 사랑과 섹스의 연관성은 부인할 수 없고 강력하다. 이는 섹스가 사랑을 표현한다는 것만을 의미하는 것이 아니라, 성 욕망이 낭만적 사랑을 규정하고 고무시킨다는 것을 의미한다.

우리가 성과 성 욕망으로 의미하는 바가 성 "행위"로 국한되거나 성행위에 초점이 맞춰져서는 분명코 안 된다. 섹스에서 성기가 과도하게 강조되고 있다는 점을 지적하기 위해 굳이 성기를 다룰 필요는 없다. (물론 사랑을 과도하게 신성시하는 관념에서는 성기를 지나치게 경시하기도 한다.) 부드러운 애무나 접촉도 매우 성적일 수 있는 반면, 성행위가 친밀감을 최고로 끌어올리지 못하고 오히려 친밀감을 중지시킬 수도 있다. 우리는 때때로 섹스란 원래 짜릿하고 흥분시키는 것이라고 생각하지만, 섹스는 부드럽고 달래고 진정시키는 것일 수도 있다. 섹스는 성기의 흥분뿐 아니라 부드럽게 어깨를 쓸어내리는 손톱의 잔잔한 움직임으로 일어날 수도 있다. 성행위에 대한 원초적 욕구는 인간 뇌의 하부를 이루고 있는 본능과 원초적 학습의 미로 속에 존재할 것이다. 인간 뇌의 하부에는 이런 원초적 충동보다 더 섬세하고 더 복잡하지만, 일부 야생동물의 구애 패턴에 분명히 나타나는 것과 매우 흡사한 충동도 존재한다. 이런 본능은 목적은 같을지 몰라도 성 욕망에서는 미미한 역할만 수행한다. 이런 본능이 사랑에서 담당하는 역할은 더 적다. 성 욕망이 사랑에 나타날 때 그것은 몸 전체와 관련된다. 그것은 특별히 뭔가를 **하려는** 충동이라기보다는 다른 **사람**에게 느끼는 기쁨이다. 사랑에서 섹스는 생물학적 성취가 아니라 접촉과 연관된다. 이런 접촉은 성행위 못지않게 두 손가락의 어루만짐이나 오랜 시간에 걸쳐 일어나는 시선과 눈빛의 교환을 통해서도 표현된다. (어쩌면 이런 방식을 통해 더 잘 표현되기도 한다.)

사랑을 하면서 나누는 섹스는 사랑하지 않으면서 하는 섹스보다 훨씬 낫다고 말해지곤 한다. (우리는 이 점을 일상에서 확인할 수 있다.) 이 행복한 주장은 사랑하는 관계에서만 섹스를 허용할 수 있다는 도덕주의적 주장과는 구분되어야 한다. 우리는 섹스를 즐길 수 있게 해주는 죄책감 없는 솔직함은 사랑하는 연인들에게서만 나타난다는 점을 인정해야 할 것이다. 이런 주장 가운데 몇몇은 쉽게 설명할 수 있다. 사랑을 하면서 나누는 섹스에는 지속성과 신뢰의 기대가 담겨 있다. 사랑에서 이루어지는 섹스에는 기쁘게 표현할 수 있는 것—사랑—이 들어 있는 반면, 사랑 밖에서 이루어지는 섹스는 기쁨이 훨씬 적은 열정들과 충동들, 이를테면 정복, 허영심, 복수, 타 성에 대한 공포와 증오, 지배와 복종, 자신의 증명, 소심함과 불확실성의 극복 같은 것들을 표현한다. (『사랑 없는 섹스』에서 러셀 바노이Russell Vannoy가 주장하듯이) 사랑의 친근함이 없는 섹스가 더 좋을 수 있다는 주장도 분명 존재한다. 그러나 이런 주장은 격정을 찬양하고, 사랑에서 이루어지는 섹스와 더이상 열정적이지 않은 오래된 관계에서 이루어지는 섹스를 위험스럽게 혼동한다. 후자에서 이루어지는 섹스는 지루할 수 있지만, 전자의 섹스는 적어도 사랑의 표현으로서 지루하지 않다. 낯선 사람과 하는 섹스는 짜릿할 수 있지만 수치심을 불러일으키거나 어리석거나 죄의식에 시달리거나 불안할 수 있다. 아이로니컬하게도 이런 요소들이 일시적으로 섹스의 스릴을 증대시킬 수도 있다. 사랑에서 이루어지는 섹스는 매우 특별한 섹스이다. 이는 사랑에서 이루어지는 섹스가 섹스를 공유하기에 적절하거나 바람직한 유일한 것이라고 주장하고 싶어하든 아니든 관계없이 그러하다. 사랑에서 이루어지는 섹스는 타인의 육체에 대한 욕망이자 향유일 뿐만 아니라 자신의 육체, 육체로서의 자신에 대한 성찰이자 수용이다. 사랑의 가장 즐거운 특성 중 하나는 자아의 성적 표현과 만족이다. 그러나 대개 섹스가 의미 있는 것은 그것이 신체적으로 공유된 자아로서 자신의 본질적 자아와 연결되어 있다는 느낌, 섹스가 섹스를 하는 순간만이 아니라 저 멀리 미래를 내다보고 있다는 느낌이다. 사랑에 빠지는 것이 성적으로 흥분되는 것은 섹스 자체가 더 흥분되기 때문이 아니라 섹스가 약속과 가능성을 담고 있기 때문이다. 사랑에 빠지는 것은 미래에 대해 느끼는 환희이다. 사랑에서 이루어지는 섹스는 무한한 황홀감이 다가올 거라는 약속이 만들어내는 순간의 황홀감이다.

첫눈에 반하는 사랑

사랑하는 사람이라면 누구나 첫눈에 사랑한다.

— 윌리엄 셰익스피어, 『십이야』

사랑은 시간이 걸린다. 우리는 이 점을 염두에 두고서 첫눈에 반하는 사랑이라는 극적 현상을 둘러싼 유쾌한 미스터리를 이야기해야 한다. 사랑 그 자체는 미스터리가 아닐 것이다. 그러나 첫눈에 빠지는 사랑은 확실히 미스터리여야 한다. 우리는 술집 안으로 걸어 들어간 선원이나 언니의 결혼식장에 간 여성이 "사람들이 빽빽이 들어선 방"에서 전혀 몰랐던 사람을 난생처음 보고 그 순간 그 자리에서 그 사람이 자신의 배우자가 될 것이라고—그리고 지금도 여전히 행복한 결혼생활을 영위하고 있다는—선언하는 수많은 이야기들을 즐겁게 들어왔다. 과학적으로 설명할 수 없는 이런 현상의 의미는 추리를 통해 해명될 수 있다. 이와 비슷하게 갑자기 사랑에 빠졌지만 아무 일도 일어나지 않거나, 사랑이 거절당하거나 관계가 제대로 풀리지 않은 수많은 사례들은 잊힌다. 그러나 우리는 열정적인 예언이 이루어지는 소수의 드문 사례들을 기억하고 찬양한다.

더욱이 운명적인 첫 만남의 "기억"은 뒤늦게 밝혀진 열정으로 풍성하게 채워지고 장식되며, 실제로는 확실치 않았을 기억의 의미들로 가득차게 된다. 그러나 이처럼 흥을 깨버리는 설명은 첫눈에 사랑에 빠지는 현상을 해석하지 못한다. 왜 완벽한 (또는 완벽하지 않은) 낯선 사람은 사랑을 불러일으키고 오래 지속되는 야망과 믿음을 불러일으키는가? 첫눈에 욕정에 빠지는 것이 문제의 핵심은 아니다. 우리는 서로에게 끌리는 첫 매혹이 어떻게 해서 그렇게 강렬하며, 또 사랑의 토대를 이루는 "표피적"이고 즉흥적이며 시각적인 요소들이 오래 지속되는 "진정한" 사랑에 어떻게 신뢰와 토대를 마련해줄 수 있는지 알고 싶다. 첫눈에 사랑에 빠지면, 우리는 그 사람과 평생을 함께하고 싶다는 것을 안다(또는 안다고 생각한다). 하지만 이런 생각은 엄청난 믿음의 도약이 일어난 것이라고 말하는 것이 과장은 아니다. 경험과 기억을 공유하지 않는 커플, 한 번도 이야기를 나누어보지 않은 커플, 서로의 공적 성격에 대해 알지 못할 뿐 아니라 상대의 비밀과 뒤얽힌 사적인 친밀도에 관해서는 더더욱 아는 바가 없는 커플이 있다고 상상해보자. 그럼에도 이들은 첫눈에 사랑에 빠진다. 이는 대부분의 사회에서는 이해할 수 없는 현상이다. 그러나 우리가 낭만적 사랑에 대해 갖고 있는 관념의 상당한 부분은 이 이미지 위에 구축되어 있다.

지식, 정보, 감정적 배경이라고는 사실상 전무한 상황에서 첫눈에 반하는 것은 상당히 그럴듯한 두 가지 설명을 제시한다. 첫째, 우리가 매력적이라고 생각하는 낯선 사람은 사실 과거에 사랑했던 연인의 "대리인"이라는 것이다. 둘째, 우리가 "사랑"이라고 부르는 것은 실제로는 욕정일 뿐인데, 이 욕정을 개인적으로나 도덕적으로 의미 있는 것으로 만들기 위해 과장된 합리화를 늘어놓았다는 것이다. 첫 번째 이론은 프로이트와 그의 "오이디푸스 콤플렉스" 이론에 크게 빚지고 있다. 이 이론은 왜 수많은 사람들이 자신의 부모를 빼다 박은 남자나 여자와 사랑에 빠지는지 설명해준다. 그러나 프로이트의 가설 자체는 그 타당성이 제한적이지만, 사랑이 누군가를 "대리"한다는 이론은 대체로 적용 가능하다. 이 현상을 보여주는 가장 일반적인 사례는 "땜질용 사랑"에서 찾을 수 있다. 이런 땜질용 사랑에서 사람들은 옛 연인을 쏙 빼닮은 새 연인을 재빨리 찾아낸 다음 미지의 존재인 새 상대에게 어울리지 않는 열정으로 사랑을 한다. 이 이론은 "수력학적" 용어를 사용하여 옛사랑은 새사랑으로 옮겨가거나 승화된다고 설명하면서, 이것이 두 사랑 사이에 존재하는 유사성과 비정상적인 열정을 설명한다고 제시한다. 따라서 이 이론은 많은 사람들이 서로 닮아 있고, 모두 한 가지 특정 유형에 속하는 연인들을 계속 선택하는 이유를 설명하는 데 유용하다. 사람들이 반복적으로 택하는 한 가지 유형은 예전에 이미 여러 차례 비참하거나 파괴적인 것으로 드러났다. 이 이론이 설득력을 갖는 것은 그 사람이 아무리 잘생기고 매력적이고 지적이고 믿음직해보여도, 우리가 모르는 사람과 깊은 개인적 관계를 맺을 합리적인 근거를 찾을 수 없기 때문이다. 그러나 그 사람이 던지는 매력은 너무나 강력하고 너무나 강박적이어서 우리는 그것을 설명해줄 무언가, 경험만으로는 분명하게 드러나지 않는 뭔가가 있어야 한다고 믿는다.

첫눈에 반하는 사랑이란 실상 예전의 사랑으로 돌아가는 것이라는 생각은 꽤 그럴듯한 이론이다. 만일 우리가 이 생각을 극단적으로 받아들이지 않고 또 이전의 사랑이란 최초의 사랑, 즉 아이가 부모에게 느끼는 사랑일 수 있다고 가정한다면 그렇다. 프로이트주의자들은 당혹스러울 만큼 이 패러다임에 빠져 있는 것 같다. 그런데, 이 패러다임은 외동과 맏이처럼 일부 소수의 사람들에게 나타나는 낭만적 선호는 충분히 설명해줄 수 있다. 그러나 이 패러다임은 외동과 맏이에 한정되며, 심지어 이 경우도 핵가족 관계라는 지나치게 단순한 모델을 전제하고 있다. 사실 부모·자식 관계 이외에 다른 대안적 원형들, 이를테면 연상의 형제·자매, (어린 시절만이 아니라 최근의) 또래 친구들, 소설과 영화에 등장하는 인물, 낭만적인 첫사랑이 존재한다. 이 중에서 **낭만적인** 첫사랑이 대안적 원형이 될 가능성이 제일 높다. 낭만적 첫사랑은 어린 시절의 연인, 고등학교 시절 사귄 애인, 사춘기 시절 동경하던 동네 애인, 소설의 등장인물, 가까이 갈 엄두조차 내지 못했던 대중문화의 아이돌이 될 수 있다. 첫눈에 빠지는 원형적 인물 유형은 마지막 연인, 전처나 전남편, "헤어진 사람" 같이 최근의 인물이 될 수도 있다. 분명한 것은 이처럼 강력한 매혹은—이 회고적 원형 이론이 지니는 힘—무에서 생길 수 없다는 것이다. 강한 감정적 매혹은 강한 감정적 토대가 전제되어 있다.

•

프로이트의 원형 이론은 종종 좌절된 사랑에 연연해하지만, 이런 설명 못지않게 설득력을 지니고 있는 것이 행복한 대안이다. 행복한 대안이란 우리가 한번 사랑에서 거의 완벽에 가까운 만족을 얻으면, 이런 사랑이 다시 나타날 수 있다는 자신감을 갖게 되고, 자연스럽게 마지막 사랑을 닮은 상대를 찾는다는 것이다. 여기서 강조점은 연인과 헤어지던 마지막 날들의 고통과 좌절, 이별과 그 후유증이 아니라 관계와 관계의 성공에 놓인다. 이런 생각은 상실의 고통을 강조하는 일부 정신분석 이론의 뿌리 깊은 비관론에 맞서 새로운 사랑에 대한 자신감을—새로운 사랑에 대한 희망찬 어리석음이 아니라—설명해준다. 문제는 "첫눈으로" 바라본 한정된 증거가 과연 이런 자신감을 정당화해주기에 충분한가 하는 점이다. 왜냐하면 서로 닮았거나 심지어 비슷한 행동을 보이는 두 연인이, 특히 "데이트 상황"이라는 준 형식적 관계에서는 매우 다를 수 있다는 것을 아는 데 큰 지혜가 필요하지는 않기 때문이다. 두 연인의 유사성은 기만적일 만큼 피상적으로 닮은 것일 수도 있다. 그러나 불행하지만 실제로 일어날 가능성이 가장 높은 것은, 관계에서 한 번 (또는 그 이상) 좌절한 유경험자들은 관계가 제대로 굴러가기 위해 고집스럽게 "이번this time"을 찾는다는 점이다. 우리는 다른 어떤 감정보다 사랑과 행복을 찬양하지만, 종종 자존심과 허영심과 고집이 사랑과 행복보다 더 까다로운 것이라는 것이 밝혀진다. 그러므로 첫눈에 반하는 사랑은 새로운 관계로의 초대라기보다는 도전을 의미한다. 첫눈에 반하는 사랑은 과거의 기쁨과 만족만이 아니라 과거의 문제 또한 반복된다는 약속이기도 하다. 다른 한편, 첫눈에 사랑을 출발시켰던 요소가 대체로 사랑의 발전을 결정짓지는 않는다. 그러므로 우리는 사랑의 기원을 사랑의 본성과 혼동하는 "발생론적 오류"를 항상 경계해야 한다.

사랑처럼 보이는 것이 실은 합리화된 욕정이라는 두 번째 이론은, 대체로 남자들은 성적 매력과 만족스러운 성행위를 사랑과 혼동한다는 심리적 발견과 상식적 지혜를 설명해준다. 그러나 또한 이 이론은 적지 않은 현대 여성들의 경험을 포착하고 있다. 사랑과 달리 성적 끌림은 어떤 과거의 경험도 전제하지 않고, (성이라는 한 가지 문제를 제외하면) 상호 관심사가 필요하지 않으며, 인격과 성격의 문제를 잊을 수도 있다. 사랑과 달리 성적 끌림은 먼 미래를 내다보지 않고, 커플로서 서로 잘 맞는지 신경 쓸 필요가 없으며, 극히 한정된 계획만 함께 세운다. 사랑과 달리 성적 끌림은 개인보다는 고착된 유형에 초점이 맞춰지는 경향이 있다. 첫눈에 빠져드는 강렬한 자연발생적 욕망의 대상은 한 개별적 인간에 대한 애정이나 관심보다는 격세지감적인 생물학적 본능이나 모든 사람들에게 스며드는 매체 광고의 산물일 공산이 훨씬 더 크다. 이런 욕정을 불러일으키는 멋진 개인은 사람들의 가슴을 설레게 하는 최근 할리우드 스타들을 닮았거나, 보다 지역적으로 보자면 대학과 컨트리클럽에서 사랑받는 사람들을 닮았을 가능성이 크다. 물론 성적 취향과 선호를 계발하는 문제만이 아니라 지위와 소유욕의 문제 또한 개입된다. 그러나 우리가 분명히 해야 할 점은 이렇듯 정형화된 성적 끌림과 사랑을 혼동해서는 안 되며, 심지어 첫눈에 반하는 사랑과 혼동해서도 안 된다는 것이다.

첫눈에 반하는 사랑은 대체로 성적이다. "첫눈에" 봤을 때 "외모", 특정 태도, 그리고 해당 인물이 적합한 성적 지향성을 지닌 남자나 여자라는 분명한 사실 이외에 무엇을 더 볼 수 있겠는가? 같은 의미에서 첫눈에 반하는 사랑은 고정관념과 유사성을 이용한다. 다시 말해, 과거에 알았고 또 사랑했었을 수도 있는 누군가와 닮아보인다는 점 외에 그 사람에 대해 무엇을 더 알겠는가? 그러나 성적 매력과 유사성에 따라 누군가와 사랑에 빠지는 것이 단순히 고정관념에 끌리는 것과 같지는 않다. 둘을 가르는 주요 차이점은 자신이 사랑하게 된 그 **개인과 그의 매력**에 부여하는 **의미**이다. 우리가 원하는 것은 단순히 섹스가 아니라 함께하는 삶이며, 우리가 욕망하는 것은 유형이 아니라 특정 개인이다. 사랑은 한 사람에게 배타적 관심을 보이고 장기적 계획을 세우며 상호 정체성과 의존의 도식을 발전시키는 것이라는 점에서 욕정과는 다르다. 물론 갑자기 덮치는 성욕으로 첫눈에 반하는 사랑을 설명할 수도 있다. 그러나 이는 부분적 설명에 불과하다는 점을 이해해야 한다. 우리는 환상과 장기적 기투企投가 곧바로 성적 욕망을 장식한다는 점을 덧붙여야 한다. 이렇게 되면 성적 욕망밖에 없는 경우에는 빠져 있는 개인적인 것에 대한 감각이 생겨난다. 물론 성적 욕망만 있어도 이따금 이 모든 과정이 일어날 수는 있다.

첫눈에 반하는 사랑을 둘러싼 문제와 수수께끼는 부분적으로 그것이 종종 잘못되거나 즉각 역기능을 보일 수 있다는 점이다. 이는 첫눈에 반하는 사랑이 오이디푸스 콤플렉스와 엘렉트라 콤플렉스의 병리적 반복이 아니고 욕정이 불러일으키는 단기적 흥분이 아닌 경우에도 그러하다. 첫눈에 반하는 사랑이 늘—혹은 대체로—과녁을 정확히 맞히면서 연애의 성공을 잘 예측하는 기능을 수행한다면, 우리는 첫눈에 반하는 사랑을 친절한 예지자叡智者로, 우리에게 매우 좋지 않은—혹은 좋지 않다고 알 수 있는—곤란한 집착이 아니라 우리에게 좋은 것을 직관적으로 감지하는 것으로 간주할 수 있다. 이것은 단지 우리가 계속 잘못 예측한다는 것이 아니다. 낭만적 매혹이 우리를 화나게 하는 것은 우리가 종종 같은 실수를 반복한다는 것이다. 물론 우리는 당시에는 같은 실수를 되풀이한다는 사실을 인정하지 못할 뿐 아니라 미처 알아채지도 못한다. 우리는 특정 얼굴형과 용모에 끌린다. 시간이 흐르면서 우리는 우리가 같은 유형의 사람에게 계속 끌리는 것 같다는 사실을 주목하게 될 것이다. 그런데 우리가 같은 유형의 사람에게 끌리는 것은 프로이트적이거나 성적인 이유 때문이 아니라, 놀랍고 불행하게도 우리를 벗어나는 다른 이유 때문이다. 한 여성은 자신이 의지가 약하고 씁쓸하고 나이 많은 남자에게 끌리고 있음을 알게 된다. 그녀는 시간이 지나고 치료를 받고 난 후에야 비로소 이 관계가 시작할 때부터 자신이 맡은 역할 때문에 자기가 젊고 아름답고 덜렁거리는 낙천주의자가 되고 있다는 점을 이해하게 된다. 아니나다를까 그녀는 자신이 씁쓸한 냉소주의에 끌려들어 가고 있음을 알게 된다. 한 남자는 자신이 어리고 버릇없고 많은 걸 요구하는 여성에게 끌리고 있다는 것을 알게 된다. 그는 이런 일련의 비참한 관계와 심각한 자존감의 결여가 연관되어 있음을 서서히 인지한다. 그는 오직 그녀에게 자신을 증명하는 것으로 자존감의 결여라는 자신의 문제를 해결하려고 한다. 이런 전형적인 사례가 프로이트적이고 성적인 사례들보다 사랑에 빠지는 특성을 더 잘 조명해준다. 이는 이런 전형적 사례들이 낭만적 매혹과 사랑에 공통적으로 나타나는 어두운 측면을 비춰주기 때문인데, 이는 첫눈에 반하는 사랑의 경우에도 마찬가지로 해당된다.

첫눈에 반하는 사랑은 그를 통해 우리가 우리 자신을 규정하려고 하는 역할들을 끌어내줄 사람과 만날 한 가닥 희미한 가능성이다. 우리 자신을 규정하는 이런 역할들 가운데 일부는 성적이고 또 일부는 육체적 매력과 화려한 미모이다. 하지만 낭만적 역할은 이런 성적이고 육체적인 역할들보다 한 사람의 열정과 인격 속으로 더 깊숙이 파고든다. 첫눈에 반하는 사랑이 성공하는 것은 공유된 정체성의 감각이 정말 딱 들어맞는 경우이다. 첫눈에 반하는 사랑이 재앙으로 끝나는 것은 매력적인 요인이 공유된 역할과 정체성이 이루어질 실질적 가능성과는 거의 관련이 없거나 전혀 관련이 없는 경우이다. 그러므로 프로이트의 원형 이론은 병리적 사례만이 아니라 성공한 사랑도 설명해줄 수 있다. 평생 사귄 사람이나 관계유형보다 더 편안하게 느낄 수 있는 사람이 과연 누가 있겠는가? 마찬가지로 성적 매력이 첫눈에 반하는 사랑을 이끄는 설득력 있는 안내자가 될 수 있는 만큼이나 잘못된 안내자가 될 수 있는 이유도 분명하다. 사람들을 결합시키고 서로에 대해 환상을 갖도록 하는 데 성적 매력보다 더 효과적인 힘은 없다. 또한 성적 매력보다 우리의 개인적 욕구가 잘 계발된 문화적 취향에서 그렇게 멀어지게 된 인간 행동도 존재하지 않는다.

사랑은 궁극적으로 개인적 정체성의 문제이며, 첫눈에 반하는 사랑을 포함하여 사랑에 빠지는 것은 일종의 심오한 기투projection이며, 미래의 자아 또는 더 나은 자아에 이르거나 (플라톤의 용어로 말하자면), 그 자아를 "포착하려는grasping" 시도이다. 첫눈에 반하는 사랑을 구성하는 아주 작은 부분만 "시각sight"으로 이루어져 있고, 훨씬 더 많은 부분은 환상으로 이루어져 있다. 첫눈에 반하는 사랑은 미래의 자아에 도달할 수 있는 가능성을 가장 먼저 가장 직접적으로 포착하는 것이다. 이 포착은 너무 급작스럽게 일어나서 설명할 수도 없고, 너무 확신에 차서 설명할 필요성조차 느끼지 못한다. 이처럼 자아에 이르고 자아를 넘어서려는 시도는 삶과 사랑이 지속되는 한 계속된다. 사랑은 처음 본 순간부터 마지막 날까지 언제나 과정 중에 있다. 그러나 우리는 첫사랑과 진행 중인 사랑의 결정적 차이를 뭔가—우리가 알지만 접근할 수 없거나 불가능하거나 잘못 잉태된 어떤 것—에 도달하려는 것과 이미 여러 번 시험을 거쳐 검증된 역동적 정체성으로 사랑을 경험하는 것의 기능 차이로 이해할 수 있다. 사랑에 빠지는 것은 진정한 상호 정체성이 일어나기 전에 희망이 자라는 것이다. 첫눈에 반하는 사랑은 과녁을 제대로 맞힐 경우 사랑에 빠지는 일조차 불필요해지는 굉장한 즉각적 통찰이다. 우리는 만나는 첫 순간부터 사랑하고 **있다**. 큰 행운이 따르고 많은 주의를 기울인다면 첫사랑은 평생의 사랑으로 남을 수 있다.

낭만적 끌림의 위험과 쾌감: 사랑에 빠지는 이유

그는 그녀가 어떤 사람인지 알고 있었지?

물론이지. 그는 그녀가 어떤 사람인지 알고 있었어.

— 캐서린 앤 포터

사랑에 빠지는 것은 짜릿하다. 이 짜릿함이 어디서 나오는지에 대해서는 물어봄 직하다. 사랑에 빠질 때 경험하는 짜릿함은 승화된 성적 흥분에서 나오는가? 되풀이 말하지만, 사랑이 없어도 성적 흥분을 느낄 수 있으며, 사랑에는 섹스 이상의 흥분이 들어 있다. 사랑의 짜릿함은 신기함에서 나오는가? 그렇다면 이는 지속적 사랑이 일어날 가능성에는 불길한 징조가 될 것이다, 하지만 신기한 것이 언제나 짜릿하거나 보상을 주거나 심지어 즐거운 것은 아니다. 사랑에 빠지는 것은 짜릿한 환상을 수반한다. 그러나 짜릿하고 영감을 주는 것은 이 환상들이 다루는 **내용**이지 환상 그 자체가 아니다. 나는 사랑에 빠지는 것을 그토록 황홀하고 극적으로 만들어주는 것은 자아의 급격한 관념적 변형이라고 제안하고 싶다. 섹스와 신기함과 환상은 이 자아의 변형 안에서 놓여 있다. 타인에 대한 열정은 반드시 필요하지만, 이것이 "사랑에 빠지는" 경험의 특성을 이루는 그 유별난 광란과 정신 활동의 원천은 아니다. 이런 흥분을 일으키는 원천은 빠른 관념의 운동, 엄청난 정신적 속도감이다. 그것은 자신과 타인 간의 거리를 좁힐 뿐만 아니라, 자기 자신과의 거리를 좁혀 타인을 욕망하고 희망하고 두려워할 뿐 아니라 타인을 만나 타인에게 맞추기 위해 자신을 바꾼다. 낭만적 매혹은 새로운 연인에게 짜릿한 흥분을 느낄 뿐 아니라 자신의 변형에 더 큰 흥분을 느낀다.

우리는 우리를 보완해주는 사람과 사랑에 빠진다. 이 보완 작업은 우리가 공유하는 이상을 구체적으로 보여줄 수도 있고, 우리가 추구하는 이상을 독려할 수도 있으며, 우리 안에 있는 최상의 것을 북돋우고 보충할 수도 있다. 사랑을 자아의 기투—단지 자아의 반영이 아니라—로 이해하면, 어떻게 사랑에 빠지는 것이, 그중에서 특히 첫눈에 반하는 것이 끔찍할 만큼 "피상적"일 수 있는지 이해하는 데 도움이 된다. 사랑에 빠지게 되면 한 사람의 보다 심층적인 인격적 측면은 알지 못하면서 방 건너편을 둘러보는 몇 번의 어색한 시선, 한두 번의 가벼운 대화, (첫눈에 반하는 경우) 외모처럼 허술한 낭만적 관찰이 중대한 결정의 근거가 될 수 있다. 이 모든 것들은 사랑의 견고한 토대가 되지 못한다. 사랑은 앎과 공유된 자아 정체성에 대해 확고한 생각을 가져야 하지만, 사랑에 빠지면 상대를 알지 못하고 공유된 정체성을 갖지 못하게 된다. 환상과 소망적 사고와 희망은 사랑이 자신을 선전하기 위해 채택하는 것들이다. 냉소주의자들은, 사랑에 빠지는 것은 "박탈감과 무지"가 결합된 것이라고 말한다(킹슬리 에이미스Kingsley Amis, 『럭키 짐』). 이와 비슷하게 냉소주의자들은 낭만주의자들이 종종 오류를 범하는 것은 이들의 과도한 상상이 투여된 자아상이 실제 상황을 대체해버렸기 때문이라고 시사한다. 그러나 실상 현재의 매혹과 끌림을 사랑의 토대와 혼동할 가능성이 가장 큰 사람은 상상력이 **너무 적은** 사람이다. 사랑은 많은 부분 상상이다. 사랑은 두 사람이 함께할 미래에 대한 환상이자, 키스와 대화와 평생에 걸친 모험을 바라보는 시각이다. 더욱이, 소위 타인에 대한 무지는 종종 우리가 간과하고 있는 자신에 대한 지식과 균형을 이루어야 한다. 우리가 우리의 욕구와 욕망에 **대해** 말하는 것은 대개 우리의 취향과 행동이 드러내는 것보다 더 환상적이다. 우리가 무엇을 하고 누구를 선택하는지가 우리가 말하는 것보다 우리 자신을 알려주는 더 나은 지표이다. 그러나 여기서 다시 우리는 우리가 타인에게 끌리는 덕목과 실제로 사랑에 작동할 수 있는 덕목을 구별해야 한다. 먹고 싶다고 기대할 때는 너무 맛있고, 처음 먹었을 때는 꽤 맛있다고 생각되는 것이 장기적 관점에서는 영양가가 없을 뿐 아니라 맛도 크게 없을 수도 있다. 관능적 곡선이나 근육질의 등은 처음 볼 때는 황홀하고 에로틱한 미적 즐거움을 줄 수 있지만, 공감이나 유머 감각의 부족을 메워주지는 못한다. 사랑을 "깊은" 경험으로 만들어주는 것은 상대에 대한 지식—이는 최소한일 것이다—에 달려있는 것이 아니라 우리 자신의 깊은 곳에서 길어내는 것에 달려있다. 사랑에 빠질 때 경험하는 기쁨의 절반은 연인을 발견하는 것에서 나오고, 나머지 절반은 자신을 (재)발견하는 것에서 나온다.

우리는 왜 사랑에 빠지는가? 특히 첫눈에 반하는 사랑의 경우 우리는 어떻게 그렇게 작은 것을 근거로 그렇게 많은 것을 걸 수 있는가? 우선, 낭만적 끌림의 토대는 결국 중요하지 않다. 결혼생활의 초기와 후기에 있는 부부들을 각각 인터뷰해보면, 이들은 대체로 최초의 끌림의 토대를 이루었던 것들이—외모, 매력, 인기—나중에는 사랑에서 상대적으로 작은 역할밖에 하지 못한다고 말한다. 그러나 사랑의 이유가 변한다고 해도 어떤 점에서 사랑은 변치 않는 과정으로 이루어져 있다. 다시 말해, 사랑은 극적인 자기 변형의 형태로 시작한다. 사랑이 지속되면서 상호 자기 변형을 이루는 토대는 점점 더 뚜렷해지고 확고해진다. 그리하여 처음 만났을 때 쉽게 파악할 수 있는 최초의 표피적 특성에 토대를 둔 요소들은 점차 줄어든다. 최초의 끌림은 "좋은 떨림 good vibrations"(어떤 도덕적 판단 없이 서로 잘 맞는다는 느낌을 포착하는 오래된 놀라운 표현)처럼 막연하지만 유용한 자료에 달려있다. 두 사람이 서로 끌리는 상호 매혹감은 처음 두 사람 사이의 거리가 줄어들면 증가하지만, 그다음 친밀감이 생겨 나면서 두 사람 사이의 거리가 완전히 없어지면 감소한다. 그러므로 거리감의 극복과 신기함에만 기초해 있는 흥분의 부분은 감소하지만, 사랑의 감소로 인해 고통받는 것은 빈약한 관계나 허술한 이해이다.

플라톤은 우리가 누군가를 매력적이기 때문에 사랑하는지 아니면 사랑하기 때문에 매력적이라고 느끼는지 물었다. 사랑받는 사람은 시간이 지날수록 더 아름다워지고 더 사랑스러워진다는 점에서 매혹은 사랑에 잘 맞는다. 그러나 누군가가 매력적이기 **때문에** 그 사람을 사랑한다는 것은 위험하고 경박하게 느껴진다. 매혹이 그토록 중요한 이유는 무엇인가? 왜 매혹은 그토록 자주 사랑의 토대가 되는가?

앞 장에서 '아름다움'에 대해 논할 때 우리는 신체적 특징은 '표피적인' 것에 불과하다는 관념을 거부했다. 또한 우리는 미디어가 계발하는 '외모'와 자신의 성격과 인격을 상당 부분 드러내는 자아의 표현으로서의 '외모'를 구분했다. 한 사람의 '외모'에는 삶의 형식에 대한 인상과 함께 삶을 상상하는 방식이 스며들어 있다. 어떤 사람은 둔하거나 가학적으로 보인다. 어떤 남자는 거칠고 잔인하거나 타인을 업신여기는 듯 보이고자 하고, 어떤 여자는 제멋대로이거나 다른 사람들을 경멸하거나 연약해보이고자 한다. 각각의 경우, 그런 사람과 함께 사는 인생은 어떠하며, 그 결과 우리 자신은 어떻게 될 것인지를 보여주는 적절한 이미지를 피하기는 어렵다. 따라서 다른 사람을 매력적이라고 생각하는 것은 우리가 자신을 상상하거나 (상상하고 싶어하는) 방식과 깊은 상관 관계가 있다.

우리는 그 사람이 보이는 태도와 행동이 우리 자신의 태도와 행동을 강화시켜주는 사람에게 끌린다. 자아의 표현은 본질적으로 초대이거나 경고이다. "대리代理"라는 현상은 닮음의 문제가 아니라 역할의 문제와 관련된다. 마빈의 아내와 어머니 모두 키가 작고 금발이라는 점을 지적하며 흐뭇해하는 속류 오이디푸스 콤플렉스 버전이나, 자신은 늘 대머리 남자를 사랑한다는 것을 알게 되는 자기성찰적 호기심은 특별히 흥미를 불러일으키지 않는다. 끌리는 것이 단순히 육체적으로 매력적인 사람을 선호하는 것인 경우는 드물다. 끌리는 것은 또한 자신의 패턴과 일치하거나 그것을 보완해주는 행동 특성에 보이는 충동이거나 강박일 수 있다. 사회적으로 사교적인 사람은 이런 특성을 공유하는 사람을 찾거나, 정반대로 사회가 주지 않는 친밀감을 주는 비교적 수줍은 사람을 찾을 수 있다. 그러나 두 경우 모두 이것은 자기표현에 있어서 자신을 공개적으로 드러내는 특성이다. (누군가를 매혹시키기 위해) 이런 특성들을 드러내는 것은 궁극적으로 자기 자신을 드러내는 것이다. 마찬가지로 특히 침울하고 (자신이 보기에) 지나치게 진지한 사람은 공상적이고 쾌활하며 약간 변덕스러운 사람을 찾거나 선택할 수 있다. 사람들이 허약함에 끌리지는 않겠지만 통제에 대한 욕구와 대결을 피하려는 성향이 강한 사람이라면, "순종적이고 소심한" 성격—심지어 신체적 특성들까지도—을 찾을 가능성이 아주 높다. 순종적이고 소심한 성격은 듣기 좋게 말해서 "예민"하다거나 "얌전"하다고 (여자인 경우) 묘사된다. 그러나 성급하게 일반화를 꾀할 수는 없다. 우리는 종종 서로 공존할 수 있는 역할(소심한 두 사람, 뻔뻔하고 속물적이며 사교적인 두 사람)을 기준으로 상대를 선택한다. 서로를 보완해주는 역할은 때때로 혼란을 일으킨다. 한 여자가 조증 성향을 보이는 비순응주의자 남자를 선택한다면, 그것은 그녀 자신이 억눌린 성격을 갖고 있기 때문에 상대가 자신을 격려하고 열정적으로 느끼게 해주기 때문이다. 그러나 이와 달리 그 남자는 그녀가 더 억압되었다는 느낌을 갖도록 만들기도 한다. 실제로 사랑의 많은 부분이 이 특정한 변증법, 즉 "당신이 누군가와 사랑에 빠진 이유가 바로 나중에 당신을 미치게 만드는 이유이다"라는 관찰로 요약된다. 끌림의 문제는 그것이 여전히 경험이 아니라 지각과 기대일 뿐이며, 약속으로 우리를 흥분시키는 것이 실제로는 재앙으로 드러날 수도 있다는 것이다. 우리는 안전을 얻기 위해 사랑에 빠지고 결혼을 할 수 있지만, 일단 안전을 얻고 나면 인생이 지루하고 재미없다고 생각할 수도 있다. 반항심 때문에 사랑에 빠지고 결혼을 할 수 있지만, 반항심은 일단 주장을 하고나면 열정을 찾지 못하기 십상이다. 성적 "화학반응"을 얻기 위해 사랑에 빠지고 결혼을 할 수 있지만, 1년쯤 지나면 성은 공격성을 가리는 덮개이거나 자신을 표현하지 못하는 무능력을 보상하는 것이라는 점을 깨닫는다. 끌림이 단기적인 경향이 있다면 사랑은 장기적이다. 우리를 어떤 사람에게 끌어당기는 것이 나중에는 사랑을 죽이는 함정이 될 수도 있다.

물론 낭만적 끌림은 의도적으로 자기파괴적일 수 있다. 기혼남성과 사랑에 빠지는 성공한 여자나 경박한 젊은 여성과 사랑에 빠지는 나이 든 남자처럼, 우리가 실패한 사랑이 될 게 뻔한 사람에게 끌리는 경우는 드물지 않다. 그녀가 무능하다는 온갖 증거를 반박하면서 무능한 여성을 선택하거나, 자신이 사랑하는 여성을 위해 그녀가 무능할 수 없는 상황을 만들어내는 남자의 경우처럼, 예언은 종종 자기 충족적이다. 과거의 경험과 관념 때문에 괴로워하는 여자가 무뢰한 남자를 바라고, 실제로 경멸할 만한 남자를 선택하거나 경멸당할 만한 상황을 만드는 경우도 있다. 여자를 존중하는 남자라면 여자들은 대개 유능하고 매력적이라는 것을 알게 될 것이다. 남자를 좋아하는 여자라면 남자들이 대개 매력이 없지 않으며 사악하지 않다는 것을 알게 될 것이다.

우리가 낭만적 끌림과 매혹을 찬양하는 것은 공유된 자아를 세우고 사랑의 도대를 마련해주는 연애의 목적을 흐리기 쉽다. 매혹은 연애를 출발시킨다. 끌림이 없으면 사랑도 없다. 그러나 끌림을 사랑의 자극제에서 사랑의 지속적 본질로 끌어올리면 끌림의 미덕을 사랑의 미덕과 너무 쉽게 혼동하게 된다. 사랑은 짜릿한 흥분을 주지만 흥분이 반드시 사랑은 아니다. 자신의 배우자가 계속 매력적으로 보이는 것은 바람직한 일이다. 그러나 배우자를 사랑하기 때문에 그가 매력적으로 보이는 것이지 그가 매력적이기 때문에 그 사람을 사랑하는 것은 아니다. 그리고 궁극적으로 끌림은 항상 거리를 나타낸다. 이 거리는 처음에는 어쩔 수 없지만, 나중에는 지나치게 된다. 궁극적으로 사랑은 끌림과 함께 있는 것이지 매혹을 향해 가는 것이 아니다. 끌림의 미덕을 과대평가하거나, 유머, 부드러움, 강인함, 감수성처럼 눈에 잘 띄지 않는 조용한 미덕보다 육체적 매력이라는 극적 미덕에 집착하는 사람들은 사랑하지 못하도록 자신을 가두는 것일지 모른다.

사랑의 이유

내 손이 당신의 승낙을 받을 만하지 않다거나, 내가 당신에게 줄 수 있는 것이 대단히 매력적인 것으로 보이지는 않습니다. 내가 처해 있는 상황, 드 부르 가문과의 관계, 그리고 당신과의 관계는 나에게 매우 유리한 상황입니다. 그리고 당신이 여러 매력을 지니고 있지만 당신은 당신에게 또다시 청혼 제안이 있을지는 확실하지 않다는 점을 고려해야 합니다.

— 엘리자베스에게 청혼하는 콜린즈씨, 제인 오스틴의 『오만과 편견』에서

"당신을 어떻게 사랑할까요? 그 방법을 세어 볼게요." 엘리자베스 배럿 브라우닝Elizabeth Barrett Browning의 가장 유명한 시는 이렇게 시작한다. 하지만 "어떻게"는 "왜?"임이 드러나고, 방법은 이유라는 것이 밝혀진다. 우리는 보통 사랑에는 이유가 있다고 생각하지 않는다. 사실 이유가 있어서 사랑하는 것은 전혀 사랑하는 것이 아니며, 오히려 엉터리, 계략, 위선 같아보인다. **잘못된** 이유를 보여주는 저 악명 높은 사례들이 이런 생각을 뒷받침한다. 예를 들어, 우리는 돈 때문에 누군가를 사랑하거나, 지위, 신분, 기회 때문에 사랑한다고 한다. 그러나 사람들은 대개 다른 사람을 전혀 **사랑하지** 않는다는 것이 밝혀진다. 사

람들은 단지 돈이나 지위나 기회를 사랑하면서 그 사람을 참아줄 따름이다. 그러나 이것이 사람들이 사랑하는 데에는 늘 이유가 있다는 주장을 부정하지는 못한다.

다른 한편, 사랑을 할 때 사람들은 반드시 "그 사람 전체"를 사랑하며, 사랑은 "무조건적"이라고 말해지곤 한다. 하지만 사랑에 이유가 있다면, 우리가 어떤 사람을 사랑하는 것은 그 사람 전체가 아니라 그 사람이 가진 특정 면모이다. 물론 그 사람의 나머지 면모도 함께 따라온다. 또한 사랑에 이유가 있다면, 사랑은 절대 "무조건적"이지 않다. 물론 그 이유가 아주 관대하고 시간이 흐르면 바뀔 수도 있다. 연인이 사고를 당해 불구가 되거나 사업에 실패한다고 해서 진정한 사랑이 줄어들지는 않는다. 그러나 믿음과 상호 염려가 사랑의 이유가 되는 것처럼, 배신과 잔인함이 사랑을 거부하는 더없이 좋은 이유가 되기도 한다. 아무리 시시한 것이라 해도 사랑에는 언제나 조건이 있다. 간혹 어리석게도 이 조건을 포기할 때가 있다고 할지라도.

사랑에는 이유가 있지만 좋은 이유도 있고 나쁜 이유도 있다. 일반적으로 좋은 이유는 상대의 자질과 관련된다고 가정되지만, 내가 여기서 제안하고 싶은 핵심 주장은 사랑의 가장 좋은 이유는 연인의 자질이 아니라 한 사람이 다른 사람과 공유하는 (또는 공유하고 싶은) 상호적 자질이다. 좋은 이유에는 자신의 진실함과 행복이 들어간다. 누군가를 사랑하는 데에는 특정 개인과 관련이 없는 괜찮은 이유가 있을 수 있다. 이를테면 상대가 "사랑스럽기" 때문에 사랑할 수 있다. 하지만 그 사람을 사랑하는 것은 어떤 사람에게는 처참한 실수가 될 수 있다. 어떤 사람이 특별히 사교적이라는 것은 그 사람을 사랑하거나 흠모할 분명한 이유가 될 수 있다. 하지만 산속에서 함께 오두막집을 이용하고 자연의 고독을 즐길 줄 아는 동반자를 원하고 그런 사람이 필요하다면, 사교적이라는 것은 사랑할 이유가 되지 못한다. 사랑하는 이유라고 공개적으로 선전되는 것들(이를테면 영화에 나올 법한 미모, 인기, 우리가 "매력"이라고 부르는 성형의 형태)을 사랑의 좋은 이유로 받아들이는 것은 참담한 결과를 낳을 수 있다. 그리고 관계를 유지하는 데에는 온갖 부정적 이유들, 이를테면 이혼의 번거로움, 자녀를 내버려두지 않겠다는 생각, 혼자 사는 두려움, 레코드 컬렉션을 나누어야 하는 번잡함 등등이 있을 수 있다. 그러나 이런 것들을 사랑의 이유와 혼동해서는 안 된다. 우리는 누군가를 존경하고 흠모한다는 이유로 사랑하고, 역사와 의무감의 이유로 사랑하고, 감상적이고 개인적인 필요가 있다는 이유로 사랑하고, 오락과 영감을 준다는 이유로 사랑하며, 직접적인 자기 이익을 이유로 사랑한다. 이 가운데 어느 것은 허용되고 어느 것은 허용되지 않는가? 이유란 무엇인가? 어떤 이유가 진정한 사랑을 가리키고, 어떤 이유가 사리사욕과 어리석음을 가리키는가? 그리고 어떤 이유가 이보다 더 나쁜 것, 즉 사랑을 가장한 채 누군가를 이용하고 속이는 것을 가리키는가?

궁극적으로 사랑에는 단 하나의 이유가 존재한다. 이 웅대한 사랑의 이유는 "우리가 서로에게서 최상의 것을 끌어낸다는 것"이다. 고대인들은 이 이유를 명징하게 보고 있었지만, 근대인들은 개인의 자율성을 강조하면서 이를 잃어버렸다. 물론 "최상"이라고 여겨지는 것은 상당한 개인차가 있다. 어떤 사람들에게 "최상의 것"은 자신의 연민과 감수성을 보여줄 기회일 수 있고, 다른 사람들에게는 위대한 시를 쓰고, 거대한 역경에 맞서고, 엄청난 위험을 감수하는 영감이 될 수 있다. 많은 사람들에게 "최상의 것"은 그저 "살아있다"라는 고양된 느낌과 반복되는 일과와 책임에서 쉽사리 잃어버리는 일상생활을 살아내기 위한 새로운 에너지가 될 수 있다. "최상의 것을 끌어낸다"는 것은 고전 시대의 공식이다. 우리는 이런 생각이 플라톤의『향연』전편에 걸쳐 나오는 연설들과 아리스토텔레스의 우정에 관한 긴 토론, 그리고 기독교 역사 전반에 걸친 다양한 종교 형식에서 반복되고 있음을 알 수 있다. 궁정풍 사랑의 근본 주제는 사랑이 사랑받는 사람에게 완전함을 부여하고 그 보상으로 사랑하는 사람도 완전함을 추구하도록 고무시킨다는 것이다. 18세기 낭만주의 철학은 사랑이 우리를 "더 높이" 고양시켜 줄 것이라고 주장하면서 "높은" 자아와 "낮은" 자아의 대립을 논했으며, 현대 작가들 역시 사랑만이 우리를 더 나은 사람으로 이끌고 세상을 더 나은 곳으로 만들어줄 것이라고—어떤 설명도 하지 않은 채—주장한다. 그러나 가장 중요한 것은, 사랑의 경험 자체가 우리가 "더 나은" 사람이 될 수 있다는 것, 다시 말해 우리가 연인에게 더 나은 사람, 연인의 사랑을 받을 만한 사람, 우리가 될 수 있는 최상의 존재가 되어야 하고 또 그렇게 될 수 있다는 것을 분명히 말해준다는 것이다. 사랑에는 나태가 끼어들 여지가 없으며, 사랑에서 누리는 풍요로운 에너지는 흥분이 아니라 더 잘 살기 위한 연료이다. 우리는 사랑 안에서 "편안"할 수 있지만 이 편안함을 정적인 만족과 혼동해서는 안 된다. 사랑은 역동적이고 언제나 자신을 향상시킨다. 사랑이 자기 향상을 멈추거나 그것에 무관심해진다면, 사랑은 습관에 지나지 않을 것이다. 애정이 습관을 가득 채울 수는 있지만, 그것은 더이상 사랑이 아니다.

우리가 사랑하는 이유가 무엇이든, 우리는 그 이유를 자주 언급하지 않으며, 우리 자신에게 그 이유를 떠올리거나 표현하는 경우는 드물다. 파스칼은 "마음에는 이유가 있다"라고 말했지만 우리는 마음의 이유를 부정하거나, 그 이유를 가장 일반적인 형태로 축소하는 경향이 있다. 문제는 이 이유들이 사랑을 너무 합리적이고 자기 본위적으로 만드는 것 같다는 것이다. 물론 사랑은 이런 의미에서 이성적이다. 사랑에는 이유가 있다. 그것도 대체로 좋은 이유가 있으며, 자기 본위적이다. 결국 관건이 되는 것은 최종적으로 우리 자신이다. 그러나 우리는 대체로 사랑하는 이유를 말하거나 명징하게 표현하지 않는다. 사랑의 이유를 말하거나 표현하지 못하기 때문에 이유가 있기 때문에 사랑하는 것은 아니라고 서둘러 결론을 내려버린다. 그렇지 않으면 우리는 "사랑은 그 사람 전체와 관련된다"라는 자기기만적 공식으로 물러난다. 이 말은 좋은 이유와 나쁜 이유를 구별하고 자신 성찰의 작업을 불필요하게 만든다. 진실은 우리가 한 사람의 전부를 사랑하는 것은 아니지만, 사랑은 "그 사람 전체와 관련된다"는 말은 우리가 그 사람의

전부를 사랑하거나 그렇지 않으면 전혀 사랑하지 않는 것처럼 보이게 만든다. 우리가 그냥 참아주거나 무시해버리는 것들이 많이 있다. 말하자면, 우리가 사랑하는 이유로 택하지 않으면서 ("밝은 면을 본다"는 식으로) 좋게 표현하는 특성들이 있다. 또한 사랑의 이유는 아니지만, 이를테면 친절하다거나 기술이 있다는 것처럼 우리가 정말로 인정하는 것들이 많이 있다. 사랑하는 것은 사랑하는 사람과 정체성을 공유하는 것이다. 많은 전통적 지혜와 달리 사랑하는 것은 자기 자신을 무조건적으로 받아들이는 것이 아니며, 연인을 무조건적으로 받아들이는 것도 아니다. 사랑의 이유 가운데 어떤 것들은 말해질 수 없다. 그러나 사랑에는 늘 한계가 있는 법이다. 연인이 당신의 나쁜 습관에 불만을 토로하지 않는 것이—심지어 연인은 즐거운 척 할 수도 있다—당신을 사랑하는 이유가 되는 것은 아니다.

사랑의 이유 가운데 가장 나쁜 이유는 이유로 인정받지 못하는 것들이다. 예를 들어 젊은 여성은 자기 아내와 가족을 포기하지 않을 유부남과 어쩌다 한 번 사랑에 빠지는 것이 아니라 뚜렷한 패턴을 보이며 주기적으로 사랑에 빠지는 이유를 모르지 않는다. 이 경우 사랑의 이유는 결국 그 관계가 안전하기 때문이다. 다시 말해 유부남과의 관계는 시간과 헌신에 내적 한계가 있기 때문이라는 것이 이유로 밝혀진다. 경험이 풍부하고 통찰력이 있는 사람이라면 자기 안의 이런 요인이 사랑을 움직이는 이유라는 것을 알 수 있겠지만, 그런 경우는 극히 드물다. 연인이 자신의 신경증적 욕구, 이를테면 처벌을 받거나 순교자가 되거나 정말 한심한 인간을 돌보고 싶은 욕구, 누군가에게 하느님 노릇을 하려는 욕구를 충족시킨다는 점을 인정하는 것 역시 매우 드물다. 이런 것들은 우리가 알지 못할 때 효과적으로 작용하는 사랑의 이유들이다. 물론 이런 것들은 좋은 이유가 아니라고 주장할 수 있다. 그러나 요점은 병리적 관계조차 이유가 없지 않다는 것이다. 사실상 병든 관계에는 다른 관계들보다 더 강력한—강력하다는 것이 더 낫다는 것과 같지는 않다—이유가 있을 수 있다.

사랑의 이유로 인정받지 못하는 많은 이유들은 병리적인 것은 아니지만 그렇다고 이타적이거나 영웅적 면모에 미치지 못하고 타인을 흠모하는 것도 아닌 이유들이다. 불안하기 때문에 사랑하는 데에는 수백 가지 이유가 있다. 하지만 "그녀 없이 혼자 남게 될까 봐 무서워 그녀를 사랑한다"고 생각하는 것은 사랑을 설명해주기보다는 사랑에 타격을 가하는 것 같다. 돈 때문에 사랑하는 것은 사랑의 이유로 충분히 받아들여질 수 없다. 그리하여 돈 때문에 사랑한다는 이유 역시 억압되면서 좀 더 수용 가능한 다른 애매모호한 이유들—이를테면 "그 사람은 훌륭한 인격을 지니고 있다"—로 덮인다. 이런 일들이 실제로 역사적으로 여성들에게 이중구속 상태를 만들었다. 여성들은 최근까지 현실적 사항들을 고려해 보았을 때 물질적 안전을 얻기 위해 결혼하지 않을 수 없었지만, 사랑을 위해 결혼하라고 기대되었다. 사실, 연애가 존재하는 한 가지 이유는 연애가 이런 모순을 합리화해줄 수 있기 때문이라고 말해지기도 한다. (보다 최근에 등장했지만, 이 못지않게 여성에게 모멸적인 주장은, 사랑이 그렇지 않으면 여성들에게 혐오감이나 굴욕감을 안겨줄 섹스를 합리화할 수 있도록 해준다는 것이다.)

사랑의 이유로 인정되지 않는 이유가 있다는 생각은 풀리지 않는 미스터리와 비난이라는 드넓은 영역을 열어젖힌다. 일단 누군가를 사랑하는 이유를 알지 못할 수 있고 심지어 부정할 수도 있다는 점이 용인되면, 복수하기 위한 사랑, 유아적 신경증과 해결되지 못한 오이디푸스 콤플렉스 때문에 하는 사랑, 도착증과 자기파괴성에서 비롯되는 사랑 등등 불안을 유발하는 온갖 유형의 이론이 열릴 길이 닦인다. 여성 "마조히즘" 이론은 여성들이 상처받고 굴복당하는 것을 "정말로 원한다"고 주장하면서 아직도 위험스럽게 통용되고 있다. 하지만 이런 주장은 많은 여성들의 낭만적인 상황이 유지될 수 없는 이유나, 여성들이 사랑에 대해 갖고 있는 파괴적 이미지가 기획에 의한 것이라기보다 결과적으로 그렇게 된 이유를 무시한다. 우리는 너무나 자주 변태적이거나 불가사의하거나 저속한 것을 선호하면서 명백한 것을 무시한다. 젊고 아름다운 얼굴에 홀딱 반한 남자나 여자에게는 가장 무서운 임상적·도덕적 용어로 진단이 내려진다. 그러나 프로이트 자신이 주장했듯이, 어떤 경우 담배는 그저 담배일 뿐이다. 마찬가지로 사랑의 이유도 그저 보이는 그대로일 수 있다. 그럼에도 가장 중요한 사랑의 이유는—심지어 "우리 마음이 알고 있을" 때에도—식별해내거나 인정하기 가장 어려운 것일지 모른다.

사랑의 이유는 사랑을 이루는 생각과 느낌의 초점일 뿐 아니라 사랑을 움직이는 동기이고 힘이다. 이 생각과 느낌의 초점이 매우 제한적일 때, 그것은 우리가 **페티시즘**이라고 부르는 것이다. 페티시즘은 발 페티시즘, 유방 페티시즘, 음경선망 같은 더 유명한 성적인 사례들뿐만 아니라 한 사람이 소유하고 있는 것 때문에, 이를테면 재치 있거나 양상논리학樣相論理學[11]을 할 수 있는 지적 능력 때문에 그 사람을 사랑하는 것이다. 페티시즘의 문제는, 이런 협소한 초점이 사랑할 좋은 이유를 주지 못하기 때문이 아니라 바로 그 특정한 그 이유에서 그 사람으로 건너가는 데 문제가 발생하기 때문이다. 우리는 이미 전체적 의미에서 "한 인간 전체"를 사랑하지 않는다고 주장했다. 그렇지만 재치나 지성, 발, 유방, 음경을 즐기려면 해당 페티시 이외에 다른 많은 특성을 지니고 있는 사람과 시간을 보내야 하거나 어쩌면 여생을 함께 보내야 하는 것이 존재론적 사실이다. 이런 까닭에 좋은 사랑의 이유는 우리가 흔히 생각하듯 홀로 존재하는 것이 아니라 다른 많은 이유들, 적어도 그 사람의 전체적 윤곽을 그려줄 수 있을 만큼의 이유들과 잘 어울리는 이유라고 말할 수 있다. "굉장한 사람"이기 때문에 누군가를 사랑한다고 말하는 것은 이 모든 이유를 용케 한 구절로 잘 표현하고 있다. 그러나 실상 우리 대부분은 사랑할 선택적 이유만 주는 사람들을 사랑한다. 비결은 자기기만에 빠지지 않으면서 전체 그림을 채워 넣는 것이다.

11 양상논리학樣相論理學 : 가능, 필연, 우연 따위의 명제 양상을 구분하여 서로의 관계를 밝히는 논리학—옮긴이주.

가장 좋은 사랑의 이유는 사랑하는 두 사람 모두와 관련이 있기 때문에, 사랑의 이유 중 몇몇은 (그리고 첫눈에 사랑에 빠지는 이유의 대부분은) 과거나 현재보다는 미래를 가리킨다. 가장 좋은 이유에는 타인의 **잠재성**과 한 사람이 다른 사람을 자기 정체성의 일부로 **만들 수 있다는 점**이 포함된다. 여기서 피그말리온은 고전적 암시를 던져주지만, 일상적인 사례를 찾기 어려운 것은 아니다. (자식에 대한 사랑은 그 성격상 대부분 여기에 해당한다.) 또한 우리는 사랑을 할 때 **우리에게** 일어날 것이라고 기대하는 것 때문에 사랑할 수도 있다. 우리가 사랑하는 이유 가운데 적어도 **일부**는 이런 유형에 속해야 한다고 말할 수 있을 것이다. (열병의 특징을 이야기하는 또 하나의 방식은 사랑의 이유를 시간성에 따라 설명하는 것이다. 사랑하는 모든 이유가 현재로 한정될 때 미래는 별로 존재하지 않을 것이라고 의심할 수 있다.)

사랑을 하는 가장 중요하고 효과적인 이유는 실제로 관계 자체에서 공유되는 이유이기 때문에, 잘 확립된 성숙한 관계와 견주어볼 때 '사랑에 빠지는 것'은 이유가 부족하지 않을 수 없다. 예를 들어, "우리는 많은 일을 함께 겪었다"는 것 같은 역사 감각은 가장 중요한 사랑의 이유 가운데 하나일 것이다. 하지만 이런 역사 감각은 사랑을 나누는 초기의 열정에는 거의 존재하지 않는다. 우리는 이제 막 사랑에 빠진 사람들에게 어울리거나 혹은 새로운 사랑을 옹호하거나 설명하는 것에 어울리는 이유에만 많은 관심을 기울이지만, 상당 기간 동안 서로 사랑해왔고 함께 시간을 보내왔던 두 사람에게도 그들 나름의 사랑의 이유가 존재한다. 이런 사람들이 사랑하는 이유 가운데 하나는 두 사람이 함께 보낸 시간이다. (이상적인 관계에 미치지 못할 경우에도 함께 보낸 시간은 분노, 원한, 심지어 경멸 같은 별로 칭찬받지 못할 감정의 이유를 마련해줄 것이다.) 함께 보낸 시간은 두 사람이 공유하는 것이 상호 욕구와 욕망과 향유로서만이 아니라 **성취**로서 삶의 계좌에 쌓이는 이유이다. 더욱이 역사적 이유만이 사랑의 이유에 관한 논의를 늘 따라다니는 위험한 질문, 즉, 우리는 똑같은 이유를 모두 충족시켜주는 다른 사람을 똑같이 사랑하거나 사랑해야 하는가라는 질문을 피할 수 있다. 하지만 이 질문은 사랑의 이유가 역사적인 곳에서는 성립하지 않는다. 우리가 생각하고 싶어하는 것처럼 우리 각자가 중요한 방식으로 고유하지 않을 수는 있다. 그러나 우리가 어떤 실질적인 관계의 역사를 반복할 확률은 사실상 제로에 가깝다. 두 번째 혹은 세 번째 사랑에서 새로운 실질적 역사를 만들 수 있지만, 세상의 많은 사람들이 같은 특성을 공유하고 똑같은 사랑의 이유를 줄 수 있는 방식에는—우리가 덕, 아름다움, 재치, 홍미, 지성 같은 이유만을 생각할 때는 존재하지 않을 방식으로—명백한 한계가 있다.

사랑과 환상

그러나 사랑, (…) 그것은 한 사람이 자신의 마음속에서 다른 사람에 대해 만들어내는 이야기이다.
우리는 이 이야기가 사실이 아니라는 것을 알고 있다.
물론 우리가 환상을 깨뜨리지 않으려고 늘 애쓰고 있다는 것도 알고 있다.
— 버지니아 울프, 『밤과 낮』

사랑에 빠지는 것은 거의 전적으로 앞을 내다보고 미래를 구상하는 문제이며, 존재being의 문제라기보다는 생성becoming의 문제이다. 따라서 사랑에 빠지는 것을 이루고 있는 두 핵심 요소는 환상과 욕망이다. 환상과 욕망은 모두 미래를 내다보고 아낌없이 상상력을 발휘하는 특징이 있다. 먼저 우리는 사랑을 상상하고, 우리가 만나고 싶은 사람을 상상한다. 우리는 일상적으로 만나는 사람들의 인상적인 얼굴을 상상 속 인물의 대체물로 활용하지만, 실상 이를 열린 상태로 남겨놓은 채 만남과 가능성을 상상한다. 나중에 우리가 사랑에 빠지거나 빠지기 시작한 다음에는 아직 실현되지 않은 더 구체적인 미래를 상상한다. 그러면 이제 추상적 가능성은 매우 구체적인 욕망으로 바뀐다. 그러나 욕망 역시—그것이 욕망이라는 이름에 걸맞은 것이라면—상상의 산물이다. 특히 성적 욕망은 육체적 갈망만큼이나 환상의 문제이다. 사실 환상이 없으면 육체적 갈망을 상상하는 것조차 힘들다.

섹스는 환상이 필요하다. 모든 환상이 성적인 것은 아니지만, 섹스와 환상은 사랑에 빠지는 경험을 지배한다. 환상은 무제한적으로 상상력을 사용하며, 환상의 내용은 상상력의 힘에 의해서만 제한된다. 가장 상상력이 풍부한 사람들은 최상의 것을 사랑한다. 물론 상상력이 없는 사람도 의심할 여지없이 애정을 보이고 헌신적일 수 있다. (미안한 말이지만, 고양이와 개는 우리를 사랑하지 않으며 사랑할 수도 없다. 그것은 개와 고양이에게 애정과 충성심이 없기 때문이 아니라 이들은 상상할 수 없기 때문이다. 개와 고양이는 이야기를 할 수 없고 미래에 대한 환상을 만들 수 없다.) 사랑은 '현실적'이어야 하고 삶의 사실과 긴밀하게 연결되어야 한다고 흔히 말해지지만, 실상 사랑이 가정적 관계와 다른 것은 지루한 사실적 현실을 초월한다는 것이며, 열정적 헌신이 존경이나 객관적 인정과 다른 것은 현실에 존재하는 타인들이라는 민주적 익명성 위로 자신의 연인을 고양시킨다는 점이다. 물론 이렇게 말한다고 해서 연인을 신이나 여신으로 상상해야 한다고 말하는 것은 아니며, 이상적 환상은 그야말로 환상의 은하계에 존재하는 관계를 상상해야 한다는 것을 뜻하는 것도 아니다. 그러나 나소Nassau 해변에서 혼자 보내는 휴가를 그리는 단순하지만 우아한 환상이나 사무실에서 사랑하는 사람의 아름다운 눈에 대한 백일몽에 빠져드는 것은 이미 세속적인 현실을 초월하는 것이자 현실을 풍요롭게 만드는 것이다. 이런 풍요로움과 함께 사랑은 시작되고 또 지속된다.

사랑에는 확립된 서사구조가 있고, 우리는 이 서사구조를 통해 최소한 낭만적인 환상의 대략적인 윤곽 정도는 예측할 수 있다. 미래의 결혼에 대한 환상은 낭만적인 사랑에 대한 우리의 생각 속에 너무도 깊이 자리잡고 있어서 이런 결혼 환상이 없다는 것은 "당신은 결국 나를 사랑하지 않는다"는 확실한 증거로 여겨진다. (물론 결혼에 대한 환상에는 당연히 수많은 유보가 뒤따른다.) 낭만적 분위기에서 나누는 조용한 저녁 식사에 대한 환상, 다른 일은 끼어들지 않고 오로지 섹스로만 가득찬 한 주에 대한 환상, 자기희생과 헌신이라는 최고의 검증 기준에 대한 환상, 이 모든 것들은 우리가 사랑이라는 관념과 함께 물려받은 환상 구조의 일부이다. 그러나 상황에 따라, 보다 낭만적으로 말해 사랑하는 사람들이 공유하는 변덕과 영리함에 따라 항상 개인적 편차가 있다. 연애가 단순한 동반자 관계와 구분되는 것은 두 연인을 '그들만의 세계'에 놓는 환상이며, 마법이 더해진 판타지이다. 사실, 변덕과 개인적 기행조차 낭만적 유산의 일부이며, 이상적 연인은 우리의 예측을 벗어나는 일을 할 것이라고 기대된다. '현실주의'의 미덕이 실망을 방지하는 것이라면 환상의 미덕은 예측불허라는 점이다.

환상이 상상의 산물이라고 말하는 것은 환상이 상상으로 남아있어야 한다고 말하는 것이 아니다. 우리는 우리의 환상을 **살아낸다**. 우리는 환상을 행동으로 표현한다. 예를 들어, 성적 욕망은 리비도의 기능인만큼이나 상상력의 기능이며, 성행위는 활동하는 신체만이 아니라 상상력이기도 하다. 아무리 '흥분'되어 있다고 할지라도, 우리는 우리가 상상하기 시작할 때에만, 우리 자신을 함께 그려보고 상상의 사적 무대에서 애무하고 옷을 벗기 시작할 때만 "매혹된다." 상상력이 없다면 우리는 성적 욕망을 직접적 결과로서만이 아니라 욕망의 내용으로 상상할 수 없다. 환상은 모든 낭만적 성에 스며들어 있으며, 여러 측면에서 섹스 그 자체보다 더 초점이 맞춰진다.

환상이 계획, 선견, 희망, 욕망으로 인식되기보다는 환영illusion—일어남 직한 현실이나 진실과 대립되는 환상이라는 의미에서—과 등치되면서, 사랑에서 환상의 역할은 비하되어 손상되어 왔다. 환상은 현실과 대비되는데, 이로 인해 사랑의 미래는 그리 밝지 않다. 예를 들어, 최근 로저 스크러턴은 이렇게 말하고 있다. "환상은 거칠고 현실적인 객관적 세계를 나긋나긋한 대체물로 바꾼다. 이것이 환상의 목적이다. 현실 세계에서 삶은 힘들고 곤란하다. (…) 환상은 의지로는 접근할 수 없는 현실에 이르는 길을 가로막는다." 스크러턴의 결론은 환상은 수치스럽고 어쩔 수 없이 환영이라는 것이다. 사실 스크러턴이 성적 환상의 가장 중요한 사례로 드는 것은 애인과 섹스를 하면서 **다른 사람**과 섹스하고 있는 자신을 상상하는 것이다! 그러나 이 사례는 낭만적 환상에 대한 극도로 빈약한 관념을 보여주면서, 성적 욕망을 욕망 이상으로 만드는 거의 모든 것들을 배제한다. 설상가상으로 **성적** 환상만을 다루는 끔찍할 정도로 조악한 상상적 글쓰기가 환상 문학을 공략하고 사실상 점령해왔다. 이런 글쓰기에서 여러 작가들은 미적으로나 신체적으로 누가 가장 도전적이고 도착적이며, 가장 모범적으로 프로이트적이거나 융적인 성적 가능성을 상상할 수 있는지 경쟁해왔다. 그러나 실제로 우리가 꿈꾸는 성적 환상은 대개 낭만적 환상이며, 성적 환상들 중에서 슈퍼마켓 진열대에 놓인 책이나 도색 잡지를 파는 데 필요할 만큼 터무니없는 수위를 요구하는 것은 소수이다. 환상은 현실의 연장이자 장식이며, 현실을 풍요롭게 만드는 것이지 현실을 대체하는 것이 아니다. 환상은 흔히 "현실주의"라는 이름으로 합리화되는 고리탑탑한 실용적 계획에만 반대해야 한다. 사랑은 음악과 마찬가지로 상상 속에 존재하지만 그만큼 현실적이기도 하다.

우리의 환상은 전형적으로 평범한 사람과 평범한 방식으로 (대개) 평범한 일을 하는 것이며, 환상의 하이라이트는 멋진 저녁을 만들어 주긴 하지만 읽을 수 없는 표정이나 몸짓일 것이다. 낭만적 환상은 그 혹은 그녀가 드디어 따뜻하고 매력적인 눈으로 나를 바라보며 다정하게 내 이름을 불러주거나, 부드럽게 내 손을 만지는 장면을 상상하면서 그 멋진 얼굴을 떠올리는 것에 지나지 않을지 모른다. 낭만적인 환상은 내가 전달하고 싶은 간단한 말을 연습하는 것일 수 있고, 유명 레스토랑에서 낭만적인 저녁 식사를 기대하는 것일 수 있으며, 작년의 저녁 식사를 기억하고 또 다른 식사 자리를 상상하는 것일 수 있다. 그리고 실제로 성적 환상은 대체로 우리가 예전에 몇 번이나 경험했던 장면을 새로운 사람과 약간 새롭게 뒤틀어서 마음속에서 연기하는 것에 지나지 않는다. 이 말은 일부러 흥을 깨기 위해 하는 말이 아니다.

그러나 환상에서 사랑의 중요성을 강조한다고 해서, 이것이 바쁜 출퇴근 시간 뉴욕 렉싱턴가 지하철 안에서 낯선 사람과 삼각관계를 갖는 것을 상상하는 것 같은 것이 필요하다고 생각하지는 말자. 하지만 우리는 환상이 유쾌할 뿐 아니라 역겹고 위험하고 치명적일 수 있다는 점에 주목해야 한다. 환상이 쾌락을 주는 것은 어떤 환상들은 위험하기 때문이다. 사랑에 빠지는 것이 주는 쾌락 가운데에는 거절과 굴욕의 위험에 부딪치지만 거절당하고 굴욕당하지 않을 것이라는 환상도 포함된다. 많은 낭만적 환상은 이런 장면을 머릿속에서 그리긴 하지만 실행에 옮기지는 않는다. 우리는 레안드로스가 헬레스폰트 해협에 뛰어들어[12] 자신의 사랑을 증명하는 모습을 상상하거나, 마르크 안토니우스가 클레오파트라를 위해 칼을 휘두르는 장면을 상상할 수 있으며, 에리히 폰 리히텐슈타인이 자신의 헌신을 증명하기 위해 손가락을 잘라 애인에게 보내는 광경을 상상할 수도 있다. 또 우리는 질투심을 느끼며 오디세우스가 아내의 구혼자들을 모조리 죽이는 장면을 상상할 수 있다. 어떤 환상은 그저 역겨울 뿐이다. 이를테면 사랑하는 여자를 방부 처리하여 자기 침대에 눕혀 놓는 샤를마뉴 대제를 상상하는 것이 그러하다. 천재성이 필요할 만큼 화려한 환상도 있다. 리하르트 바그너는 아내의 생일날 오케스트라가 방금 자신이 작곡한 새 곡을 연주하도록 만들면서 아내를 깨웠다.

12 레안드로스는 그리스 신화에 등장하는 젊은이로 사랑하는 연인 헤로를 만나기 위해 헬레스폰트 해협에 뛰어들었다가 파도에 휩쓸려 죽음을 맞이한다—옮긴이주.

사랑에 빠지는 환상은 미래로 나아간다. 그러므로 어떤 면에서 이 환상은 사실이 아니다. 환상은 합리적일 수도 그렇지 않을 수도 있지만, 합리적인 것이 연애에 특별히 중요한 덕목은 아니다. 성에 살게 될 "언젠가" 미래의 날들에 대한 환상을 공유하는 것은 내년에 부엌을 수리하겠다는 환상보다 두 사람을 묶어주는 데 더 효과적일 수 있다. **공유된** 환상은 항상 개인적 환상보다 더 중요하다. 이런 점은 타인에 대한 환상이라 하더라도 마찬가지이다. 공유된 성적 환상은 실행 가능성과 무관하게 성적 자극과 기쁨에 멋진 동력이 될 수 있지만, 한 사람이 다른 사람에게 품는 짝사랑의 환상은—그 사람이 일반적으로 의지가 있는 사람일지라도—정말로 흥미를 잃게 만들 수 있다. 공유하는 환상이든 아니든, 바보만이 우리가 상상하는 최상의 성적 환상을 모두 펼쳐야 **한다고** 말할 것이다. 종종 환상은 현실보다 낫고, 확실히 더 안전하다. 환상은 두 미래를 엮어 두 자아를 결합하는 기능을 한다. 환상이 현실적이냐 합리적이냐의 문제는 환상이 수행하는 기능만큼 중요하지 않다.

이것이 연애에 현실이 있을 자리는 없다는 의미인가? 물론 그렇지 않다. 하지만 어떤 점에서 모든 환상은 거짓이기 때문에—환상은 아직 일어나지 않은 사건들을 그린다—, 우리는 환상을 스케줄과 정책이라는 관리적 맥락뿐 아니라 상상의 가능성이라는 낭만적 맥락에서 바라보아야 한다. 물론 계획과 환상이 수포로 돌아간다면, 현실감각만이 아니라 사랑도 문제가 된다. 그러나 환상의 가장 중요한 기능과 목적은 함께하는 상상적 삶을 풍요롭게 하고 공고히 하는 데 있다. 환상은 연애의 초기에는 함께하는 흥미진진한 삶의 가능성, 과거에는 거의 공유하지 않았을 삶의 가능성을 투영한다. 연애의 후기에 이르면 환상은, 우리가 사랑은 아직 살아있고, 사랑은 반복되는 일상이 아니라 상상력을 자극하고 희망을 불러일으키는 것이라고 말할 때 가리키는 것이 된다. 계획은 계획하는 일보다 덜 중요하며, 함께 꿈꾸는 삶의 내용은 우리가 함께 꿈꾸는 삶보다 덜 중요하다.

낭만적 환상이란 무엇인가? 통상적인 견해는 환상이란 기본적으로 상상된 **사건**event, 미래에 일어날 독특한 가능성, 키스, 특별한 성적 경험, 이국적인 곳으로 떠나는 여행이라는 것이다. 그러나 가장 중요한 낭만적 환상은 고립된 사건이 아니라 계속되는 이야기이며, 이 이야기 안에서 자신을 캐스팅하고 실제로 기회가 주어진다면 "현실"에서 자신을 캐스팅하는 어떤 역할이다. 환상은 일어나고 있는 것과 관련되는 것이 아니라 존재의 상태이자 새로운 삶의 방식과 관련된다. 또한 환상은 단순히 일어나는 것occurrence이 아니라 변화와 관련된다. 한 여성이 자신이 완전히 빨려 들어갔던 환상에 대해 이야기하는데, 그것은 단일한 사건이 아니라 갑자기 시작된 사건들과 (보다 더 중요하게는) 감정들의 긴 연속이다. "빨려 들어갔다"라는 비유는 이 이미지의 환상적 성격을 말해준다. 또한 이 비유는 많은 사람들이 이렇게 빨려 들어가는 경험을 의심스럽게 바라보는 이유를 설명하는 데 유용하다. 사람들은 빨려드는 경험을 한편으로는 사랑의 전형으로 바라보면서, 다른 한편으로는 위험하고 수치스러운 것으로 취급한다. 한낮의 꿈이나 한 단락 이상의 가치가 있는 환상이라면 상상된 일회적 만남 이상의 무언가가 될 것이다. 사랑을 통해 우리를 안내하고 우리를 살게 해주는 환상은 실질적인 환상, 새로운 느낌과 존재 방식과 역할을 그려주는 환상이지 흔히 "환상적 삶"의 사례로 만들어지는 사소한 변태적인 이야기들이 아니다.

환상은 사랑의 본질적인 부분으로서 사랑하는 관계를 묶어주는 접착제 구실을 한다. 따라서 중요한 환상은 희망에 찬 예비 연인의 백일몽이 아니라 사랑하는 두 사람이 공유하는 환상이다. 그러나 되풀이 말하지만 이런 점은 사람들이 환상에 대해 갖고 있는 일반적인 생각이 아니다. 환상을 논의하는 가장 흔한 방식은 대개 아직 관계를 이루지 못한 사람들의 환상에 초점을 맞추거나, 관계를 이루고 있는 경우에는 관계 바깥에서 일어나는 성적 만남이나 낭만적 만남의 환상에 초점을 맞춘다. 이런 환상은 공유된 적이 거의 없고 공유된 경험을 기반으로 하는 경우도 거의 없다. 이 점은 왜 환상이 연애의 필수적 요소가 아니라 연애의 **대체물**로 여겨지는지 설명해준다. 또한 이 점은 왜 많은 사람들이 사랑이 최고의 환상에는 이르지 못할 것 같다고 불평하는 이유, 보다 정확히 말하면, 자신들의 환상이 사랑에 실망하지 않을 수 없을 것이라고 불평하는 이유를 설명해준다. 그러나 되풀이해서 이야기하지만, 환상이 중요한 것은 환상이 사랑하는 두 사람을 묶어주기 때문이다. 얄팍하게 베일에 가려진 자기 찬양에 불과한 환상이나 상대에게 **강요**하는 것이 분명한 환상은 이와 정반대이다. 그리하여 "개인" 광고 속으로 들어가기는 하지만 아직 결합하지 않은 상대의 요구와 기대 속으로 덜 들어가는 것은 선험적 환상들은 사랑의 초대가 아니라 사랑의 장애물이고 장벽이다. 이런 환상의 기능은 연인을 매혹하는 것이 아니라 부적격자를 걸러내는 것이다.

공유하는 환상은 두 사람을 이어준다. 다른 사람에게만 부과된 환상은 두 사람을 갈라놓기 쉽다. 따라서 플라톤이 『리시스Lysis』에서 히포탈레스에게 가하는 비판, 즉 사랑은 실존 인물에 대한 사랑이 아니라 이상화되거나 환상화된 대체물에 대한 사랑이라는 비판은 그 이후로도 자주 반복되어왔다. 프로이트 역시 사랑은 궁극적으로 "판타지" 즉, 부모나 여타 사랑하는 사람의 환상적 원형을 사랑하는 것이지 사랑받고 있는 것으로 추정되는 **현실의 인간**을 사랑하는 것이 아니라고 주장했다. 하지만 이는 일부 환상을 환상 그 자체와 혼동하는 것이다. 환상이 고립된 상태에서 좌절감으로부터 발전될 때, 특히 이 좌절감에 낭만적 태도가 아니라 호전적 태도가 동반될 때, 현실은 환상에 부응할 수 없다. 환상이 암울한 낭만적 사회 환경에 불합리한 기대를 덧씌우는 것이 아니라 사랑이 발전하고 자랄 수 있는 합리적인 틀을 시각화하고 세우는 기능을 할 때, 환상은 현실과 대립하지 않고 현실과 조응한다.

파트너가 없으면 이런 환상은 혼자만의 상상이 될 수 있다. 이럴 때 환상의 특수성이 기회를 막는 위험이 있다. (이를테면 "나는 모차르트를 좋아하지 않는 남자와 데이트를 할 수는 없었어.") 그러나 파트너가 있으면 공유된 환상은 자신이 원하는 만큼 구체적이고 세밀해질 수 있다. 왜냐하면 미래의 느낌을 함께 짜는 기능은 환상을 만드는 행위에 의해 이미 충족되기 때문이다. 또한 환상은 "이상화"라는 매우 특별하고 중요한 의미에서 현실과 일치한다. 이 이상화 속에는 스탕달이 "결정화crystallization"라고 이름 붙여 유명해진 것도 포함된다. 자신의 연인이 특정한 면모를 갖고 있기를 바라거나 기대하는 것—실제 연인은 이런 면모를 갖고 있지 않을 수도 있다—과 보다 적극적으로 실제 연인에게 나타나는 특정 면모를 찬양하는 것은 다른 문제이다. 전자의 경우 "나는 금발을 좋아해. 당신이 대머리라니 유감이야."라고 말하는 반면, 후자의 경우 "나는 단지 당신의 코를 좋아하는 거야"라는 식으로 말한다. 유형에 대해 환상을 갖는 것은 언제나 실망할 위험을 가중시키지만, 특정인을 이상화하는 것은 사실상 실망에 맞서는 보증서이다. 물론 사람은 항상 마음을 바꿀 수 있지만(앙드레 지드가 "탈결정화decrystallization"라고 부르는 과정), 환상은 가능성을 탐색할 뿐 아니라 가능성의 한계를 정할 수도 있다. 사람들이 다른 일은 제쳐 두고 "사랑에만 빠져 있으면" 환상이 관계를 이끄는 전부가 될 수 있다. 과도하거나 무제한적인 환상은 불가능한 기대를 낳을 수 있다는 실제적 위험이 존재한다. 반면, (현실적이라는 이름으로) 환상을 억제하면 사랑이 질식당하고 사랑이 발전하지 못할 수 있다는, 잘 알려지지 않은 또 다른 위험도 있다. 우리는 관계가 한참 진행된 후에야 사랑을 확장하고 단단하게 세우기 위해 환상을 활용한다. 그러나 관계가 시작되는 초기에는 환상이 사랑의 토대를 세운다.

사랑에 빠지기에서 사랑에 빠져 있기로: 조정의 문제

모든 결합에는 미스터리가 있다.

— 아밀

흠모, 끌림, 환상의 초기 단계가 갖는 가장 큰 이점 중 하나는—심지어 짝사랑에서도—다른 사람과 '해결'하는 것을 통해 어떤 식으로든 자신의 생각을 훼손할 필요가 없다는 것이다. 하지만 멀리서 흠모해왔던 사람과 첫 데이트를 하거나 오랫동안 갈망해왔던 사람과 첫날밤을 보낼 때 일이 계획대로 되지 않는다는 것은 끔찍한 충격이다. 현실은 공상과 일치하지 않는다. 그 여자의 상상은 그 남자의 상상과 일치하지 않고, 그 남자의 상상은 그 여자의 상상과 일치하지 않는다. 그 여자는 남자가 예의 바르고 온화하기를 기대한다. 그 남자는 자신이 세상과 전쟁을 치르고 있다고 생각한다. 그는 그녀가 순종적이고 공손하기를 기대한다. 그녀는 자기주장이 강하고 솔직하게 말한다. 그녀가 그를 위해 문을 열어주면 그는 굴욕감을 느낀다. 그가 저녁 식사비용을 내겠다고 우기면 그녀는 무시당했다고 느낀다. 두 사람이 첫 데이트를 무사히 마치고 관계를 형성하기 시작하면 그들 앞에는 놀랄만한 일들과 타협해야 할 일들이 기다리고 있다. '사랑에 빠지기falling in love'는 제약받지 않은 환상이라는 호사를 누릴 수 있지만, 관계의 매개를 통해 사랑을 발전시켜나가는 '사랑에 빠져 있기being in love'는 지속적으로 '조정coordination'의 문제'를 마주하게 된다.

사랑이 완전히 발전했을 때 실제로 일어나는 일은 대개 두 사람의 삶이 맞춰지는 것이다. 감정들은 서로 맞춰지고 보완된다. 도덕적으로 분개하는 사람은 자유방임주의적 애인에게서 강요하지 않는 법을 배운다. 온화한 두 개인은 서로에게 자신을 표현하는 법을 배운다. 어쩌면 감정의 조정은 처음부터 존재했을 것이다. 감정의 조정은 유사하거나 상호적 기질에 의해, 자연 선택에 의해 (조정을 받아들일 수 없는 사람은 곁에 있지 못할 것이다), 수많은 오해와 의도하지 않은 모욕과 오독의 결과로서—이럴 가능성이 제일 크다—존재했을 것이다. 수년간 서로 적응하고 타협하고 함께하는 시간이 많아지면서 습관은 섞여든다. 하지만 시작 단계에서 사랑은 언제나 조정의 문제이며, 서로를 알지 못하는 전혀 다른 두 사람이 삶과 환상을 맞추려고 노력하는 문제이다. 물론 함께 살아가는 데는, 이를테면 누가 침대의 어느 쪽에서 잘 것인지, 누가 설거지를 할 것인지, 저녁 뉴스로 어떤 채널을 볼 것인지와 같은 우주적 문제를 포함하여 마주하고 조정해야 할 수천 가지 문제가 뒤따른다. 하지만 심지어 가벼운 데이트에서도 단순히 조정의 문제 이상의 사태가 개입한다. 이를테면 시간에 대한 상호 이해("거기 여덟 시에 있어"라는 말은 정말 여덟 시를 뜻하는가?)에서부터 말하지 않는 편이 더 좋을 화제에 대한 인정("음, 나는 조지 부시를 좋아하게 되었어!")에 이르기까지 숱한 조정의 문제가 놓여 있다. 사랑이 곤란한 상황에 빠져들 때 사랑은 계속해서 지속적인 조정의 과정에 불과한 것처럼 보인다. 엄청난 양의 성적 애정을 투입하여 조정할 문제에 윤활유를 뿌려 견딜만하게 만들어준다. 그러나 섹스 자체가—특별히 섹스가—조정해야 할 문제인 경우가 있나. 이 문제를 (언제 터치하고 또 언제 하지 말아야 할지, 누가 위에 올라가고, 언제 어떻게 키스하고 언제 하지 말아야 할지의 여부) 해결하는 것이 이제 막 시작되고 있는 연애 관계에 가장 먼저 때로는 가장 치명적인 심각한 조정의 도전이다. 그러나 연애가—어쩌면 결혼이—한참 진행되고 난 후 성적 조정이 필요했던 충격적인 시기에 이 문제를 해결하기는 더 쉽지 않다.

사랑은 종종 기적이라고 하지만, 사랑의 진짜 미스터리는 완전히 다른 배경과 습관과 기대를 가진 두 사람이 어떻게 잘 지낼 수 있는가이다. 가벼운 지인이나 동료들과의 관계라면 예의를 지키기만 해도 서로 용인할 수 있는 거리를 유지할 수 있고 가까이 가지 않을 수 있다. 그러나 친밀한 사랑의 관계에서—특히 새로운 사랑에서—예의는 너무 엄격하고, 대부분 너무 조잡하고 형식적이다. 18세기 영국이나 현대 일본처럼 결혼에 공식적 예의가 요구되는 문화가 있다. 이런 격식이 중매결혼이나 "편의적 결혼"에서 일어날 법한 어색함과 불확실성을 어떻게 줄여 줄지는 쉽게 상상이 간다. 그러나 이런 격식은 친밀감도 없애버린다. 우리는 대학 시절 다른 사람과 한방을 쓰는 것이 얼마나 어색했는지 기억한다. 연애의 동기가 없을 때 가까운 침상과 조정을 유지하는 것은 거의 불가능에 가까우며, 연애는 친밀감은 몇 배로 높이고 기대와 취약성은 그보다 더 높임으로써 여러 측면에서 조정 작업을 더 어렵게 만든다. 연애가 아닌 관계에서 어려움이 생기면 두 사람은 최대한 거리를 유지하거나, 가급적 서로에게 방해가 되는 일은 하지 않으면서 무언의 휴전 상태를 유지하는 식으로 포기한다. 그러나 사랑하는 사이인 경우 두 사람은 가능한 한 가까이 지내야 한다고 주장한다. 그들은 자신을 자제하기는커녕 자유롭게 느끼며, 심지어 자신의 욕구를 가급적 분명하게 표현해야 한다고 느낀다. 따라서 조정의 문제는 더 어려워지고, 그에 따라 조정의 필요성도 더 커진다.

인간의 모든 상호 작용에는 조정이 필요하며, 생각해보면 놀랍게도 우리는 대체로 조정에 능숙하다. 예를 들어 대도시의 거리를 빠르게 걷는다고 상상해보자. 한 사람이 당신과 똑같이 빠른 속도로 당신을 향해 직진해오고 있다. 당신 옆에는 다른 속도로 걷거나 달리는 사람들이 있으며, 길가에는 갓돌과 상점과 가로등과 쓰레기통이 있다. 두 사람 다 속도를 늦추지 않지만, 어깨를 부딪치지 않고 지나간다. 몸을 움츠리거나 움찔하지 않으며 눈을 깜박이지도 않는다. 어떻게 그럴 수 있는가? 무작정 계속 걸어가지 않았던 것은 분명하다. 그랬더라면 십중팔구 부딪쳤을 것이다. 두 사람 중 누가 극적인 동작을 했거나 옆으로 움직였는지는 분명치 않다. 도로나 수로와 달리 도시의 거리에서 두 사람의 반응을 자동적으로 규제하는 명확한 규칙은 없다. 각자가 서로에게서 얻은 작은 정보를 바탕으로 계산(어쩌면 거의 눈에 띄지 않을 만큼 왼쪽으로 살짝 몸을 튼 것)을 하며 서로 부딪치지 않고 지나갈 수 있게 조정을 했던 것이다. 단 한 차례의 결정도, 선언도, 요구도, 명령도 없었고, 불과 몇 초 안에 서로에게 맞추는 조정이 있었을 뿐이다.

이와 대조적으로, 우리는 연극 무대 위에서 꼭두각시 배우 모Moe와 래리Larry가 좁은 문을 향해 걸어가는 장면을 기억한다. 모도 래리처럼 정중하게 뒤로 물러난다. 래리는 고맙다는 미소를 지으며 한 걸음 내딛고 모도 그렇게 한다. 이제 두 사람은 문턱에 갇힌다. 실망해서 화가 난 두 사람은 서로를 밀친다. 모는 래리에게 맞서는 자세를 취하며 앞으로 성큼 걸어가고, 래리는 악의에 차서 한 걸음 내딛는다. 두 사람은 다시 갇힌다. 성질이 난 두 사람은 팔짱을 낀 채 움직이려고 하지 않는다. 서로에게 넌덜머리가 난 두 사람 다 앞으로 몸을 내밀고 다시 부딪친다. 그런 다음 두 사람 다 뒤로 물러났다가 앞으로 뛰쳐나가 문을 부수고 진입로의 절반을 부숴버린다. 수많은 낭만적인 부부싸움이 이들의 모습과 크게 다르지 않다. 낭만적인 부부싸움은 처음에는 예의를 갖춘 상호 욕망에서 시작하여 서로를 좌절시키고 파괴하는 격렬한 의지의 전투로 변모한다.

섹스를 하는 커플은, 특히 처음 섹스를 할 때에는 온갖 조정의 문제를 견뎌낸다. 조정이 실패할 때에는 성적 흥분으로 다소 용서하거나 보상해준다. 지시—조정 문제에 대한 해결책으로—를 하지는 않을 것이며 그래서도 안 된다. 그렇게 하면 가까운 관계를 공학적 프로젝트로 만들 것이며("당신이 조금만 더 올리면 내가 내려갈게"), 이런 상황에 필요한 자연스러운 평등을 깨뜨릴 것이다. 우리가 애써 시간을 내서 자세히 들여다보지는 않지만, 사실 모든 애무와 움직임은 무수히 많은 작은 몸짓들의 누적된 결과이다. 이런 애무와 몸짓은 보여지기보다는 느껴지며, 눈에 잘 띄지도 않는다. "좋은" 섹스는 힘과 정력의 문제라기보다는 주의와 조정의 문제이다. 우리 모두는 기쁨과 치욕이 기묘하게 뒤섞인 "첫 경험"을 기억할 것이다. 첫 섹스를 할 때 우리는 신호를 알아채지 못했고, 최선의 의도가 있었지만 난처한 상황을 끝내기 위해 자연의 지시를 따르지 않을 수 없었다.

조정은 대부분 대결과 타협의 문제가 아니라 서로의 욕구를 만족시키려는 힘겨운 시도이다. 실제로 대결과 타협은 협상을 통해 명확하게 밝혀지고 해결될 수 있기 때문에 쉽게 만족된다. 그러나 사랑을 움직이는 작은 친절과 예의는 말하거나 계획하지 않고 그냥 놔두는 편이 가장 좋다. 부엌의 정치에 직면한 커플들이라면 모두 잘 알고 있듯이—침실의 정치는 더 잘 알고 있듯이—, 협상은 연애를 너무 쉽게 비즈니스 파트너 관계로 바꾼다. 또한 많은 사회학자들은 사랑이란 본질적으로 서로 인정받고 존중받으려는 것이라고 주장해왔지만, 이를 분명하게 표현하기 어렵다는 것은 쉽게 이해된다. "당신에게 부탁하지 않아도 나를 매력적이라고 말해주면 좋겠어. 그러면 그 대가로 당신이 얼마나 멋진지 말해줄게. 하지만 당신이 나한테 부탁하면 안 돼."

사랑에 빠지면 특히 이런 조정의 딜레마에 빠지기 쉽다. 무엇을 말해야 할지, 언제 말해야 할지 확실히 알 수 없지만, 그와 함께 나중에 "왜 전에 그 말을 하지 않았어?"라고 한탄하는 소리를 듣게 될 장면을 상상할 수 있다. 시간 스케줄의 조정은 감정 스케줄의 조정과 비교하면 일상적이다. 얼마나 자주 하는 것이 너무 많이 하는 것이며, 또 어떨 때가 충분하지 않은가? 그냥 물어볼 수는 없다. 하지만 두 사람은 이 질문에 답을 맞추는 것—추측하는 것—이 중요하다는 것을 잘 알고 있다. 몸짓을 조정하는 것은 특히 어렵다. 남자는 애인의 엉덩이를 살짝 두드린다. 그러면 그녀는 그 동작이 표현하는 것이 감탄인지 지배인지, 혹은 성적 욕망인지 무례인지 분노인지 알지 못한다. 그가 그냥 "귀여울" 수도 있다. 어쩌면 그가 그녀의 화를 돋우려고 그랬을 수도 있다. 그는 너무 멍청해서 그런 제스처가 그녀를 칭찬하는 것이거나, 더 나쁘게는 흥분시킬 거라고 생각했을 수도 있다. 그녀는 물어보지 못할 터이고, 십중팔구 그도 그녀만큼 아는 게 없을 것이다. 그날 저녁 그녀는 친구들 앞에서 그가 차를 인도로 몰고 가는 바람에 차도를 이탈했다고 큰소리로 떠들었고, 이 말을 들은 친구들은 웃었다. 그는 약간 부루퉁해졌다. 자신이 공격당한 것인지, 놀림당한 것인지, 농담으로 모욕당한 것인지, 아니면 멍청하지만 사랑스러운 인간이라는 식의 애정 어린 취급을 받았는지 알 수 없었기 때문이다. 모호함은 낭만적 조정의 문제를 이루는 주요 구성 요소이다. 위의 사례에 수천 저녁을 곱하면, 결혼의 부분적 초상화를 그려볼 수 있을 것이다.

조정의 문제는 우리의 언어 사용에서 보다 분명하게 드러난다. 우리는 우리가 말하는 바의 의미가 분명하고 말에 의심할 여지없이 구현되어 있으며, 말은 우리가 뜻한 바를 의미하고 우리가 뜻한 바는 우리가 말하는 것이라고 생각하고 싶어한다. 그러나 "안녕하세요?"라는 가장 간단한 인사말조차 맥락에 묶여 있고 오용되기 쉽다. 이를테면 "안녕하세요?"라는 말은 최근에 받은 담낭 수술의 내용을 40분에 걸쳐 자세히 설명하는 맥락에서 나오는 것일 수 있다. 모든 발화에는 전체 의도가 반영되어 있다. 심지어 "안녕"이라는 말도 그러하다. "당신을 사랑해"라는 말의 사용을 둘러싼 수많은 요구사항들을 생각해보라. 언제 무엇을 말해야 하는지—언제 아무 말도 하지 말아야 하는지—배우는 것은 조정의 필수요소이다. 우리는 종종 친밀감과 "개방성"이란 우리가 무언가를 느낄 때 느끼는 바를 정확히 말할 수 있는 힘이라고 생각한다. 그러나 진실은, 사랑하는 것과 치료사를 만나는 것의 차이는, 말을 하면서 누리는 카타르시스에 대한 관심보다는 말이 연인과 관계에 미치는 영향에 대한 관심에 있다는 것이다. 궁정풍 사랑의 시절에는 사랑은 대부분 언어의 문제였다고 한다. 이 말은 과장일 수는 있지만, 우리가 내면의 느낌을 말할 때 무시하는 연애의 특별한 요소를 잘 포착하고 있다. 사랑은 느낌 그 자체가 아니라, 느낌의 표현이자 느낌의 언어적 구성이다. 사랑의 상호성은 두 개의 심장이 동시에 뛰는 것—그리고 다른 해부학적 동시성—이라기보다는 표현의 상호조정이다. 심장이 뛰는 것은 "자연적"일 수 있지만 언어를 조율하는 것은 기교이다.

조정의 문제에는 욕망, 감정, 습관, 기분, 시간 감각, 공간 감각, 언어의 사용, 섹스의 사용, 그리고 삶의 거의 모든 세부 사항들과 정체성을 맞추는 일이 포함된다. 그러나 사랑을 이야기할 때 거의 주목받지 못하지만, 사랑의 지배적 특징 가운데 하나인 영역에서 일어나는 사례를 통해 조정이 가진 미묘함과 중요성을 명확하게 드러내고자 한다. 나는 이것을 "같이 자기"의 문제라 부르지만 딱히 섹스를 염두에 두고 있지는 않다.

같이 자기: 스너글러SNUGGLER와 솔립시스트SOLIPSIST

세상에는 두 부류의 여자가 있다. 하나는 당신이 침대에 앉으면 자리를 내주려고 움직이는 여자이고, 다른 하나는 당신이 좁은 구석에 있어도 있던 자리에 그대로 앉아 있는 여자이다.

— 에드먼드 윌슨, 『일기』 1955

섹스만큼 잠자는 것과 반대되는—결국 도움이 될 수는 있을 터이지만—활동은 없지만, 섹스를 제안할 때 가장 일반적으로 수용되는 완곡한 표현이 "같이 자자"라는 말이라는 것은 이상하지 않은가? 우리가 관심을 갖는 것이 사랑과 친밀감인 경우 한 커플이 어떻게 같이 자는가는 섹스의 기쁨보다는 관계의 성공과 더 관련이 있을 수 있다. 왜냐하면 성적 열정은 시들 수 있지만 숙면의 필요성은 무한히 계속되기 때문이다. 우리 대부분이 알고 있듯이, 같이 자는 것은 도전이거나 성취이다. 수면이 걱정되는 경우 섹스를 하며 보내는 관능적인 밤은 두 사람이 잘 맞지 않으면 쉽게 무너진다. 우리는 이것을 잘 알고 있다. 한 사람은 껴안고 다른 사람은 껴안지 않는다. 한 사람은 몸을 구르고, 다른 사람은 불평하거나, (똑같은 문제에 대해) 투덜거리거나, 소파의 안전을 위해 자리를 뜬다. 한 사람은 일찍 일어나 행동을 개시할 채비를 하고, 다른 사람은 따뜻하게 데워진 침대와 담요가 주는 이점을 만끽하며 늦잠을 즐긴다. 사실, 섹스에 대해서라면 전혀 위협을 느끼거나 굴하지 않는 현대 커플이지만 하룻밤을 함께 보내는 것이 가져올 위협과 굴욕감은 두려워하며 피한다. 사람들은 다음 날 아침 일찍 일어나야 한다고 불평하며 떠날 채비를 한다. 일하러 출근하거나 비행기를 타거나 밀린 일을 따라잡기 위해서일 수 있지만 그게 무엇인지는 크게 중요하지 않다. 이와 달리, 누군가는 섹스를 하는 것이 아니라 같이 자는 것이 친밀감을 키우는 자연스러운 매개라고 제안할 수도 있다. 같이 자는 것—아니 어쩌면 같이 자지 않는 것—이 갈등과 파국을 일으키는 더 큰 원인이다.

사랑과 마찬가지로 같이 자는 것은 자신의 정체성에 대해, 그리고 어떻게 한 사람이 다른 사람과 "맞춰지는fit"—여기서는 말 그대로—가에 대해 많은 것을 말해준다. 경험에 따르면 두 가지 기본 유형, 즉 스너글러(snuggler, 안아주는 사람)과 솔립시스트(solipsist, 유아론자)가 있는 것 같다. 하지만 경험이 많거나 상상력이 풍부하면 여섯 가지 유형을 찾아낼 수도 있다. 스너글러는 따뜻한 다른 몸의 존재를 즐긴다. 안기고 싶은 수동적 스너글러와 안는 것은 좋아하지만 안기는 것은 싫어하는 능동적 스너글러가 있지만, 대부분의 스너글러는 능동적이면서 수동적이거나 이런 구분에 무심하다. 이들에게는 안을 수 있는 따뜻한 존재만 있으면 그것으로 족하다. 스너글러는 몸을 구르거나 뻗거나 찌르거나 신음 소리를 내거나 비틀거나 심지어 때려도 참아주거나 맞춰줄 수 있다. 잠을 잘 때도 스너글러는 이런 것들은 사랑과 따뜻함과 편안함을 얻기 위해 치러야 할 사소한 대가라고 인정한다. 이와 달리, 솔립시스트들은 방 안을 날아다니는 파리 한 마리 때문에 밤새 깨어 있을 수 있다. 양탄자 위의 개는 킁킁거리거나 꼬리를 흔들거나 움직이지만 않으면 괜찮다. 고양이가 침대로 뛰어오르려고 하면 즉시 방이나 집에서 쫓아낸다. 솔립시스트들은 섹스를 사랑하며, 섹스를 하는 동안 파트너를 세게 껴안고 섹스에 완전히 "빨려" 들어갈 수 있다. 솔립시스트들은 사교적일 수도 있다. 그러나 마음속 깊은 곳에서 혼자 있고 싶어한다. 이들은 심지어 자신을 외톨이로 묘사할 수도 있다. 열정적이지만 수면장애를 겪고 있는 연인과 짧은 연애를 한 뒤 연인이 "나는 공간이 필요해"라고 말하는 소리—그는 이 구절을 설명하기 위해 온갖 공상적 이데올로기와 형이상학을 발전시켜왔다—를 듣고서 놀라면 안 된다. 어떤 사람들은 잠을 자고 싶고, 다른 사람들은 새로운 재능을 탐구하고 새로운 활동을 하고 싶다. 사실 솔립시스트들은 그냥 혼자 자고 혼자 일어나고 싶을 뿐이다.

스너글러와 솔립시스트 모두 잠버릇이 진짜 성격을 드러내지는 않는다고 서둘러 불만을 토로한다. 솔립시스트들은 혼자 자는 것을 좋아하지만 껴안고 친밀감을 표하는 것을 좋아할 수도 있다고 지적한다. 스너글러는 실제로 매우 독립적이기 때문에 자기 자신을 느끼고 편안해지기 위해 독립성에 매달리거나 얽매일 필요가 없다고 주장한다. 나는 이 말을 믿지 않는다. 철학자 장 자크 루소가 꿈꾸곤 했듯이, 잠잘 때보다 더 편안하고, 더 자기 자신이 되고, 사회적 인공물과 기대와 관습에서 더 벗어나는 순간은 없다. 잠을 잘 때 우리는 자유롭다. 이는 생산적인 일이라면 무슨 일이든 자유롭게 한다는 뜻이 아니라 독립과 의존이라는 기본 요건을 주장하지 않을 수 없는 한에서 자유롭다는 뜻이다. 독립과 의존은 자아를 이루는 기본 요건이다. 이에 대해서는 오래전 헤겔이 지적했으며, 프로이트주의자들도 (다른 용어를 사용하여) 주장했다. 잠을 자면서 우리는 두 가지 기본 요건, 즉 혼자 있고 싶은 욕구와 안기고 싶은 욕구를 드러낸다. 프로이트주의자가 인간은 유아기 때부터 이런 태도를 가지고 있으며, 인생의 중요한 첫해에 어떻게 또 얼마나 많이 안겼느냐 혹은 안기지 못했느냐에 많은 것들이 달려있다고 주장할 때, 놀라거나 불쾌하게 여겨서는 안 된다. 이것은 오이디푸스 콤플렉스의 증거로는 빈약하지만, 수면의 문제에서는 확실하다.

사랑과 섹스와 유년 시절로의 퇴행을 둘러싼 수많은 조악한 논의가 무엇이든, 분명한 진실은 만일 우리가 퇴행을 한다면 그것은 우리가 잠을 잘 때라는 것이며, 혼자 자는 것과 마찬가지로 같이 자는 것도 원초적이라는 것이다. 우리는 여러 가지 이유로 섹스를 원한다. 우리는 사회적으로 기대되기 때문에, 격려를 위해, 도전을 위해, 최고의 쾌락과 파워를 얻기 위해, 시간을 보내기 위해 섹스를 원할 수 있다. 그러나 우리 모두는 잠이 필요하다. 어떻게 자는가는 잠을 자려는 욕구의 표현이 아니라 잠을 잘 수 있게 해주는 조건에 대한 요구, 즉 껴안아 주는 안전한 다른 몸이 필요한 것인지, 아니면 혼자 자는 안전한 고립이 필요한 것인지의 문제이다.

스너글러 두 사람이 함께 자는 모습은 지복至福의 초상화라 할 수 있다. 이 모습은 19세기 아카데믹 낭만주의 회화의 표준이 된 감상적인 장면이다. 이 모습은 심지어 비타협적이고 능동적인 두 스너글러에게도 해당되는데, 이들이 서로를 껴안으려고 벌이는 경쟁은 몇 시간 전의 성적 포옹만큼이나 활기차고 만족스럽다. (수동적인 두 스너글러에게 일시적으로 문제가 생길 수는 있지만, 이들은 안아주려는 욕망이 안기고 싶은 욕망보다 절실하다는 것을 곧 깨닫는다.) 솔립시스트 두 사람은 잘 견딜 수 있지만 큼지막한 킹사이즈 침대를 사용하는 편이 좋겠다. 이를테면 처음에는 언제 포옹에서 벗어나 침대 저쪽으로 가도 괜찮은지를 계속 생각할 수 있고, 먼저 그렇게 하는 사람이 상대의 기분을 상하게 할 위험도 상존한다. 이런 위험은 상대가 솔립시스트인 경우에도 똑같이 존재한다. 어떤 의미에서 무시당한다는 느낌은 솔립시스트가 직면하는 아이로니컬한 골칫거리이다. 그가 무시당하는 느낌을 좋아하는 경우라 할지라도 마찬가지이다.

진짜 비극이나 소극은 스너글러와 솔립시스트가 같이 잠을 잘 때 벌어진다. 섹스를 하면서 포옹하는 것은 서로 잘 맞지 않는다는 비밀을 드러내는 것도 아니고 그 증거를 보여주는 것도 아니다. 섹스가 주는 따뜻한 편안함은 맞지 않는 부분을 없애는 데 큰 도움이 되지 않는다. 진실의 순간은 오지 않으며, 서서히 환영이 풀릴 뿐이다. 환영이 풀리는 것은 섹스가 끝난 뒤 따라오는 피로와 함께 시작되지만, 오해의 여지가 가장 많은 막 잠이 드는 시간—가장 만족스럽고 깊이 잠을 잔다는 15분에서 1시간 동안의 수면시간—에는 휴면상태로 남아있을 공산이 크다. 환영이 풀리는 것은 한 스너글러가 팔을 뻗어 다른 사람을 껴안으려고 하다가 거절당할 때 시작된다. 처음에는 부드럽게 거절하겠지만 곧 졸린 상태에서 화를 내며 거절할 수도 있다. 또한 환영이 풀리는 순간은 한 사람(솔립시스트)이 몸을 웅크리고 돌아누울 때 시작된다. 이제 스너글러는 허공을 만지며 거절당했다는 생각을 하며 자신이 혐오감을 주는 존재가 아닐까 걱정한다. 당연히 걱정이 꼬리를 물고 늘어지면서 잠을 이루지 못한다. 스너글러는 한 번 더 안으려고 하고 솔립시스트는 투덜거리며 몸을 뺀다. 혼란스러운 스너글러는 무엇이 잘못되었는지 의아해하고, 솔립시스트는 안정과 휴식을 취할 수 있는 수위를 넘어섰다는 생각에 침대에서 일어나 옆방으로 간다. 그는 옆방에서 뭔가를 "생각"하거나 음료수를 마실 수도 있다. 그러나 그냥 혼자 화를 내면서 저 인간이 소유욕이 강해 남을 배려할 줄 모른다고 결론 내린다. 자기 확신에 찬 스너글러는 이 관계가 "너무 이상해서" 더는 지속할 수 없다고 단절하고선 잠을 잔다. 안정감이 좀 부족한 스너글러라면 자기 의심에 시달리며 깨어 있다가 베개 하나를—어쩌면 두 개를—껴안고 잠이 든다. 우리는 잠자는 것이 낭만적 문제라는 생각은 하지 않기 때문에 이 문제를 정직하게 대면해야 한다는 생각조차 떠오르지 않는다. 우리 모두는 하나의 문제로서 섹스에 대해서는 능숙하게 이야기해왔지만 잠의 친밀감에 대해 말할 준비는 되어 있지 않거나 그것을 표현할 어휘도 갖고 있지 않다. 그 결과, 성적 부진 때문이 아니라 잠을 자지 못하기 때문에 첫날밤이 미끄러져 내리는 커플들이 더 많다. 조정이 부족하거나 서투른 것은 변명하거나 이야기할 수 있지만, 수면 패턴이 맞지 않는다고 사과할 수는 없는 법이다.

문제가 더 복잡해지는 것은 한 사람이 다른 시간에 다른 파트너와 함께 있을 때는 솔립시스트이면서 동시에 스너글러일 수 있다는 점이다. 이것이 같이 자는 것이 사랑에서 그토록 중요한 이유이다. 확실히 솔립시스트인 사람도 깊이 사랑하고 있을 때는 방탕한 스너글러가 될 수 있고, (상대가 스너글러이거나, 혹은 솔립시스트였다가 스너글러로 바뀐 경우에는) 더없이 웅장한 변화가 일어날 수도 있다. 사랑을 시적으로 형상화하기 위해 사용하는 빛과 불꽃놀이의 비유는 전향한 솔립시스트의 고요하고 따뜻한 위로에 비하면 아무것도 아니다. 또한 예전에 솔립시스트였던 두 사람이 밤새 서로의 품에 안겨 즐겁게 코를 골며 자는 장면은 참으로 사랑을 보여주는 광경이라 하지 않을 수 없다.

사랑하기와 사랑에 빠져 있기

"격정적으로 사랑에 빠졌다"라는 표현은 너무 진부하고,
너무 의심스럽고, 너무 모호해서 저는 아무 생각도 할 수가 없습니다.
이 말은 정말로 강한 애착을 가리킬 때에도 쓰이지만
30분 전에 사귄 시인에게 느끼는 감정을 가리킬 때에도 종종 쓰입니다.
— 가드너 부인, 제인 오스틴의 『오만과 편견』

우리가 갖고 있는 사랑의 언어는 너무나 빈약해서 우리는 애정의 여러 유형들 간의 차이, 특히 사랑의 시작 단계에 해당하는 '사랑에 빠지는' 형태들과 사랑의 모사품들, 즉 강도에 있어서는 사랑과 비슷하지만 진지하고 지속적인 열정의 후보가 될 수 없는 것들 사이의 차이를 기술할 때 종종 길을 잃는다. 사랑과 관련하여 우리가 서투르게 구별하는 것 중에서 "사랑하기loving"와 "사랑에 빠져 있기being in love"의 구분보다 더 중요한 것은 없다. 이것은 애정과 열병, 진정으로 사랑하는 것과 사랑에 빠져 있는 것을 가르기 위해 자주 사용되는 구분이다. 이 구분은 또한 우정과 열정을 분리하는 데에도 사용되지만, 둘 중 하나를 비하하는 데 흔히 쓰인다. 사랑의 고백을 부드럽게 거부하는 표준적 방식 가운데 하나는 "그래요, 나는 당신을 사랑하지만, 당신과 '사랑에 빠져 있지는' 않습니다."이다. "사랑하기"는 활력이 없거나 미지근

한 열정으로 여겨진다. 사랑하기는 바람직하기는 하지만 섹스나 관계를 일으키는 동력이 되기에는 충분치 않은 것으로 여겨진다. "사랑에 빠져 있기"는 순간적 일탈이자 일시적인 광기로 취급되며, 상담사들은 환자들에게 어떻게 이것을 없앨지 알려준다. 플라톤은 대화록 『리시스Lysis』에서 사랑에 빠져 있는 것의 병리성에 대해 이야기하고 있는데, 여기서 고귀한 정치가 히포탈레스는 아름답지만 어리석은 청년 리시스에게 속절없이 매혹되어 자기를 바보로 만들고 있다. "사랑에 빠져 있기"는 흔히 열병과 혼동되며, 플라톤은 히포탈레스가 리시스에 대해 아무것도 알지 못한다고 진단한다. 히포탈레스가 사랑하는 것은 자신이 만든 유령이기 때문에 사실 그는 리시스를 전혀 사랑하지 않고 자기 자신을 사랑한다. 프로이트는 강박적 사랑에 대해 비슷한 생각을 발전시켜 왔다. 강박적 사랑이란 본질적으로 자기애적인 것으로서 실존하는 타인이나 현실 일반과는 거의 관련이 없거나 전혀 관련이 없다. 따라서 "사랑에 빠져 있기"는 병리적인 것으로 환원되고 "사랑하기"는 재미없고 단조로운 것으로 여겨진다.

그러므로 사랑하기와 사랑에 빠져 있기에 관해서 가장 먼저 이야기해야 할 것은 둘 다 정당하고 바람직하며, 둘은 보기만큼 쉽게 구별되지 않는다는 것이다. 둘은 서로 다르고 삶에서 수행하는 기능도 다르지만, 그 차이는 둔감함과 열정의 차이가 아니며 둘 다 병적이지 않다. (이를테면 슬픔이나 분노 같은) 모든 정당한 감정의 극단적 형태가 그렇듯이, 둘 다 병리적일 수 있고 둘 다 열정적일 수 있다. 물론 열정에는 여러 형태가 있다. 열정은 폭력적일 수도 차분할 수도 있다. 사랑하기와 사랑에 빠져 있기의 차이는 병리성도 열정도 아니다. 그렇다면 그 차이는 무엇인가? 둘의 차이를 드러내는 가장 익숙한 방식은 시간이다. 흔히 "사랑에 빠져 있기"는 일시적이며 호르몬의 문제일 뿐이며 사랑하기는 지속적이고 "영원"하다고 묘사된다. 그러나 이렇게 말하면 어떻게 한 커플이 몇십 년이 지난 후에도 여전히 "사랑에 빠져 있는가"의 문제는 미스터리로 남게 되며, 사랑은 이미 진부하고 변하지 않기 때문에 시간을 버틸 수 있다는 달갑잖은 문제를 야기한다. "사랑에 빠져 있기"는 강박상태라고 말해지곤 한다. 그러나 사랑하기는 "사랑에 빠져 있기"만큼이나 강박적일 수 있으며, "사랑에 빠져 있기"는 하찮은 장난 비슷한 것으로 여겨질 수도 있다. 강박이 때때로 인생 전체를 가치 있게 해주는 위대한 열정처럼 우리를 고귀하게 만들어주는 웅장한 것이라면 도대체 뭐가 문제라는 것인가?

진실은 사랑에 빠져 있기와 사랑하기의 차이가 감정적 구조의 차이라기보다는 감정의 근원, 상황, 표현의 차이일 수 있다는 것이다. 양자의 차이는 지속성이나 강도와는 관련이 없다. 그러나 양자가 어떻게 지속성과 강도에서 차이를 만들어낼 수 있는지는 쉽게 이해할 수 있다. 우선, "사랑한다"는 능동태 동사, 즉 우리가 **행하는** 것인 반면, "사랑에 빠져 있다"는 우리가 처해 있는 상황이나 곤경을 가리킨다는 점에 주목해야 한다. 사랑하는 것은 직접적으로 상대의 개입이 필요하지만 "사랑에 빠져 있는" 상태는 사랑받고 있는 사람이 자신이 사랑받고 있다는 사실을 몰라도 가능한 일방적 활동이다. (따라서 『리시스』에서 플라톤은 사랑받는 연인은 자신과 "사랑에 빠져 있는" 사람을 경멸할 수 있다고 지적한다) '사랑에 빠져 있기'는 사랑을 돌려받지 못할 때 고통스러울 수 있지만, 사랑하기는 (자식을 향한 부모의 이상적 사랑처럼) 상호성에 과도한 관심을 보이지 않으면서 상대의 행복에 만족하는 것 같다. 다시 말해, 사랑에 빠져 있기는 열정의 상태를 가리키지만, 사랑하기는 확립된 관계를 가리킨다. 따라서 "사랑에 빠져 있기"는 흔히 절박하게 다가가려는 속성을 보이는 반면, 사랑하기는 평온하고 편안하다. "사랑에 빠져 있기"는 스탕달의 열정적 사랑이다. 이 사랑은 스탕달이 중요하다고 생각하는 유일한 사랑이다. 반면 "사랑하기"는 무미건조한 것으로서 동반자 관계에 불과한 것에 관심과 애정이 보태진 것이며 상호성에는 관심이 없는 이타적 헌신이라고 제시된다. 사실 최고의 열정은 상호성에 강박적으로 집착하지 않으면서도 상호성에 둘러싸여 있는 '사랑하기'이다.

사랑하기와 "사랑에 빠져 있기"의 구별은 흔히 너무 과장되어 있고 논쟁적 목적을 위해 이용되어왔기 때문에 이 차이의 역학은 무시되었다. 둘의 차이는 무엇보다도 사랑에 대한 우리의 경험에 놓여 있다. 둘은 다르게 "느낀다." (이 말은 둘의 차이가 서로 다른 감정 중 하나라는 뜻이 아니다.) 사랑에 빠져 있기가 사랑하기보다 반드시 더 강렬하거나 더 열정적인 것은 아니다. 사랑에 빠져 있기는 사랑하기보다 더 수동적이고 더 열려 있는 무력한 경험인 반면, 사랑하기는 통제권을 더 많이 쥐고 있는 느낌이다. 그러나 느낌은 잘못될 수 있다. 감정이 표현하는 것은 감정이 드러내는 것과는 상당히 다를 수 있다. 예를 들어, 사랑에 빠져 있기는 일반적으로 수동적인 경험처럼 느껴지지만, 실상 사랑에 빠져 있을 때 사람들은 자신을 수동적으로 만든다. 이 "부드럽게 만드는" 기능을 식별하기란 어렵지 않다. 특히 사랑의 초기 단계에서는 자신을 타인에게 열고, 자신의 단단한 모서리를 말랑말랑하게 만들고, 자신을 다인의 욕구와 관심에 적응할 수 있도록 하고, 그리고 이 못지않게 중요한 것으로, 타인이 자신의 특이한 윤곽을 쉽게 보완할 수 있도록 만드는 것이 매우 중요하다. 사랑을 표현하거나 사랑과 함께 나타나는 표면적으로 어리석어 보이는 행동들(어린애처럼 말하고 어린애 같은 자세와 애정을 표시하는 것 등)은 마찰과 저항을 줄이기 위해 채택하는 검증된 기술이라고 이해할 수 있다. 이런 행동들과 함께 나타나는 감정은 수동적인 것 같아보이지만 실은 능동적이며 나름의 목적이 있다. 우리는 이런 행동과 감정이 특히 사랑이 시작할 무렵에는 적절하고 필요할 뿐만 아니라 관계가 지속되는 내내 그렇게 하는 것이 완전히 적절하고 필요하다고 인정할 수 있다. 거칠고 까다롭고 논쟁적인 두 사람은 서로에 대한 대응을 부드럽게 만들면서 평생 사랑하며 함께 살아갈 수 있고, 또 적절하게 부드럽고 수동적인 것처럼 보이는 감정을 드러내는 이런 행동의 기반 위에서만 "사랑에 빠져" 있을 수 있다. 반면에 사랑하기는 실제보다 통제를 더 떠맡을 수도 있다. 이는 사랑에서 금욕주의적 자세, 즉 "무슨 일이 생기든" 받아들이겠다는 태도와 비슷하지만 실제로는 "통제"가 아니다. 따라서 사랑하기는 사랑에 빠져 있기만큼이나 열정적이고 절절할 수 있다.

반면에 사랑에 빠져 있기는 때때로 능동적 감정으로 여겨진다. 사랑하는 것은 구경꾼의 감정, 즉 멀리서 바라보는 사랑에 가까운 것으로 여겨진다. 그러나 우리가 생각하는 사랑은 구경꾼의 감정이나 박애주의자의 감정이 아니다. 그것은 돌려받기를 바라고 기대하고 요구하는 감정이며, 유아론적 환상이 아니라 관계의 일부를 이루거나 적어도 관계를 기대하는 감정이다. 이 점을 염두에 두고서 사랑이란 관계의 기능이면서 동시에 관계와 분리할 수 없는 것으로 이해되어야 한다고 주장하도록 하자. "사랑에 빠져 있기"는 보다 잠정적이다. "사랑에 빠져 있기"는 관계를 기대하는 새롭고 열정적인 사랑일 수도 있고, 이미 관계에 토대를 두고 있을 수도 있다. 그러나 어느 쪽이든 사랑에 빠져 있기는 불확실하거나, 적어도 모든 관계가 우연적이라는 점을 잘 알고 있다. 사랑에 빠져 있기에 특징적인 느낌을 낳는 것은 이런 우연성의 감각sense of contingency, 심지어 불안의 감각일 수 있다. 그러나 여기서 일차적인 것은 느낌 그 자체가 아니라 우연성의 감각이다. 사랑하기도 독특한 느낌(따뜻함과 애정, 염려와 욕망)을 갖고 있지만, 중요한 것은 관계이며 감정은 부차적이다. 이렇게 말한다고 해서 사랑하기가 강렬함이나 헌신성이나 강박성이 덜하다는 뜻은 아니다. 그러므로 우정은 사랑하기를 구성하는 핵심 요소가 될 것이다. 어쩌면 그 기준이 될지도 모르겠다. 이와 달리 '사랑에 빠져 있기'는 종종 우정과 대비된다.

사랑에 빠져 있기는 열정을 일차적인 것으로 확인하고 관계를 열정을 성취하기 위한 수단으로 바라본다. 이렇게 말한다고 해서 관계가 중요하지 않다는 뜻은 아니다. 확실히 강렬한 열정은 관계의 성공을 인생에서 최고로 중요한 것으로 바라볼 수 있다. 그러나 사랑에 빠지기는 희미하게라도 관계 비슷한 것이 발전되기도 전에, '첫눈에' 짧은 만남 뒤 불과 몇 분 안에 일어날 수도 있다. 이와 달리 사랑하기는 이미 진행되고 있는 관계를 전제하며 관계와 떼려야 뗄 수 없다. 일정한 시간이 흐른 뒤에는—몇 달이나 몇 년, 혹은 몇십 년이 지나면 확실히—사랑하기와 사랑에 빠져 있기는 논쟁을 위한 것이 아니라면 분리될 수 없다. 두 사람이 오랜 세월이 흐른 후에도 여전히 '사랑에 빠진' 상태라고 말하는 것은 그들이 여전히 서로를 진정으로 사랑하고 존중하고 갈망한다고 말하는 것과 같다. 불행히도 사랑에 빠졌다는 말에 부정적 의미를 부여하는 사람들은, 실제로 그들이 어떤 열정을 느꼈는지 혹은 열정의 결핍을 느꼈는지에 상관없이, 자신들이 관계를 견뎌냈기 때문에 사랑이라는 말을 들을 자격이 있다고 생각하는 커플들이다.

사랑하기와 달리 사랑에 빠져 있기는 관계를 전제하지 않으며, 이런 점에서 상호성을 전제하지 않는다. 이런 연유로 사랑하기보다 사랑에 빠져 있기에는 자아가 더 많이 관여되어 있다고 합리적으로 추론할 수 있다. "아가페"(오로지 타인에 대한 이타적 염려)로 알려진 순수한 사랑을 생각하지 않더라도, 사랑을 할 때 우리의 관심과 에너지는 타인을 인지하고 타인의 이해와 염려를 향한다. (물론 타인에 대한 이해와 염려 속에는 자신에 대한 이해와 염려가 포함되어 있다.) 반면에 "사랑에 빠져 있기"는 자기 평가와 자기 환상에 더 많이 사로잡혀 있음을 알게 된다. 물론 우리는 이렇게 말한다고 해서 '사랑하기'에는 자기 성찰과 환상이 결여되어 있고 그에 따라 무미건조하고 낭만적이지 않은 것임에 반해, '사랑에 빠져 있기'만이 신나고 낭만적이라는 잘못된 결론에 이르러서는 안 된다. (이는 몇 년 전 스페인 철학자 오르테가 이 가셋Jose Ortega y Gasset이 스탕달의 입장에 반대했던 논점을 합리적으로 다듬은 것이다.) 마찬가지로 사랑에 빠져 있을 때 성은 더 강렬하지는 않지만 보다 야심 차기 쉽다. 성은 열정을 관계와 묶어주고, 쾌락과 의존을 촉진하고, 자아의 가장 깊은 곳에 이르러 자아를 말 그대로 "포착하기" 위한 매개체이기 때문이다. 사랑을 할 때 성은 강렬하고 긴장감이 넘치지만 애써 증명할 필요는 적다. 성은 사랑의 표현이다. 성이 사랑을 만드는 수단일 필요는 없다.

흔히 우리는 여러 사람을 사랑할 수 있지만 오직 한 사람하고만 "사랑에 빠질" 수 있다고 한다. 우리는 이 다소 의심스러운 대중적 지혜를 (똑같이 의심스러운) 그와 반대되는 격언, 즉 우리는 여러 사람과 사랑에 빠질 수 있지만—정확히 같은 시기에 사랑에 빠지는 것이 아니라면 짧은 시간 안에 연속적으로—평생 한 번만 (혹은 드물게) 진정으로 사랑할 수 있다는 말과 대조시켜 보아야 한다. 우리는 상충되는 두 생각을 우리의 관점에서 어떻게 이해할 수 있는지 알고 있다. 사랑에는 다양한 차이와 정도가 있음을 인정하기 때문에 사랑은 비록 한 번에 엄청난 숫자의 사람들은 아닐지라도 여러 명을 사랑할 수 있고 또 당연히 그래야 한다. 이를테면 우리는 연인만이 아니라 좋은 친구, 소중한 동료, 가족을 사랑할 수 있고 사랑해야 한다. 또한 우리는 그들과 나누었던 친밀감이 우리 인생에 지울 수 없는 흔적을 남겼고 현재도 남기고 있는 옛 연인들—옛 연인들 가운데 적어도 일부—을 사랑한다. 그러나 낭만적 이상은 우리가 자신의 연인만을 평생 진정으로 사랑한다는 것이다. 이것이 우리가 사랑과 사랑하기를 생각하는 방식이라는 점은 의심할 여지가 없지만, 반드시 그래야 할 논리적 이유는 없다. 이런 생각은 삶을 서로 구분되는 별개의 장들chapters로 나누지 않고 하나로 통합해버린다. 이런 생각은 여럿으로 흩어지지 않고 사랑에 초점을 맞춘다. 또한 거의 모든 사랑의 일부를 이루는 소유욕과 질투라는 만만찮은 장애물이 존재한다. 이 장애물은 다수성이나 대체가능성의 위협을 받으면 참으로 악의적으로 될 수 있다. 따라서 사랑은 배타적인 경향이 있다. "나는 당신을 사랑해요"는 계약 비슷한 것이 되고, "내가 블레이크와 사랑에 빠졌다고 말해야겠어요"는 암묵적으로 "나는 더이상 당신을 사랑하지 않아요"를 말하는 메시지가 된다. 사랑은 주파수가 낮을 때는 여러 사람과 풍성하게 나눌 수 있는 열정이지만, 주파수가 높을 때에는—절절하게 "사랑에 빠져 있을" 때처럼—한 사람의 연인을 향하도록 예약되어 있다.

이와 달리 "사랑에 빠져 있기"는 자연스레 배타적인 경향을 보인다. 관계를 형성하려는 고집과 전반적인 강도는 다른 사람이 들어설 여지를 거의 또는 전혀 남겨두지 않는다. 그러나 한 사람과 관계를 형성하는 작업이 실패하면—관계를 발전시킬 가능성이나 기대와 관련하여 자신이 틀렸다고 결정하면—사랑할 다른 후보자를 고려할 가능성이 열리며, 다른 후보자를 찾는 기간에 새 후보자가 생길 수도 있다. (어쩌면 매주 "사랑에 빠지는" 새로운 경험을 할 수도 있다.) 이 특별한 감정적 오디션 과정에서 우리가 바라고 기대하는 결말이 실제로 관계라는 것을 확신하는 한, 다른 후보자를 찾는 작업이 잘못되거나 위선적인 것은 아니다. (그리고 이 모두가 열병에 지나지 않는다고 서둘러 결론지을 필요도 없다.) 결정적인 문제는 이 과정이 지속되는 시간과 사랑에 빠지는 연인의 숫자가 정확하게 몇 명이냐가 아니라 그 의도이다. 오디션이 전부이고 그 이상으로 상호 관심을 발전시킬 의향이 없다면, 그때 우리는 병리성이나 위선 또는 그보다 나쁜 것들에 대해 말할 수 있다. 바로 이런 이유로 유혹자와 엽색가, 그리고 평판이 좋지 못한 유형들(남자뿐 아니라 여자도)은 "사랑에 빠져 있다"라는 말이 지극히 편리하다는 것을 알고 있다. "나는 당신과 사랑에 빠져 있어요"라는 말은 말하는 그 순간을 말하는 것일 뿐이다. 이 말에는 약속어음이 첨부되어 있지 않다. 반면 "나는 당신을 사랑해요"라는 마법적 언어는 과감하게 미래를 가리킨다. 그렇기 때문에 배신당할 수도 있다. "나는 사랑에 빠졌어요"는 기껏해야 미래를 예견하는 말이다. 이 말이 잘못된 것으로 밝혀질 수는 있지만 거짓이었음을 입증하기란 쉽지 않다. ("글쎄요. 하지만 나는 그때는 그렇게 느꼈어요.") 게다가 "사랑에 빠져 있기"는 사랑하기와 달리 순수하지 않으며 확실히 소유욕이 강하다. 따라서 상대를 조종하는 비열한 행동을 합리화할 수도 있다. 『리시스Lysis』에서 플라톤은 사랑은 마음의 상태가 아니라 얻는 것이라고 주장했다. 이것은 "사랑하기"를 표현하는 이미지로서 스탕달을 비롯한 일부 낭만주의자들에게서 찾아볼 수 있는 과도한 낭만적 해석을 바로잡아줄 좋은 교정책이다.

"사랑에 빠져 있기"는 안전하고 안락한 사랑에 대한 보완책으로서 언제나 바림직하다는 생삭이 있다. "사랑에 빠져 있기"는 항상 우리가 도달해야 하는 것이다. 이는 두 사람이 오랫동안 함께 지내왔을 때에도 그렇다. 이는 "사랑에 빠져 있는 것"이 바람직하지 못하게도 관계에 어느 정도의 거리와 불안정성을 불러들이는 것처럼 들릴 수 있다. 그러나 덜 불길한 다른 말로 표현하자면, "사랑에 빠져 있기"는 서로를 당연시하지 않고 상대를 이미 획득된 존재가 아니라 내 편으로 만들어야 할 독립적 존재로 인정한다. 이런 의미에서 어느 정도의 거리와 약간의 불안정성을 불러들이는 것은 매우 긍정적이다. 이런 거리와 불안정성은 관계가 역동적이고 변화하고 자라도록 유지한다. 사랑에 빠지기는 사랑하기에 있는 관심과 애정에 의식의 기쁨을 보탠다.

말할 필요도 없이, "사랑에 빠져 있기"가 관계의 확립을 기대하는 반면 사랑하기는 그것을 전제한다는 점에서 결과적으로 둘 사이에는 상당한 차이가 있다. 사랑하기는 관계가 이미 확립되어 있기 때문에 실질적이고 차분하며 겸손하기 쉽다. 이는 사랑하기가 지루하거나 냉정하거나 무관심하다고 말하는 것이 아니다. 사랑하기는 안정적으로 작동하는 견고한 관계—견고한 우정—를 전제한다. 그리하여 사랑하기는 상대에게 자신의 모든 시간과 에너지를 쏟아부을 때에도 미래에 대한 자신감과 자신의 건강과 안정성과 자율성에 대한 의식을 세울 수 있다. 반면에 "사랑에 빠져 있기"는 불안하고 몰입하는 경향이 강하며 결과적으로 비현실적이고 어리석거나, 심지어 자기파괴적이다. 사랑하기가 우정에 더 단단한 기반을 두고 있다면, 사랑에 빠져 있기의 주요 구성 요소는 환상이다. "사랑에 빠져 있기"는 평생 지속되어야 하지만 언제나 순간적인 것처럼—혹은 순간을 채우는 것처럼—보인다. "사랑에 빠져 있기"에는 대개 절박하고 "빨려 들어가는" 경험이 있으며, 그 대가로 "사랑에 빠져 있기"는 행복에 만족하는 쉬운 "사랑하기"보다 더 자주 황홀하고 환희에 차 있다. 그러나 사랑하기와 사랑에 빠져 있기가 서로의 대안은 아니다. 둘 모두 사랑의 필수불가결한 요소이다. 우리는 사랑이 시작될 때는 "사랑에 빠지기" 쉽다. 또 사랑이 확립된 관계의 사랑스러운 위안으로 남아있을 때나 이상이자 도전으로 남아있을 때에도 사랑에 빠져 있는 상태에 무한정 남아있을 수 있다. 다시 말해, 우리는 사랑에 "빠져 있는" 단계가 끝난 후에도 한동안 '사랑하기'의 안정감과 '사랑에 빠져 있기'가 주는 흥분을 취할 수 있다. 그러나 어떻게 이런 일이 일어나는지 알기 위해서는 사랑의 본질적 성격과 역학관계를 더 많이 이해해야 한다.

4장.

사랑에 있어서 자아

오, 로미오, 로미오! 당신은 무슨 연유로 로미오입니까?
당신의 아버지를 부인하고 당신의 이름을 거부하세요.
그러지 않으려거든 나의 사랑을 맹세해주세요.
그러면 나는 더이상 캐퓰릿이 되지 않을 거랍니다.

— 셰익스피어,『로미오와 줄리엣』

로미오와 줄리엣 몬태규는 최근 결혼 14주년을 맞이하여 집에서 조용히 저녁 식사를 했다. 만찬도 없었고 가족도 초대하지 않았다. 두 아이는 벤볼리오의 집에서 하룻밤을 묵었다. 로미오는 다음 날 아침 휴가를 낼 작정이다. 지금 그는 컴퓨터 수리를 전문으로 하는 전기 기술자로 혼자 일하고 있다. 줄리엣은 로스쿨에 진학할 계획으로 현재 회계학 학부 과정에 다니고 있다. 그녀는 지난 10여 년 동안 거친 사내애 둘을 키우며 아이들에게 셰익스피어 영어를 가르치고 위험한 고무 끝이 달린 장난감 칼을 빼앗으며 보냈다. 지금부터 내가 보고할 로미오와 줄리엣은 여전히 사랑에 빠져 있다.

로미오와 줄리엣을 다룬 옛날이야기에 따르면, 일련의 비극적 오해로 인해 이들의 10대 결혼은 끝장났다. 그러나 이탈리아 북부 청소년 자살예방센터가 막판에 개입한 덕분에 이들은 자신들을 기다리고 있는 플롯을 무산시켰다. 이들은 가족에게 성난 작별을 고하고 지중해 여행을 마친 다음 위스콘신주 베로나에 있는 소박한 교외에 정착했다. 줄리엣은 더이상 자신의 성이 캐퓰릿이라고 생각하지 않으며, 로미오는 성을 그대로 따르고 있지만 더이상 자신이 몬태규 집안사람이라고 생각하지 않는다. 이런 강한 친족관계는 이들이 후일 "자아실현"이라고 부르는 것에 장애가 되는 경향이 있지만, 두 사람 모두 당시에는 자기들이 캘리포니아 해안에 본부를 둔 어떤 운동의 일부라는 사실을 몰랐다. 이들이 알고 있었던 것은 자신들이 반목하는 집안의 일원이라는 사실이 수치스럽고 창피하다는 것이었다. 이들은 이웃 동맹 때문에 자신들의 사랑이 구속당하는 데 지쳤다.

로미오와 줄리엣은 "미친 듯이" 사랑에 빠졌다. 다시 말해, 이들은 "합리적이며" 사회적으로 용인되는 행동의 유대를 깨고, 서로의 지지와 그 기반 위에 자신들을 새롭게 정의하기 위해 사랑을 이용했다. 낭만적이지 않은 사회학자라면 이들의 사랑을 "사춘기의 반항"이라 부르겠지만, 이들의 사랑은 사회적 유대를 무너뜨리는 것이 한 "단계"에 지나지 않음을 시사한다. 실상 이 단계는 젊고 불안한 사람들이 살아가는 유일한 영역이라 할 수 있다. 또한 이런 설명은 새로운 유대가 형성되고 새로운 정체성이 형성되는 과정의 긍정적인 부분을 완전히 지워버린다. 로미오와 줄리엣은 사랑에 빠지면서 자신들과 자신들의 삶을 재정의했다. 이들은 더이상 가족의 의무가 최우선 순위에 놓여 있는 몬테규와 캐퓰릿이 아니다. 이들은 서로를 참조해서만 자신과 자신의 의무를 정의하는 연인이다. 과거의 로미오는 더이상 존재하지 않고 그 자리에 줄리엣을 사랑하고 그녀의 사랑을 받는 연인이 들어섰다. 과거의 줄리엣은 수녀원에 남긴 추억이 되었고, 새로운 줄리엣은 로미오의 손길과 시선으로 자신을 정의한다. 몇 해 전 이들은 유치한 열정으로 자신들의 영혼이 분리될 수 없다고 선언했다. 이제 그것은 정말로 사실이 되었다. 두 사람 모두 서로가 없는 자신을 상상할 수 없다.

로미오와 줄리엣, 우리는 심지어 두 이름을 따로 떼어서 생각할 수 있을까? 두 사람은 서로를 규정한다. 둘 중 누구도 상대 없이는 존재하지 않는다. 물론 이들은 허구에 등장하는 인물이고, 연인으로서 이들에게 부여된 대사로 존재할 뿐이라고 반박할 수 있다. 그러나 실상 사랑은 시적인 측면은 이들보다 덜 할지 모르지만, 우리 모두에게 비슷한 각본을 제공한다. 셰익스피어 극에 등장하는 연인들의 비극은 이들이 실존 인물이 아니라는 데 있는 것이 아니라, 이들에게 사랑을 엿볼 수 있는 기회밖에 주어지지 않았다는 데 있다. 실제로 사랑에서 일어나는 일들을—로미오와 줄리엣이 맛본 도취적 열정 너머에서 일어나는 일들—두려워하며 이해하려고 하지 않기 때문에, 우리는 이들의 중단된 비극을 낭만적 사랑의 패러다임으로 끌어올리고 그다음에는 더이상 들여다볼 필요성을 느끼지 못한다.

우리의 로미오와 줄리엣에게서 흥미로운 점은 이들은 살아남았고 이들의 사랑도 살아남았다는 것이다. 그러나 정원에서 가슴 두근거리며 애절한 오보격 문장으로 서로에게 이야기하는 것만으로는 충분치 않다. 그러나 또한 우리는 이들이 자신들의 삶을 일상적 가정사와 의무에 완전히 빠지게 놔둬서도 안 된다고 서둘러 주장해야 한다. 이들은 자신들이 무엇보다—이들이 인생에서 어떤 존재이든 상관없이—로미오와 줄리엣이며, 바로 이것이 자신들의 사랑의 본질이라는 점을 알고 있다. 이들은 무엇보다 먼저 자신을 서로의 시각으로 바라본다. 이들은 서로에게 마음을 쓰고 서로를 갈망한다. 이들은 삶을 공유하고 자아를 공유한다. 또한 이들은 줄리엣 없는 로미오와 로미오 없는 줄리엣을 상상할 수 없다. 셰익스피어가 그렇게 그렸기 때문이 아니라 사랑이 그렇기 때문에 그러하다.

사랑은 공유된 정체성이다. 이것이 의미하는 바는 로미오와 줄리엣이 기본적으로 자기 자신을 서로의 관점으로 생각한다는 것만이 아니다. 이와 함께 이들은 각자 혼자만의 시간이 필요하다. 이들에게 주기적으로 일어나는 싸움은 완벽한 합의가 부족하다는 것을 보여줄 뿐 아니라, 경계를 정하고 어느 정도 사생활과 관심 영역을 표시할 필요성이 있음을 말해준다. 그러나 이들을 사로잡는 충동은 서로를 밀착시키고, 서로의 삶과 마음과 몸을 나눈다. 이들은 때때로 섹스를 하면서 한 사람의 육체가 어디서 끝나고 다른 사람의 육체가 어디서 시작되는지 알 수 없으며, 쾌락의 숨소리가 누구 것인지 더이상 확인할 수 없다. 두 사람 사이에서 육체와 쾌락이 함께 공유되고 있기 때문이다. 그래서 이들은 줄리엣이 훌륭한 변호사가 될 거라는 생각을 누가 먼저 했는가를 더이상 기억할 수 없고 그에 대해 크게 신경을 쓰지도 않는다. 이 야망은 똑같이 두 사람 모두의 것이기 때문이다. 물론 나중에 변호사가 되어 합법적, 불법적 절차를 동원하여 고투를 벌이는 사람은 (어느 정도는) 줄리엣 혼자일지라도 그러하다. 이들은 시간을 투여해야 할 일들이 많아지면 다소 긴장이 생길 것이라는 점은 의심치 않으며, 줄리엣의 수입이 로미오의 수입을 초과할 때 발생할 문제에 대해서도 이미 이야기를 나누었다. 두 사람 모두 함께 있는 한 대화를 나눌 때 상대가 자기 이야기를 들어주면 좋겠다는 바람을 포기하지 않는다. 줄리엣의 말을 이해하기 위해서라면 로미오가 가능한 한 법 공부를 할 것이라는 데 대해서도 의심할 여지가 없다. 바로 이것이 공유된 정체성이 의미하는 바이다. 공유된 정체성은 개인의 정체성을 잃어버리는 것이 아니라 타인의 입장에서 개인의 정체성을 재규정하는 것이다. 과거에 로미오와 줄리엣의 사랑은 한순간만이라도 같이 있기를 갈망하는 절망적인 것이었다. 자신들의 삶을 함께 보내면서 이제 더이상 절망은 없다. 그러나 그렇다고 해서 사랑이 아닌 것은 아니다.

사랑에 대한 정체성 이론

> 내가 바로 히스클리프야. 그는 언제까지나 언제나 내 마음속에 있어.
> 나 자신이 반드시 나의 기쁨이 아닌 것처럼 그도 그저
> 기쁨으로서가 아니라 나 자신으로서 내 마음속에 있는 거야.
>
> — 캐시, 에밀리 브론테, 『폭풍의 언덕』

지속하는 사랑의 열쇠는 자아 관념이다. 자아 이외의 다른 어떤 것도 사랑을 견디게 하고, 사랑이 위기와 재난을 헤쳐나갈 수 있게 하고, 성적 무관심과 자기 강박, 서로에 대한 분노와 실망, 거리와 만만치 않은 커리어가 주는 고통스러운 압박감과 같이 불만스럽고 짜증나는 시간을 견딜 수 있는 견고한 유대를 마련해주지 못한다. 많은 사람들이 강조하는 "헌신"이 이런 유대감을 주지는 못한다. 실제로 이런 유대감을 더이상 유지하지 못할 때, 또는 사랑이 부족하여 관계를 유지하기 위해 추가적 노력이 필요할 때, 그때 헌신이 시작된다. 사랑은 성적 흥분, 상호 관심, 동반자 관계, 흠모, 친밀감, 꿈 등등보다 더 확고한 관념의 유대를 만들기 때문에 지속된다. 지속 가능한 사랑의 핵심은 일련의 생각, 즉 세계와 자기 자신과 연인에 대한 매우 구체적이고 초점화된 사유 방식이다. 사랑을 하고 있을 때 사람들은 세상을 친근한 눈으

로 바라보고, 자신의 자아를—그 자아가 아무리 성공적이고 다른 분야에서 성취를 이루어냈다 해도—연인이 필요한 불완전한 존재로 바라본다. 연인 역시 자신과 마찬가지로 누군가가 필요한 불완전한 존재이다. 『향연』에서 아리스토파네스가 말했듯이, 사랑은 타인과의 결합을 통해—몸과 영혼 모두의 결합—자신에게 전체성과 완전성의 느낌을 창조하려는 시도이다. 조각난 반쪽과 달리 이 전체는 견고한 진실성integrity을 지니고 있다. 사랑이 그토록 강력한 것은 사랑이 지속가능한 전체성을 약속하기 때문이다. 우리는 머리가 둘, 팔이 넷, 다리가 넷이고, 지능과 교만과 오만도 두 배로 큰 곱절의 양성적 존재를 상상해낸 아리스토파네스의 기발한 이야기를 잊어버릴 수 있다. 그 대신 그의 비유를 마음에 새기고, "그때 이후로" 우리가 다른 반쪽을 찾기 위해 광란에 사로잡혀 뛰어다녔다는 상상을 생각해보는 것으로 충분하다. 다시 말해, 사랑은 우리에게 우리의 "진정한" 자아 의식을 부여하고, 궁극적으로 우리가 완전하다고 느끼게 해주는 타인을 찾으려는 시도이다.

아리스토파네스의 이야기에서 철학적으로 심오한 것은 사랑이 단지 교제나 욕망만이 아니라 우리 것이지만 우리 것이 아닌 것, 이미 자아를 규정하고 있지만 여전히 포착되지 않는 것을 되찾으려는 필사적 노력이라는 생각이다. 『향연』에서 소크라테스가 전개한 고전적 견해, 즉 완전한 자족성을 이상으로 여기고 추상적 보편성에 대한 사랑을 사랑의 진정한 의미로 생각하는 것과 달리, 아리스토파네스는 누구도 홀로 완전하거나 자족적일 수 없으며 사랑은 어떤 점에서 자신의 다른 반쪽이라 할 수 있는 특정 개인에 대한 구체적이고 세밀한 사랑이어야 한다는 점을 알고 있다. 따라서 소크라테스가 진정한 사랑의 형상에서 성적 욕망은 떨어져나온다고 생각한다면, 아리스토파네스는 성적 사랑의 불가피성을 인식하고 있다. 사랑이 아무리 천상적이고 이상적이라 해도, 성적 결합은 사랑에서 본질적 위상을 차지하고 있는데, 이는 인간이 육체적 존재이며, 결합에 대한 생각은—아무리 정신적이라 할지라도—성적 결합을 생각하지 않고는 이해될 수 없기 때문이다. 우리의 성은 특정 욕망이 아니라 우리의 기본적인 육체적 존재의 일부이자 우리의 행동 방식, 운동 방식, 느낌의 방식이면서 또한 우리가 타인과 함께 우리 자신을 느끼는 방식이다. 자아와 마찬가지로 성은 타인을 향해 지속적으로 육체를 뻗는 것으로서 육체적 불완전성에 대한 감각으로 이해되지 않았다. 오히려 성은 너무나 자주 한 사람이 가진 사적이고 개인적이며 자족적인 것으로 이해되어왔다. 성은 육체적 결합에 대한 욕망을 내포하고 있지만 언제나 그것을 넘어서는 사랑의 "무한한 갈망"의 일부이다. 성은 우리의 가장 아름다운 성적 경험의 익숙한 일부로서 완전한 결합에 대한 순간적 느낌일 뿐만 아니라 충분히 가깝지 않고 아직 진정으로 하나로 결합되지 않았다는 격정적 느낌이다. 우리가 진정으로 원하는 것은 몸과 영혼이 영원히 하나로 용접되는 것인데, 이것은 아리스토파네스가 인간에게 신들의 대장장이 헤파이스토스에게 그렇게 해달라고 부탁하라고 했던 것이다.

사랑의 "정체성 이론"이 사랑의 본질이자 목적이라고 주장하는 것은 다음과 같다. 즉, 사랑은 타인과 공유된 정체성을 추구하고 확립하는 것인데, 여기에는 자신에 대한 감각과 서로에 대한 감각, 양자를 과감하게 수정하는 작업이 포함된다. 자신에 대한 가장 근본적인 생각이 사랑 문제에 걸려있기 때문에 사랑의 표현과 발전은 많은 경우 우리가 가장 취약하고, 가장 벌거벗고, 자신에 대한 관심이 가장 많이 일어나는 곳에서 발생한다. 따라서 낭만적 사랑이 성과 자존감과 밀접하게 종종 극적으로 연결되는 것은, 사랑이 (많은 사람들이 주장하듯이) 성적 욕망의 승화에 지나지 않거나 우리를 취약하게 만들기 때문이 아니라(사랑은 우리가 취약하지 않다고 느끼게 할 수도 있다), 본질적으로 가장 기본적인 자아 정체성의 감각을 마련해주기 때문이다. 사랑은 공적 성공과 사회적 지위, 그리고 이따금 우리가 그것을 얻기 위해 정말로 "곤란을 무릅쓸만한 가치가" 있는지 묻지 않을 수 없는 다른 원대한 목표에 대한 생각보다 앞서고 그것에 비해 우선권을 갖는 감각이다. 절망적 순간 '곤란을 무릅쓸만한 가치가 있는가?'라는 물음은 사랑에도 던져질 것이다. 그러나 우리는 지속하는 사랑은 분명 추구할 만한 가치가 있다는 것을 알기 때문에 **이 질문을 받아들이지 않는다.** 지속하는 사랑은 우리의 존재를 규정한다.

'합일merging', '결합union', '융합fusion'의 이미지들은 『향연』 이후 사랑을 다루는 문헌의 일부가 되었다. 이 이미지들은 중세 후기 궁정풍 사랑을 설명할 때 중심적 역할을 했으며, 에리히 프롬과 윌러드 게일린

Willard Gaylin처럼 사랑에 관한 포스트-프로이트주의적 설명에서도 여전히 중요한 부분을 이루고 있다. 문제는 이런 결합의 이미지들이 은유적으로 남아있다는 것이다. 이 이미지들은 사랑을 할 때 우리가 느끼는 막연한 경험을 적절히 묘사할 수 있는데, 그것들이 말 그대로 사실이라면 정말로 놀랍고 중요한 것을 가리킨다. 그러나 은유로서 두 사람이 '합친다'는 것은 무슨 뜻인가? 물리적 결합은 덧없는 것은 아니라 할지라도 충분치 않다. 두 마음은 적어도 일시적으로 합쳐질 수는 있는데, 이는 두 마음이 격렬한 대화 속에 갇혀 있다는 의미에서, 혹은 아주 달리 해석하여 두 마음이 많은 것들에 합의했기 때문에 흔히 이야기하듯 "한 마음"이 되었다는 의미에서 합쳐졌다고 말할 수 있다. 그러나 강렬한 대화가 사랑은 아니며, 합의 또한 사랑이 아니다. 우리가 일상적으로 생각하는 방식에 의하면 우리 모두는 각자 자신의 생각을 가지고 있다. 두 마음이 공유된다는 것은 1+1=1이라는 생각만큼이나 맞지 않는다. 비유적으로는 두 영혼이 합일되었다고 말할 수 있겠지만, 이런 식으로 말하는 것은 비유적인 것을 모호성으로 설명하는 것이다. 하나의 영혼을 이루는 것이 무엇인지 분명하지 않고, 두 영혼이 합일된다는 것은 말할 것도 없을 뿐 아니라 두 영혼이 섞인다는 것이 무엇을 의미하는지는 더욱 분명치 않기 때문이다. 그렇다면 육체적 교접, 강렬한 대화, 관심과 의견의 공유, 두 영혼이 결합되었다는 상징적 의미를 넘어 두 자아가 합쳤다는 것은 무슨 뜻인가? 이 질문에 대한 답은, 실상 자아는—어쩌면 영혼은—그렇게 개별적이지 않다는 것이다. 우리에 대해 말해주는 것들, 이를테면 우리의 외모, 신체 능력과 정신 능력, 과거에 이룬 성취 등이 우리의 자아를 결정하는 힘은 크지 않다. 또한 우리의 자아는 개별적으로 규정되기보다는 상호적으로 규정되며, 타인과 함께 타인을 통해 규정된다. 이렇게 본다면, 자아를 공유한다는 생각이 큰 설득력이 없는 것은 아니다. 우리의 자아는 우리가 자신에 대해 **생각하는** 것보다는 주로 감정으로 구성되어 있으며, 우리가 떠맡는 역할이 개인에 대한 고정된 "내적" 진실보다 우리의 자아 정체성에 훨씬 더 중요하다는 점을 덧붙여야 할 것이다. 능동적이고 열정적인 자아보다 사적이고 성찰적인 자아에 우선권을 두는 것은 서구적 사유의 이상한 왜곡이며, 과도하게 이성적인 '내적' 자아 관념 때문에 사랑의 공유된 정체성은 종종 잘못 이해되고 있다. 사랑은 한 개인을 상호 정의하는 작업에 집중하고 그것에 열정적으로 초점을 맞추는 것이다. 사랑은 자신의 자아를 구성하는 거의 모든 측면들을 이 상호정의의 과정에 복속시킨다.

우리는 자아가 합쳐지는 과정에서 나타나는 수많은 양상들과 사랑에 빠지기 전 우리가 서로 다르다는 점 사이에 균형을 맞추어야 한다. 우리는 서로 다른 배경과 기질, 서로 다른 연애의 역사와 파국과 짝사랑과 좌절을 겪은 다른 존재이다. 우리는 원래 원시 피조물의 반쪽이 아니었다. 우리의 "가장자리"는 둘로 쪼개진 막대기나 접시처럼 잘 맞지 않는다. 사실 서로가 유연하게 잘 맞을수록 열정은 적은 반면, 가장 격렬한 연애는 서로에게 맞추는 것이 너무 힘들거나 도저히 그렇게 할 수 없는 것이다. 그러므로 열정은 종종 지속되는 사랑의 적이다. 이는 사랑과 열정이 대립하기 때문이 아니라 열정은 사랑이 이루어질 수 없는 정도를 나타내기 때문이다. 실제로 서로에게 맞추는 것은 대개 타협과 조정의 문제로서 늘 불완전하다. 그러므로 여기에는 아리스토파네스가 약속한 절대적 완전성이 결여되어 있다. 다시 말해, 공유된 정체성의 이상은 이야기의 절반만을 들려줄 뿐이다. 사랑은 무엇보다 연인과의 결합을 열정적으로 갈망하지만, 이 갈망의 전제 조건은 그런 완벽한 결합을 불가능하게 하는 개별적 존재라는 관념이다. 『사랑의 본질』이라는 기념비적 삼부작에서, 어빙 싱어Irving Singer는 중세의 사랑 이론과 19세기 사랑 관념에 심대한 역할을 했던 합일이라는 "이상주의적" 관념을 거부한다. 그는 합일이라는 관념은 이상주의적이고 불가능하며, 사랑을 개념화할 때 개인성의 중요성을 무시한다고 주장하는데, 나는 그의 주장이 옳다고 생각한다. 결합과 개인성의 변증법적 긴장은 앞서 1장에서 내가 "사랑의 역설"이라 불렀던 것으로서, 우리는 이 역설을 매우 진지하게 받아들여야 한다. 개별성은 사랑의 전제이지만, 사랑은 바로 이 개별성을 넘어서려는 욕망이다. 사랑을 지속시키는 것은 두 자아가 합쳐지는 것이지만, 두 자아는 언제나 상당 부분 과거에 형성되었고 그 결과 서로 잘 맞지 않는다. 바로 이 개별성, 우리가 서로에게 맞추려고 할 때 겪는 이 곤란이 가장 열정적이고 헌신적인 사랑마저 위협한다. 사랑은 한편에서는 공유된 정체성의 이상과 다른 한편에서는 개별적 독립성과 자율성의 이상 사이에서 발생하는 변증법적 긴장이다. 그러나 이 역설을 다루기 전에 우리는 먼저 공유된 정체성으로서 사랑에서 무엇이 정말로 사실인지 이해해야 한다. "합일"과 "결합"은 그저 은유가 아니라 자아의 본성과 사랑을 할 때 자아에 일어나는 변형에 대해 깊은 통찰을 담고 있다.

자아의 미결정성

나는 내가 아니며, 나는 내가 아닌 것이다.

— 장 폴 사르트르, 『존재와 무』

작고한 어니스트 베커Ernest Becker는 프로이트에게 맞서 궁극적으로 우리를 움직이는 열정은 성이 아니라 자존감이라고 주장했다. 지속하는 사랑은 궁극적으로 서로의 자존감을 최대치로 키워주는 사랑이다. 실패하는 사랑과 무너지는 사랑은 자아를 바꾸지 않고 내버려두는 열정이나 동반자 관계이다. 이보다 더 나쁜 사랑은 자아를 손상하고 공유된 자아를 사랑을 시작하기 전보다 더 작게 만드는 사랑이다.

자존감이 중요한 것은 우리 사회에서 자아의 본성과 위치가 확정되지 않았기 때문이다. 현대적 사유의 표본적 특징 가운데 하나는 자아란 주어진 것도 아니고, 상속된 것도 아니며, 사회적 위치도 아니라 창조이고, 우리 자신이 행하거나 행해왔던 것의 조합이며, 우리가 우리 자신에 대해 그리고 타인들이 우리에 대해 생각하고 말하는 것이라고 바라보는 생각이다. 다시 말해, 우리가 누구이고 또 어떤 존재인가는 언제나 열린 질문이라는 점에서 현대적 자아는 악명 높게도 과소결정되어underdetermined 있다. 하루 동안 우리는 많은 역할을 한다. 각각의 역할에는 나름의 자아가 있다. 예를 들어 우리는 부모, 자식, 교사, 학생, 친구, 앙숙, 불청객, 주목받는 사람 등등의 역할을 한다. 이런 여러 역할들 사이의 혼선과 이따금 일어나는 충돌 속에서, 우리는 우리의 "진정한" 자아들을 선택하여 어떤 자아에게는 다른 자아보다 우선권을 부여하고, 어떤 자아는 완전히 거부한다("어젯밤의 나는 내가 아니었어."). 그러나 이 문제에 있어서 "올바른" 선택이란 드물다. 다른 자아들을 압도하는 "진정한" 자아는 존재하지 않는다. 비록 하나의 자아, 한 묶음의 역할이 지배한다고 해도 그 정체성 역시 언제나 결정이고, 언제나 선택이며, 언제나 주어진 자아보다 작다. 봉건사회에서 사람들은 항상 자아를 부여받았다. 물론 자아는 논란의 여지없이 "주어진 것들"을 배경으로 해서만 결정될 수 있는데, 주어진 것들에는 우리가 태어난 시공간부터 우리의 육체, 외모, 재능, 기회라는 운명과 환경까지 포함된다. 자아는 우리가 자신에 대해 생각하는 것에 달려있지만, 생각할 마음만이 아니라 생각할 실체도 필요하다. 인생이 우리를 어떻게 만들었든, 우리는 이미 만들어진 것을 가지고 무엇을 만들지를 결정해야 한다. 아무리 많은 사실을 덧붙인다고 해도 결정된 것에 이르지는 못한다. 어떤 죄를 저질렀는지에 상관없이, 우리는 누구도 본질적으로 범죄자는 아니라고 믿고 싶다. 누구도 완벽하지 않으며, 누구도 그저 자신이 하고 있는 일—변호사, 정원사, 매춘부, 부랑자 등등—과 같지 않다. 자아는 언제나 자아를 이루는 사실들을 합친 것 이상이며, 우리의 자존감은 세상에서의 위치에 의해 규정될 뿐만 아니라 우리가 어떻게 우리 자신을 생각하고 세상에 반응하는가에 따라 규정된다. 우리는 수동적인 희생자가 아니다. 우리는 자기라는 인격의 공저자coauthor이다. 우리는 우리 자신을 만든다. 인생에서 우리의 주요 목표는, 자아의 찬양이 아니라면 자아의 구체화, 자아의 견고화인 것 같다. 우리는 우리 자신의 고정된 역할을 수행하고, 심지어 자신을 패러디하기도 한다. 우리는 자아가 확증되어 있지 않으며, 자아는 행동으로 옮겨져야 한다는 것을 잘 알고 있다. (자아는 종종 과도하게 행동으로 옮겨지기도 한다.) 자기 존중감은, 일단 자신이 어떤 사람이 될 것인지 결정하면 자신이 되고자 하는 바를 스스로 입증하는 것으로 이루어진다.

사람들은 성공한다고 생각하기 때문에 성공하고, 실패한다고 생각하기 때문에 실패한다는 말이 있다. 사실 이것이 자기계발이라는 사이비 과학의 토대를 이룬다. 좋은 연인은 자신을 좋은 연인이라고 생각한다. 사랑한다는 것은 무엇보다도 자신을 생각하는 방식이다. 확실히 여기에는 상당한 진실이 있다. 우리는 부분적으로 우리가 자신에 대해 생각하는 것이다. 또한 우리는 우리가 행동하고 행동해왔던 것이다. 그러나 우리가 자신에 대해 생각하는 것은, 우리가 생각하고 싶어 하듯이 그렇게 자율적이지 않으며, 우리가 행동하고 이룬 것조차 다른 사람들이 생각하는 것과 우리가 세상에 "맞추는" 방식과 무관하지 않다. 가장 자신감이 넘치는 사람도 자신이 이룬 성취와 겉으로 "증명된" 것처럼 보이는 좋은 성격에 대해 고약한 자기 의심과 견딜 수 없는 의혹에 빠진다. 이런 이유로 우리는 친구, 특히 연인을 선택한다. 우리가 친구와 연인을 선택하는 것은 단순히 '서로 조화를 이룬다'라거나 '관심을 공유한다'라는 식의 무미건조한 이유 때문이 아니라, 우리의 존재와 우리가 이룬 성취의 가치가 상당 부분 친구와 연인의 의견에 의존하기 때문이다. 우리가 우리를 덕스럽고 가치 있는 존재로 느끼게 해주는 사람들을 늘 곁에 두고 싶어하는 것은 놀랍지 않다. 친밀한 관계를 선택할 때 우리가 선택하는 것은 우리 자신이다.

사르트르는 자아란 우리 자신의 책임이라고 보는 현대 "실존주의적" 관점을 가장 열렬히 옹호한 철학자이지만, 자아를 자족적으로 바라보는 견해가 위험스러울 만큼 불완전하다는 것 또한 잘 알고 있었다. 만일 자족적 자아라는 생각이 사실이라면, 우리들 각자는 자신이 되고 싶은 존재, 이를테면 관대하고 영웅적이며 완벽한 연인이거나 멋진 사람이라고 생각할 수 있거나 그렇게 자신을 속일 수 있다. 사실 자신이 생각하는 것과 자신을 속이는 것은 어떤 차이가 있는가? 한 가지 극적인 사례를 들자면, 근대 철학에서 가장 타락하고 비열한 (또한 명민한) 인물 중 하나라 할 수 있는 장 자크 루소는 생 제르메인 숲을 홀로 산책하면서 자신의 외로운 가슴에서 "내면의 선"을 발견했다. 자아에 대한 생각만이 자아를 결정한다면, 루소가 자신과 가장 가까운 사람들에게 보여준 엽색과 악의가 그에게 불리하지는 않을 것이라는 점에 우리는 동의해야 할 것이다. 그러나 타인의 의견은 영향을 미친다. 세상 모든 사람들이 구두쇠로 생각하는 데 자신은 관대하다고 생각하거나, 겁쟁이라는 것이 세상에 널리 알려졌는데 자신은 영웅적이라고 생각하는 것은 불가능에 가깝다. 수많은 사기성 자기계발 서적들이 말하듯이, 우리가 자기를 좋게 바라는 것만으로 자존감을 확신할 수 있다면 우리 모두는 프로이트가 "일차적 과정"(역주: 무의식적 과정)이라 부른 영역 안에서 자기만족과 안전감을 느낄 것이다. 현실이 끼어들기 전 무의식적 일차적 과정에서 생각thinking은 존재being이며, 원하는 것과 얻는 것 사이에 괴리는 없다. 그러나 현실은 언제나 자아 속으로 끼어든다. 우리는 현실 안에서 현실에 맞서 자신을 창조한다. 대부분의 경우 현실은 타인들이다. 우리는 우리 스스로 선택하고 결정하는 주위 사람들의 시선과 의견을 통해 자신이거나 자신이 되고자 하는 존재라고 생각하는 사람이다.

우리의 자아는 성행위, 대화, 접촉, 타인과 같이 또는 따로 하는 행동을 통해 구성된다. 당신의 가까운 친구를 포함하여 모든 사람들이 당신을 나쁜 사람이라고 생각한다면, 당신이 자신을 좋은 사람이라고 생각해봐야 소용이 없다. 물론 사람들은 항상 자신을 "그 자리에 맞지 않거나 때를 잘 못 만난 사람" 혹은 오해받고 있는 천재라고 생각할 수 있다. 그러나 이런 소외된 역할도 타인들의 지지가 필요하다. 처음에 이런 지지를 보내는 사람은 상상 속 인물이지만 나중에는 자기를 진정으로 인정해주는 사람들, 소위 역사의 옹호라는 것을 바란다. 그러나 후세의 눈으로 자신을 증명하고자 하는 모든 니체들과 루소들의 눈에 그들의 인생에서조차 영원히 흔적도 없이 사라지는 수많은 사람들, 자아를 이루는 최우선적 필요조건을 받아들이지 않는 사람들이 존재한다. 여기서 자아를 이루는 최우선적 필요조건이란 사람은 홀로 존재하는 자아가 아니라는 사실이다.

자아를 타인의 관점으로 규정하는 것이 우리의 개별성을 빼앗는다고 반대하는 입장도 왕왕 존재한다. 그 결과는 미국 생활에서 가장 비극적인 개념적 재앙 중 하나, 즉 누군가를 사랑하는 것은 약점, 자아 상실의 표시, 자율성과 독립성의 상실이라는 잘못된 믿음이다. 진실은 타인에 의해 자아를 규정하는 것이 개별성을 가능하게 해준다는 것이다. 타인과 이어지는 연결고리가 없다면, 개별성은 또 다른 추상화, 어떤 특성도 없는 실존이다. "나는 사랑한다, 고로 나는 존재한다"라는 말은 상상력은 부족할지 모르지만, 진실에서 크게 벗어난 것은 아니다. 우리는 사랑을 통해 세계에서 자신의 자리를 찾고 만드는데, 이 작업은 갈등보다는 정체성을 통해 이루어진다. 우리는 자신과 다른 존재이지만 자신보다 더 중요한 한 사람에게 모든 에너지와 관심을 쏟으면서 자신과 세계를 확장한다. 자아는 단순히 섹스나 동반자 관계를 얻기 위해서가 아니라 자신의 완성을 위해 타인이 필요하다.

나는 이것이 사랑이라고 주장하고 싶다. 사랑은 자아 정체성을 상호 창조하는 것이다. 여기서 성은 강력하고도 중심적인 역할을 한다. 영혼을 가진 지적 존재처럼 보이기 위해 가장을 하지만 우리는 결국 웅장한 독백보다 촉각과 몸짓이 더 의미 있는 관능적 존재이다. 섹스, 고독, 친밀성, 사생활은 사랑에서 반드시 필요한 역할을 수행하는데, 이는 부분적으로 자아가 자신의 불완전성과 공유된 정체성의 중요성을 인정하는 순간은 벌거벗은 채 홀로 상대와 함께 있을 때이기 때문이다. (이와 반대로, 두 자아가 서로 맞지 않을 때 얼마나 참을 수 없는지 깨닫는 것도 홀로 타인과 함께 있을 때이다.) 사람들의 사생활을 부정하는 사회, 고독을 회피하고 성적 친밀성을 포기하도록 만들고 (소수의 반항아를 제외할 경우) 낭만적 사랑의 가능성을 차단하는 문화, 자아를 사회적 용어로만 철두철미 규정하는 사회, 친족관계의 관점에서만 정체성을 생각하는 문화, 이런 사회와 문화에서는 우리의 사랑 관념에 결정적 역할을 하는 자아를 재정의할 여지가 거의 없다. 환상이 사랑에서 중요한 역할을 하는 것은 환상 또한 자신의 미래를 상상하고 계획하고 선택하고 자신을 결정할 자유를 전제하면서 동시에 그 자유를 제공해 주기 때문이다. 완벽하게 결정된 자아는 환상이 필요하지 않고 환상을 갖고 있지도 않다. 연인을 이상화하는 것이 사랑에서 중요한 것은 이상화가 누군가를 돋보이게 바라보는 방식일 뿐 아니라 실제로 타인의 자아를 결정하기 때문이다. 사람들은 연인만 그렇게 생각해준다면 정말로 "세상에서 가장 아름다운 사람"이 된다. 타인의 이상화와 결정은 우리에게 영감을 불어넣는다. 세상에서 가장 아름다운 사람의 사랑을 받는 유일무이한 혜택을 나 말고 누가 누릴 수 있는가? 정체성의 시각에서 사랑을 바라보면, 사랑이 왜 그렇게 폭발적이며, 상대에게 배신했다는 비난을 퍼부으며 왜 그렇게 심하게 끝날 수 있는지 이해가 된다. 사랑을 할 때 우리는 생각만큼 잘 알지 못하는 누군가의 속으로 자신을 위험에 빠뜨린다. 사랑을 잃는 것은 자신의 일부를 잃는 것이다. 그러나 좀 더 긍정적으로 말하면 사랑하는 것은 자신이 새로 태어났다는 감각을 얻는 것이다. 사랑하는 것은 다시 새롭게 시작하는 지속적 사랑을 통해 더 새롭고 견고한 정체성을 구축하는 것이다.

자아의 낭만적 창조

남자를 사랑하려거든 완전히 사랑하라
발 먼저 머리는 숙이고 눈은 차갑게 감고
우울에 빠진 채. 파도 타는 남자를 사랑하기는 너무 쉽다
밝은 햇살 아래
하얀 눈과 독실함과 구릿빛 피부를
— 앨리스 워커

우리는 자아가 각각 개별적으로 그리고 양도할 수 없는 우리 자신의 것이라는 생각을 극복할 때까지 사랑을 이해할 수 없다. 강하고 독립적인 자아는 놀랍고 드문 성취이다. 그러나 독립은 자연 상태로 돌아가는 것이 아니라 반항적이고 괴팍한 행위이다. 우리는 타인의 관점에서 우리 자신을 정의한다. 아무리 고귀한 개인이라 할지라도 우리는 대체로 타인에 의해 규정된다. 고립된 자아가 자신을 정의한다는 근대적 관념은 신화이지만, 이 신화는 낭만적 사랑의 근간이면서 또한 사랑의 역설을 이루는 핵심이기도 하다.

공유된 자아라는 관념은—그리고 이 관념이 일으키는 긴장은—개별적 자아라는 현상적으로 단순해보이는 일상적 관념과 비교할 때 가장 잘 이해될 수 있다. 우리들 각자가 자신을 자아로 생각하는 것은,

다시 말해 자기 고립적이며 자기 규정적이고, 개인적이면서 독립적인 자아라고 생각하는 것은 우리 자신을 위해 기꺼이 싸우려 하지 않는 것이면서 비겁함의 표현이다. 우리는 우리가 가지고 활동해야 하는 많은 부분들이 (부모나 형제·자매, 자라난 장소 등에 의해) 우리에게 주어졌거나 부과되었다는 점을 인정하지만, 그럼에도 우리 각자는 진정한 자아이고 영혼이며, 우리 자신의 것이라는 존재Being를 이루는 존재론적 덩어리이다. (혹은 우리 각자에게는 이것들이 존재한다.) 우리는 편의상 우리 자신을 사회적 범주로, 이를테면 학생으로, 가정주부로, 메리의 남편으로 규정할 것이다. 그러나 비록 (연약함으로 인해) 자신의 고유한 자아에 "덧붙이고" 그것을 보완하고 칭송해줄 타인이 필요하고 또 타인을 찾을지라도, 우리는 각자가 정말로 고유한 인간 존재인 것처럼 가장한다.

이 안락하고 반사회적이며 계몽되지 않은 환상은 자아의 고유성을 기술하는 아주 간단한 연습으로도 무너질 수 있다. 우리 대부분에게 있어서 우리의 "고유성"은 독특한 얼굴 생김새, 출생의 무작위적 우연성, 태도와 별난 습관, 머리털 개수와 우리에 대해 말해주는 사실들의 우연한 배치—이를테면 투표구에서 유일한 아일랜드계 가톨릭 회계사라는 것 등등—에 관한 시시한 통계들로 귀결된다. 심지어 성격도 깔끔하게 '유형'으로 분류된다. 우리를 다른 사람과 구별지어주는 고유성이라는 것은 가장 사소한 세부 사항들과 몸짓들뿐이다. 자포자기 상태가 되어 우리는 시공간적 질서—이는 논리 법칙과 물리 법칙을 보완하는 것이다—에서 우리 각자가 서 있는 고유한 위치를 가리킬 수 있다. 그리하여 한밤중에 연인들은 자신들의 사랑이 고유하다고 선언한다. 하지만 같은 시간대에 100만 명의 다른 연인들도 똑같은 일을 수행하고 있다. (물론 사랑을 선언하는 시간대와 사랑 의식儀式이 다소 다른 지역적 특색을 보일 수는 있다). 이는 우리의 허영심을 무너뜨리고 우리가 듣고 싶은 많은 것들과 충돌한다. 하지만 진실은 우리 모두를 고유하게 만드는 중요한 것은 사실상 존재하지 않는다는 것이다. 타인과의 상호 작용, 그중에서도 특히 사랑하고 사랑받는 일을 통해서만 우리의 개별적 실존은 약간이라도 의미가 있다.

우리가 우리 자신에 대해 말하고 싶은 거의 모든 것, 우리에게 적용하는 거의 모든 형용사가 타인들에게 의존한다는 것은 의미심장하다. 우리를 개인으로 만들어주는 것은 역설적이게도 타인들과의 관계이다. 키가 크거나 작고, 몸무게가 130파운드이고, 서른네 살에 디트로이트 출생이라는 것과 같은 직접적 사실조차 암시적 관계를 말해준다. "크거나" "작다"는 것은 비교이다. 무게는 저울에 달려있고, 저울은 비교에 기초한다. 몸무게가 많이 나가거나 적게 나가는 것이 우리에게 중요한 것은 타인의 의견, 현재 유행하는 패션, 자신의 이미지에 기대고 있다. 그런데, 우리 자신의 이미지는 심지어 거울 속에 비친 영상이라 할지라도, 우리가 다른 사람들에게 보이고 싶은 이미지의 반영이다. 서른네 살이라는 것과 디트로이트에서 태어난 이점이 무엇을 의미하는가는 우리가 지금 어디서 누구와 함께 있으며, 올해 디트로이트

타이거스팀이 프로야구 경기에서 과연 우승할 것인지의 여부에 달려 있다. 해석을 만나면 사실은 후퇴한다. 우리가 관심을 갖는 것은 사실 그 자체가 아니라 사실이 갖는 **중요성**이다. 키가 크다는 것이 굴욕적이고 디트로이트에서 태어난 것이 성자聖者의 표식이 되는 사회적 맥락을 상상하기란 쉽지 않다. 우리는 우리로 만들어진 것이다. 우리가 우리로 만들어진 것에 대해 상당한 발언권을 갖고 있다고 할지라도 그러하다. 우리가 우리로 만들어지는 한 가지 길, 종종 가장 강력하고 열정적인 길은 사랑에 빠지는 것이다.

플라톤은 사랑은 본질적으로 선을 추구하는 것, 즉 선의 관점에서 자신을 재정의하는 것이라고 말했다. 궁정의 트루바두르(음유시인)는 사랑을 자기 향상의 수단이자 동기로 칭송했으며, 18세기와 19세기 낭만주의 시인들은 사랑을 "더 높은" 자아를 실현하는 것이라고 찬양했다. 이런 주장들은 과장된 것일 수 있지만, 거기엔 사랑에 대한 다소 평범하지만, 본질적인 진실, 즉, 사랑은 근본적으로 자기 변형의 문제라는 진실이 담겨 있다. 사랑에서 자기 변형은 부차적 효과가 아니라 사랑의 본질이다. 사랑은 자기 향상을 위한 성찰적 욕망을 구현한다. 간단히 말해, 사랑한다는 것은 자신의 이상적 자아를 보여주고, 자신을 더 좋게 만드는 동시에 자기 안에서 가장 좋다고 여겨지는 것으로 사랑받으려는 갈망이다. 그러나 "자기 자신으로 사랑받으려는" 평범한 소망은 종종 사랑에 대해 나태하거나 절박한 태도를 드러낸다. 다시 말해, 이 소망은 자신을 다시 사유하거나 다시 인식하지 않으려 하거나, 지나치게 사기성 짙은 자기표현으로 대응함으로써 결국 불행한 결과를 낳게 된다. 자신을 향상시켜 연인의 사랑을 **얻으려는** 욕망은 훨씬 더 나은 사랑의 기준이다. 자아의 낭만적 창조가 복잡하고 흥미로운 것은 자아의 본질적 미결정성 때문이다. 그리하여 사람들이 표현하는 것은 **있는 그대로의** 자아가 아니라 언제나 되고 싶은 자아이다. 따라서 우리는 우리가 원하는 역할을 연기하고 싶고, 우리가 함께 연기하고 싶은 사람을 매혹시키고 싶다. 일단 관계가 형성되면, 우리는 우리가 맡고 싶어 했던 역할을 발전시키고 완성시키는데, 이 역할들이 완벽하게 자연스러운 것으로 보이고, 우리가 그 역할들 안에서 새로이 태어난 것처럼 보일 때까지 그렇게 한다. 자아의 창조는 무엇보다 다양한 역할들, 특히 낭만적인 **역할들**을 구성하는 것이다. 낭만적인 역할에서 자아는 무엇보다 감각적이고 친밀한 관계에서 규정된다. 성은 이런 역할들에서 매우 중요하지만, 성 못지않게 중요한 것이 사생활의 관념이다. 이런 특수한 낭만적 역할들은 사생활의 관념 안에서 규정될 수 있다.

사랑은 우리의 자아 감각을 형성하는 사람들과 의견들의 네트워크에서 결정적이라는 것이 밝혀진다. 유아기에는 부모의 사랑이 가장 중요하다. 어린 시절 형제간의 사랑과 경쟁, 학창 시절의 때 이른 우정과 "풋사랑"은 자아의 기본 틀과 우리가 자기라고 생각하는 것을 큰 변경 없이 결정한다. 우리가 커리어와 직업과 지역 사회에서의 위치에 따라 자신을 규정하는 것도 사실이다. 그러나 우리 사회와 인생은 상충되는 정체성들의 교차로 이루어져 있기 때문에, 사랑에 빠질 때 우리의 자아는 완전히 형성되어 있지 않다. 사랑을 가능하게 해주는 것이 이 자아의 불완전성이다. 궁극적으로 우리가 자아의 결정성이라고 생각하는 것이 바로 불완전한 자아인데, 이 자아는 너무나 친밀하고 사적이어서 오직 한 사람만이 실제로 그것을 이해하고 접촉할 수 있다. 사랑은 단지 자아에 "덧붙여지는" 것이 아니라 필연적으로 자아를 변화시키고 완성한다. 우리는 인생을 함께 보내고 육체와 시간과 마음을 나눈 사람들에 의해 우리 자신이라고 생각하도록 만들어지는 존재이다. 우리가 가진 본질적 특성들 중 많은 것들은 공적이거나 합의로 결정되는 것이 아니라 가장 가까운 한 사람에 의해 결정된다. 우리가 예민하거나, 사랑스럽거나, "좋은 사람"인지의 여부는 흔히 사적으로, 우리가 사랑하는 사람과 혼자 있을 때 결정된다. 많은 사람들이 찾는 "좋은 연인"의 위상은 자아에 대한 감각적인 느낌과 다른 한 사람의 포용적 지지에 의해 결정된다. (포용적 지지는 단순히 "의견"이 아니다.) 위험에 처하면 우리는 다수의 의견을 모아 '좋은 연인'의 문제를 '객관적으로' 해결하려고 하지만, 역설적인 것은 공적 영역에서 이룬 가장 눈부신 성공조차 불확실성과 실패를 공개적으로 불러들인다는 것이다. 한 사람이 보여주는 친밀한 포옹은 언제나 미결정되어 있으며, 무심한 일반 관객들의 투표보다 더 확실하고 확고하다. 돈 후안은 흔히 쾌락주의자로 묘사되지만, 사실 그는 두려운 인생을 살고 있다. 그는 자신의 "성공"에 만족할 수 없으며, 그의 값어치에 던지는 단 한 번의 비판적

웃음으로도 훼손될 수 있다. 서로 헌신하는 두 연인은 서로의 자질을 정의한다. 연인이 아니라면 누가 서로의 자질을 제안할 권리라도 가지고 있겠는가? 우리가 가진 가장 중요한 미덕 중 일부는 공적인 것이나 우리 자신만이 결정하는 것이 아니라 연인과 맺는 친밀성에 의해 결정된다. 낭만적인 사회에서 좋은 연인이라는 점은 가장 중요한 덕목 가운데 하나이다. 사랑에 빠져 있을 때는 우리가 사랑하기로 선택한—그를 선택한 이유는 부분적으로 그가 한 사람이기 때문이다—한 사람의 특별한 의견이 가장 중요한 으뜸 패이다. 사랑은 덕과 자아와 세계에서 우리의 고유한 위치를 사적이고 개인적이고 상호적으로 결정하는데, 사랑이 우리에게 결정적으로 중요한 이유가 바로 이것이다. 사랑은 세계 안에서 우리의 위치를 규정해주기 때문에 지속된다.

섹스와 공유된 자아

> 그것(사랑)은 쓰레기 더미와 함께 끼어드는 것을 주저하지 않는다. (…) 사랑은 각료의 서류 가방과 철학 원고에도 사랑 편지와 반지를 슬쩍 끼워 넣는 법을 알고 있다. 사랑은 매일 가장 저질의 당혹스러운 싸움과 언쟁을 일으키고, 가장 소중한 관계를 파괴하고, 가장 강한 유대를 깨뜨린다. (…) 왜 이렇게 시끄럽고 소란스러운가? (…) 사랑은 그저 남자가 여자를 찾는 것이다. (자애로운 독자는 이 구절을 정확히 아리스토파네스의 언어로 번역해야 한다.) 왜 이처럼 하찮은 일이 그토록 중요한 역할을 해야 하는가?
>
> — 아서 쇼펜하우어, 『의지와 표상으로서의 세계』

왜 그럴까? 사랑이 성욕의 지속에 불과하다면, 우리가 사랑을 이상화하고 우리 삶에서 그토록 우선적인 중요성을 사랑에 부여하는 정도를 이해하기는 어려울 것이다. 그러나 이처럼 사랑을 욕망으로 환원하는 익숙한 시도를 하면서, 우리는 또한 성의 역할을 과소평가하는 경향이 있다. 섹스는 너무나 자주 생리적 충동이나 기분 전환, 그렇지 않으면 이성적이었을 우리 삶에 끼어드는 침범자—환영받는 것이든 그렇지 않든—인 것처럼 취급된다. 플라톤은 욕망과 이성을 구분했고, 그의 『국가』에 등장하는 인물인 케팔로스는 인생 말년에 성욕의 사슬에서 풀려난 것에 깊은 안도감을 표했다. 프로이트는 성을 자아의 좋은 판단과 맞서는 자리에 놓았으며, 나중에는 이를 "이드id"와 "에고ego"로 대립시켰다. 그러나 섹스는 비인격적이거나 자아 없는 "그것it"이 아니라 "우리 안에" 있는 낯설고 위험한 어떤 것의 발현이다. 섹스는 신체가 자아에 내리는 정의이자 자아의 가장 기본적인 체현embodiment이자 표현이다. 섹스가 위험한 곳은 자아가 위험한 곳이며, 우리가 그렇게 하지 않는다면 섹스는 자아와 대립하지 않는다. 섹스가 자아와 자존감의 결정에 미치는 막강한 힘에 비하면 사회적 역할은 제한적인 인격적 중요성만 갖는다. 발기불능과 불감증은 인생의 실패나 난감한 골칫거리보다 자아에 훨씬 더 해로우며, 우리 모두는 만족스러운 섹스에서 경험하는 기쁨이 최악의 공적, 직업적 굴욕의 그늘도 일시적으로 씻어낼 수 있다는 것을 알고 있다. 낭만적 사랑이 우리의 자아 감각을 지배하는 것은 부분적으로 섹스의 힘 때문이지만, 섹스 역시 자아를 결정하는 광범위한 요인이다. 사랑의 자아와 섹스의 자아가 아주 멀리 떨어져 있는 경우는 드물다.

플라톤에서 쇼펜하우어에 이르는 철학자들은 섹스가 개인뿐만 아니라 문화와 종의 가장 깊은 목적, 즉 자신과 자신의 종이 미래로 이어지는 연속성, (불멸이라는 말이 보다 추상적이고 자기중심적인 연속성이라는 관념에 인수되기 전) 그리스인들이 불멸성이라고 불렀던 것에 봉사한다고 지적했다. 섹스는 우리를 영원과 접촉하게 한다. 플라톤의 소크라테스는 더 높은 형태의 "에로스"라 할 수 있는 철학이 우리를 보다 직접적으로 영원과 접촉하게 만들어줄 것이라고 제시함으로써 이 그림을 아름답게 꾸미고 있을 뿐이다. 후대의 철학자들에게도 우리가 고립된 존재가 아니라 인간 집단의 구성원인 한, 자아는 단순히 개체적이거나 현재에 묶여 있지 않은 것으로 이해된다. 자아는 사회적이며, 타인들과 본질적으로 연결되어 있다. 우리의 자아는 특히 섹스를 통해 타인들과 이어져 있다. 위대한 비관주의자 쇼펜하우어는 바로 이런 생각으로 섹스란 감각적 욕망 이상이어야 한다고 제안한다. 그리고 우리의 즉자적 욕망이 하룻밤 관계에 불과한 것이든 평생 지속되는 사랑의 표현이든 상관없이, 성행위의 기저에 깔린 깊은 충동은 "우리 두 사람보다 더 큰" 어떤 것이다. 쇼펜하우어에게 이 충동은 우리를 통해 고동치는 우주적 "생명의지"에 다름 아니다. 쇼펜하우어가 정확히 이렇게 말하고 있지는 않지만, 그의 주장은 대체로 성적 매력이란 인간과 생명의 미래를 위한 청사진이라는 점을 강조한다. 성적 욕망은 궁극적으로 (하나의 종으로서) 우리가 되고 싶은 것에 대한 욕망이다. 그리고 마지막으로 성적 절정은 단순히 쾌락이나 자기만족적 행위가 아니라 두 사람을 통해 드러나는 생명의 의지이다. 우리가 성적 황홀경에 빠져 "자신을 잃어버릴" 때 우리는 가장 자기 자신인 것을 실현한다. 섹스의 기쁨은 자아의 기쁨이며, 두 자아는 자신을 넘어서 서로를 확장함으로써 자신들을 함께 즐기는 것이다.

성은 동일한 행동을 아주 다른 방식으로 바라볼 수 있고 각 관점이 자신의 고유한 표현 양식을 가리킨다는 점에서 로르샤흐 검사

Rorschach test[13]와 흡사하다. 성을 종을 지속시키는 도구로 바라보는 것은 필연적으로 성을 대단히 심각하고 막중한 책임을 지닌 것이자 결코 가벼이 취급해서는 안 되는 것으로 바라보는 것이며, 이에 반해 섹스를 쾌락과 기분 전환의 도구로 바라보는 것은 가벼움을 주장하고 책임을 최소화한다. 섹스를 두 사람의 육체적, 정서적 결합으로 바라보는 것은 섹스에 보다 개인적 차원을 덧붙이는 것이다. (섹스를 한 사람이 다른 사람에게 강요하고 침범하는 것으로 바라보는 것은 필연적으로 성을 강간과 유사한 적대적인 행위로 보는 것이다. 이런 생각은 섹스를 정복이자 "점수 따기"로 바라보는 생각에도 어느 정도 남아있는 태도이다.) 잠자리에서 어떻게 행동하는가는 더 원시적인 존재 방식으로 아무 생각 없이 무분별하게 돌아가는 것이 아니라 문화적 교육과 정교함의 높이를 보여주는 것이다. 우리가 섹스하기 전이나 혹은 섹스를 하면서 서로에게 하는 여러 행동들은 과장하지 않더라도 독창적이며, 이 행동들 중에서 "자연적" 충동으로 돌릴 수 있는 것은 극히 적다. 자연적 충동은 "변태적" 성행위에 대한 끝없는 도덕적 공격에 들어 있는 진실의 알갱이이다. 섹스의 대부분은 표현으로서, 섹스는 욕망과 흥분의 표현일 뿐 아니라 다정함, 존경, 감탄, 감사, 소심함, 진실, 소유하고 소유되려는 욕망의 표현이다. 섹스는 우리의 가장 기본적이고 원시적인 여러 두려움들, 즉 친밀성에 대한 두려움, 취약성에 대한 두려움, 굴욕이나 성적 불

13 로르샤흐 검사Rorschach test : 스위스의 정신의학자 헤르만 로르샤흐Hermann Rorschach가 고안한 인격 진단 검사로서, 좌우대칭의 잉크가 묻은 열 장의 카드를 피험자에게 보여주면서 피험자의 반응속도, 내용, 주목하는 특징 등을 기반으로 성격을 진단한다—옮긴이주.

능에 대한 두려움, 신체적 상해에 대한 두려움, 맨몸의 출현에 대한 두려움이 표현되는 매개체이기 때문에 자아에 매우 가깝다고 말해진다. 그러나 이런 생각은 너무 부정적이고 일방적이다. 섹스는 또한 우리의 가장 기본적인 욕망과 위안, 이를테면 안기거나 쓰다듬기고 싶은 욕망, 누군가를 안고 애무하려는 욕망, 친해지고 싶은 욕망, 심지어 두려움에 맞서 (공포를 극복하기 위해서라면) 약해지려는 욕망, 상호 욕망이라는 최고 화장술의 도움을 받아 긍정적으로 보이려는 욕망을 실현하는 매개체이다.

섹스를 할 때 우리는 벌거벗고 있으며, 우리의 신체 가운데 가장 보호되고 있는 부분이 타인의 손길에 노출되고 열려있다. 우리는 흥분하면 자제력과 조심성을 잃기 쉽다. 우리는 비언어적 표현이라는 희귀한 사치를 자신에게 허용하고, "뻔뻔스럽게도" 우리의 몸을 성적으로 가장 표현적이고 효과적인 방식으로 움직인다. 섹스를 할 때 우리는 우리를 가장 기쁘게 해줄 것을 자유롭게 원하고 (요구하는 것이 아니라면) 기대하기까지 한다. 놀랄 것도 없이 섹스를 할 때나 섹스를 끝낸 후에 우리는 자신의 가장 어두운 비밀과 가장 힘든 불안을 기꺼이 행복하게 인정하는 것 같다. 섹스는 친밀감의 매개체를 제공해주는 것만이 아니라 친밀감을 낳기도 한다. 우리의 신체가 감각과 쾌락을 주고받으라고 자극하는 것처럼, 단단하게 공유된 자아의 메아리가 남아 있어서 (이 메아리가 차단된 것이 아니라면) 생각과 이미지를 주고받으라고 자극하기 때문이다. 섹스 자체는 순간적일 수 있다. 그러나 그렇기 때문에 섹스의 중요성도 순간적이라고 생각하는 것은 중대한 철학적 오류이다. 가장 순간적인 성적 만남에도 두 자아는 육체적으로 얽혀있는 것 이상이며, 둘을 떼어놓는 것은 언제나 힘든 일이다. 사랑을 할 때 우리가 원하는 것은 두 자아를 합치는 것이며, 사랑의 섹스가 만족스러운 것은 섹스 자체가 반드시 "더 좋기" 때문이 아니라 우리가 섹스의 상징적 결과를 반기기 때문이다. 좋은 섹스는 사랑을 오래 지속시킨다. 그러나 이보다 더 중요한 점은 좋은 섹스에 의미를 부여하는 것은 사랑이라는 것이다. 사랑은 섹스를 지속시킨다.

흔히 섹스는 퇴행적이며, 더 야수적인 본능으로의 '회귀'이거나 초기 유아시절의 단순하고 의존적인 신체 상태로의 일시적 도피라고 제시된다. (심지어 "자궁으로의 회귀"가 성숙한 성을 움직이는 합당한 동기로 제시되기도 한다.) 물론 섹스에는 상대를 안고 또 상대에게 안기는 소박한 즐거움과 몸짓, 나체라는 사실, 모든 공적 역할과 지위에서 벗어났다는 점이 포함된다. 그러나 섹스는 학습되지 않고 지성적이지 않은 것이 아니며, 단순히 본능이거나 유아적 습관이거나 자아의 초기 단계로 돌아가려는 심리적 장애가 아니다. (물론 자아의 초기 단계는 모든 성행위와 욕망에 영향을 미친다.) 성적 표현은 가장 심오한 자기표현이다. 이렇게 말한다고 해서 성적 표현이 오용되거나 왜곡될 수 없다고 주장하는 것은 아니다. 모든 표현은 배제될 수도 있고 거짓될 수도 있다. 또한 애정과 친밀감을 표현하기 위한 다른 표현 형태들—이를테면 꽃을 사거나 시를 쓰는 것—이 성에 비해 선호되지 않는다고 주장하는 것도 아니다. 그러나 성적 표현은 자기표현이며, 성 없이는 우리가 자신을 있는 그대로의 모습이나 있을 수 있는 모습으로 상상하기 힘들다. 성적 표현 없는 연애도 때때로 창의적이고 역사적으로 찬양받을 만한 사랑으로 드러날 수도 있지만, 이는 잘린 사랑의 형태이다. 그것은 오로지 잘린 자아의 관념을 표현하기 때문이다.

우리의 자아가 성적이라고 말하는 것이 우리를 생식기적 성으로 국한하는 것은 분명코 아니다. 성은 자아 전체와 연결되어 있다. 다시 말해 성은 몸, 인격, 심지어 추상적 마음과도 연결되어 있다. 플라톤은 영혼의 작용과 지식을 향한 영혼의 갈망에 관해 이야기하기 위해 성적 은유를 즐겨 사용했는데, 마찬가지로 우리가 스포츠, 일, 그리고 인생 전반에 관해 이야기할 때 성적 이미지를 흔히 사용하는 것은 우리가 성을 얼마나 중심적이고 널리 퍼져있는 것으로 여기는지 보여주는 표시이다. 성은 사람들로 붐비는 복도를 걸어가면서 경험할 수 있는 힘이나 매력의 느낌, 가장 순진한 눈짓에도 동반되는 광대한 의미 체계, 등이나 목을 문지르거나 머리를 쓰다듬을 때 느끼는 편안함이다. 사랑에 빠진 커플은 온갖 표정과 몸짓을 통해 성을 발산하는데, 이는 연애하는 첫날만이 아니라 결혼생활의 마지막까지도 그러하다. 다시 말하지만 사랑은 성욕이 아니지만, 성욕을 무시하거나 부정하는 것은 사랑을 약화시키거나 감소시키는 확실한 길이다. 나이가 들면서 어느 순간 왕성하고 빈번한 성관계의 욕망(과 능력)이 줄어드는 것은 생리적 문제일 수 있지만 성을 생식기적 성교와 혼동하는 것은 잘못이다. 옛 격언이 말하듯이, "정력에서 잃은 것을 스타일로 보충한다." 성적 흥분은 어느 정도 성행위에 결정적이지만, 성적 흥분이 성의 전부는 아니며 성의 절정도 아니다. 성적 흥분과 오르가슴은 그 뒤에 따라 나오는 고요와 편안함을 예비하는 것이며, 성행위는 성적 결합의 순간적 집중에 지나지 않는다. 성적 결합이 최종적 만족을 얻는 것은 부드럽고 흔들리지 않는 긴 포옹과 저녁시간에 나누는 조용하고 친근한 대화이다.

앞서 우리는 좋은 섹스가 사랑을 지속하는 데 도움이 되며, 사랑의 섹스가 더 낫다고 말했다. 그러나 "좋은 섹스"란 무엇인가? 프로이트가 종종 지적했듯이, 섹스는 단순히 육체적 만족의 문제가 아니다. 정신도 만족해야 한다. 우리는 종종 어떤 사람들이 "잠자리에서 뛰어나다"라는 말을 듣는데, 이 말의 의미는 무엇인가? "잠자리에서 뛰어나다"라는 말이 다양한 의미를 갖고 있으며, 한 사람과 "잠자리에서 뛰어난" 것이 다른 사람에게는 그렇지 않을 수 있다는 점은 분명히 해야 한다. 또한 잠자리에서 뛰어나다는 것이 단순히 기술의 문제이거나 (어떤 인기 있는 잡지에서 말하듯) 심지어 민감성이나 관심의 문제도 아니라는 것 역시 분명히 해야 한다. 사랑하지 않는 사람이 보여주는 예민한 관심과 헌신은 치욕적이거나 심지어 혐오스러울 수도 있다. 자기가 "잠자리에서 뛰어나다는" 것에 자부심을 갖고 있는 두 사람이 함께할 경우 폭망할 수 있으며, 자신은 잠자리에서 뛰어나지 못하다고 고백하는 사람이 그런 문제가 있음에도 불구하고—또는 바로 그 때문에—좋은 연인이 될 수 있다. 잠자리에 뛰어나지 못한 사람은 최신식 기교와 진부한 말을 늘어놓기보다는 솔직하게 애정과 열정을 표현할 수 있다. 문제는 성행위가 너무나 자주 기교와 자세로 취급된다는 것이다. 성행위를 하는 사람이 최신 기교와 자세를 통달했을 수도 있고 그렇지 못했을 수도 있다. 물론 이렇게 말한다고 해서 성행위에 필요한 기본 지식이 부족하거나 서툰 것이 미덕이라거나 매력이라고 말하는 것은 아니다. 친밀한 대화를 나누는 데 필수적인 기술과 지식이 있듯이 성행위에도 필수적인 기술과 지식은 분명히 있고, 실제로 양자가 그렇게 다르지 않을 수도 있다. 그러나 섹스는 기본적으로 자기표현이지 다른 사람을 흥분시키는 기술이나 스스로 흥분되는 황홀감이 아니다. '잠자리에서 뛰어나다는 것'은 궁극적으로 연인에게 적합한 사람이 되어 자신과 자신의 헌신을 억눌림 없이 표현하는 것을 의미한다. 모종의 기술과 지식이 만족스러운 섹스의 전제 조건이 될 수는 있지만, 모든 성적 상황에 적용될 수 있는 기술과 지식은 무엇보다 섹스의 목적에 반하며, 섹스를 사적 운동 경기로, 체조나 레슬링처럼 경기력 평가가 기계적 일상이 되는 스포츠로 바꾸어버린다. 그러나 "진짜로 잠자리에서 뛰어난 것"은—이 말에 어떤 의미가 있다면—이런 익명의 평가 시스템을 가동시킬 수 없다. 정말로 잠자리에서 뛰어나려면 섹스에서 유일하게 중요한 것, 즉 쾌락이나 기술이나 지식이 아니라 상호 애정표현을 가동시켜야 하고, 상호 애정 표현은 일반적으로 수행할 수 있는 방법보다는 오직 특정한 한 사람에게 표현해야 하는 것과 더 많이 관련된다. 사실, 최근까지 성적 수행sexual performance이라는 관념 자체가 거의 알려지지 않았다. (성적 수행이 논의되었다면 질보다는 빈도와 더 많이 연관되었다.) 본질적인 것은 누군가와 섹스를 한다는 분명한 사실이고, 이는 성적 수행의 질이나 기술에 대한 기대와 관련된다기보다는 욕망과 믿음과 낭만적 의도와 더 많이 관련된다. 그럼에도 성적 수행은 오늘날 낭만적 애착과 사랑의 중요한 속성이 되었고, 어떤 사람들에게는 가장 중요한 것이 되었다. 그러나 정말로 중요한 것은 성적 수행이 단지 이타적 기술이 아니라 자기표현의 역할을 얼마나 잘하는 것인가를 깨닫는 것이다.

사랑을 할 때나 다른 사람과 잠자리를 같이 할 때 가장 중요한 개념은 내가 '궁합sexual fit'이라고 부르는 것이다. 궁합은 '잠자리에서 뛰어나다'는 것이 사랑에서 어떤 역할을 하는지 이해하는 길이다. 잠자리에서 뛰어난 것이 사랑의 이유—심지어 압도적인 이유—가 아닌 경우는 드물기 때문이다. 핵심은 상호 만족이라고 할 수 있다. 확실히 두 사람이 육체적으로나 감정적으로 만족하면서도 사랑하지 않을 수 있지만, 그럼에도 궁합은 사랑의 필수요소이다. 궁합은 두 사람이 서로에게 "맞는" 방식이다. 사실 인간의 몸은 거의 대부분 자연의 영리한 설계 덕분에 서로 잘 맞기 때문에, 이런 의미에서 '맞다'는 것은 오목 곡선과 볼록 곡선이 우연의 일치로 정확히 맞는 것보다 더 흥미롭다는 것을 의미해야 한다. 궁합은 평안함과 편안함, 두 사람이 상대의 의지를 따르도록 허용하는 정도, 성교가 애무와 성적 활동이라는 사전에 규정된 의례 이상의 것을 의미하는 정도와 더 많이 관련된다. 수많은 궁합에는 원형, 욕망, 기대가 포함되어 있다. 우리들 각자에게는 여러 다양한 성적 차원에서 편안한 범위가 있는데, 여기에는 적절한 성적 스타일, 기다림의 시간과 섬세하게 다가감, 파트너의 사이즈, 상대를 안거나 안기는 정도, 전희의 필요성과 전희 스타일, 성교의 지속시간과 활력, 서로에게 맞는 특정 성적 포즈, 그리고 무엇보다도 투여된 상호 관심과 세심한 배려가 들어간다. 우리가 특정 형태와 크기의 신체와 젖가슴과 페니스와 손과 허리와 엉덩이와 어깨를 선호하기 위해 굳이 페티시스트fetishist가 될 필요는 없다. 무엇보다도 궁합은 우리의 신체가 미리 정해진 욕망과 기대에 맞추는 것이다. 물론 자신에게 "맞는" 사람을 만나면 우리의 욕망과 기대가 얼마나 빨리 조정될 수 있는가는 놀랍다. 엄청난 정도의 다정함과 관심을 요구한다고 해서 반드시 과민한 것은 아니며, 파트너가 자신의 감각과 활동에 빠져 상대의 존재에 대해서는 어렴풋이 아는 정도의 상호 자기도취적인 거친 만남을 더 좋아한다고 해서 둔감한 것도 아니다. 다른 면에서 그러하듯이 여기에서도 궁합의 기준은 도덕적이고 규범적이지 않고 개인적이고 특수하다. 이 기준은 개인적 욕구와 취향과 관련되어 있지 '좋은 섹스'라는 추상적 공식과 관련되어 있지는 않다.

그러나 궁합은 육체적인 용어로 가장 쉽게 설명할 수 있지만 육체적인 것만은 아니다. 궁합에는 또한 표현력, 정직함, 부드러움, 애정, 유머 감각, 재기발랄한 재치 같은 속성도 포함된다. (그런데 이런 속성들은 섹스를 할 때는 좀체 채택되지 않는다.) 한 사람이 고요하면서 풍부한 성적 표현—속삭이거나 한숨을 쉬거나 턱과 입술을 미세하게 움직이는 것—을 믿고, 다른 사람이 최고 성량의 오페라 오라토리오를 믿는다면, 두 몸이 아무리 잘 작동한다고 하더라도 두 사람의 궁합은 부정적이다. 한 사람이 가급적 터치를 많이 할 것을 요구하는 반면 다른 사람은 선택적으로 가볍게 터치하는 것을 더 좋아한다면 두 사람 사이의 궁합은 나쁠 것이다. 한 사람은 참을 수 있는 마지막까지 성관계를 오래 끄는 것을 즐기는 반면 다른 사람은 서로의 열정을 자연스레 서둘러 터트리는 것을 더 좋아한다면, 두 사람 사이에 궁합은 없을 것이다. 요컨대, 궁합은 성과 관련된 거의 모든 것들에 대한 두 사람의 무언의 합의에 달려있다. 여기서 성은 프로이트가 제안한 것처럼 "목표와 대상"일 뿐 아니라 신음 소리를 내는 것이 괜찮은지, 섹스를 하기 전에 이빨을 닦아야 하는지 등과 같은 디테일도 포함한다. 궁합은 어떤 사람이 "잠자리에서 뛰어난" 점을 설명해주지만, 우리는 이로부터 어떤 사람이 잠자리에서 뛰어난 것과 같은 그런 것은 존재하지 않다는 것을 알 수 있다. 성적 수행 때문에 어떤 사람과 사랑에 빠질 수는 있지만, 이보다 더 자주 연인들은 사랑하기 때문에 잠자리에서 뛰어나다. 섹스는 다른 무엇보다 표현의 매개체이다. 섹스가 표현하는 것이 사랑일 때 성적 수행이 나쁠 리는 거의 없다.

사생활의 중요성

사생활의 필요성은 침범에 맞서는 보호의 필요성이다.(…)
사생활의 필요성은 사회적으로 만들어진 요구임이 확실하다.
사회가 없다면 사생활의 필요성도 없을 것이다.(…)

— 배링턴 무어 Jr.『사생활』

낭만적 사랑은 매우 사적인 감정이다. 그것은 은둔을 요청하고 환영한다. 성 역시 사생활이 필요하다. 인류학자들은 사실상 모든 사회가 성을 사적인 활동으로 여기지만, 사랑에 있어서 결정적인 사생활은 단순히 물리적 은둔이나 이웃과 가족의 시야 바깥에 머무는 것보다 훨씬 더 복잡하고 독특하다고 지적했다. 낭만적인 사랑은 매우 강력하고 근대적인 사생활 개념을 전제한다. 사람들이 낭만적 연인을 공개적으로 연기할 수 없는 것은 아니지만, 대중적 연기는 기껏해야 부차적이며 감수성을 지닌 많은 사람들에게 불필요하고 혐오스럽게 느껴진다. 우리는 너무나 자주 사생활을 고립된 개인의 상태로 생각하지만, 사생활은 두 사람이 함께 혼자 있을 수 있는 능력이며, 더 중요하게는, 주변의 더 큰 사회적 세계와 별개로, 심지어 그 세계에 무관심한 채 자신들의 세계를 함께 구축할 수 있는 능력이다. 모든 사회는 어느 정도 사생활에 대한 의식을 가지고 있는데, 성교를 할 때에 특히 그러하다. (고대 그리스인들은 다른 점에 대해서는 부끄러워하지 않았지만, 섹스는 엄밀히 사적인 행위로 보았으며, 사람들 눈에 띄지 않는 곳에서 섹스를 즐겨야 한다고 주장했다.) 그러나 사생활에 대한 우리의 생각은 이런 제한된 의미의 공개적 금지를 넘어선다. 그것은 권리 체계 전체를 포함하며, 사랑에 있어서 더 중요한 점으로서 우리 자신을—공적 맥락보다는—사적 맥락에서 정의하고 평가하는 급진적 권리를 포함한다. 우리의 자아, 진정한 자아는 공개적으로 표현하는 자아가 아니다. (이 주장은 세계 대부분의 사람들을 놀라게 할 것이다.) 우리의 자아는 대개 사적으로, 이를테면 가족, 친구, 그리고 무엇보다 우리가 사랑하기로 선택한 한 사람과의 관계에서 정의된다. 사생활에 대한 날카로운 관념이 없다면, 자아와 사회에 대한 우리의 관념은 아주 다를 것이고, 이런 자아 관념이 없다면 낭만적인 사랑도 존재하지 못할 것이다. 낭만적 사랑에는 오직 한 사람의 연인의 눈과 마음을 통해 재정의되고 결정될 수 있는 과소결정된 자아underdetermined self에 대한 사적이고 개인적인 감각이 필요하다. 사랑이 우리의 자아를 재창조할 수 있고 또 완전히 파괴할 수 있는 힘을 지닌 한 명의 타인과 관련하여 이런 힘을 지니고 있다는 것은 사랑의 적지 않은 미덕인 동시에 또한 적지 않은 위험이다. 사랑은 사적 자아의 감각을 허용하지만, 또한 우리가 공허함과 파괴에 취약하도록 만든다. 사생활은 우리 문명이 이룩한 가장 소중한 발명품 가운데 하나이지만 또한 우리가 짊어져야 할 가장 큰 책임 가운데 하나이다.

사생활은 근대적 개념이라고 할 수 있는데, 17세기 이전에는 거의 찾을 수 없다. 사생활은 단순히 혼자 있는 것과 같지 않다. 이런 형태의 사생활은 언제나 양치기, 은둔자, 고립된 사람들—부자이든 가난뱅이든—의 영역이었다. 사생활은 혼자 있을 **권리**로 이루어져 있지도 않다. 물론 혼자 있을 권리도, 사생활이란 결핍이 아니라 자아의 발달에 매우 중요하다는 새로운 관념을 수반하는 최근의 관념이다. 사회는 늘 특정 활동들을 사적인 것으로, 즉, 사람들 눈에 띄지 않는 고립된 곳에서 이뤄져야 할 일들이라고 지정해왔는데, 특히 섹스와 배설행위가 그러하다. 그러나 이런 일들은 보다 강한 의미에서 이야기하는 사생활이 아니다. 강한 의미의 사생활이란 개인이 자신의 삶을 영위할 권리와 능력, 그리고 두 개인이 자신의 방식으로 서로를 정의할 권리를 말한다. 물론 어떤 것이 사적이어야 하는가는 문화적으로 가변적이다. 현대 이탈리아에서 공공연하게 여겨지는 낭만적인 표현들이 미국에서는 엄격하게 사적인 것으로 간주된다. 공개적인 애정 표현에 대한 미국인들의 태도는 중국인들을 하얗게 질리게 만들 것이다. 또한 사적인 것이 비밀일 필요는 없으며, 중요한 의미에서 눈에 띄지 않아야 할 필요도 없다. 사적인 것은 보호받아야 하고, 공적 조사에서 떨어져나와 외부인들이 부과하는 요구와 의무로부터 벗어나야 한다. 우리의 사생활 개념에서 매우 특별한 점은, 대부분의 사회가 사생활을 공적 이해관계에서 면제된 것이거나 그것에 종속되는 것으로만 인식하는 반면, 우리는 사적인 것을 일차적인 것으로 본다는 것이다(배링턴 무어 Jr.

『사생활』). 우리는 우리의 사적 삶을 적어도 공적 삶만큼 중요하게 생각한다. 우리는 성공한 공적 인물에게 '사생활이 없다'라고 비판한다. 그러나 자신의 개인생활에서는 행복하지만, 정치나 다른 공적 문제에 관해서는 관심을 보이지 않는 사람들을 크게 걱정하지 않으며 심지어 존경하기까지 한다. 이것은 사생활에 의무가 없다는 것이 아니라 사생활이 **공적** 의무에서 자유롭다는 것을 말하며, 사회에서 유래한 학습된 구조가 사생활에 없다고 말하는 것이 아니라 사생활에서 유래한 자아는 공적 감시로부터 보호받는다는 것을 말한다. 이는 사생활에서 유래한 자아가 사회가 지시하는 규칙과 구조에 따라 만들어진다고 할지라도 그러하다.

이 구조와 이 보호의 범위 안에서 우리는 우리가 수행하는 낭만적 **역할**을 통해 사랑에서 자신을 정의하고 재정의한다. 낭만적 역할은 본질적으로 사적이다. 실제로, 우리 사회의 가장 두드러진 인류학적 특징 가운데 하나는 사생활에 대한 생각이다. 여기서 사생활이란 헌법이 보장하고 많은 사람들이 우려하는 의미에서의 사생활이 아니라 우리의 내적 자아가 규정되는 보다 형이상학적 형태의 사생활을 말한다. 예를 들어, 어떤 사람이 예민한지 감각적인지는 일반인들이 결정하는 것이 아니라 작고 친밀한 집단만이 결정하는데, 이 집단은 가장 작을 때는 (자신을 포함하여) 두 사람으로 이루어진다. 연인의 역할은 둘 사이에서만 규정되며, 변태나 패러디의 문제가 될 때에만 공개된다. (이와 달리 변호사나 교수의 역할은 자신을 패러디할 경우에만 사적인 역할로 상상될 수 있다.) 우리는 침실이라는 공간적 사생활뿐 아니라 자아라는 매우 특별한 사생활에서도 연인이다. 연인들이 늘 혼자 있고 싶어하는 데에는 그만한 이유가 있는데, 그것은 사적 행동이나 애무, 심지어 사적 대화와 관련될 필요가 없다. 사랑은 사적으로 정의되면서 온갖 공적 의견의 침범에 맞선다. 예를 들어, 가정주부와 전업남편 같은 가정적 역할은 사적 공간이 필요하지만, 공적 심사와 평가를 인정하며 종종 낭만적 역할을 방해한다. 이로 인해 연애와 가정생활은 동맹이면서 적이다. 낭만적 역할이 사적인 것은 친밀한 사적 자아와 관련되기 때문이고, 가정적 역할은 의무와 효율과 관련되기 때문에 공적이다. 가정적 역할은 두 사람의 사적 세계에서 그 사람이 어떤 사람**이냐**는 것보다는 사적 세계에서 그가 수행하는 일과 관련된다. 섹스 역할과 젠더의 역할은 공적인 경향이 보일지라도 낭만적 역할은 성적인 경향이 있다. 이것이 성에 대한 생물학적, 사회적 관념—여자와 남자, 여성적인 것과 남성적인 것—과 사랑의 낭만적 역할 및 사랑의 성적 표현을 분리시켜야 할 정당한 사유 가운데 하나이다. 사랑에서는 단 한 사람의 타인만이 연인을 인정해줄 필요가 있다. (물론 다른 사람들에게 연인의 인정의 표시가 확실하게 보일 수도 있다.) 사랑의 흥분—그리고 사랑의 불안—은 많은 경우 우리가 공적 의견에서 상대적으로 자유롭다고 선언하면서 우리의 자아를 타인의 수중에 놓을 때 생긴다. 물론 상호적 사랑인 경우 그 타인의 자아 역시 나의 수중에 놓여 있다. 이 경우가 상호취약성의 상황이다. 사회심리학자들은 이런 상호취약성의 상황으로부터 상호

승인과 검증이 협상과 상호 이익이 되는 사랑의 "교환 모델"을 만들어 냈다. 그러나 사랑의 교환 모델이 당연시하는 것은 사랑의 가장 매혹적이며 본질적인 특성, 즉 자아의 사적 정의와 그것이 전제하는 강한 사생활 의식이다.

사생활은 가능성만큼이나 문제도 많이 드러내며, 자유의 중요성에 대한 인식이 점차 높아지면서 나타나는 긍정적 효과만큼이나 위기와 혼란의 결과로 역사에 등장한다. 사생활의 역사는 반란과 소외의 역사, 권위의 붕괴의 역사, 버려진 자아성의 역사이다. 사생활과 함께 외로움이라는 항시적 위협이 찾아오고, 선택과 함께 어리석음이라는 항시적 가능성이 찾아온다. 우리는 종종 '개인적 정체성의 성격'과 같은 문제를 영원한 철학적 문제로 취급하는 경향이 있다. 하지만 실상 우리가 우리 자신에 관해 묻는 질문 중 상당수는 근대 이전까지는 거의 이해될 수 없었을 것이며, 특히 개인의 정체성은 문제조차 되지 못했을 것이다. 낭만적 사랑은 외로움과 자아의 비결정성과 관련된 문제들과 이런 문제들을 생각할 수 있도록 해준 사생활의 관념을 발명하기 전까지는 인생의 문제에 대한 해답을 제공해주지 못했을 것이다. 우리 시대 자아의 가장 중요한 수수께끼 중 하나인 "정체성 위기"는 미국에서 1950년대 이전까지는 인식되거나 명명되지 못했다. 자아가 평생 고착되어 있는 세계 여러 나라들보다 미국 사회에서 이런 정체성 위기가 두드러진다. "사회적 이동성"이라는 우리 사회의 이상은 대다수 다른 사회에서는 혼란과 외로움을 일으키는 확실한 요인으로 간주된다. 놀라울 것도 없이 정체성 위기의 개념은 사회 구조와 지위가 극도로 불확실한 사람들 사이에서 (특정 연령 집단에서 먼저) 나타난다. 우리가 처음 사랑에 빠지고 사생활이 폭발적 이슈가 되는 연령대가 자아의 정체성과 방향이 가장 혼란스러운 사춘기라는 것은 놀랍지 않다.

이와 대조적으로, 사생활과 개인의 자아에 대한 강한 의식이 부족한 사회에서는 이런 제도화된 자아의 위기를 드러내는 징후가 나타나지 않는다. 이를테면 마거릿 미드가 연구한 사모아 사회의 경우 성장은 사춘기에서 벗어나 일련의 사회적 책임과 역할을 떠맡는 것으로 이루어진다. 또한 이곳에는 낭만적 사랑 관념이 존재하지 않는다. 낭만적 사랑은 사회구조와 애착이 불확실해지거나 모호해지는 사회와 집단에서 가장 중요하다는 것이 밝혀졌다. 낭만적 사랑은 지금은 여러 감정 중에서 가장 부르주아적인 감정이 되었지만, 봉건주의 말기 더 많은 특권을 누리고 있던 봉건 계급에서 비롯되었다. 이 계급만이 사생활의 사치를 누렸지만, 권리는 아니었다. 또한 낭만적 사랑은 18세기 귀족 계층에서 전성기를 누렸는데, 당시는 이미 귀족 질서가 끝나는 시절이어서 인기가 없었다. 이것이 연애가 사회의 붕괴를 **초래한다고** 말하는 것은 아니며, 퇴폐적인 사회가 반드시 낭만적 사랑으로 바뀐다는 뜻도 아니다. 그러나 불확실성과 소외는 연대와 친밀함에 대한 욕구로 이어질 뿐만 아니라 사적 성찰과 해결에 대한 욕구로도 이어진다. 낭만적 사랑은 이른바 문화 혁명 이후 혼돈의 시절 중국에서 빅뉴스가 되었는데, 문화 혁명기는 사생활을 살짝 들여다보기만 해도 중국인들의 공동체적 삶을 침해하는 것으로 여겨졌던 시절이다. 사랑은 언제나 도시의 소외된 지역에서 가장 강박적으로 나타났다. 물론 사랑에 대한 도시적 신화는 세련된 냉소와 함께 종종 낭만적 시골이라는 역할을 떠맡기도 한다. (우리는 시골에 더 많은 사생활이 있다고 상상한다.) 사랑이 자기 정체성의 욕구에서 생겨난다면, 기존의 전통적 역할이 권위와 의미를 잃고 사적 역할이 더 중요해지면 사랑도 점점 더 중요해질 것이라고 기대할 수 있다. 연인은 역사에 등장한다. 연인은 할리퀸 로맨스에 등장할 뿐만 아니라 사회적 타락과 붕괴의 한가운데서 역사에 나타난다. 한때 정확하고 구체적인 사회적 사실들에 의해 철저하게 규정되었던 자아는 이제 불확실하게 매달려있으면서 사적으로 자신을 찾아 나선다. 우리의 사랑 관념은 사적 해결책을 들고 세상 속으로 들어온다.

낭만적 역할

그녀는 자신이 원하는 바를 이루었다. 그도 자신이 원하는 바를 이루었다.

그가 그녀에게 존재하는 바는 그녀가 그에게 존재하는 바였다.

그들은 서로에게 태곳적 장엄함을 지닌 신비롭고 생생하게 만져볼 수 있는 실재하는 다지성이있다.

— D. H. 로렌스, 『연애하는 여인들』

자아란 무엇인가? 모든 자아는 역할들로 구성되어 있다. 역할들은 자아의 전면이나 외관이 아니라 자아의 본질이다. 이에 따라 자아란 가면에 불과하며, 그 뒤에 진공을 숨기고 있는 자아의 표현presentation이라고 제시하는 관점도 있다. (이는 작고한 사회학자 어빙 고프먼Erving Goffman의 견해이다.) 보다 전통적 관점은 자아는 가면을 쓰고 있을 뿐 그 자체가 가면은 아닌 영혼soul이라고 가정한다. 나는 자아가 가면을 쓰고 있다는 것은 진실이라고 제안하고자 한다. 가면 뒤에는 아무것도 없지만 그렇다고 진공도 아니다. 우리를 혼란스럽게 하는 것은 진정한 "내적" 자아라는 이미지이다. 이는 자아가 "단지" 표현일 수는 없다는 생각이다. 그러나 또한 우리는 그 신비한 "내적 자아", 어쩌면 아주 이따금 전면과 외관을 통해 터져나오는 이 내적 자아를 식별하거나 찾을 수는 없을 것 같다. 자아는 안도 바깥도 아니다. 프랑스 작가 생텍쥐페리St. Exupéry에 따르면, 자아는 일련의 역동적인 관계이자 "관계들의 네트워크"이다. 앞서 말했듯이, 자아는 우리가 타인들 뿐 아니라 우리 자신에게 수행하는 역할들로 구성된다. 사르트르의 『존재와 무』에 등장하는 모범적인 웨이터는 자신의 모든 몸짓, 기계적 걸음걸이와 과장된 주의와 효율성의 전시를 통해 웨이터임을 연기한다. 분명하고 정확하며 자신이 연기하려는 것에 극히 한정되어 있다는 점을 제외하면, 이 웨이터는 우리 누구와도 다르지 않다. 사랑에서 구성되는 자아는 사적이긴 하지만 결코 독특하거나 개별적으로 창조되지 않은 일련의 역할들, 특히 우리의 성적 존재 및 구애 의식과 연관되어 있는 역할들이다. 사랑을 하면서 연인의 역할을 할 때, 우리는 성인으로 살았던 생애 대부분의 시간 동안 관찰하고 연기해온 역할을 수행하고 있다. 우리는 이 역할 안에서 자신을 잃어가면서도 이보다 더 자기다웠던 적은 없다고 느낀다.

연인의 역할이 가진 미덕 중 하나는 우리가 규정된 공통의 역할에 빠져들고 있다는 사실을 알면서도 우리의 표현은 상당 부분 우리 자신의 것이라고 느낄 수 있다는 점이다. 수많은 꽃가게들은 서로에게 감사하는 마음을 갖고 있거나 너그러운 수십만 명의 연인에게 긴 열두 송이 장미를 의무적으로 보내는 사업을 하고 있다. 이 열두 송이 장미는 각기 나름의 의미를 담고 있다. 이는 연인들이 매일 읊는 수백만 개의 "나는 당신을 사랑해"라는 말이 각기 나름의 의미를 갖고 있으며,

한 관계에서 나름의 본질적 위상을 갖고 있는 것과 마찬가지이다. 낭만적 역할은 공적으로 정의되지만, 사적으로 수행된다. 이는 (필요, 무지, 천박함, 허영심 때문에) 낭만적 역할들이 공적으로 행해지는 경우에도 마찬가지이다. 연인들은 특히 절망에 빠져 있을 때 '자신을 잃어버리고' 모든 역할에서 튕겨 나온다고 생각하지만, 실상 연인들의 절망과 광기조차 사전에 규정되어 있으며 예측 가능하다. 연인의 절망과 광기는 그것이 비록 사적 무내에서 펼쳐진다고 하더라도 우리에 맞춰 상세하게 기술된 역할들이기 때문이다. 낭만적인 자살의 위협, 자정 이후에 걸려 오는 전화, 맹세("나는 당신 외에는 누구도 사랑할 수 없습니다")는 예측 가능할 뿐 아니라 진부하기까지 하다. 이런 것들은 전혀 독창적이지 않다. 삼류 러브 스토리나 상황 코미디가 증명해주듯이, 낭만적 역할은 완전히 익숙하다. 하지만 우리 자신이 사랑에 빠져 있으면 이런 진부한 역할도 아담과 이브에게 그러했듯이 신선하고 독창적으로 보인다. 사랑의 매력은 바로 지금, 이 순간에도 1만 쌍의 연인들이 와인과 꽃을 나눈다거나, 이 연인들도 '당신을 사랑해', '나도 당신을 사랑해' 같은 의례적인 공식을 읊조리고 있다거나, 이들이 팔레오세 시대Paleocene epoch[14]나 그 이전부터 거의 동일하게 존재해온 기본 생물학적 구성으로 섹스를 하고 있다는 것 등이 전혀 중요하지 않다는 사실이다. 연애는 자신만의 사적 세계와 자신만의 사적이고 원초적인 자아

14 팔레오세 시대Paleocene epoch : 지질학의 시대구분으로 6천만 년 ~ 7천만 년 전을 가리킴—옮긴이주

를 만들어낸다. 세계의 노동자들은 단결할 수 있고 자본가들도 단결할 수 있지만, 연인들은 본질적으로 행복하게 분리되어 있다. 연인들은 자발적으로 분리되어 있으며, 자신들 이외의 다른 사람들도 사랑에 빠져 있다는 사실에 대체로 무관심하다.

자아는 우리가 타인들과 함께 "노는play" 역할—"놀다"라는 말에 주목하라—로 구성되지만, 다양한 범위와 맥락을 지닌 다양한 역할들이 존재한다. 가장 확실한 역할은 공적이거나 직업적인 역할, 이를테면 의사, 기업의 이사, 숙련 기술자, 납세자, 범죄자 등등의 역할이지만, 우리가 이런 역할들에 따라 자신을 정의하지 않는 것은 분명하다. 우리는 이런 공적 역할들이 "진정한" 자아를 별로 보여주지 못한다고 주장하면서, 실제로 이 모든 공적 역할들이 자아를 왜곡하거나 심지어 질식시킨다고 불평한다. 우리가 자아를 정의할 때 더 중요하게 생각하는 역할은 개인적이고 보다 사적인 역할, 즉 부모, 조부모, 형제, 자매, 친구, 이웃, 아내, 남편의 역할이다. 우리는 친구나 가족(혹은 일부 가족 구성원)과 함께 있을 때 가장 자기 자신이 된다고 느끼며, 이런 친밀한 관계에서 "자기 자신"이 될 수 없는 사람이 공적으로 아무리 성공적이고 매력적이라고 해도 매우 의심한다. 가장 중요한 역할은 사랑, 그리고 함께하는 삶과 특별히 연결되어 있는 역할들이다. 이러한 역할들 가운데 일부는 가정적 역할이다. 가정적 역할domestic role은 룸메이트나 가족 구성원과도 나눌 수 있는 역할들이다. 가정적 역할에는 일상적 잡무와 가사 노동의 분담 같이 재미없지만, 꼭 해야 하는 일부터 "집안의 가장", 부양자, 관심의 중심, 말썽꾸러기, 대화주의자, 만인의 걱정거리처럼 아주 중요한 역할들까지 포함된다. 가정적 역할 이외의 다른 사적 역할로는 관계의 역할relationship role이 있다. 관계의 역할은 가정적 역할보다 더 친밀하며 기능에 덜 매여 있다. 관계의 역할은 우정, 그 가운데서도 특히 가장 가까운 우정에 전형적으로 나타나는데, 상호 규정하고 (대체로) 상호 지지하며, 서로에게서 최선을 끌어내고 두 사람의 행복을 극대화하는 것을 목표로 한다.

그러나 낭만적 사랑은 이런 역할들과 구별되는 특별한 종류의 역할로서, 우리는 이를 '낭만적 역할romantic role'이라고 부른다. (이렇게 부르는 것은 적절하지만 내가 처음은 아니다.) 낭만적 역할은 성적 사랑과 개인적 이상화를 핵심으로 상호 정의되는 역할이다. 가정적 역할과 달리 낭만적 역할은 "실용적" 관점에서 보면 기능장애이다. 예를 들어, 낭만적 역할은 연인을 무한히 사랑스러운 눈으로 쳐다보고, (다른 기준으로 볼 때는) 주의를 기울일 가치가 없는 기능과 활동에 관심을 기울이며, 뚜렷한 성적 목적 없이 부드럽게 서로 만지고 정원을 거닐며 자연의 아름다움을 감상하지만 실제로는 아무것도 보지 않는 것처럼 사치스럽고 귀족적이며 쓸데없는 활동들로 이루어져 있다. 여러 상대와 낭만적 연인의 "놀이"를 할 수도 있다. 낭만적 연인은 세상에서 가장 오래된 직업이다. 그러나 낭만적 연인이라는 형식은 일반화될 수 있지만 그 내용은 매우 특별하다. 사랑한다는 것은 단순히 낭만적 역할을 연기하는 것만이 아니라 자신을 낭만적 역할들에 따라 규정하는 것이다. 그것도 일반적으로 규정하는 것이 아니라 오직 한 사람과 관련하여 규정하는 것이다. 물론 다른 사람의 협조 없이도 낭만적 역할을 떠맡고 연기할 수 있다. 짝사랑이 그러한데, 우리 모두가 알고 있듯이 행복보다 헌신을 택하고 실제로 관계가 이루어질 가능성보다 좌절의 확실성을 택하는 짝사랑보다 낭만적 세계고世界苦를 더 잘 연기하는 것은 없다. 그러나 낭만적 역할을 규정하는 것은 연인을 캐스팅하는 이상화된 역할이 아니라 욕망과 이상화이며, 사랑받는 방식이 아니라 사랑하는 방식이다. 사랑받는 것은 사랑의 필요조건이지만 사랑의 정의는 아니다. 사랑한다는 것은 연인의 역할을 연기하는 것이지만, 다른 모든 역할처럼 혼자 연기하는 것이 아니라 다른 사람들도 함께 연기하는 드라마에 맞춰 들어갈 때 더 잘 연기할 수 있다.

모든 낭만적인 역할이 섹스와 직접적으로 관련되는 것은 아니며, 심지어 일반적인 방식으로도 그렇지 않다. 사랑에서 벌어지는 특별한 유형의 역할극의 진기하지만, 흔히 볼 수 있는 예는 성숙하고 세련된 연인들이 쓰는 "베이비 토크baby talk"이다. 성인 남자와 여자가 애칭이나 유치한 사적인 말을 귓속말로 속삭이는 것보다 더 어리석고 나약하고 치욕적인 것은 없는 것 같다. 이런 애칭이나 유치한 말을 하다가 공개적으로 들키면 굴욕적이다. 그러나 이런 애칭과 사적인 말을 지어내지 않거나, 더 안 좋게는 이런 말을 쓰려는 노력 자체를 "미성숙하거나" "품위 없다"라는 식으로 거부하면, 관계의 친밀함을 걱정하게 될 것이다. 연인들은 진지한 관계의 후반기에 접어들면서 "부비", "스윗",

"주쥬"처럼 의미 없는 애칭을 쓰기 시작한다. 이런 애칭들은 성적이거나 감상적이거나 서로에게 의미 있는 것들을 가리키는 어휘로 발전할 뿐 아니라 다양한 기분과 상황에 맞춰 확대될 수 있다. 애칭이 만들어지는 과정은 중요하지만, 연구나 논평의 주제가 된 적은 거의 없다. 이런 베이비 토크는 자아를 축소시키려는 매우 양심적인 시도를 나타내는데, 이런 베이비 토크를 내뱉는 목소리는 흔히 얌전하게 속삭이거나 심할 경우 징얼거리기도 한다. 이런 말들은 공개적으로 하면 연민이나 조롱의 대상이 되겠지만, 사랑하는 연인들 사이에서는 더할 나위 없이 적절할 뿐 아니라 꼭 필요하기도 하다. 재치 있고 총명하며 언어적으로 잘 무장되어 있고 어쩌면 통렬할 수도 있는 두 연인은 ("조심스럽게") 사랑을 나누는 표범이나 고슴도치처럼 서로를 부드럽게 만들 수 있어야 한다. 연인들이 너무 형식적으로 이야기를 나누는 소리를 들으면 소름이 끼친다. 우리는 이 커플이 세련되거나 강하다고 생각하지 않고 방금 전에 싸운 것처럼 (또는 곧 싸우려는 것처럼) 융통성이 부족하고 방어적이라고 생각한다.

우리는 낭만적인 역할, 가정적 역할, 관계의 역할이 구분된다는 것을 여러 차례 지적했다. 사랑의 성격—그리고 사랑의 지속—은 이 세 역할의 상호 작용으로 이해될 수 있다. 이 세 역할은 두 사람이 함께 수행하고 두 사람에 의해 규정되는 경향을 보인다는 점에서 사적이다. 가정적 역할에서 이런 규정은 갈등의 원인이 될 수 있지만 반복적 일상이 되기 쉽다. 가정적 역할은 효율성에 집착하고 목표 지향적인 경향이 있으며, 종종 은밀하게 공개적으로 나타나기도 한다(남들에게 "내놓을 만한" 집이나 정원을 가지려는 욕망). 가정성이 가정이라는 근대적 개념을 전제한다는 점에서 가정적 역할은 사적 공간이 필요하다. 가정성은 공유된 목표와 활동을 드러내는 한에서는 사랑을 키울 수 있고 낭만적일 수 있지만, 가정성은 낭만적 역할이나 감수성과 구별되며 심지어 대립되기도 한다. 목표와 효율성은 연애에 방해가 된다. 연애에는 서로에 대한 집중적인 관심이 뒤따른다. 가정성은 자아보다는 환경과 해야 할 일과 과제에 관심을 기울이는 것이 필요하다. 가정성은 해야 할 과제와 집안의 허드렛일을 진정으로 나누는 한에서 낭만적인데, 여기서 진정으로 나눈다는 것은 "평등하게 분배한다"는 의미만 있는 것이 아니라, 이런 과제와 허드렛일들을 하는 것이 서로에게 관심을 기울이고 함께하는 또 하나의 방식이라는 훨씬 더 중요한 의미를 담고 있다. 말할 필요도 없이 이렇게 하는 것이 종종 일을 수행하는 효율적인 방식은 아니다.

관계는 역할에 의해 구성되지만, 관계를 구성하는 역할과 낭만적인 역할은 구별될 수 있을 뿐 아니라 실제로 구별하는 것이 특히 중요하다. 낭만적 역할은 두 자아가 "결합하는" 과정을 발전시키는 역할이고, 관계는 두 사람 사이의 실제적인 사회적 배치이다. 이 사회적 배치는 간혹 성적인 만남에 한정되거나 결혼처럼 포괄적이고 헌신적이기도 하다. 그러나 관계는 공적 배치일 뿐만 아니라 사적 배치이기도 하다. 또한 관계는 거의 언제나 사랑을 발전시키는 매개이다. 따라서 우리는 관계를 구성하는 역할과 관계를 통해 수행되는 낭만적 역할이 아주 분명하고 철저하게 분리된다고 기대해서는 안 된다. 그럼에도 양자는 매우 다르며, 양자의 상호 작용이 수많은 사랑의 우여곡절을 설명해준다.

낭만적 역할에는 서로에 대한 헌신과 관심이, 특히 서로의 감정과 느낌, 서로의 몸과 표현에 관한 관심과 헌신이 들어가 있다. 모든 낭만적인 역할이 집중하는 것은 타인의 이상화된 자아이다, 영혼이 본질적으로 신체를 포함하고 있다면 자아 대신 "영혼"이라고 말해도 무방하다. 따라서 낭만적 역할은 모든 공적, 실제적, 객관적인 맥락에서 자신을 분리한다. 상대의 말버릇을 고쳐주는 것은 낭만적이지 않으며, 상대의 몸에 사소한 의학적 문제가 있지 않은지 살펴보는 것 역시 낭만적이지 않다. 낭만적인 역할은 대체로 표현과 감사와 유혹의 의식으로 이루어져 있다. 이 의식은 평소의 조용한 저녁 식사이거나 사랑스러운 외모와 꽃 선물일 수도 있고, 화려한 시적 선사이거나 죽음을 무릅쓰고 실행하는 헌신일 수도 있다. 낭만적 역할은 함께 보내는 여가 시간, 두 사람만이 함께하는 시간, 다른 누구와도 나누거나 반복할 수 없는 배타적 시간이 필요하다. 사랑이 지속되지 않고 시간이 지나면서 줄어드는 한 가지 이유는 우리가 그런 무제한적인 여가 시간을 즐길 여유와 귀족적 자질을 가지고 있지 못하기 때문이다. 우리는 뭔가를 해야 **한다**. 우리는 생계를 꾸려야 한다. 그렇지 않다면 우리는 이 시간을 지속적으로 연애에 바쳐야 할 절대적인 필요성을 알지 못한다. 노년에 이르도록 사랑을 꽃피운 성공적인 커플은 일찍부터 그들이 하는 대부분의 일을 낭만적으로 만드는 법을 터득한 사람들이라는 점은 주목할 만하다. 이런 사람들은 집안의 허드렛일도 서로 공유하는 낭만적 역할로 바꾼다. 이들이 커리어나 관심사를 공유하는 것은 커리어나 관심사 그 자체 때문이 아니라 서로를 위해서이다. 이와 연관하여 윌Will과 아리엘 듀런트Ariel Durant, 어빙Irving과 장 스톤Jean Stone, 장 폴 사르트르jean-Paul Sartre와 시몬느 드 보봐르Simone de Beauvoir 같은 몇몇 작가 커플들이 떠오른다. 이들의 사랑은 오래 지속되었었는데, 그럴 수 있었던 것은 반드시 서로 "잘 맞았기" 때문이 아니라 이들이 낭만적 역할에 대해 잘 알고 있었고, 인생의 과제를 처리하느라고 방치하면 사랑은 지속되지 않는다는 것을 알고 있었기 때문이다.

관계의 역할은 공적으로 규정된다. 비밀 연애처럼 이런 규정이 사적으로 이루어지는 경우도 마찬가지이다. 관계는 가족이나 공동체의 맥락에서, 친구들 사이에서, 제한된 경우 낯선 사람들 사이에서 무관심에 직면할 때—아무도 알지 못하는 새로운 마을에서 새로운 사람과 연루될 때—나타난다. 그러나 연애가 서로에게만 관심을 보인다면, 관계는 세상을 경유하여 서로에게 관심을 보인다. 관계는 비교하지만("당신은 나보다 그를 더 사랑합니까?"), 연애에서는 이 모든 물음들이 작동하지 않는다. 관계는 대개 의무로 하는 반면 연애는 기쁨으로 한다. 관계의 역할은 이익의 공유를 포함하지만, 공유가 아니라 이익에 초점이 맞춰진다. 관계는 함께 일하고, 이야기를 나누고, 비용을 분담하는 것으로 이루어진다. 관계에는 상호 의존이 있지만 정체성의 공유가 있을 필요는 없다. 두 사람은 서로에게 익숙해지고 서로를 의지하기도 한다 ("당신이 없으면 난 어디로 가나요? 나는 어떡하지요?"). 연애가 결핍된 관계에서 두 사람은 섹스를, 그것도 짜릿하고 흥분되고 만족스러운 섹스를 할 수도 있다. 그러나 이때의 섹스는 표현으로서의 섹스, 결합의 상징으로서의 섹스가 아니라 결합하지 않으려고 애쓰는 오락으로서의 섹스이다.

우리가 앞서 말했듯이, 낭만적 역할, 관계의 역할, 가정적 역할은 성공적 연애나 결혼에는 함께 흘러내린다. 관계는 사랑의 감정이 꽃필 수 있는 사회적 실체를 마련해준다. 가정적 역할은 관계가 살아남을 수 있는 효율성의 틀을 마련해준다. 그러나 관계가 안정을 지향하고 가정생활이 효율성을 지향한다면 연애는 열정을, 결합의 열정을 지향한다. 다시 말해 연애는 비효율적이고 우리를 불안하게 만들 수 있지만 우리가 함께 있다는 느낌을 주는 것을 지향한다. (연인들 사이에서 일어나는 다툼은 많은 경우 관계나 가정의 실용적인 문제들을 둘러싼 의견 차이라기보다는 상대를 공격해서라도 유대감을 드러내려는 전략이다.) 사랑과 연인이라는 역할은 극적이고 역동적인 방식으로 자아를 재규정한다. 낭만적 역할은 우리를 평범함에서 들어올려 세상을 극적 무대로 바꾸고 우리를 "더 높은" 것에 이르도록 이끈다. 이것은 훨씬 더 고귀한 자아 감각, 다른 사람과 열정적으로 연결되는 것을 통해 고양되고 확장되는 자아 감각이다. 가장 뛰어난 사랑의 검증 방법은 하나의 역할 검증, 즉 우리가 다른 어떤 일보다 연인의 눈에 들도록 자신을 향상시키는 노력을 하고 있는가의 여부이다. 종종 변덕스럽게 사라지는 열정이나 욕망과 대조적으로, 이 견고한 비전이 사랑의 궁극적 척도이자 사랑을 평생 지속시키는 태도이다.

정체성의 차원들: 반대되는 것들은 서로 끌리는가?

자연의 결속은 나를 나 자신에게로 이끕니다.

당신에게 내가 있습니다.

당신이 어떤 존재이든 나 자신이기 때문입니다.

우리의 상태는 떼어놓을 수 없습니다.

우리는 하나, 하나의 육체입니다.

당신을 잃는 것은 나 자신을 잃는 것입니다.

— 존 밀턴, 『실낙원』

사랑을 일반화하려는 유혹을 들여다보면서 우리는 낭만적 역학관계를 둘러싸고 계속되고 있는 한 논쟁 속으로 끌려들어 가지 않을 수 없다. 그 논쟁은 우리가 "반대되는 것에 끌리는가?" 아니면 "같은 것이 같은 것을 사랑하는가"에 관한 것이다. 우리는 우리와 비슷한 사람과 사랑에 빠지는가, 아니면 다른 사람과 사랑에 빠지는가? 플라톤은 대화록 『리시스Lysis』에서 고대 그리스에서도 이 두 가설이 대중적 논쟁의 주제였음을 분명히 보여준다. 현대 정신분석 이론이 선호하는 가설은 반대되는 것에 끌린다는 쪽이다. 프로이트와 라이크Reik가 이 입장을 취하고 있다. 이들은 사랑을 할 때 우리는 자신에게 취약한 것을 보완하려고 한다는 근거를 제시한다. 이와 비슷하게 융Carl Gustav Jung은 그림자 이론을 발전시켰다. 그의 이론에 따르면 우리는 자신의 "다른 측면", 가끔씩 자신의 "어두운 측면"을 추구하는 경향이 있다고 한다. 이 어두운 측면이 사랑을 비극으로 만들 수도 있지만 대개 자신의 인격을 완성하는 순수한 보완물이다. 반면 현대 경험주의 심리학이 선호하는 가설은 우리는 자신과 비슷한 사람을 찾는 경향이 있으며, 차이는-반대되는 것은 말할 것도 없고—본질적 내용이라기보다는 세부 문제라고 보는 것 같다.

"같은 것이 같은 것을 사랑한다"라는 명제를 지지하는 것으로는 나르시시즘이 분명해보이는 대중적인 사례가 있다. 롤링 스톤 믹 재거와 그를 빼다 박은 전처 비앙카가 이 명제의 최근 사례에 속한다. 예술가는 예술가와 결혼하고, 장남은 장녀와 결혼한다. "반대되는 것에 끌린다"라는 명제에 해당하는 사례로는 다음의 경우가 있다. 매릴린 먼로는 극작가 아서 밀러와 결혼하고, 부유한 영국계 미망인은 젊은 펑크록 뮤지션과 결혼한다. 그렇다면 어느 쪽이 사실일까? 반대되는 것들은 서로 끌리는가, 아니면 같은 것이 같은 것을 사랑하는가? 물론 둘 중 하나를 택하는 것은 터무니없다. 반대되는 것에 끌리는 것은 최소한 일반적으로 공유되는 언어와 문화와 배경과 종교와 계급과 취향과 경험의 틀 안에서 일어난다. 그러므로 한 가지 분명한 의미에서 반대되는 것들은 서로 다르다기보다는 비슷하다. 로미오와 줄리엣은 반목하는 가문 출신이지만 두 사람 모두 같은 베로니즈 출신의 건강한 상류 계층의 10대이다. 물론 익숙하고 비슷한 것들과 다르다는 이유만으로 사랑을 찾고 선택하는 반항아들은 늘 존재한다. 이들은 자기보다 나이가 몇십 년 많거나 적은 사람이나, 다른 인종, 다른 문화, 다른 행성—이것이 가능하다면—출신과 결혼한다. 그러나 이런 뚜렷한 차이 속에서도 익숙한 것들이 작동하고 있음을 찾아낼 수 있다. 이를테면 여성의 역할을 바라보는 관점이 미국인 동료보다 자신과 더 잘 맞는 영국 여자나 일본 여자와 결혼하는 미국인 남자가 있을 수 있고, 자기가 좋아하는 남성다움과 비슷한 생각을 가진 노동 계급 남자와 결혼하는 상류 계급 여자도 있을 수 있다.

이와 달리, 연인들은 유사성 안에서 가장 뚜렷한 차이를 발견할 수도 있다. 사랑하는 연인들은 자신들이 비슷하다는 말을 들으면 깜짝 놀랄 만큼 재미있는 반응을 보일지 모른다. 강박적으로 깔끔한 두 연인은 "깔끔한 사람과 구질구질한 사람"을 날카롭게 구별하고, 사회적으로 꽤 숙련된 두 연인은 자기들이 극히 반대되는 내향성 인간과 외향성 인간이라고 본다. 섹스에 과몰입하는 것처럼 보이는 두 사람은 관계의 맥락 안에서 한 사람은 거의 언제나 성적으로 더 공격적이고 다른 사람은 더 수동적이며 심지어 수줍어한다는 것을 인정할 것이다. 여기서 도출할 수 있는 핵심은, '같다'와 '같지 않다'라는 말은 언제나 대조적이고 비교적인 말이기 때문에 이 말이 설명하는 개별 사랑 관계의 맥락 밖에서는 무의미하다는 것이다. 더욱이 '같음'과 '같지 않음'의 문제는 너무나 자주 낭만적 끌림의 맥락에서만 제기된다. 그러나 우리는 이미 낭만적 끌림의 토대가 사랑의 이유와 다를 수 있다고 주장했다. 끌림은 그것이 사랑을 작동시키는 이유를 투영할 경우에만—우리는 이렇게 되기를 바란다—중요하다. 우리는 어떤 사람이 이국적이거나 특이하기 때문에 호기심에서 그에게 끌릴 수 있다. 혹은 우리는 어떤 사람이 우리와 관심과 배경과 인생 철학을 공유하기 때문에 동류의식에서 그에게 끌릴 수 있다. 그러나 끌림이 사랑으로 바뀌고 사랑이 지속되는지의 여부는 끌리게 된 최초의 이유보다는 관계의 성격에 더 많이 달려있다.

사랑을 불러일으킨 최초의 매혹은 종종 일차원적이거나 이차원적이다. 즉, 외모나 공유하는 기술이나 관심에 초점이 맞춰진다. 그러나 사랑은 언제나 다차원적이며 사실상 두 사람의 인생 전체를 포괄한다. 이런 폭넓은 맥락에서 사랑의 유대를 이루는 수많은 일치점을 유사성과 차이의 관점으로 단순화하는 것은 지나치게 단순하고 오해의 소지가 있다. 일치하는 점이 있으면 그 안에서 관계를 발전시킬 수 있는 실질적인 공유의 틀이 존재할 것이다. 물론 공유하는 관심이 있어야 하지만 이보다 훨씬 더 중요한 것은 두 연인이 서로에게 강렬한 상호 호혜적 관심을 보이고 있다는 점이다. 물론 비슷한 점도 있을 것이다. 예를 들어, 우리는 어떤 사람의 매력을 자신과 대조해보았을 때 자신이 아주 볼품없다고 느끼지 않게 해주는 사람을 매력적이라고 느끼기 경향이 있다고 한다. 심리학자들은 이것을 "형평성 가설equity hypothesis"이라고 부른다. 이 가설을 통해 밝혀진 그럴듯한 사실은 사람들은 대체로 자기가 가진 정도의 매력을 지닌 상대를 선택하는 경향이 있다는 것이다. 물론 보상과 예외적인 개별 사례—잘생긴 스타와 사귀는 못생긴 천재—에 상당한 여지를 남겨두긴 해야 할 것이다. 결국 이 모든 것이 말해주는 것은 두 사람이 함께 살려면 세계를 공유해야 한다는 것이다. 우리가 두 시간 동안의 칵테일파티에서도 '맞지 않는다는' 느낌을 받을 수 있는 것처럼 공유된 세계의 차원은 참으로 제한적일 수 있다("나는 그 모든 공화당원늘 옆에 있다는 것을 참을 수 없었어!").

그러나 또한 우리는 우리와 다른 사람들, 어떤 점에서 우리와 반대되는 성향의 사람들에게 끌릴 뿐 아니라 이런 사람들을 오래 사랑하고 있음을 알 수 있다. 사랑은 자신의 약점을 보완하는 것일 수 있다는 융과 라이크의 지적은 의심할 바 없이 옳다. (결정하는 일에 어려움을 겪고 있는 사람은 단호한 파트너를 환영할 것이다.) 그러나 "반대되는 것"에 끌리는 것은 즐김의 문제일 수 있고("나는 너무 진지해. 나를 즐겁게 해줄 사람이 필요해."), 계속되는 호기심의 문제일 수도 있고("해리가 다음에 무슨 일을 할지 도통 모르겠어."), 필연적인 문제일 수도 있다. ("나만큼 거만한 두 사람이 한 집에서 절대로 같이 살지 못해.") 비슷한 것과 마찬가지로 반대되는 것도 다차원적 문제이며, 이런 복잡성을 포착할 단순한 일반화는 존재하지 않는다.

이처럼 같음과 다름을 둘러싼 질문들이 안고 있는 가장 큰 문제는 사랑의 본질을 무시한다는 것이다, 사랑의 본질은 유사성도 아니고 차이도 아니라 **정체성**이다. 두 사람이 서로 잘 맞고 어울리는가가 관계를 사랑의 유대로 유지시켜 준다. 물론 두 사람이 가진 모든 특성이 맞지는 않을 것이며 그럴 필요도 없다. 그러나 유대가 일어나려면 두 인생의 상당 부분이 맞아야 한다. 서로 맞는 부분이 넓을수록 사랑의 유대는 더 강해질 것이지만, 매우 다른 환경에서 자란 두 사람이 각자의 삶에서 상대와 무관하거나 심지어 이상하거나 혐오스러운 측면을 발견하지 않을 수는 없을 것이다. 이런 측면들은 관계를 유지하는 데 도움이 되는 "반대되는 것"이 아니라 긴장을 일으키는 요인이 될 것이다. 성공적인 관계에서 이런 측면들은 효과적으로 묻히거나 무시될 것이다. (실패한 관계에서 이런 특성들은 꽤 살아있을 것이다. 안건으로 올려놓았든 원한에 사무쳐 억눌러놓았든 이런 특성들은 관계가 완벽하게 맞지 않는다는 것을 들먹이기 위해 거론된다.) 그러나 열병이라는 잘못된—약속했던 공유된 정체성을 주지 못한다는 점에서 잘못된—열정을 넘어선 관계에서 모든 관심은 공유되는 최상의 특성에 집중될 것이다. 최상의 특성이란 정말로 관계를 묶어주고 연인들 각자를 그렇지 않을 때보다 더 나은 사람으로 만들어주는 특성, 특히 민감함, 관대함, 염려 같은 타자 지향적 덕성이다.

공유된 정체성 개념이 "같은 것은 같은 것을 사랑한다"라는 명제를 승인하는 것으로 받아들여져서는 안 된다. "공유"되는 것이 항상 유사한 것은 아니다. 사랑은 종종 공유된 관심사의 관점에서 잘못 묘사되며, 사랑의 성공과 실패도 공유된 관심사나 그것의 결핍을 언급하면서 설명된다. 한 커플은 "더이상 공유하는 것이 없기" 때문에 헤어진다.

또 다른 커플은 골동품에 대한 열정이나 집을 다시 짓거나 결정판 세계사를 쓰겠다는 공유된 열정을 바탕으로 늙어간다. 이런 말에는 분명히 뭔가가 있지만, 사랑에 대한 설명으로나 사랑의 성공에 대한 설명으로서는 모두 실패한다. 두 사람은 각자가 서로에게 일차적 관심을 보이는 한 직업과 취미가 다르다고 해도 사랑을 유지할 수 있다. 많은 사람들은 서로에게 낭만적 관심을 보이지 않으면서도 여러 관심을 공유할 수 있다. 함께 일하는 것이 도움은 되지만 이것이 사랑을 보증하는 결정적 요소는 아니다.

닮은 것과 반대되는 것에 끌리는 것 같은 관심의 공유는 사랑과 사랑의 지속을 이해하는 데 있어 과도하게 강조되어왔다. 물론 관심의 공유는 중요하지만, 이것이 사랑의 유대의 핵심은 아니다. 관심의 공유는 커플이 한 방향으로 나아가게 해줄 수는 있지만 두 사람을 묶어주지는 못한다. 사랑을 규정하는 것은 자아의 공유이다. 공유된 자아는 여러 차원을 갖고 있는데, 그것은 단지 취향과 유사성을 공유하는 것이 아니다. 우리가 아리스토파네스의 비유를 시각화한다면, 원형적 자아에서 쪼개진 두 반쪽은 합쳐지는 모서리의 모양이 같지 않으면 서로 맞지 않을 것이다. (물론 두 반쪽 모두 완전히 평평하고 매끈하지 않은 경우라면 말이다.) 쪼개진 두 반쪽은 서로 **보완**한다. 이쪽의 튀어나온 부분은 저쪽의 움푹 들어간 부분을 메운다. 더욱이 이런 상보성은 개개 연인의 특성—키가 크다, 작다, 단호하다, 우유부단하다, 섹시하다, 못생겼다 등등—에 따라 부분적으로 규정된다. 그러나 이보다 훨씬 더 중요한 것은 관계에서 수행하는 **역할**의 상보성이다. 낭만적 역할은 대체로 유사성보다는 보완성을 요구한다. (이것은 "반대되는 것에 끌린다"라는 명제가 기대고 있는 절반의 진실이다.) 상보적 역할은 보완재 없이는 역할을 수행할 수 없다는 의미에서 유대를 만들어낸다. 예를 들어, 불안한 남자는 보살핌이 필요하다. 이런 남자에게는 모성애가 강한 여자가—이 여자도 보살펴줄 사람이 필요하다—안성맞춤이다. 두 사람의 특수한 관계의 맥락에서 말하자면, 이 남자는 자신에겐 보살핌이 필요하다고 보고 있으며, 이 여자는 자신이 보살펴주는 일을 즐긴다는 것을 알게 된다. (이렇게 말한다고 해서 보살핌의 관계도 상호적이라고 말하는 것은 아니다.) 무책임해지고 싶은 여자는 자신과 반대되거나 자신의 무책임을 바로잡아줄 사람으로 과도하게 책임감 강한 남자가 필요하다. 또는 이 특수한 관계의 맥락에서 말하자면, 어쩌면 책임감이 있었을 여자는 이전에 한 번도 "책임"의 중요성을 인식하지 못했던 남자와 무책임해질 수 있는 사치를 부릴 수 있다는 것을 알게 된다. 물론 모든 상보성에는 어느 정도의 유사성이 그 토대로 전제되어 있다. 따라서 모든 역할이 반대된다고 말하는 것은 잘못이다. 많은 관계들은 상호적이다. 다시 말해 관심의 공유, 유사성, 상보성이 서로 복합적으로 맞춰지는 것이다. 그리고 많은 사랑의 역할들은 이 관계 안에서 규정된다. 사랑의 역할이 관계를 진전시키지는 않는다. (낭만적 끌림에 대한 지나친 강조의 또 다른 위험성이 여기에 있다.) 모든 연애에는 핵심적이라고 볼 수 있는 한두 가지 역할이 있지만 (맥락에 따라서는) 수십 개의 다른 역할들도 존재한다. 이 다른 역할들이 제대로 작동하지 않을 수도 있다. 건강한 커플은 자기네에게 어울리지 않는 역할을 연기하기 위해 새로운 활동을 시도한다. 이를테면 변태적 섹스를 시도하거나 감정 고백을 하거나, 또는 (가정적 예를 들자면) 두 사람이 똑같이 부엌에서 지휘봉을 쥐어야 한다고 주장한다. 현명한 부부라면 이런 문제를 해결하거나 공동으로 "다시는 그러지 않을 거야."라고 선언한다. 자기비하적인 커플이라면 이전에는 눈치채지 못했던 깊고 어두운 갈등을 알게 되었다는 결론으로 비약할 것이다. 하지만 사실 이런 역할들은 수많은 다른 역할들 가운데 기대만큼 잘 맞지 않는 것일 뿐이다. 역할은 종종 닮은 것보다는 반대되는 것을 표현한다. 역할 수행에서 사랑의 유대를 형성하는 데 도움이 되는 역할은 대립하는 역할이다.

비슷한 배경과 성격, 대조되거나 상보적인 재능과 특성, 공통의 관심사, 상호 규정되는 낭만적 역할, 이 모든 것들이 사랑에서 구성되는 다차원적 정체성 속으로 들어간다. 하지만 이 외의 다른 많은 차원들도 존재한다. 두 사람이 공개적으로 "커플"로 확인되는 공적 차원이 있고, 두 사람이 "크리스와 나"가 아니라 "우리"의 관점으로 선언하는 공유된 사회적 환경이 있다. 아주 중요한 역사적 차원, 즉 순수한 시간과 경험, 세상 누구와도 복제할 수 없으며 두 삶을 묶어주는 순간과 인생 전체의 기간이 있다. 어떤 순간적 매혹도 이런 것들을 성취할 수는 없다. 여기에는 명백한 육체적 차원, 말하자면 두 몸이 서로 밀착되어 상호 의존적으로 쾌락을 나누고, 비단 사회만이 아니라 자연이 가장 중요한 것으로 인정하는 '결합'을 의미하는 감각적 사실이 존재한다. 또한 너무나 자주 무시되는 성찰적 차원, 즉 두 사람이 사랑하고 있음을 인식하고 숙고한 뒤 서로에게—그리고 세상 모든 사람들에게—사랑을 선언하고, 그렇게 함으로써 관념의 유대를 짜는 차원이 존재한다. 이 관념의 유대는 공유된 정체성의 다른 많은 차원들과 겹치는데, 이 차원들은 자기 인식이 부족한 수위에서는 이미 존재했던 것들이다. (열병의 한 형태는 이런 성찰적 러브 스토리 짜기로 구성되어 있지만, 러브 스토리의 토대가 될 행위와 실질적으로 연결되어 있지 않다.) 낭만적 역할 외에도 두 사람이 함께 수행해야 하는 수십, 수백 가지의 다른 역할들이 존재한다. 이 역할들은 공동 소유하고 있는 집 청소 같은 허드렛일부터 관계를 맺어주는 데 결정적이지만 극적인 측면은 적어 보이는 일상적 역할들—좋은 대화, 오늘의 뉴스, 정원 산책, 재미있는 B급 영화 함께 보기—에 이르기까지 실로 다양하다.

공유된 정체성을 구성하는 것은 이 여러 차원들 가운데 하나가 아니라 이 모두를 조합한 것이다. 어떤 커플에게는 성적 정체성이 가장 중요한 핵심이 될 수 있지만 다른 커플에게는 집 청소가 중요할 수 있다. 노부부에게는 50년이라는 함께한 세월이 공유된 정체성의 기반이 될 수 있지만, 아직 성적 절정을 경험할 시간조차 갖지 못한 새로운 연애 관계에는 나비를 수집하겠다는 열정이 공유된 정체성의 기반이 될 수 있다. 우리가 기억해야 할 본질적인 것은 사랑과 사랑의 지속에 결정적인 것은 정체성이지 사랑에 기여할 수 있는 한두 개의 차원이 아니라는 점이다. 섹스는 일정 기간 동안 사랑을 유지시켜 주지만, 열정이 부족한 다른 공유된 경험과 역할들에 의해 지양된다. 이 경험과 역할들은 열정은 부족하지만, 사랑을 성공과 묶어준다. 우리가 흔히 사랑의 정의를 성적 열정에만 국한하고 사랑의 유대감은 다수의 공유된 상호활동과 태도에 의해서도 똑같이 제공될 수 있다는 사실을 무시하는 것은 비극이다.

사적 덕virtue

(…) 여러분은 연인들이 자신의 다른 반쪽을 찾는다는 말을 듣습니다. 그러나 나는 전체를 이루는 반쪽 또한 선하지 않으면, 연인들이 자신의 반쪽을 찾지 않을 것이며 전체를 찾지도 않을 것이라고 말하겠습니다. 연인들은 전체의 반쪽이 악하면 자기 손발을 잘라버릴 것입니다. 연인들은 자기 것이 선하지 않으면 사랑하지 않습니다. 사람들은 선(the good)만을 사랑합니다.

— 소크라테스, ("디오티마"), 플라톤의 『향연』

사랑의 지속적인 힘을 이해하려면 사랑의 궁극적인 동기를 이해할 필요가 있다. 사랑의 주요 동기는 섹스도, 동반자 관계도, 자식도, 관계의 편리성도 아니라 자존감self-worth이다. 어떤 자존감은 그저 멋진 사람과 어울리는 것으로 얻을 수 있을지 모르지만, 사랑은 이것으로 충분치 않다. 거칠게 표현하면, 사랑이 성공할 때 연인들은 그렇지 않을 경우보다 자기 자신에 대해 더 좋게 느낀다. 사랑의 실패는 대개 맥 빠진 열정이나 정열이 결여된 섹스, 심지어 싸움과 질투 때문에 생기는 것이 아니다. 사랑이 실패하는 것은 연인에게 환멸을 느꼈기 때문이 아니라 변모된 자신을 더이상 좋아하거나 견딜 수 없기 때문이다.

(대부분의 다른 감정과 마찬가지로) 사랑은 자존감에 봉사하며, 사랑을 지속하는 것은 상대에 대한 열정만이 아니라 자존감을 최대한으로 키우는 것이다. 사랑이 실패하는 것은 자존감의 손상 때문이다. 이 자존감의 손상을 보상하기 위해 아무리 많은 열정을 쏟고, 어떤 집착과 의존이 자기 비하에 빠진 사랑을 대체한다고 할지라도 그러하다.

이제 우리는 낭만적인 사랑이 개인의 정체성을 결정하는 데 왜 그토록 중요한 역할을 하는지, 그 결과 낭만적 사랑이 우리 사회에서 왜 그토록 중요한 위상을 갖게 되었는지 이해할 수 있다. 개인의 정체성은 단지 개인이 갖는 특성이 아니다. 개인의 정체성은 또한 개인적 가치를 재는 척도이다. 이 장에서 우리가 논의할 핵심 요지는, 자아와 자아의 가치에 대한 관념은 기본적으로 공적으로 결정되지 않고 자기 자신에 의해 결정되지도 않으며, 우리의 가장 친밀한 관계, 다시 말해 우리를 진정으로 잘 아는 사람에 의해 결정된다는 것이다. 가장 중요한 자아는 오직 두 연인만이 거주하는 세계에서 규정되는 사적 자아이다. 타인들은 연인들의 세계를 관찰할 수 있지만, 타인의 의견은 중요하지 않고 연인들은 애써 그것을 구하지도 않는다. 타인들은 "관계"의 성공에 대해서는 말할 수 있지만 사랑을 말할 수 있는 위치에 있는 경우는 드물다. 우리의 가장 사적이고 개인적인 덕뿐 아니라 가장 중요한 덕을 규정하는 것은 일인칭 복수형 "우리"이다. 이 "우리"는 한 개인으로서 우리를 가치 있다고 느끼게 만들어주는 존재, 세속적 성공이나 공적 위치가 아니라 가장 친밀한 "내적" 자아의 입장에서 가치 있다고 느끼게 만들어주는 존재이다. 우리는 바로 여기에서 아리스토파네스가 제시한 결합의 진정한 의미를 발견한다. 참된 의미의 결합은 성교라는 육체적 결합만이 아니고, 두 사람이 이제 커플이 되었다는 사회적 사실만도 아니고, 관계에서 연원하는 서로 뒤얽힌 인생만도 아니다. 참된 의미의 결합은 자아를 이루는 가장 근본 범주인 덕virtue의 견지에서 자아를 상호 규정하는 것에서 찾을 수 있다. 우리의 사유 방식에서 사랑은 그 자체로 덕이다. 사랑은 다른 모든 덕이 사랑에서 제자리를 찾는 통합적인 덕이다.

사람들은 모두 "좋은 사람"이 되고 싶어한다. 이것은 반역자, 우상파괴자, 괴짜가 되고 싶은 욕망, 심지어 악해지고 싶은 욕망을 무시하는 것이 아니다. 자아란 사실과 가능성의 저장고이기만 한 것이 아니라, 가치와 이상, 야망과 자아상의 핵심이기도 하다는 점을 말하려는 것이다. 우리는 이것들을 욕망하면서 또한 두려워한다. 이것들은 상당 부분 타인의 의견에 달려있다. 따라서 종종 부정적 이미지가 긍정적 이미지보다 성격을 결정하는 더 강력한 요인이다. 어떤 사람은 "부드럽게" 보이는 것이 무서워 부드럽다는 인상을 피하기 위해 적대감이나 완고한 고집의 가장을 취한다. 또 다른 사람은 타인을 지나치게 "밀어붙이거나" 사려 깊지 못하다는 인상을 주는 것으로 비춰질까 봐 그런 인상을 무릅쓰기보다는 세상이 자기를 밟고 지나가도록 내버려둔다. 데카르트와 존 로크 같은 철학자들은 자아가 생각과 기억의 "내적" 핵심이라고 설명했지만, 자아의 핵심은 다른 사람들과 더불어, 그

중에서도 특히 가장 가까운 관계와 더불어 구성된다. 부모와 형제·자매는 (이와 관련하여 선천적 성향이 없다면) 가장 원초적인 자존감을 세워주며 친구와 또래 집단은 원초적 자존감을 함께 꾸미고 돕는다. 그러나 어른이 된 후 우리가 자존감을 구성하는 가장 중요한 부분을 찾는 곳은 성취나 성공 같은 사회적 기준이 아니라 사랑이라는 사적 영역이다. 그러나 "좋은 사람"으로 여겨지는 것 또한 사회적으로 규정된다. 좋은 사람으로 여겨지는 것은 단순히 "자신을 기쁘게 해주는"—이 표현은 자존감의 중요성을 잘못 말하는 것이다—것이 아니다. 특정 유형의 사회만이 친밀성과 (다락방의 예술가나 지하실의 작가처럼) 고립된 창조성에서 길러지는 사적 미덕을 존중하고 기린다. 아리스토텔레스는 우리가 말하는 바를 이해하지 못했을 것이다. 아리스토텔레스는 한 사람이 더 큰 공동체에서 하는 일이나 지위와 관련해서는 좋은 사람이 아니지만, 개인적으로 좋은 사람일 수 있다는 생각을 할 수 없었을 것이다. 그러나 오늘날 (사적인 것을 강조하면서) 사적 덕목과 공적 덕목을 구분하는 것은 우리의 생각에 필수적이다.

덕은 사람이 가질 수 있는 가장 소중한 특성이다. 덕이 부나 건강, 성공 같은 바람직한 장점과 구별되는 것은 덕이 자기 자신뿐 아니라 타인들에게도 내재적으로 귀중하기 때문이다. 스코틀랜드 철학자 데이비드 흄David Hume이 말했듯이, 덕은 "자신과 타인을 기쁘게 해주는 자질"이다. 또한 오래전에 아리스토텔레스가 썼듯이 덕은 인간을 자신의 최상의 것으로 표현해주는 탁월성이다. 덕은 정직, 관대함, 친절, 신뢰, 부드러움, 민감성과 같은 특성이다. 한 인간을 “좋은 사람”으로 만들어주는 것은 그의 덕이다. 좋은 사람이란 그 말이 아무리 진부한 의미를 띠고 있다고 할지라도 우리의 윤리와 가치의 핵심을 이룬다. 우리의 자아, 그리고 가장 전통적인 의미의 영혼—영혼은 자아와 무관하지 않다—을 이루는 것은 궁극적으로 우리의 덕(그리고 악덕)이다. 영혼은 잘 차려입거나 매력적이거나 세련되지 않다. 그러나 영혼은 도덕적이고 동정심이 많으며 믿음과 희망으로 가득차 있다. 좋은 사람이라는 것은 좋은 영혼을 가지고 있다는 것의 인본주의적 등가물이며, 이는 아무리 왜곡되게 추구하더라도 사랑의 궁극적 목적이기도 하다. 플라톤이 사랑의 관념을 “좋음의 추구”로서 생각했던 까닭이 여기에 있다. 이 교훈은 이후 2천 년 동안 반복되어 왔지만 20세기 들어와 프로이트의 낭만적 비관주의와 더불어 시들기 시작한다.

사람의 덕이란 무엇인가? 덕은 당신이 어디 서 있고 누구에게 물어보느냐에 달려있다. 고대 아테네에서는 큰 소리로 떠들고 자랑하고 전사가 되어 사람을 죽이는 것이 덕이었으며, 겸손은 악이거나 한심한 일이었고 평화주의자가 된다는 것은 생각할 수 없는 일이었다. 고귀한 오디세우스가 기독교의 열두 사도들과 함께 식탁에 앉아 대화를 나누는 모습은 상상할 수가 없다. 대학 강의실의 덕은 축구장의 덕과 같지 않으며, 회의실의 덕은 침실의 덕과 같지 않다. 심지어 도둑놈들 사이에도 덕이 있다고 한다. 우리는 모두 덕스럽기를 원하지만 무엇을 덕으로 여기는가는 사람마다 매우 다르다. “좋은 사람”이라는 표현의 진부함이 이런 모호함을 말해준다. 어떤 사람들은 좋은 사람이 원더 브레드Wonder Bread(백인을 비하해서 부르는 말)처럼 부드러워야 한다고 생각하고, 다른 사람들은 술집 싸움꾼처럼 야비하고 소란스러워야 한다고 생각한다. 그러나 이 결론은 훨씬 더 흥미로운 다른 결론, 즉, 동일한 사람이 한 집단에서는 좋은 사람일 수 있지만 다른 집단에서는 아첨꾼이 될 수도 있다는 결론으로 이어진다. 우리 대부분은 일주일에 적이도 두세 개의 나른 세계에 살고 있다는 사실을 감안하면, 이는 자연스레 우리가 자기 정체성을 추구하는 데 상당한 문제를 일으킨다.

이런 여러 다양한 덕들은 사랑의 필수 조건이다. 우리는 덕에 대한 감각이 없어도 성적 끌림을 상상할 수 있고, 심지어 성적 집착을 상상할 수도 있다. 그러나 (정당성까지는 아니더라도) 자신이 옳다고 느끼고 자신과 자신의 연인을 덕의 표본으로 바라보는 것은 사랑의 일부를 이룬다. 역사와 문학에 등장하는 위대한 불법적 연인들—랜슬롯과 귀네비어, 안나 카레니나와 브론스키—은 세상 사람들에게는 끔찍하고 죄를 지은 것으로 보일지라도, 그들 자신은 자기네가 옳다고 생각했다.

사랑의 사적 덕에서 특별한 것은 그것이 사랑 안에서 **창조된다**는 점이다. "나는 당신을 믿기 때문에 당신을 사랑합니다"가 아니라 "나는 당신을 사랑하기 때문에 당신을 믿습니다"이다. 사랑은 덕을 찾을 수 없는 곳에서 덕을 발명한다. 그리고 그렇게 함으로써 덕은—발견한 것인지 발명한 것인지 관계없이—확정된다. 사랑의 큰 매력은 사랑이 우리 안의 최상의 것이라고 좋아하는 것을 확정 짓는 경향이 있다는 것이다. 이 말은 사랑이 환상적이라거나 사랑은 사람들로 하여금 연인의 잘못에 "눈멀게" 한다고 말하는 것이 아니다. 오히려 사랑은 우리가 타인에게 있는 "최상의 것을 볼" 수 있게 해줄 뿐만 아니라 이전에는 분명치 않았을 덕을 끌어내고 고취시킬 수 있다고 주장하는 것이다. 사적 덕은 공적인 것과 관련해서는 **불확정적**이다. 세상 사람들이 자기에 대해 민감하다거나 사랑스럽다고 생각하는 것은 별로 중요하지 않다. 자신이 자신에 대해 민감하다거나 사려 깊다고 생각하는 것은 이보다 훨씬 덜 중요하다. 이런 덕들은 친밀한 관계, 즉 자신과 가장 가까운 친구나 자신에게 미치는 엄청난 힘을 위임한 사람과의 관계에서 결정된다. 우리의 가장 깊은 덕, 즉 우리가 좋은 사람이 될 수 있는가의 여부는 이런 가까운 관계에 달려있다. 우리를 인정하지 않으면서 비판과 모욕만 안겨주는 연인을 선택할지 모른다는 것은 두려운 일이다. 우리에게 비판적이거나 우리를 인정해주지 않는 연인을 만나게 될 때 그 피해를 보상해 줄 수 있는 성공이란 없다. 다른 한편, 사랑은 적어도 사랑의 반경 안에서는 그렇지 않으면 사악했을 사람도 진심으로 덕스러운 사람으로 만들 수 있다.

우리가 덕을 표현하는 것, 다시 말해 두 사람이 공유하는 맥락에서 덕의 자질을 실천하여 이 자질이 그 자체로 인정받도록 하는 것에 절반의 시선을 던지며 친구를 선택하는 것은 숨겨야 할 비밀도 창피한 일도 아니다. 똑똑한 사람은 똑똑한 사람과 친구가 되고, 예민한 사람은 예민한 사람과 친구가 되며, 성공한 사람은 성공한 사람과 친구가 된다. 그러나 고등학교 시절 똑똑한 아이는 똑똑하다는 것이 학교에서는 장점이지만 미덕은 아니라는 것을 곧 배울 것이다. 강인함은 특정한 집단에서는 보다 더 중요하게 여겨진다. 사람들은 특정한 덕을 추구하기 위해 다른 덕은 경시한다. 어리석거나 추한 사람은 어리석거나 추하다는 "사실"을 받아들이는 대신 "진지한 통찰력"이나 "고귀함"을 알아보는 사람을 찾거나, 어리석음과 추함을 덕으로 여기는 사람을 찾을 것이다. 사실은 우리를 억제할 수는 있지만 우리를 규정하지는 못한다. 우리가 움직일 수 있는 한, 우리의 정체성은 우리 자신에게 달려 있다. 정체성은 우리가 판단하기 위해 누구를 선택하는가의 문제이다. 그러므로 사랑을 하면서 우리는 세상이 인정해주지 않더라도 우리가 자신의 가장 고귀한 속성, 가장 중요한 덕이라고 생각하는 것을 인정하고 격려해줄 힘을 지닌 단 한 사람의 최고의 판관을 선택한다.

연인을 선택할 때 가장 중요한 것은 그의 아름다움이나 매력이나 지성이나 성취가 아니다. 앞서 말했듯이, 연인을 선택할 때 가장 중요한 것은 "우리 안에 있는 최고의 것을 끌어내 줄" 사람을 선택하는 것, 우리가 가진 최고의 감수성을 알아보고 격려해주고 우리의 악덕을 주저앉히는 사람을 선택하는 것이다. (악덕을 주저앉힌다는 것은 악덕을 꾸짖거나 잔소리를 늘어놓는 것과는 다르다.) 가장 흔히 일어나는 사랑의 비극 가운데 하나는 반응은 보이면서도 가장 필요한 것, 즉 덕을 인정해주지 않는 연인을 선택하는 것이다. 뛰어난 문헌학자인 수잔은 그녀에 대해 조금도 신경쓰지 않는 남자와 동거한다. 이에 따라 그녀는 자기가 하는 일이 무가치하다고 느끼며, 사랑에 빠졌지만 왜 자신이 더 행복하지 않은지 의아해한다. 페르디난드가 가진 확실한 미덕 가운데 하나는 유머 감각이다. 그런 그가 진지함만 존중하고 유머 감각이라곤 눈곱만큼도 없는 여자와 결혼한다. 페르디난드는 아내를 미친 듯이 사랑하고 아내를 웃기고 즐겁게 해주기 위해 끊임없이 노력하지만, 결국 왜 자신이 한 인간으로서 하찮고 보잘것없게 느껴지는지 의아하다. 비슷한 사례는 무수히 많다. 하지만 이런 경우를 "자기파괴성"이나 "마조히즘"으로 해석해봐야 제대로 설명되지 않는다. 이런 사례들이 보여주는 것은 우리는 우리가 어떤 사람인지 또 우리의 덕은 무엇인지 늘 잘 알고 있는 것은 아니며, 우리는 종종 자신의 미덕이 아닌 미덕을 찾는다는 것이다. 사랑을 할 때 우리는 만인이 인정해주는 것은 아닌, 자신만의 미덕으로 인정받고 싶어한다. 위대한 레슬링 선수는 예민한 사람으로 보이고 싶어한다. 겁쟁이는 자기주장이 강하고 위압적인 사람으로 인정받고 싶어한다. 사랑은 당신임을 증명하는 도구인 것만이 아니라 당신이 아닌 것이 되려는 도구이기도 하다. 최상의 경우, 이것은 종종 사랑의 일부를 이루는 자아의 향상을 설명해준다. 하지만 가장 비극적인 경우, 자신이 아닌 것에 도달하려는 동일한 시도가 사랑의 실패를 말해준다. 그러므로 『향연』에서 플라톤은 소크라테스로 하여금 사람들은 자신이 결여하고 있는 것을 사랑한다는 극단적 명제를 주장하도록 했으며, 보다 최근에 융과 라이크는 우리는 자신의 부적절함을 보완하기 위해 타인을 사랑한다고 주장한다. 그러나 어떤 덕은 대조를 통해 나타나며("위압적인" 특성과 "관용적인" 특성), 다른 덕은 자신이 서 있는 환경에서 번성한다. 이를테면 정직은 정직을 낳고 관대함은 관대함을 낳는다. 연인을 찾을 때 사람들은 대조되는 미덕만이 아니라 공유하는 미덕도 찾는다. 중요한 것은 유사성이냐 차이냐가 아니라 자신에게 필요한 것을 원하고 얻는다는 것이다.

우리는 우리의 덕을 최대로 키워주는 사람과 사랑에 빠지는 경향이 있다. 이것은 소크라테스의 주장, 즉 우리는 좋은 사람, 공유된 좋은 자아만을 추구한다는 주장과 같지 않다. 하지만 이것이 이상적인 것은 분명하다. 그러나 이따금 우리는 대조를 통해 우리의 덕을 극대화해주는 사람, 그들의 온순함—실제이든 가장이든 상상된 것이든—과 대조적으로 우리를 강하게 보이게 만들어주는 사람, 혹은 그들의 평범한 지능과 대조적으로 우리를 똑똑하게 보이게 만들어주는 사람을 찾는다. 그리고 이따금 우리는 실제로 우리 안의 나쁜 점들—반역, 반항, 냉소, 냉혈—을 끌어내는 사람을 찾는데, 이는 다시 우리 사회에서 혼란스러운 덕의 상태를 강조한다. 그러나 우리는 대체로 자기가 가장 중요한 덕목으로 삼고 있는 것을 최대한으로 키워줄 사람을 연인으로 선택한다. 이 노력이 늘 성공하는 것은 아니다. 때때로 이 노력은 단기적으로는 성공하지만 오래가지는 못한다. 때때로 헌신이 진실함을 흐리고 관대함이 신중함을 흐릴 때 나타나듯이, 한 덕은 나중에 더 결정적인 것으로 드러날 다른 덕을 해치면서 극대화된다. 어떤 덕은 사적 정의가 환상적으로 보일 만큼 충분히 공적이다. 연애를 한다고 해서 수학 공포증이 있는 사람으로 하여금 훌륭한 회계사가 될 것이라고 생각하도록 만들 수는 없을 것이다. 그러나 사랑의 격려와 믿음은 상당한 심리적 장애를 극복하는 데 도움을 준다. 외모와 성격과 관련해서는 한 사람의 사적 의견이 공적 의견 전체를 합친 것보다 훨씬 더 중요할 수 있다. 이것이 민감성, 이해심, 섹시함, 매력, 재미, 관대함 같은 사적인 덕의 핵심에 해당한다. 사랑은 이런 미덕을 가장 잘 길러주고 인정해주는 맥락에서 일어나며, 다른 사람들의 의견은 중요하게 여기지 않는다.

이런 일이 일어날 수 있는 것은 사적 덕이 자아와 마찬가지로 대개 결정되어 있지 않기 때문이다. 어떤 사람이 덕스러운지 아닌지는 단순히 '사실'만 보고 판단할 수 없으며, 이는 개인적 의견의 문제도 아니다. 이런 점을 보여주는 일례로 "나는 너그러운가?"라는 개인적 질문을 생각해보자. 진실을 말하자면 나는 때때로 너무 너그럽다. 나는 주고 또 주고 은혜를 베푼다. 나는 50퍼센트의 팁을 주고, 자발적으로 선물을 주고, 시간 봉사를 한다. 때때로 나는 싸고 인색하고 옹졸하고 구두쇠이다. 나는 괜찮은 서비스를 해준 웨이터에게 팁을 적게 준다. 나는 친구의 저녁 파티에 좋은 포도주인 샤블리 대신 세일 중인 블랑드 블랑을 가져가거나, 크리스마스 선물로 글렌피딕 대신 제이앤비를 준다. 사실 나는 죄책감을 느끼며 이 선물이 싸구려라고 생각한다. 그러나 성격은 회고적 감정이 아니라 행동에 기초해 있다. 내가 너그러울 때에도 실제로 내가 관대해서 너그러운지 아니면 허영심에서 너그러운지, 또는 나의 너그러운 행동이 관대함에서 비롯된 것인지 아니면 관대하게 보이고 싶은 나의 욕망에서 비롯된 것인지와 같은 골치 아픈 문제가 있다. 이런 문제에 확실한 대답을 내놓을 수 있는가? 물론 한 가지 특정 사건을 넘어 일정한 패턴, 즉 장기간에 걸친 기록을 찾을 수 있고 또 찾아야 할 것이다. 그러나 이 기록은 의심할 여지없이 뒤섞여 있다. 이 기록은 관대함과 인색함이 울퉁불퉁하게 굽어진 곡선을 이루고 있다. 이 굽어진 곡선은 당시 나의 재정 상태, 내가 주는 팁이나 선물의 수혜자가 받을 만한 사람인지 혹은 나의 너그러움이 허영심에서 비롯된 것은 아닌지 등등 분명한 사실을 보여주는 곡선과 확연하게 분리되어 있다. 문제는 인색함을 비난하는 것은 누구도 논박할 수 없을 만큼 명백해보인다는 것이다. 인색하다는 비난은 내게 달라붙어 있거나 최소한 사라지지 않을 수 있다. 그리하여 나의 적이나 나를 비방하는 사람들, 또는 동정심이 없거나 냉소적인 대중들은 언제든지 이 비난을 이용할 수 있다.

사랑은 이런 불확실성을 해소한다. 사랑은 이 모든 불확실성을 해결해줄 유일한 항소심을 제공한다. 그리고 이에 못지않게 중요한 것은 사랑은 불확실성이 해소된 것에 대해 자기만족을 준다는 것이다. 사랑하는 사람이 나의 관대함을 인정해주는 것은 나의 관대함을 더 리얼하게 보이게 하고 내가 더 관대해지도록 북돋운다. 『향연』에서 파이드로스는 연인들로 이루어진 군대는 무적이라고 말했다. 왜냐하면 병사 한 사람 한 사람은 연인 앞에서 겁쟁이가 되기보다는 천 번이라도 죽을 것이기 때문이라는 것이다. 우리의 덕은 사랑을 통해 더 견고해지고 더 고무된다. 이런 점은 관대함, 공정함, 멋진 유머같이 불확실한 속성들 뿐만 아니라 민감성, 이해심, 그리고 무엇보다 "좋은 사람이 되는 것" 같은 전반적 속성—덕과 악덕의 전체적 균형—과 관련해서도 마찬가지이다. 그러나 무엇보다 특히 사적 덕들은 사랑의 사생활을 통해 규정된다. 이를테면 좋은 연인이 되는 것(관능적이고 이해심이 많고 사려 깊고 재미있고 섹시한 것), 그리고 이와 연관되는 악덕들(차갑고 무신경하고 사려 깊지 못하고 지루하고 냉담한 것)은 사랑을 통해 규정된다. 나의 연인이 나를 예민한 사람이라고 생각하면 나는 그런 사람이다. 그리고 이것으로 끝이다. 이것은 우리가 자신에게 부여할 수 있는 덕이 아니며—물론 많은 사람이 그러려고 고집하는 것 같다—, 여러 명의 연인들과 함께할 때 가장 잘 증명되는 덕도 아니다. 공적으로는 더더욱 증명되지 않는다. 이런 사적 덕은 특정한 상황에서 한 사람의 연인과 함께할 때 그 진면모가 드러난다. 여기서 연인의 의견은 절대적이다. (물론 잘못된 연인은 재앙이고, 다수의 연인들은 사기를 꺾을 위험이 있다. 1,001명의 연인 가운데 단 한 명의 연인이 사기를 꺾을 수도 있다. 이것이 돈 후안의 문제이자 성적 배타성이 갖는 이점이다.) 친밀한 덕을 공개적으로 자랑하는 것이 위험한 이유가 이것이다. 이 경우 친밀한 덕은 냉정하고 가혹하게 판단되지 않을 수 없기 때문이다. 이것이 사랑의 사생활과 배타성이 중요한 이유이다. 사생활과 배타성이 없다면 사적 덕을 결정하는 일은 더이상 친밀한 문제가 아니기 때문이다.

사랑의 사생활은 자아에게 이득이 될 뿐 아니라 책무이기도 하다. 우리는 판단을 내릴 객관적이고 공적인 기준이나 한계가 거의 존재하지 않음에도 우리에 대한 판단을 내릴 막강한 힘을 한 사람에게 부여한다. 이런 까닭에 우리의 덕과 사랑스러움을 공적으로 입증할 증거가 무엇이든, 우리의 자존감은 고운 가루처럼 갈려질 수 있다. 연인에게 버림받으면 갑자기 자신이 어떤 미덕도 정체성도 없는 사람처럼 생각될 수 있다. 사랑이 폭발적인 것은 두 연인이 서로에게 이런 힘을 행사할 수 있기 때문이다. 부부싸움의 폭력은 상승 작용을 일으켜 서로를 훼손하는 것과 깊이 관련되어 있다. 부부가 자신들의 성격에 가해지는 숱한 잔인한 비방에 맞서 보복하기로 마음먹으면 이런 훼손의 상승 작용이 일어난다. 연인들이 각자 상대를 파괴하는 것으로 자아를 구하려고 하면, 애초에 사랑을 촉발시켰던 격정적인 상호 찬사는 자존감을 지키려는 파괴적 방어전으로 바뀔 수 있다. 섹스는 이런 공격이 벌어지는 격전지가 될 수 있다. 우리의 미덕들은 적어도 어느 정도는 공적으로 보증되지만, 성적 미덕—과거의 경험이 무엇이든—은 현재적인 것과 사적인 것과 단단히 묶여 있기 때문이다. 커플은 사랑의 사생활을 통해 높은 자존감을 유지할 수 있지만, "객관적인" 외부의 균형감각이나 자비로움 없이 서로를 잔인하게 도륙할 수도 있다. 이런 이유로 주위에 자신을 지지해줄 친구와 가족이 많은 사람이라도 사랑이 시들면 자살 충동에 빠질 수 있다. 사랑하는 다른 한 사람은 연인의 자아 감각을 전부 훼손할 만큼 막강한 힘을 미치고 있기 때문이다. 그리고 사랑에 완전히 빠져 있어서 사랑이 없으면 외로운 사람이라면, 외부의 시선이 없기 때문에 구제받지도 못할 것이다.

플라톤과 아리스토텔레스, 그리고 그 지지자들은 사적 덕에 대한 우리의 생각을 이해할 수 없을 것이고, 그에 따라 사랑에 대한 우리의 관념도 이해할 수 없을 것이다. 이들에게 좋음은 객관적 자질이다. 이들은 한 사람의 덕이 그 사람과 그 사람의 유일한 연인이나 친구가 믿고 싶어하는 것과 관련되어 있다는 생각은 터무니없다고 생각할 것이다. 우리가 보기에 어떤 남자가 세상 사람들을 대할 때는 완전히 비양심적이지만 아내와 연인이 그를 성인이라고 말하면, 우리는 다시 한번 생각해보려는 마음이 들 수 있다. 아리스토텔레스에게 한 사람의 사적 삶에 대한 가족의 견해가 덕과 관련되는 경우는 거의 없다. 가족의 생각은 소문이나 스캔들 거리가 될 수는 있다. 물론 우리는 특별한 경우, 이를테면 사적 감수성과 공적 명성 사이에 벌어진 간극이 너무 클 경우에는 의심을 품을 수 있다. 그러나 핵심적 논점은 우리가 다음과 같은 문제를 제기할 수 있다는 것이다. 즉 한 사람의 진정한 자아—진정한 덕—는 공적 수행만이 아니라 그 사람의 사적 삶과 감정에서 찾을 수 있다는 생각은 역사상 가장 심오한 관념의 변화 가운데 하나이며, 우리는 이 변화에 기초하여 사랑을 이해할 수 있다는 것이다. 소크라테스가 말했듯이 사랑은 좋음을 추구한다. 그러나 사랑은 우리 안의 좋음을 (단순히 발견하는 것이 아니라) 창조한다.

변증법에서 동역학動力學으로

왜? 왜 우리는 남자든 여자든 우리를 하나의 전체에서 부서져 내린 파편으로 여겨야 합니까?

이것은 사실이 아닙니다. 오히려 우리는 뒤섞여 있는 것에서 순수하고 맑은 존재로 단독화되는 것입니다. 최상의 의미에서 섹스의 결합은 두 개의 별처럼 단독적인 두 존재가 별 무리를 이루며 초월하는 것입니다.

— D. H. 로렌스, 『연애하는 여인들』

사랑이 자아와 관련된다는 생각은 사랑이란 본질적으로 자기 사랑이라고 제안하면서 사랑을 덕의 역할이 아니라 악덕의 역할로 캐스팅한다. 그리고 사랑은 본질적으로 타인을 통해 자신을 재인식하고 결정한다는 주장은 익숙한 나르시시즘의 정의와 위험할 정도로 비슷해보인다. 그러나 자기 참조는 냉소주의와 나르시시즘을 동반하지 않는다. 설령 우리가 타인을 통해 자신을 본다고 할지라도, 또 나르시시즘에서처럼 "주체와 대상의 분리"라는 생각이 크게 흐려진다고 할지라도, 상호 자기 규정적 성찰로서 사랑은 악의적이거나 냉담한 결론을 권유하지 않는다. 나르시시즘과 달리 사랑은 타인을 자신의 거울로 여길 뿐만 아니라 자신의 기준으로 삼는다. 그리하여 궁정풍 사랑의 연인들은 사랑을 "헌신"(신에게 자신을 헌신하는 것처럼)이라 불렀고, (성공한 나르시시스트인) 스탕달은 열정적 사랑을 유일하게 이기적이지 않은 경험이라고 말했다. 사랑은 이타적인 것은 아니지만 그럼에도 이기심과는 반대이다. 사랑은 어쩌면 겸손한 자아의 확장을 구현한다. 그러나 사랑은 그 범위에서 결여하고 있는 것을 그 동기에서 보충하고도 남는다. 개인적 탐욕과 "자기 성취"를 중시하는 오늘날의 분위기에서, 사랑은 성공한 시민들에게는 마지막 남은 덕 가운데 하나이다. 우리는 사랑할 수 있는 사람을 신뢰하고, 사랑할 수 없는 사람을 신뢰하지 않는다. 사랑하는 것은 이기심을 넘어서는 것이다. 이는 사랑이 새롭고 고귀한 방식으로 자아를 재정의할 때에도 그러하다.

그러나 사랑과 자아가 쉽고 편안한 동맹 관계에 있다고 결론지어서는 안 된다. 낭만적 사랑은 우리가 선호하는 일련의 전통적 가치의 의심스러운 상속자가 된 고립을 무너뜨릴 강력한 정서적 동맹이다. 낭만적 사랑은 분개와 원한보다 더 나은 동맹이다. 그러나 우리는 확고한 개인주의자로 남아있고, 사랑은 언제나 자신의 전제와 충돌할 것이다. 개인적 성공과 자기 성취를 이루는 완벽한 삶을 살면서 동시에 사랑의 헌신을 유지할 수 있다고 생각하는 것은 어리석은 일이다. 물론 성공하는 삶을 살면서 **당신에게** 온전히 헌신하는 누군가의 혜택을 누릴 수는 있다. 이것은 금세기까지는 가장 성공한 남자들에게 당연히 주어진 전제였으며, 현재는 상당수 남자들과 여자들이 이루고 싶은 목표이다. 그러나 사랑받는 것은 사랑하는 것과 같지 않다. 당신에게 누군가가 헌신을 바치는 편리함은 당신이 헌신을 바치고 사랑하는 것과 같지 않다. 헌신하고 사랑하는 것은 시간이 걸린다. 헌신과 사랑이 성공하려면 그것을 자기 존재의 최우선 과제로 삼아야 한다. 그렇지 않으면, 헌신과 사랑은 세속적 야망과 심각함에서 벗어나는 "도피처"이거나 일시적 휴가가 되어버릴 것이다. 그리하여 사랑은 단 한 번도 심각한 적이 없었다는 이유로 "열병"으로 취급되어 폐기처분이 될 것이다. 사랑은 관심이 필요하며, 사랑은 사회적 성공과 지위를 이룰 수 있게 해주는 장벽과 가식을 허물어야 한다. 사랑과 개인성은 서로를 지지할 때에도 어쩔 수 없이 갈등한다. 이것이 사랑의 변증법이다. 우리 각자에게 이것은 선택과 타협의 문제이기도 하다. 사람들은 개인적으로 독립적일 수 있다. 사람들은 사랑을 할 수 있고 또 사랑에 빠질 수 있다. 한 사람이 한 사람을 선택하는 한에서 타인의 문제는 근본적으로 더 적다. 그러나 보다 긍정적인 측면에서, 사랑의 선택은 독립성을 시야에 넣는 반면, 사랑 없는 성공은 거의 언제나 취약하고 결정적이지 않은 것 같다.

사랑의 변증법은 개별성과 사랑의 공유된 정체성 사이의 긴장이다. 바로 이 사랑의 변증법이 사랑의 역학을 설명해준다. 이를테면 왜 사랑은 처음에는 그렇게 열정적인 경향을 보이는가? (개별성이 압도당했을 때 결합을 하려면 큰 열기와 흥분이 필요하다) 왜 사랑은 위기를 낳기 쉬운가? (결합이 상당 정도 일어나면 어쩔 수 없이 개별성이 다시 발언권을 쥐게 된다.) 왜 사랑은 시간이 지나면 그렇게 편안해질 수 있는가? (두 자아가 서로 잘 적응하여 해결하지 못한 차이가 작게 될 때, 함께 보낸 역사와 익숙함의 무게로 인해 결합을 지속하는 것이 각고의 노력을 기울여야 할 일이 아니라 간단히 떠맡는 문제가 될 때) 왜 사랑은 언제나 열린 문제인가? (개별성은 결합을 위해 자신을 완전히 포기한 적이 없으며, 온전한 결합을 이루지 못한 사람에게 확실히 보장된 것은 없다.) 공유된 자아는 사랑의 목표이자, 사랑의 말과 애무와 몸짓이 도달하려는 목표이다. 그러나 공유된 자아는 아주 다른 두 사람의 현실과 늘 공존해야 하는 부분적이며 궁극적으로는 불가능한 목표이다. 두 사람은 각자 자신의 역사와 배경, 자신의 삶의 전투, 자신의 인격을 지니고 있다. 그러나 특히 강한 자아를 가진 두 사람이 서로를 향해 특히 강력한 사랑을 보이는 경우가 종종 있는데, 이는 두 사람이 잘 맞기 때문이 아니라 서로에게 맞추려면 자신의 많은 부분을 내려놓아야 하기 때문이다. 이들은 많이 다툴 것이다. 이들은 종종 합의하지 않을 것이고, 이들의 관계는 중대한 의견 충돌의 과정이 되어버릴 수도 있다. (싸움과 논쟁은 사소한 잔소리나 언쟁과는 구별되어야 한다. 잔소리와 언쟁을 하는 유일한 목적은 차이를 해소하는 것이 아니라 마찰을 일으키는 것이다.) 이와 달리 성격이 무난한 연인들은 아주 쉽게 사랑을 찾을 수 있겠지만 이 모든 소동이 왜 일어나는지 의아할 것이다.

지속하는 사랑은 이런 투쟁을 버리지 않고 그 토대 위에서 번성한다. D. H. 로렌스가 늘 주장했듯이, 최고의 사랑은 완전한 결합이라는 가식도 아니고 완전한 개별성이라는 고립도 아니라 양자 사이에 미묘한 변증법이 존재하는 사랑이다. 이 변증법은 "균형"처럼 온화하지 않다.

5장.

사랑의 동역학動力學: 사랑을 지속하기

염려와 이기심이라는 신화

대부분의 사람들은 사랑의 문제를 기본적으로 **사랑하는** 문제, 사랑할 수 있는 능력의 문제가 아니라 **사랑받는** 문제로 생각한다.

— 에리히 프롬, 『사랑의 기술』

사랑은 자아의 문제이다. 그러나 사랑에서 자아를 규정하는 것은 무엇보다 타인에 대한 염려이다. 사랑은 자아가 타인을 끌어들이는—심지어 지지하는—자아의 확장이다. 이는 이기심과는 반대되는 것이다. 사랑과 이기심을 대립시키는 것이 바로 염려care이다. "강인한" 사유를 논외로 한다면, 인간의 본성에 가장 근접한 것이 염려이다. 우리는 본성적으로 이기적이지 않다. 우리의 시각과 이해에 한계가 있을 뿐이다. 여기서 구분의 선은 자아와 타자가 아니며, 심지어 "우리"와 "그들" 사이도 아니라 인격적인 "우리"와 추상적인 "타자들" 사이에 그어진다. 정의와 공정이 문제가 되는 것이 이 때문이다. 그러나 염려와 충만한 사랑은 이와 다르다.

오늘날 많은 미국인들이 인간은 누구나 자기 이익을 우선적으로 고려한다는 것을 철학적 공리로 받아들이고 있다는 점은 미래의 역사가들에게는 상당히 흥미로운 일—심술이 아니라면—이 될 것이다. 물론 자신의 이익을 염려하는 것이 반드시 타인을 배척하는 것이 아니라 "내가 나를 지키지 않으면 누가 나를 지키는가?"에서 연원하는 태도이다. 이에 따라 많은 사람들은 성공, 행복, 만족의 관념 자체가 개인적 목표, 사적 야망, 자기 폐쇄적인 개인적 욕망의 만족을 기준으로 규정되는 호전적인 유아론의 형태를 띨 수밖에 없다고 믿는다. 그러나 이것은 세상의 비열함 ("바깥세상은 약육강식의 세계이다") 이외의 다른 원인을 찾지 못한 채 지속적인 불만과 실패에 이르는 확실한 길이다. 사실 비열함은 자기 자신에게서 시작된다. 베스트셀러 "자기계발" 서적들이 다루는 영원한 주제가 세상에서 벗어나 독립적으로 되고, 거절을 한 뒤에도 죄의식을 느끼지 않는 방법을 터득하면서 자기 자신이 되어야 한다는 것이다. 그러나 이런 식의 처방은 짜증나는 점원이나 답답한 주부에게는 위안을 줄지 모르지만, 진정한 자아를 아는 데는 별 소용이 없다. 자아는 방어적인 경계에 의해 규정되는 것이 아니라 염려 속에서 일어나는 확장을 통해 규정된다. 자아는 "아니요"가 아니라 "예"를 통해, 분리가 아니라 애착을 통해 규정된다. 불안과 좌절의 산물은 사랑이 아니라 이기심이다. 이기심은 최상에 도달하려는 것이 아니라 가장 취약한 상태의 자아로 퇴행하는 것이다. 이기심은 학습된 병리성이다.

사람은 자신이 염려하는 것이다. 자기 자신만 염려하는 것은 공허한 목표만 남기고 자신을 불태워버리는 관념의 단락短絡이다. 자아는 자신의 필요에 의해 구성되는 것이 아니라 누군가 혹은 어떤 것에 의해 필요해지는 것이다. 사람은 염려하고, 자신의 이해를 외부로 확장하며, 타인을 자신의 이해의 **대상**이 아니라 **주체**로 만들며, 타인의 이해를 자신의 이해로 삼으며 배우고 성장한다. 염려하는 것은 사랑의 일차적 유대이다. (그러나 유일한 유대는 아니다.) 마음을 쓰고 염려하는 것은 사람들 사이에서 가장 중요하고 일반적으로 가장 오래 지속되는 정체성의 유대를 형성한다.

"염려하다"라는 말은 사랑에서 전혀 모호하지 않고 문제 될 것이 없는 것처럼 여겨지는 말 중 하나이다. 그러므로 메피스토펠레스가 파우스트를 염려하게 만들면서 그를 처벌했고, 주요 사전 가운데 하나인 랜덤사전—1980년 랜덤하우스에서 출판된—이 염려를 "부담감이나 불안에서 생기는 불안정한 마음 상태"로 정의했다는 것은 기억할 만하다. 염려하는 것은 손쉬운 애정의 흐름이 아니라 의식에 발생하는 일종의 경련으로서 의식을 억누르고 의식의 자유를 제한한다. 이렇게 말한다고 해서 염려가 부정적이거나 바람직하지 않다는 뜻은 아니다. 그러나 약간의 현실주의에서 시작하도록 하자. 염려하는 것은 미덕이면서 또한 책임이다.

'염려하다'에는 최소한 두 가지 서로 구별되는 완전히 상이한 의미가 들어 있으며, 양자 사이에는 다양한 의미의 스펙트럼이 존재한다. 먼저, 염려에는 적극적인 참여의 의미에서 누군가를 돌본다는 뜻("아픈 사람 돌보기" 또는 "아이 돌보기")이 들어 있다. 여기에는 책임과 양육권이 뒤따르지만 특정한 마음 상태나 개인적 관심이 들어설 필요는 없다. 다음으로 어떤 마음 상태, 일종의 관심으로서의 염려가 있다. 전자는 일반적으로 사랑의 증거로 간주된다. 사랑이 아니라면 왜 그 많은 시간과 에너지를 바치겠는가? 그러나 일반적으로 사랑 자체로 여겨지는 것은 후자이다. 그러나 어떤 일을 하지 않거나 하고 싶어하지 않아도 많은 관심을 보일 수 있다는 점에 주목하라. 이런 마음 상태는 단지 투자의 문제일 수 있다. 예를 들어, 나는 질레트 주식 400주를 소유하고 있기 때문에 이 회사에 관심을 보이거나, 어떤 못된 학생을 4년 동안 가르쳤기 때문에 그 학생을 걱정한다. 또한 염려는 특징적으로 중립적이거나 부정적일 수 있다("나는 당연히 그에게 무슨 일이 일어나는지 염려한다. 나는 그가 교수형에 처하는 것을 보고 싶다").

염려는 걱정하는 것일 수도 있고, 그저 무탈하게 "잘되기를 바라는 것"일 수도 있다. 어떤 사람을 염려하는 것은 그 사람을 높이 평가하는 것일 수 있지만 (예술가나 교사를 소중히 여길 수 있는 것처럼) 개인적 관심이나 책임은 없다. 사랑에는 이런 염려의 여러 의미 가운데 일부 또는 전부가 포함될 수 있다. 그러나 이런 여러 의미 가운데 어느 것도 사랑을 염려의 일종으로 구별해내기에 충분하지는 않다.

사랑에 있어서 염려는 단순한 투자나 추상적 개입, 혹은 걱정 그 이상이다. 대부분의 감정과 마찬가지로 사랑은 절실하게 표현하고자 한다. 사랑의 표현은 "나는 당신을 사랑합니다!"라는 절절한 선언이나 자신의 목숨을 걸고 사랑하는 사람의 생명을 구하는 것으로 나타날 수 있다. 다른 사람들을 걱정하고 그들이 잘되기를 바라는 것은 좋은 일이지만 사랑에는 행동이 필요하다. 행동이 일어나지 못하면 절망적 좌절에서 생길 법한 끔찍한 마비가 일어날 필요가 있다. 어떤 점에서 보면 무시하거나 토라지는 연인은 자신의 사랑을 행동으로 드러내는 것일 수 있다. 이런 태도가 그 순간 그 사람이 보일 수 있는 유일한 행동이기 때문이다. 시 쓰기가 사랑을 표현하는 것일 수도 있고, 설거지하는 것을 돕는 것도 사랑의 표현일 수 있다. 그러나 사랑으로 돕는 것과 공평함이나 의무감으로 돕는 것을 구분하는 것은 중요하다. 의무감에서 돕는 것도 고귀할 수 있지만—이것이 사랑과 양립할 수 없는 것은 아니다—이것과 감정을 표현하는 것 사이에는 상당한 차이가 있다. 한 사람을 염려하는 것은 더 일반적인 원칙이나 관심의 도움 없이 그 사람을 돕고 격려하겠다는 동기에서 연원한다. 염려는 공정성이나 도덕보다 앞선다. 염려가 사랑에서 그토록 중요하고 꼭 필요한 것이 이 때문이다.

우리는 사랑과의 관계에서 염려를 더 심층적으로 정의할 필요가 있다. 염려하는 것은 다른 사람에게 투자하거나 다른 사람을 걱정하는 것 이상이다. 염려하는 것은 타인과 타인의 야망, 욕구, 욕망, 자기관심을 포함하면서 이것들을 포괄해들이기 위해 자신의 자아를 확장하는 것이다. 염려는 이기심과 정반대될 뿐만 아니라 이기심을 반박한다. 이기심의 사도들은 우리들 각자는 (어쩔 수 없고 자연스럽고 신중하게) 자기를 위해 존재한다고 주장하는 반면, 염려한다는 것은 우리의 자아가 그렇게 폐쇄적이지 않다는 것을 보여준다. 오히려 우리의 자아는 개방적이고 확장적이다. 당신은 당신이 염려하는 것이다. 이것은 결코 작은 일이 아니다. 염려는 단지 관심을 보이는 것이 아니라 자아의 확장이다. 사랑은 자아가 부분적으로—오직 부분적으로만—타인을 포함해들이기 위해 타인을 향해 뻗어나가 자신을 정교하게 가다듬는 것이다. 염려는 내면화된 황금률이다. 당신이 염려하는 사람들을 당신으로 대하라. 그들은 당신 자신이다.

몇 년 전『염려』라는 제목의 유쾌한 소책자에서, 밀턴 메이어로프Milton Mayeroff는 "염려"를 "다른 사람이 성장하도록 돕고" "내가 (어떤 사람이나 이상이나 관념에 대해) 염려하는 것을 나 자신의 연장으로 경험하면서, 또한 내가 그 자체로 존중하는, 나로부터 분리된 존재로 경험하는 것"이라고 분석했다. 우리는 "성장"이라는 대중적으로 널리 통용되는 말을 사용하는 것에 조심스러운 자세를 취할 것이며, (관념이나 이상을 염려하는 것이 아니라) 사람을 염려하는 것에 우리의 논의를 한정할 것이다. 그러나 메이어로프는 염려에 내재된 이중적 성격, 즉 당신은 나의 연장이지만 또한 나에게서 분리되어 있다는 점을 아주 잘 포착하고 있다. 그의 책에 실린 수많은 사례들은 어떤 관념을 염려하거나, 소설이나 교향곡 같은 창작물을 염려하거나, 또는 부모·자식 관계나 선생과 제자 관계처럼 지도하는 관계에서 염려하는 것들이다. 메이어로프는 자아를 공유할 때 발생하는 정체성identity과 별개성distinctness 사이의 폭발적—불가능한 것이 아니라면—긴장은 다루지 않는다. 그런데 바로 이것이 낭만적 사랑이다. 나의 프로이트주의자 친구가 말하고 싶어하듯이, 자아를 확장하는 것이 안고 있는 위험성은 그것이 끊어질 수 있다는 것이다. 프로이트 자신이 자주 말했듯이, 다른 사람과 동일시하는 일의 위험성은 우리는 동일시를 하면서 자신을 끔찍한 현실의 변화에 열어놓고, 거절당하거나 좌절당할 수 있는 가능성, 그리고 이보다 더 안 좋은 일이 일어날 수 있는 가능성에 자신을 열어놓는다는 것이다. 자식과 학생들을 염려하는 것은 권위와 경험이라는 결정적 이점을 지니고 있다. 우리는 (어떤 범위 안에서) 통제할 수 있다. 다른 성인을 염려하는 것은 세상을 경험한 두 독립된 자아가 대결하는 일이다. 두 자아 가운데 어느 한쪽이나 두 쪽 다 염려를 싫어하고, 기대되거나 요구되는 것과 관련하여 자신만의 생각을 가질 수 있다. 우리는 세 살짜리 아이나 피아노를 막 배운 초보 연습생에게 성장이 어떤 의미를 갖는지 알고 있다. 그러나 서른다섯 살이 된 어른이 어떤 방향으로 성장할 것인지는 확실치 않다.

사랑을 하면서 타인을 돌보는 것은 자신의 창조물을 돌보는 것과 같지 않다. 사랑은 타인과 유대가 필요할 뿐만 아니라 독립성도 필요하기 때문이다. 소설과 교향곡, 사상과 이상을 염려할 때 우리는 뚜렷한 이점을 지니고 있다. 창조의 과정이 아무리 힘들고 '나름의 생명'을 지니고 있다고 하더라도, 관념과 소설과 교향곡은 반격하지 않으며 주어진 정체성에 저항하지 않는다. 한 사람의 저자로서 나는 사상과 소설과 교향곡—아이들은 말할 것도 없고—이 어떤 것이어야 하는지에 대한 나 나름의 생각이 있으며, 이 작품들이 종종 우리의 기대에 미치지 못한다는 점을 부정하지 않을 것이다. 그러나 반쯤 완성된 소설과 씨름하는 것과 서로에게 좌절감을 안기는 고통스러운 몇 달간의 연애 기간 동안 고군분투하는 것이 같다고 생각하는 작가 지망생이라면 소설을 써서는 안 될 것이다. 타인을 염려하는 것은 가장 어렵고 가장 필요한 염려의 형태이다. 우리의 염려를 받는 타인들은 그 보답으로 염려를 돌려줄 수도 있고 돌려주지 않을 수도 있다. 우리 가운데 성스러운 사람들은 이런 상호성을 요구해서도 기대해서도 안 된다고 주장할지 모르겠다. 그러나 다른 사람들은 잘 알고 있다. 사랑을 할 때 염려를 하면서 염려를 돌려받지 못하는 것이 저주의 본질이라는 것을.

또는 야카모치 부인이 쓴 것처럼,

당신을 사랑하지 않는 사람을 사랑하는 것은
절간에 가서
나무로 조각된
굶주린 악마의
엉덩이를 숭배하는 것과 같다.

흔히 연인들은 자신의 이익보다 상대의 이익을 더 중요하게 생각한다고 말해진다. 엄밀한 의미에서 이것은 옳지 않다. 연인들은 상대의 이익을 자신의 이익으로 받아들인다. 타인의 성공을 기뻐하고, 타인의 실패를 슬퍼하는 것은 자신의 성공이나 실패에 대해 기뻐하거나 슬퍼하는 것 못지않으며, 이상적으로는 질투나 환희가 섞여 있지 않다. 이것은 언어적 논쟁이 아니라 사랑의 경험과 성격에 대해 던지는 근본적 물음이다. 한 사람이 다른 사람을 염려하는 한, 그는 단순히 자신의 이해관계를 보살피거나 공감하는 것이 아니다. 메이어로프가 멋지게 말했듯이, "염려는 상대가 잘 되길 바라고 좋아하고 위로하고 지원하는 것 또는 상대에게 일어나는 일에 관심을 보이는 것과 같은 의미로 혼동되어서는 안 된다." 염려하는 것은 자아 정체성의 문제이지 구경꾼의 놀이가 아니다. 염려하는 것은 단순히 지켜보고 관심을 표현하는 문제가 아니라, 타인을 흡수하거나 타인에 의해 흡수되는 것이다. 염려는 보상을 공유할 뿐만 아니라 위험도 공유한다. 염려는 안전하게 돕는 것이 아니며, 어려운 순간에 "글쎄, 그건 당신 문제야."라고 말하는 것도 아니다. 염려는 사랑에 반드시 필요하다. 아무리 나쁜 일이 일어날지라도 두 사람이 서로를 계속 염려하는 관계에서 염려는 결코 작은 미덕이라 할 수 없다. 염려 없는 관계가 오래 지속하는 사랑일 수는 없지만, 염려는 모든 좋은 관계에서 사랑을 지속시킨다.

우리는 자아의 창조에 관해 많은 것들을 말해왔다. 그러나 자기 창조를 표현하는 가장 간명한 공식은 우리는 염려하면서 창조한다는 것이다. 우리가 자신을 창조하는 한에서는 그렇다. 우리는 부모와 형제·자매와 자식을 염려하는 가족의 일원이다. 우리는 염려를 하면서 우리의 사회적 자아를 규정한다. 우리는 염려를 통해 직업 속으로 들어가고, 직업을 직업으로 바꾸고, 예술가나 작가나 골프선수나 경주용 자동차광이 된다. 우리는 염려를 통해 우리의 성격을 규정짓는 친구라는 이너서클을 형성한다. 우리는 사랑을 하면서 염려를 통해 인생의 가장 중요하고 배타적인 정체성(들)을 형성한다. 우리의 인생이 의미 있는 것은 우리가 가진 것과 아는 것과 우리 "자신 안에" 들어 있는 것 때문이 아니라, 우리가 무언가를 염려하기 때문이다. 대중적 멜로드라마를 제외할 경우, 의미는 우리 내면 깊숙한 곳에 있는 것이 아니라 우리 외부에, 우리가 애착을 보이고 또 그들이 우리에게 애착을 보이는 관념과 사물과 사람에 있다. 사랑의 의미뿐 아니라 삶의 의미는 우리가 타인을 염려하고 또 타인의 염려를 받으면서 자신을 규정하는 방식에서 찾아야 한다.

그러나 염려에는 조건이 있다. (가족처럼) 이미 확립된 관계에서 염려하는 것과 관계 자체가 결정과 논의에 열려 있는 경우에서 염려하는 것 사이에는 결정적인 차이가 있다. 로버트 프로스트Robert Frost에 의하면, 집은 당신이 가야 할 때 갈 수 있고 당신을 받아들여야 하는 곳이다. 이와 달리 연애에서는 집에 가기 어려우며, 한 번 집을 떠난 다음에는 다시 돌아갈 수 없다. 연애는 우연에 기초해 있고 언제나 폭넓은 협상이 일어나며—물론 협상이 명시적으로 일어나는 경우는 드물다—, 상호적이고 종종 변덕스럽다. 대부분의 사랑 형태는 함께 있는 사람들 사이에서, 즉 부모·자식, 형제·자매, 같은 종교와 같은 공동체의 이웃과 구성원들 사이에서 발전한다. 우리는 감사와 필요와 익숙함 사이에서 최상의 것을 만들어내는데, 다름 아닌 사랑이 최상의 것이다. 그러나 낭만적 사랑에서 성숙한 두 성인은 낯선 사람으로—어쨌든 사랑에서는 낯선 사람으로—만나고, 이 관계는 엄밀한 의미에서 자발적이라는 인식과 더불어 기존의 정체성과 충돌하는 경험을 하지 않을 수 없다. 관계가 자발적이라는 인식은 부모·자식 관계에서는 일어날 수 없다. 염려는 사랑에 필수적이지만 낭만적인 사랑에서 염려의 이중성은 만만찮은 도전에 직면한다. 최초의 사랑 선언은 제쳐두더라도, 낭만적 사랑에서 일어나는 염려는 제안할 뿐 아니라 요구하기도 하고, 약속할 뿐 아니라 위협하기도 한다. 또한 낭만적 사랑에서 염려는 대다수 사업상 계약과 정치조약을 비교적 가볍게 보이게 만드는 무언의 조건과 기대와 함께 시작한다.

"염려"를 말할 때 생기는 문제는 이 말 자체가 이죽거리는 경멸적 태도와 우월적 태도를 모두 내포하고 있다는 점이다. 그러나 사랑의 역학에서 경멸적 태도가 들어설 여지는 거의 없으며, 평등한 사람들 사이의 관계에서 우월감이 들어설 자리도 없다. 더욱이, 염려와 관련된 이야기는 너무나 자주 일반적인 태도의 차원에 머물러 있어서 특정한 욕구와 욕망을 다루지 않는 경향이 있다. 그러나 우리가 관계에서 일어나는 구체적인 갈등들을 살펴보기 시작하면 곧바로 염려의 중요성을 찬양하는 경건한 이야기들의 휘황찬란한 광채는 빠르게 사라진다. 두 연인은 서로를 진심으로 염려하고 자신의 욕구만이 아니라 상대의 욕구도 정직하게 받아들일 수 있다. 그러나 서로 모순되는 욕구가 충돌할 때 '염려'는 사랑을 이루는 음모와 갈등을 이해하는 데 매우 허술한 도구임이 드러난다. "염려"는 좋지만, 염려가 마치 양 떼를 돌보는 이상적인 사제처럼 헌신적인 관심을 뜻한다는 생각은 받아들이지 말자. 그러나 이런 생각은 염려라는 말속에 박혀있다. 사랑은 염려하는 것이다. 그러나 인생이란 이기심과 이타적 헌신 둘 중 하나라는 식으로 생각하도록 자신을 속이는 한정된 색깔로 세상을 그리지는 말자. 특히 사랑은 평등한 사람들 사이에서 일어나는 유쾌하고 격렬한 싸움에서 찾을 수 있는 그런 형태의 염려이다. 사랑은 우리가 자식에게 보이는 태도나 집필하고 있는 책을 바라보는 태도, 즉 관심을 보이되 우월한 관리자적 자세를 취하는 것이 아니다. 사랑에 있어서 이런 태도는 연애의 본질이 아니라 연애의 종말을 고하는 것이다. 다시 말해, 염려는 사랑의 여러 미덕 가운데서 가장 중요한 것이지만 사랑의 전부는 아니다.

사랑과 시간

잘 안될 경우 하루를 날려버리고 싶지 않았기 때문입니다.

— 미식축구 슈퍼스타 폴 호넝

(아침에 결혼하기로 결심한 이유를 물었을 때 그의 대답)

사랑은 너무나 자주 그 성격상 기껏해야 몇 주 혹은 몇 달 이상은 지속될 수 없는 일시적인 상태—감정이나 스쳐지나가는 열정—로 설명된다. 그런 다음 절망의 색조를 띤 물음이 뒤따른다. "그렇다면 어떻게 사랑이 지속될 수 있는가?" 그러나 사랑은 감정적 상태가 아니라 역동적인 감정적 과정이다. 이를테면 자연발생적인 분노의 폭발처럼 15초 안에 표현되는 감정이 있지만, 사랑은 몇 주, 몇 달, 종국적으로 몇 년이 걸린다. 견고하고 안정된 관계를 구축하기 위해 이렇게 긴 시간이 걸리는 것만은 아니라, 사랑 자체가 잘 익은 좋은 포도주처럼 시간이 걸린다. 사랑은 첫눈에 반하는 것일 수 있지만 평생에 걸쳐 사랑으로 발전하는 것일 수도 있다. 어떤 의미에서 "어떻게 사랑이 지속될 수 있는가?"라는 질문은 잘못된 물음이다. 실상 지속하는 것은 사랑의 본성이며, 심지어 사랑의 전제 조건처럼 보이기 때문이다. 앞서 질문은 사랑은 왜 그렇게 자주 지속되지 않는가를 묻는 것이어야 한다. 이 질문에 대해서는 여러 개의 답이 있을 수 있는데, 이를테면 사랑이 지속되지 않는 것은 우리가 사랑에 대해 불합리한 기대를 하고 있기 때문이며, 우리가 사랑과 관계를 혼동하고 관계가 사랑을 완전히 가리도록 방치하기 때문이며, 우리가 사랑의 역동성을 사랑의 필수적 요소가 아니라 문제로 여기기 때문이라고 대답할 수 있다.

어떻게 하나의 감정이 이렇게 시간과 묶일 수 있는가? 부분적으로 사랑은 다른 많은 감정과 달리 타인과 맺는 상호관계를 포함하기 때문이다. 이는 몇 달 혹은 몇 년에 걸쳐 배우고 조정하는 것을 의미하며 공동의 자아를 짜는 것을 의미한다. 공유된 자아는 희망과 좌절이 투영된 것이 아니라 두 사람에게 가장 친밀한 것에 바탕을 둔 견고한 자아이다. 더욱이 다른 많은 감정과 달리, 사랑은 그 이면에 이야기를, 연인들이 알든 모르든 어느 정도 따라야 하는 서사 형식을 갖고 있다. 우리는 사랑 이외의 다른 감정들—이를테면 '피의 복수'에 나타나는 분노—이 이런 서사구조를 가지고 있는 사회를 찾을 수 있고, 성적 사랑이 서사구조를 가지고 있지 않은 다수의 사회를 찾을 수도 있다. 그러나 우리에게 사랑은 무엇보다 "로망스"이자 이야기이며, 이야기를 추구하는 데는 시간이 걸린다. 우리는 이 이야기가 단편소설이 아니라 서사시로 드러나기를 기대한다.

사랑은 철학적 경험으로서 교육받지 않은 수많은 철학적 연인들이 지어낸 (의심스러운) 철학적 광시곡과는 그 성격이 매우 다르다. 사랑의 논리는 여러 측면에서 관념의 논리이거나, 시간이 흐르면서 달리 전개되는 동일한 관념의 상이한 두 판본이다. 사랑은 개인적 가치와 사회적 요구의 세계로부터 개인적 욕구와 욕망이 타인의 욕구와 욕망과 긴밀하게 얽힌 세계로 이동하는 관념적 변화의 변증법이다. 그러므로 사랑을 발견의 항해라 부르는 것은 옳다. 사랑에 대해 늘어놓는 익숙한 사변적 수다들은 새로운 애정의 표현이라기보다는 탐색의 시도, 단순히 내면의 감각만이 아니라 자신과 타인의 진정한 "자아"를 탐색하려는 시도이다. 다시 말해, 우리는 한순간 다른 사람**을 향해** 감정을 드러낼 수 있지만 사랑의 핵심을 이루는 탐색은 복잡하고 시간이 걸린다.

사랑의 경험은 시간이 필요할 뿐만 아니라 상당 부분 시간의 경험이기도 하다. 지금까지 우리가 논의한 사랑의 구조는 대개 특정한 시간대에 나타나는 사랑의 구조였지만 오랜 시간에 걸쳐 나타나는 사랑의 구조도 있다. 사랑은 현재뿐 아니라 과거와 미래도 바라본다. 부분적으로 사랑이 그토록 혼란스러운 시간 감각을 가지고 있는 이유가 바로 이것인데, 때로는 우리의 인내 수준을 넘어설 만큼 참을성이 없고, 또 때론 거의 영원의 상태에 이른 것 같다. 사랑은 단순히 순간의 인식만이 아니라 언제나 그 순간의 덧없음에 대한 강렬한 인식이다. 사랑하는 연인은 서로에 대해 알기 시작하는 순간부터 곧바로 과거를 찾거나 만들어내고 미래를 계획한다. 그리고 지리적 탐색이 시작된다. "당신은 ~에 간 적 있어요?" 또는 "~에서는 어땠는지 기억하세요?"라고 물은 뒤 "오, 당신은 아무개 아무개를 만난 적이 있어요?"나 "알타몬타에서 열렸던 롤링 스톤스 콘서트에 간 적 있어요?"로 이어진다. 서로 잘 안 맞는 경우에도 최소한 연대기적 접점은 존재한다. 이를테면 "나는 그때 막 초등학교에 입학했어요."나 "그때 나는 아직 태어나지도 않았어요."라는 식으로. 연인들은 함께 시간을 보내면 곧바로 "우리가 ~했을 때를 기억해?"라고 묻는 게임을 시작하는데, 이 게임이 약간의 향수를 불러일으키는 것이든 놀림용이든, 아니면 기억력 테스트이든 상관없다. 이 게임들은 서로가 공유하는 몇몇 사건들과 기억들을 서사와 러브 스토리로 엮어내는 것으로 그 본질적 기능을 충족시킨다. 공유하는 사건들이 감당할 수 있는 한, 이야기에는 수많은 유머와 함축적 의미와 선견지명과 모험이 더해진다. 사랑이 발전하면서 과거도 발전하고, 그에 따라 사랑은 공유된 정체성을 시간을 이동하는 지퍼로 봉인한다. 여기서 오래된 경험은 재해석된다. 우발적 만남은 조짐이 되고, 거의 잊힌 문장은 예언이 된다. 이야기가 있었다는 게 분명치 않으면 (혹은 어떤 이야기인지 분명치 않으면) 연인들은 저녁 시간을 함께 보내며 이야기를 구성할 과거의 항목들을 찾아 틈새를 메운다. "그때 내가 무슨 생각을 했는지 아세요?" "당신은 나에게 ~에 대해 말하지 않았어요?" 이것은 관계에 대해 이러쿵저러쿵 늘어놓는 잡담이 아니라 관계의 본질적 일부, 관계에 시간적 실체를 부여하는 것이다. 마찬가지로 과거를 부정하는 사랑은 미래의 토대를 갖기 어렵다.

미래를 계획하는 일은 과거를 짜는 일보다 어렵다. 우선 방향을 제시할 이정표도, 부정하지 못할 사건도, 기억도 없다. 미래의 계획에는 이런 고정된 사건의 자리에 환상과 약속과 기대에 찬 기존의 문화적 서사가 놓이는데, 여기에는 결혼, 자녀, 집, 함께 나이들고 죽음을 맞이하는 사건들이 들어간다. 그러나 이것들은 디테일이 결여되어 있고 구체적 의미를 담지 않은 추상일 뿐이다. 우리가 갖게 될 상상 속의 아이—혹은 아이들—는 막연히 "그 애는 ~를 닮을 거야"라는 식의 말을 넘어 정체성과 인격과 문제와 특성과 미소와 눈과 웃음과 습관을 가지고 있지 않다. 우리는 상상의 집에서 빈둥거리고, 존재하지 않는 벽에 그림을 그리고, 어쩌면 존재할 수도 있을 미래의 정원에서 쉴 수는 없다. 노년은 가보지 않은 사람들에게는 상상 불가능의 영역이다. 현재의 이혼율과 사망률을 감안하면 젊은 두 연인이 미래에 투사한 드라마에서 함께 노년에 이를 가능성은 주목할 만한 요소로서 크게 매력적이지 않다. 그럼에도 연인들은 이런 추상적인 가능성을 투사하면서 함께 미래를 건설하고 현재에 의미를 부여한다. 아무리 열정적인 사랑이라 할지라도 사랑은 결코 순간만을 위한 것이 아니다. 사랑은 정체성으로서 언제나 "영원히"가 되어야 한다. 이는 미래가 어떤 식으로든 보장되기 때문이 아니라 정체성은 자신을 넘어서는 어떤 것도 생각할 수 없기 때문이다.

사랑은 정체성이고 정체성은 부분적으로 함께 보내는 시간이다. 이 시간이 실제 함께한 시간인지 아니면 상상 속 시간인지의 여부는, 그것이 함께 보낸 시간, 기억이나 상상 속에서 공유한 순간, 두 인생을 함께 묶어주는 수많은 플롯의 요소들로서 공동 작성된 (혹은 공동으로 겪은) 사건이라는 점만큼 중요하지 않다. 흔히 사랑이 끝난 후에는 "시간이 상처를 치유한다"고 한다. 시간에 관한 더 행복한 진실은 시간은 상처를 치유할 뿐만 아니라 고취시키고 건설한다는 것이다. 시간은 회복의 약일 뿐 아니라 성장의 약이기도 하다. 시간 없는 사랑은 너무 빈약하다. 함께 보낸 짧은 시간 동안 비극적인 로미오와 줄리엣은 자신들의 가족사 전체를 재구성하고, 혼인을 하고, 첫날밤을 치르고, 중요한 두 가지 문제를 오해하고, 이루지 못한 자신들의 미래 전체를 함께 상상할 수 있었다. 아무리 짧은 사랑이라 해도 이런 수준에 미치지 못하면 사랑은 만족하지 못한다.

낭만적 사랑은 단순히 신기한 것novelty과 종종 혼동된다. 하지만 낭만적 사랑은 길고 오래 지속될 수 있으면서 또한 늘 새롭다는 느낌을 준다. 사랑은 과거를 다시 짜거나 되살리는 동안에도 현재의 소중함을 놀랍도록 예리하게 느끼게 해준다. 사랑이 "로맨틱해" 보이는 것은 사랑의 새로움과 흥분 때문이지만, 새로움은 단지 시간의 문제가 아니다. 흥분의 느낌—스릴이 아닌 열정으로서의 흥분—은 몇 년 동안 아니 어쩌면 평생 지속될 수 있다. 드물긴 하지만 실제로 이런 일은 일어난다. 새로움에서 중요한 것은 또 하나의 색다른 경험이 아니라 신선하다는 것이다. 첫사랑의 열정은 충만한 현재가 수행하는 기능인데, 여기서 현재는 다음에 올 몇 순간 또는 몇 시간을 향한 욕망으로 흘러넘치고 미래에 대한 환상으로 가득차 있다. 열정에 빠져 있을 때 우리가 이 모든 욕정과 흥분, 시간을 재서술하고 미래를 재건설하는 목적을 알아채지 못하는 것은 충분히 이해할 만하다. 그러나 그것은 참으로 본질적인 기능, 즉, 낡은 자아를 파괴하고 새로운 자아를 재창조하는 기능을 수행하고 있는데, 이것은 당연히 시간이 걸리는 과정이다. 우리는 인생을 함께 끝내려는 마음이 없다면 인생을 함께 건설하려고 하지 않는다.

그러나 이것이 지속하는 사랑만이 "진정한" 진짜 사랑, 자신을 증명해보이는 사랑이라고 말하는 것은 아니다. 우리는 앞서 로미오와 줄리엣은 그들이 함께 보낸 짧은 시간 동안 자신들의 잘려 나간 인생 경험을 쑤셔넣었다고 지적했는데, 시간이 없었기 때문에 잘려 나간 인생 경험은 미래에 대한 환상으로 만족해야 했다. 돈 후안이 일주일간 피운 바람이 진정한 사랑이라는 것을 (아주 적절하게) 부정하는 것과 처음 만나고 나서 불과 며칠 뒤에 죽음을 맞이하는 비극적인 젊은 연인들의 사랑을 부정하는 것은 전혀 다른 문제이다. 때때로 사랑은 사랑에 필요한 시간을 얻지 못하지만, 이것이 그 사랑을 부족한 사랑으로 만드는 것은 아니다. 사랑에 본질적인 것은 사랑에 필요한 시간을 가져야 한다는 것이 아니라 사랑은 시간을 필요로 한다는 사실이다. 평생을 보내고 나서도 연인들은 여전히 더 많은 시간을 원한다.

하나의 서사로서 사랑은 사랑에서 일련의 절정, 일련의 선택지점, 만약 당신이 부정적인 것을 강조하고 싶다면 일련의 예측 가능한 위기를 알려준다. 우리는 사랑 이야기에서 이보다 더 일찍 더 분명하게 일어나는 사건들을 어렵지 않게 말할 수 있다.

첫 만남
첫 대화
첫 데이트
첫 키스
첫 성 경험
"나는 사랑합니다."
가장 친한 친구 만나기
가족 만나기
첫 여행
동거
첫 싸움
결혼
첫 아이

물론 이 가운데 몇 개는 동시에 일어날 수 있고(첫 키스와 첫 성 경험, 동거와 결혼), 종종 단계를 재배치하거나 뺄 수도 있다(이를테면 섹스를 미룰 수도 있고, 한 단계 더 진전하기 전에 15개월이 아니라 15년을 같이 살 수도 있다). 그러나 이 사건들 하나하나는 경험할 당시에는 절정이자 드높은 고원처럼 느껴진다. 물론 잠깐의 평온함 뒤에 다시 위기가 찾아올 수도 있다. 이 위기는 처음에는 불안과 함께("우리가 너무 멀리 가게 놔뒀나요?"), 그다음에는 결정과 함께 (더 가야 할지를 선택해야 하는 결정) 나타난다. 너무 열정적이기 때문에 앞으로 나아가지 **못한다는** 것은 상상조차 할 수 없다고 해서 불안이 덜해지거나 위기가 덜 생기는 것은 아니다. 기쁨 때문이든 절망 때문이든 잠 못 드는 밤은 보편적 현상이다. 사랑에는 피하거나 부정할 수 없는 '시간표'가 있다. 우리는 '스스로 규칙을 정한다'라고 말하고 싶지만 의식하든 않든 이 시간표에 묶여 있다. 낭만적 관심이나 연애의 시간을 어느 정도 보낸 후 섹스를 하는 것은 사실상 의무처럼 보이는데, 이는 단지 악명 높은 호르몬과 그에 따른 조급증 때문만은 아니다. 구애와 교태가 다른 것은 시간에 대한 존중이다. 이 점과 관련하여 일반적인 도덕 규칙이나 예의범절을 기대하는 것은 터무니없지만—우리는 더이상 "첫 데이트에서 키스를 한다"는 엄격한 규칙을 갖고 있지 않으며, 적절한 약혼 기간 같은 것도 없다—, 첫 섹스를 할 때 항상 적절한 다음 단계가 있거나 있어야 한다는 점은 중요하다. 다음 단계의 존재는 흔히 인상적인 순간적 침묵을 통해 선언되거나, 또는 더 어색하게 "우리가 ~할 때라고 생각하지 않습니까?"로 시작되는 익숙한 질문을 수줍게 던지는 것으로 선언된다. 마찬가지로 불륜도 어느 정도 시간이 지나면 관계가 된다. 결혼의 이유를 물으면 부부는 낭만적인 것부터 극히 실용적인 것까지 수십 가지 익숙한 이유를 댈 것이다. 그러나 가장 흔한 이유는 그저 "때가 되었다"는 것인데, 이것은 너무 분명해서 종종 인지되지 못하고 있다.

•

사랑의 여러 단계는 종종 "기회를 잡는 것"으로 제시된다. 물론 이것은 사실이다. 하지만 다음 단계로 나아가지 **않는** 것도 기회를 잡는 것이다. 우리는 성공을 확신할 수 있는 사랑을 원하지만, 진실은 나중에 뒤돌아보았을 때에만 그런 확신을 가질 수 있다는 것이며, 가장 열정적인 연인들도 매 단계마다 실수하며 어쩔 수 없이 다가오는 위기를 성찰을 통해 연기할 뿐이라는 것이다. (여기 한 가지 가능성이 있다. "우리가 아무 생각 없이 그 모든 일들을 그렇게 빨리 저질렀다는 것이 지금 생각하면 미친 것 같지 않아요?") 사랑의 단계들은 그저 사랑 **속으로** 들어가는 것이 아니며 사랑의 결과도 아니다. 사랑의 단계들은 사랑의 시간적 구조, 각각의 경우에 적용되는 사랑의 서사를 이룬다. 당신이 이 사랑의 시간표를 건너뛰거나 멈추고 싶어하면서도 사랑하고 있다고 주장하는 것은 터무니없다. 물론 변형이 일어날 수는 있다. 이를테면 결혼을 거부하거나 독신 기간을 늘릴 수 있는데, 결혼의 거부는 낭만적 스케줄에 비교적 새롭게 유입된 것이며, 독신 기간의 연장은 낭만적 사랑의 가장 오랜 속임수 가운데 하나이다. 그러나 성적 표현을 완전히 거부하거나 포기하거나, 상대의 친구와 가족을 만나는 데 전혀 관심을 보이지 않거나, 늘 혼자 여행하겠다고 고집을 부리는 것은—그래야 할 결정적 이유가 있지 않다면—사랑에 반하는 주장이다. 사랑과 결혼을 너무 단단히 묶지 않는 것이 중요하지만, 오늘날에는 결혼이 사랑의 과정에서 반드시 통과해야 할 필수 단계가 되지 않도록 결혼을 거부하고 결혼 반대 주장을 펼치는 경향이 확연히 눈에 띈다. 관계의 다른 부분에는 열정을 보일지라도 상대에게 관심이 부족하거나 무관심한 것만으로도 사랑에 반한다. ("마리는 결혼하자고 했고, 나는 당신이 원하면 괜찮다고 했다. 마리는 결혼은 중대한 결정이라고 했고 나는 "아니"라고 답했다."—카뮈, 『이방인』)

사랑의 시간표에서 매 단계에는 새로운 규칙, 새로운 기대, 새로운 의무가 따른다. 데이트를 했다고 해서 정기적으로 만나야 한다는 기대가 당연히 따라오지는 않지만, 데이트를 한 다음 날 의무적으로 전화 통화를 하는 것은 요즈음에는 거의 문화적인 상식이 되었다. 충실성을 요구하는 것은 섹스만이 아니다. 결혼도 충실할 것을 명령하지만, 결혼보다 덜 형식적인 생활방식도 충실성을 명령한다. 60년대에 유행하긴 했지만, 사리에 맞지 않는 주장 가운데 하나는 섹스와 사랑에는 의무가 없다는 것이지만, 사실 섹스에도 어느 정도의 자동적인 의무, 적어도 관심을 기울이고 배려해야 한다는 의무가 있다. (의무는 민주적이지 않다. 오늘날 많은 연인들이 의무를 이행하지 못하고 있다는 지적이 의무는 민주적이지 않다는 주장을 반박하지는 못한다.) 또한 대부분의 단계는 지속 가능성에 대한 기대를 담고 있는데, 이 단계들은 대개 성취가 아니라 출발이다. 데이트의 목적은 "재미"를 얻으려는 것이 아니라 오디션을 보고 더 많은 데이트를 할 수 있는 길을 닦는 것이다. 어떤 사람에게 한 번 키스를 하면 대체로 다시 하게 될 것이라고 생각한다. 한 번 섹스를 한 다음 다시 하고 싶은 마음이 없다면 그건 이상하거나 이례적이거나 의심스럽다. '사랑합니다'라는 말을 한 번 하면, 다시, 또다시

할 것이라고 기대된다. 물론 결혼은 결혼하게 **되는**getting married 것이 아니라 결혼해 **있는**being married 단계로 나아가는 결정적 단계이다. 이는 적절히 이루어지면 평생 계속될 역할이다.

각 단계는 새로운 수준의 "진지함", 새로운 수준의 자기 관여self-involvement를 가리키는데, 다소 혐오스럽지만 피할 수 없는 재정적 비유를 쓰자면, 각 단계는 관계에 대한 새로운 수준의 투자investment이다. 우리는 자신의 아주 많은 부분을 투자했기 때문에 그냥 회수할 수가 없다. 사랑의 시간표는 자아의 점진적 변형을 보여주는 필수적 일정이라고 할 수 있다. 이 일정은 처음에는 가벼운 대화와 함께 보내는 시간, 관심과 통찰력과 이따금 한두 가지 비밀을 공유하는 것으로 시작된다. 그런 다음 관능적인 즐거움을 나누고, 점점 더 많은 편안함과 친숙함으로 두 몸을 물리적으로 결합하고, 함께 승리와 성취를 축하하고, 함께 세상을 바라보고, 처음에는 우정을, 그다음은 가족을, 그 사람 다음은 아파트를, 그리고 마침내 자신의 가족을 나누고 합친다. 이 여러 단계 가운데 사랑이 시작되는 곳은 어디인지 물을 수 있다. 그러나 이 질문은 잘못된 것이며 이 질문에 답해줄 단 하나의 해답은 없다. 사랑은 특정 단계에서 경험하는 특정한 "느낌"이 아니라 과정, 전체 발전과정이다. "나는 당신을 사랑합니다."는 달성된 상태를 묘사하는 것이 아니라 이 전체 과정의 한 단계이다. 불변하는 사랑의 정적 영원성을 성스럽게 예찬하는 목소리가 반복되고 있지만, 사랑의 역동적 시간성에 확실한 것이 있다면 그것은 사랑은 폭발적이며, 연인들은 과민하고, 스토아적 무관심은 사랑에 대한 반박과 같다는 것이다. 사랑의 정체성 이론은 사랑은 자아의 공유라고 말한다. 그러나 "공유"는 너무 문명화되고 온화하고 안전해서 반낭만적으로 들린다. 우리가 공유된 자아에 대해 갖고 있는 내적 이미지는 낭만적 영웅들이 겪는 끔찍한 긴장과 맞지 않으며, 아리스토파네스가 상상한 둘로 분열된 자아에 대한 희비극적 이미지와도 충돌한다. 두 자아가 함께 성장하여 놀라울 정도로 조화로운 종합에 이를 수는 있지만, 그것은 드문 성취이며 어쨌든 오랜 조정과 반응의 과정에서 다소 늦게 일어나는 일이다.

우정의 안정과 대조적으로 불안정은 사랑의 표식이다. 사랑은 지속될 수 있지만 대체로 정체된 상태로 지속되는 것이 아니라 경련적 변화를 통해 지속된다. 우리는 우정에서 많은 것을 참을 수 있고 즐거움을 느낄 수도 있다. 그러나 처음에 사랑을 불러일으켰던 덕목이 종종 후일 사랑을 무너뜨리는 단층선이 된다는 것은 사랑에서 익숙하게 경험하는 일이다. 사랑이란 무엇이고 또 어떻게 되는가에 상관없이, 사랑은 우리의 인생에 안정감을 주는 힘이 아니다. 사랑에서 공유된 자아는 사랑을 산산조각 깨부술 갈등하는 힘들로 끓어오르는 가마솥과 같다. 이는 갈등하는 힘들이 사랑을 묶어주는 경우에도 일어난다. 사랑은 안정된 것처럼 보일 수 있지만, 실상 매 단계마다 재앙을 일으키는 "준안정상태metastable"—사르트르의 용어와 화학의 용어를 빌려서 표현하면—이다. 카페 웨이터가 커피가 가득 든 여섯 개의 잔을 손에 들고 불안하게 균형을 잡으며 테라스를 걸어가는 장면을 상상해보라.

한순간 미끄러지거나 뜨거운 액체 한 방울이 피부에 떨어지면 끔찍한 재앙이 일어난다. 사랑도 이와 같다. 사랑은 안전해보이고 심지어 영원할 것 같지만, 어느 한순간의 무례한 말, 어느 한순간의 침묵, 어느 하루 저녁의 무시가 일어날 수도 있다. 이 순간 연인들은 얼마나 많은 것들이 위태로운지 깨닫기 시작하고 자존심을 삼키며 다시 사랑을 이루기 위해 돌아간다. 연인들은 "화해make up"—이는 엄청난 심리적 의식儀式을 치르는 일이다—를 하고, 사랑의 역동성을 지속한다.

친밀감

행복한 상호사랑이 주는 깊은 친밀감과 강렬한 동반자 관계를 알지 못하는 사람은 인생이 주는 최고의 선물을 놓치고 있다.

— 버트런드 러셀

사랑의 역학관계는 친밀감에 의해 정의되는데, 이는 근대 낭만적 사랑이 대다수 다른 성적 애착 및 열정의 형태들과 구별되는 가장 큰 특징 중 하나이다. 친밀감은 우리가 앞 장에서 논의한 아주 강한 사생활 의식을 전제한다. 친밀감은 매우 분명하게 자의식적이며, 예민하고 직접적인 인식의 문제이다. 친밀감은 항상 공유된다. 어떤 사람이 친밀한 느낌이 공유되지 못하고 있다고 생각한다면, 한 사람은 친밀하고 다른 사람은 그렇지 않은 것이 아니라 두 사람 사이에 친밀감은 없고 오해가 있는 것일 뿐이다. 그러므로 친밀감은 그냥 감정이 아니다. 친밀감은 공유된 경험, 대개는 아름답고 황홀하지만 그렇기에 극히 두려운 경험일 수 있다. 문제를 좀 더 복잡하게 만들자면, 친밀감에는 서로 구분되는 상이한 두 관념이 존재하는 것 같다. 두 관념 모두 완전하지 않다. 우리는 프란체스카 칸시안Francesca Cancian의 의견을 좇아 이 두 관념을 각기 “남성적” 관념과 “여성적” 관념이라고 부를 수 있을 것이다. 친밀감에 대한 남성적 관념은 ‘도구적이고 물리적인’ 활동, 섹스를 포함하여 어떤 일을 함께하는 것이며, 여성적 관념은 감정 표현과 느낌을 말하는 것에 초점이 맞춰진다. 대개 후자—물론 이것을 고유하게 여성적 특성이라고 말할 수는 없다—가 친밀감의 정의로 받아들여지기 때문에 흔히 여성이 남성보다 친밀감을 더 잘 보여줄 수 있다는 잘못된 결론에 도달한다.

이런 오해는 관계에 문제를 일으킨다. 만약 친밀감이 고백적 대화에서만 표현될 것이라고 기대한다면, 수많은 친밀한 몸짓과 행동은 눈에 띄지 않을 것이다. 친밀감은 본질적으로 자기 의식적이라고 생각되기 때문에, 이러한 몸짓과 행동은 중요하지 않거나 친밀감을 형성하는 데 기여하지 않는다고 여겨진다. 남자는 직업상의 비밀을 연인과 나누는 것을 상상할 수 있는 가장 친밀한 행동으로 여길 수 있지만, 여자 친구가 이것을 그저 “직장 이야기”로만 인식한다면 그의 시도는 친밀감을 쌓기보다는 마찰을 일으키는 요인이 될 것이다. 여성이 치욕적인 과거의 성 경험을 말하는 것이 “나를 진정으로 이해하기 위한” 아주 친밀한 정보로 여겨 고백하지만, 남자가 그 핵심을 알아채지 못한다면, 그녀의 시도는 허무하게 낭비되는 것보다 더 나쁠 뿐 아니라 그 자체로 치욕적인 경험일 수 있다. 친밀감은 사랑을 이루는 공유된 정체성의 감각을 즉각적으로 공유하는 경험이다. 촛불을 켜고 즐기는 저녁 식사처럼 의례적이고 일상적인 경우이든, 함께 경험한 모욕감이 멋진 유머로 바뀌는 드물고 힘든 경우든, 공유된 경험을 부양시키는 것은 무엇이든 친밀할 수 있다.

어쩌면 친밀감에 대한 가장 심각한 오해는 친밀감이 "자신을 취약하게 만드는 것"이라는 일반적 가정이다. 좀 다른 맥락에서 취약하다는 것은 공격에 노출되는 약점을 가리킨다. 이렇게 생각하면 친밀감은 자신의 가장 내밀한 약점과 결점을 털어놓으면서 자신을 학대당하거나 창피하거나 모욕적인 상황에 열어놓는 것이 된다. 물론 공격당하지 않을 것이라는 걸 알만큼 상대를 충분히 신뢰하는 조건하에서 고백할 수 있다. 우리는 친밀감이란 "불안과 두려움 없이 다른 사람에게 자신의 가장 내밀한 느낌과 생각과 감정을 드러낼 수 있고" "보복의 두려움 없이 자신을 드러낼 수 있는 힘"이라고 이야기하는 소리를 자주 듣는다. 이런 관점으로 친밀감을 바라보는 것은 한심한 일이며, 친밀감의 바람직한 긍정적 측면과 함께 친밀감이 기쁘고 강하고 최상의 느낌에 바탕을 두고 생길 수 있는 가능성을 부당하게 배제한다. 친밀감은 서로에 대한 취약성이 아니라 함께함이자 결합의 느낌이다. 친밀감이 우리가 이용할 수 있는 가장 가치 있는 경험 중 하나로 여겨지는 데는 그만한 이유가 있지만, 우리가 친밀감을 보복의 두려움 없는 취약함으로 생각하는 한 그 가치를 이해하지 못할 것이다.

친밀감이 자신을 드러내는 것이란 생각은 친밀감은 공유된 경험이 아니라 한 사람이 다른 사람에게 (혹은 다른 사람에 대해) 하는 행동인 것처럼 일방적이다. 또한 이런 생각은 언어적 표현과 고백과 대화를 지나치게 강조하는 경향이 있다. 자신을 드러내는 것에, 즉 기꺼이 공감을 보이는 청자에게 난처한 문제를 전달하는 것에 초점을 맞추면 이는 친밀감의 핵심을 놓친다. 예를 들어 우리는 우연히 기차에서 만난 낯선 사람이 자신의 잘못된 인생, 재앙으로 끝난 사건, 고통으로 뒤틀린 인격, 타락한 성격으로 점철된 끔찍한 이야기를 쏟아내는 장면을 쉽게 상상할 수 있다. 이야기를 지어내는 특별한 재주가 있다면, 이런 경험은 매우 감동적이고 매력적이며 어쨌든 재미있을 것이라고 상상할 수 있지만 여기에 친밀감은 거의 없다. 실제로 이런 식의 고백은 쉽게 타인을 조정하거나 혐오스러울 수 있으며, 카뮈의 훌륭한 단편소설 「추락」에 나타나듯이 유혹의 장치, 즉 매력적이지만 병적인 고백자의 깊은 우울증 속으로 순진한 청자를 끌어들이는 장치일 수 있다. 이처럼 관계에서 친밀감을 취약함이나 장황설과 혼동하면 너무 쉽게 난처한 상황을 변명하거나 서로를 향한 격렬한 비난을 정당화하게 된다. ("나는 내 느낌을 말하는 것뿐이야") 이처럼 친밀감이 남용되는 잘 알려진 사례 가운데 하나는 과거의 연애와 관계를 시시콜콜 이야기하는 것이다. 이런 경우는 그냥 껴안아 주거나 어루만져주는 것이 훨씬 더 적절한 데, 너무 많은 말을 하도록 부추긴다. 친밀감을 구실로 수많은 관계가 슬프고 느린 종말에 이른다. 활력과 힘을 나눈다는 느낌을 주어야 하지만 친밀감은 징징거리는 넋두리와 혼동되고, 사랑은 친하다는 빌미로 서로를 헐뜯고 세상을 비웃는 것으로 변질될 수 있다.

물론 이 중 어느 것도 친밀감에 취약함과 언어적 표현이 **들어 있지**

않다고 말하지 않는다. 그러나 취약함은 친밀감의 결과이지 그 구성 요소가 아니며, 언어적 표현은 친밀감의 본질이 아니라 도구이다. 사랑만큼 많은 것이 걸려있는 것에는 위험과 불확실함이 뒤따른다. 취약함이 생기는 것은 우리의 실패나 약점 때문이 아니라 너무 많은 것이 걸려있다는 분명한 사실 때문이다. 이런 점은 우리가 말하는 친밀감이 연애가 시작되는 초기 단계의 유쾌하지만 불안한 친밀감인지 아니면 오랜 결혼생활에서 만들어지는 편안하고 신뢰할 만한 친밀감인지와 무관하게 그러하다. 친밀감을 이루는 아주 작은 부분은 두려움을 나눌 수 있는 힘이자 불편한 비밀을 터놓았을 때 느끼는 큰 안도감일 수 있지만, 이는 친밀감의 열쇠가 아니며 심지어 필수적인 부분도 아니다. 흔히 친밀감과 혼동되는 "모든 일에 대해 전부 다 말한다는 것"의 의미도 마찬가지이다. 사랑하는 사람에게 마음속 이야기를 전부 털어놓고 싶은 압도적 유혹을 느낄 수는 있다. 루소는 이것을 완전한 "투명성"이라고 불렀다. 그러나 이런 투명성은 친밀감이 아니라 친밀감의 결과물, 감시해야 하거나, 그렇지 않으면 최소한 편집해야 하는 친밀감의 결과물이다. 개방성은 미덕이지만 수다스럽게 떠드는 것이 미덕은 아니다. 사랑하는 연인들 사이에서도—어쩌면 사랑하고 있는 사람들 사이에서는 특히나 더—말하거나 노출해서는 안 되는 것들이 많다. 친밀감은 두 사람을 더 가깝게 만들어주는 말과 행동으로 되어 있는데, 서로가 친밀감을 드러내는 과도하게 예민해 있는 상황에서는 어떤 문제에 관해서는 솔직하게 말하지 **않는** 편이 더 중요할 수 있다.

•

그러므로 일반적으로 친밀감에서 신뢰를 강조하는 것은 최소화해야 한다. 물론 신뢰는 사랑에서—또는 모든 관계에서—매우 중요하며, 어느 정도의 신뢰는 친밀감의 전제 조건이다. 당신은 언제든 당신을 배신할 수 있는 사람과 당신의 가장 내밀한 자아를 나누지는 않을 것이다. 그러나 친밀함을 조성하는 신뢰는 일시적일 수 있으며, 오랜 **불신**의 역사에서 잠깐 일어나는 실수일 수도 있다. 우리가 가장 내밀하게—그리고 놀랍게—느끼는 친밀감 가운데 일부는 한때 두려워했거나 경외했던 사람들과 함께 일어나며, 실제로 친밀감은 우리와 다른 측면을 보이는 사람들을 통해 매우 커질 수도 있다. 물론 이와 다른 측면은 그렇지 않으면 신뢰하지 않았을 사람들에게 보이는 친밀감이 곧 깊은 배신과 경멸, 그리고 자기 비하를 낳을 수 있다는 것이다. 친밀감에 전제되는 신뢰는 일시적일 수 있지만 관여의 느낌은 깊을 수 있다. 그러므로 낯선 사람과 벌이는 짧은 불륜의 매력은 무지에 환상적 친밀감을 겹쳐 놓고, 신뢰의 근거를 찾을 수 없는 곳에서 신뢰가 있는 척 가장하는 것이다. 당연히 이런 불륜이 남기는 감정적 여파는 대개 사랑의 발전이 아니라 의심과 두려움과 원망과 모멸이다.

친밀감은 무엇보다도 자신의 기쁨과 승리를 기꺼이 나누는 것이다. 물론 섹스를 하는 것은 서로를 공유하는 경험이지만, 이 연관성을 지나치게 강조하면 친밀감과 성관계를 언어적으로 등치하기 쉬워서 "~와 친하다"는 것은 "~와 성관계를 갖는다"를 뜻하기 쉽다. 그러나 섹스는 소외시키고 거리감을 안겨주는 경험일 수도 있으며, 단순히 신체적으로 가까이 있다거나 서로의 몸속으로 들어가는 것만으로는 친밀감을 주기에 충분치 않다. 그러므로 데즈몬드 모리스Desmond Morris가 친밀함을 "상실된 영아기의 친밀감을 대체하는 풍부한 신체적 접촉"이라고 말할 때, 우리는 그러한 접촉이 친밀감을 줄 수는 있지만 반드시 그럴 필요는 없으며, 어떤 경우든 친밀감은 더 큰 경험의 일부여야 한다고 주장해야 한다. 그러나 성적 접촉에는 확실히 친밀감의 충동이 내재되어 있다. 그런데, 요즈음에는 성적 만남을 통해 친밀감을 형성하려고 하기보다는 친밀감을 **피하려고** 노력해야 하는 것처럼 보이기도 한다. 특히 남성들은—요즈음은 점점 더 많은 여성들도 그렇지만—"캐주얼한" 섹스를 즐기며 친밀감의 욕구를 차단하는 여러 방어기제를 발달시켜왔다는 점을 이야기해야 한다. 이런 방어기제들 중에는 "하룻밤 섹스"라는 제한 장치, 감정을 흩트리는 "섹스 테크닉"의 강조, 완전한 자기 구현total self-embodiment이라는 더 섬세한 기술이 포함된다. 완전한 자기 구현이란 섹스에 너무 흥분한 나머지 상대의 반응이나 느낌은 편리하게 잊어버리는 것을 말한다. 20년 전 롤로 메이가 주장했듯이, 성 혁명이 이룬 의심스러운 성취 가운데 하나는 섹스와 친밀감 사이의 연결을 완전히 끊어버렸다는 것이다. 반면에 루벤스타인Rubenstein과 샤버Shaver는 그들이 함께 쓴 『친밀감을 찾아서』에서 "깊은 친밀감은 육체적이기 쉽다"라고 주장한다. 하지만 섹스와 친밀감은 어떻게 연결되는가? 섹스와 친밀감은 같은 것이 아닌가? 우리들 대부분에게 터치touch와 섹스는 친밀감의 **표현**이다. 문제는 무엇이 표현되는가이다.

"친밀감"이라는 말은 때때로 이례적일 정도로 진심 어린 대화나 공유의 경험을 포괄할 정도로 폭넓게 확장되기도 한다. 너무 좁은 해석과 너무 넓은 해석 사이에는 혼란의 여지가 많다. 성적 흥분은 친밀한 것인가? (많은 남성들은 그렇게 생각하는 것 같다.) 성은 진정한 친밀감을 형성하는 데 장애물인가? (앞서 말한 남성들과 같이 살고 있는 여성들은 종종 그렇다고 불평한다.) 이런 언어적 문제가 일어나는 부분적 이유 중에는 동사 "intimate친밀하다"의 여러 용법도 있다. 친밀감은 공유되는 것이지만, 동사로서 "intimate"는 행하는 것이다. intimate의 여러 뜻 가운데 하나는 "드러냄disclosure"인데, 이 뜻은 친밀감을 고백으로 파악하는 지루한 해석을 조장한다. ("intimate"는 또한 "암시하다"를 의미하는데, 이 뜻 속에는 적어도 조롱하는 듯한 유쾌한 암시가 내포되어 있다.) "친밀감"이라는 단어는 "가장 깊은"을 뜻하는 라틴어 "intimus"에서 유래했는데, 이 뜻 또한 친밀감의 의미를 '근본적으로 공유하는 것'에서 "내면 깊숙이 들어 있는 것"으로 강조점을 쉽사리 옮겨버린다. 우리는 내적 측면에서 친밀감을 이야기하지만, 이는 친밀감 자체가 내적이라는 뜻이 아니라 친밀감의 공유가 참된 성격의 바탕이 된다는 의미에서 "깊다"는 의미이다. 이것이 어쩌면 버트런드 러셀이 "행복한 상호 사랑이 주는 깊은 친밀감과 강렬한 동반자성"을 예찬했을 때 염두에 두었던 것인지 모르지만, 이는 바바라 패스트Barbara Fast가 친밀감의 특징을 "내적 느낌과 사적 감정의 상호공유"라고 표현하면서 제시한 것과는 다르다.

그러나 친밀감을 표현해줄 가장 핵심적인 비유는 깊이나 내면성이 아니라 "가까움closeness"이다. (예를 들어, 심리학자 루벤스타인Rubenstein과 샤버Shaver는 친밀감을 "심리적 가까움과 물리적 가까움의 복합적 결합"으로 다소 모호하게 정의한다.) 물리적으로 가깝다는 것이 무엇을 의미하는지는 분명하지만, 정신적으로나 영적으로 가깝다는 것이 무엇을 의미하는지는 분명치 않다. 우리는 종종 "어떤 사람과 가깝게 느낀다"라고 말한다. 이것은 무슨 뜻인가? 가깝게 느끼는 것은 어떤 형태의 애착이나 유대감을 경험하는 것이다. 그것은 일시적일 수도 있고, 순간적 경험일 수도 있다. ("그때 당신이 아주 가깝게 느껴졌습니다.") 이런 의미에서 "가깝다"라는 것은 "비슷하다"라는 의미와는 확실히 다르다. 우리는 관련되는 모든 측면에서 우리와 아주 다른 사람에게 애착을 느낄 수 있지만, 이것이 친밀감에 대한 분석은 아니라는 점에 주목하자. 우리는 가까이 **있지** 않아도 가깝게 **느낄** 수 있다. 친밀감이 구별되는 것은 친밀함은 한 사람이 느끼는 감정이 아니라 상호적이어야 한다는 것이다. 친밀감은 공유된 **경험**이자 공유하는 경험이다. 예를 들어, 전투에서 병사들이 자신들이 공유하는 전쟁 경험을 그들이 지금껏 알고 있는 가장 강력하고 친근한 느낌으로 묘사하는 것은 드물지 않다. 그러나 이 경험은 병사들이 느끼는 다양한 개별적 느낌들—이를테면 두려움—로 이루어져 있지 않다. 경험 자체가 공유되는 것이다. 마찬가지로 맥락이 두 사람으로 한정되고 위험성이 적긴 하지만, 사랑에 있어서도 친밀감의 경험은 경험되는 상황인데, 두 사람을 서로의 눈 속으로 묶어주는 공유된 감정의 복합체가 이 상황 속에 포함된다.

친밀감은 상호 **가용성**availability의 경험이다. 친밀감은 표현의 개방성만이 아니라 공유하고 변화하는 자아의 개방성이다. 친밀감은 "세상에 우리 둘밖에 없다"는 것 같은 일시적 배타성의 느낌이다. (그러나 이것이 친밀감은 배타적이어야 한다고 말하는 것은 아니다.) 우리가 대부분 경험을 통해 알고 있듯이, 친밀감의 경험은 잘못되거나 오해의 소지가 있다. 전날 밤에는 그렇게 가깝게 느꼈던 사람이 믿었던 것과 영 딴판인 사람으로, 이를테면 놀라울 정도로 차갑고 소원한 사람으로 드러날 수 있다. 이런 경험은 친밀감만이 모종의 확신이나 앎에 이르는 길이라는 생각에 보내는 경고가 되어야 한다. 많은 사람들이 다음 날 아침 충격적으로 알게 되듯이, 우리는 일면식도 없는 사람과 친해질 수 있으며, 친밀감을 통해 사람들을 알 필요는 없다. 그러나 이것이 친밀감은 열병에 지나지 않는다고 말하는 것은 아니다. 열병 또한 사랑에서 일어나는 강렬한 순간적 경험이지만, 열병은 거리를 유지한다. (물론 언제나 선택을 통해 거리가 유지되는 것은 아니다.) 친밀감과 달리 열병은 언제나 사랑에 좋지 않다. 열병은 사랑과 대조되지만 친밀감은 사랑에 반드시 필요하다.

앞서 우리는 친밀감에는 매우 다른 두 개념이 존재한다는 것에 주목했는데, 우리는 약간 망설이면서 이를 각각 "남성적", "여성적"이라고 불렀다. 그러나 계속 논의해왔듯이, 친밀한 대화에서부터 성적 친밀감에 이르기까지 친밀감에는 경합하는 잘못된 개념들이 아주 많이 있다. 거시적 수위에서 말하자면, 처음으로 얼굴이 발그레해지는 연애의 경험이 있는데, 이때 친밀감은 짜릿하고 경이로운 발견처럼 보인다. 또 오랜 관계에서 형성되는 편안한 친밀감이 있는데, 이때는 두 사람 다 매사를 너무 잘 알고 있을 뿐 아니라 알고 있다는 사실을 알고 있으며, 모든 경험이 몇 년간의 역사와 공유된 경험의 깊은 울림으로 조용히 울려 퍼지기 때문에 말할 필요성을 거의 느끼지 못한다. 이 두 사례는 서로 충돌하고 마찰을 일으키는데, 그러나 자세히 들여다보면 두 이미지는 대립하지 않으며 또 마땅히 그래야 한다. 두 이미지는 색다름과 아드레날린 수준에서는 다르지만, 친밀감 자체의 측면에서 볼 때는 동일하다. 문제가 발생하는 것은 친밀감과 성적 열정을 혼동하기 때문이다. 익숙하고 부드러운 성행위가 첫사랑의 짜릿한 발견보다 반드시 덜 친근한 것은 아니며, 사실 스릴은 때때로 친밀감을 흐트러뜨릴 수도 있다. 친밀감이 짜릿할 수는 있지만 짜릿한 흥분이 모두 친밀감을 선사하지는 않는다. 30년을 이어온 결혼생활이 더이상 짜릿하지는 않겠지만 그렇기 때문에 친밀감이 덜하다고 말할 수는 없다.

사랑의 초기 단계에서 일어나는 빠른 인정은 두 자아를 하나로 묶고, 상호지식과 공유 경험—대부분 대리적 경험이지만—의 직조물을 짜기 위한 친밀감의 시도이다. 섹스의 초기 단계에 나타나는 열정은 발견의 흥분만이 아니라 두 몸을 서로 연결하기 위한 친밀감의 세심한 노력이다. 그러나 성적 패러다임이나 친밀한 고백의 패러다임보다 훨씬 더 도움이 되는 패러다임이 있는데, 그것이 바로 '시선looking'이다. 눈은 친밀함의 기관—사랑이 기관이 아니라면—이다. **시선**은 친밀함,

그러니까 친밀감의 표현만이 아니라 친밀감 자체를 결정한다. 친밀한 시선에는 정보 교환이 들어 있지만('나는 당신을 원해.' 또는 저녁 파티에서 특히 수다스러운 손님에게서 떨어져나와 하는 말 "저 사람은 너무 불쾌하고 지루하지 않아?"), "시선"은 조용하고 한정된 소통장치 그 이상이다. 친밀한 시선은 타인의 영혼에 다가갈 수 있게 해주는데, 이로 인해 즉각적인 "취약성"이 열린다. 여기서 취약성은 약점이나 공격에 열려 있다는 것이 아니라 '보이고 있다'는 느낌, 또는 벌거벗겨진 채 **관통당하고** 있다는 느낌을 말한다. 우리는 이제 막 사랑에 빠진 연인들이 눈물에 젖어 부풀어 오른 눈으로 서로를 바라보는 시선이나, 노부부가 자신감 있고 친근하며 살짝 미소 띤 눈으로 서로를 바라보는 눈길에서 친밀감의 성격을 이해한다. 우리는 고백이나 엄격한 성관계를 통해 친밀감을 이해하지 않으며, 입과 몸이 아니라 눈을 통해 친밀감을 이해한다. 친밀감이 가장 분명하게 드러나는 것은 가장 미묘한 제스처, 겉보기에 가장 무해한 말, 자기 의식적으로 함께 있을 때 느끼는 단순한 즐거움이다. 친밀감이 '함께함looking'이라는 근본적 경험이 아니라 늘 충격적 돌파구라는 생각은 친밀감에 대한 가장 끈질긴 오해이다.

이처럼 친밀감을 일시적일 수 있는 경험으로 강조하면 "친한 관계intimate relation"라는 표현의 의미가 무엇인지 묻게 된다. 친한 관계란 친밀감이 내포되어 있는 관계이거나 친밀감에 바탕을 둔 관계를 의미하는데, 나는 이것이 부차적인 중요성을 갖는다고 생각한다. 친밀감은 일시적이다. 친밀감은 특정 시간에, 특정 시간 동안 지속되는 경험이다. 사실 친밀감이 어떻게 오래 지속될 수 있는지 상상하기란 어렵다. 친밀하다는 것은 온통 관심을 기울여야 하는 것이기 때문에 사랑 이외의 다른 많은 삶의 긴급한 요구들과 양립하기가 쉽지 않다. 친밀감은 반복될 수도 있으며, 실제로 우리는 한 번만 발생하고 반복되지 않는 친밀감은 의심해야 한다. 친밀감은 단순히 기질이나 잠재성이 아니다. 친밀감은 항상 **그곳에** 있고, 예리하게 현존하며, 즉각적이다. 일반적으로 누군가와 친하다는 것은 친밀한 경험을 공유해왔다는 것이다. (마찬가지로 두 사람이 성관계를 갖는다는 것이 그들이 항상 섹스를 한다는 뜻은 아니다.) 반면에 사랑은 일시적인 것이 아니다. 사랑에는 훨씬 더 많은 것들, 특히 많은 시간이 관여되어 있다. 친밀감은 사랑을 즉각적으로 공유하는 경험이라고 말하는 것은 타당하다. 관계가 끝나도 사랑은 계속될 수 있지만 친밀감은 계속되지 않는다. 사랑과 달리 친밀감은 직접적으로 함께 있는 것이 필요하기 때문이다. 다른 한편, 친밀감은 우정에서 계속될 수 있으며, 심지어 한때 친근했던 사랑에서보다 더 친근할 수 있다.

강렬하면서도 특히 개방적인 상호 자아 인식이 친밀한 행동의 동기를 이루는데, 이런 자아 인식은 "가식적인" 연기를 경멸하며, 특정 기술이나 전략의 안내를 믿고 따를 수 없다. 친밀한 행동은 특정한 행동과 몸짓이 아니라 친밀감에 의해 추동되는 행동과 몸짓으로 이루어진다. 이를테면 부드러운 애무, 저녁의 꽃, 애정을 담은 몇 마디 말은 상징적이고 전통적일 수 있지만, 올바른 동기가 담겨있지 않으면 공허하며 친근하지 않다. "중요한 것은 행동이 아니라 마음"이다. 반면에, 자의식적으로 이루어지는 거의 모든 상호활동은 친밀감의 절정이 될 수 있다. 내 친구는 자신의 (전)남편이 그녀가 옛날 남자친구와 전화 통화를 하면서 시끄럽게 웃을 때보다 더 심하게 화를 내거나 질투한 적은 없다고 이야기하며 이렇게 말한다. "남편은 차라리 내가 전 남자친구와 자는 편이 낫다고 생각했을 거야." 웃음은 장벽을 허문다. 웃음은 그 자체로 강력한 공유 경험이고, 상호적이며, (다른 사람들이 웃음의 내용을 알지 못하거나 이해하지 못할 때는) 공격적으로 배타적이다. 또한 친밀한 행동은 결코 습관적이지 않은데, 오랜 세월이 흘러도 그러하다. 첫 데이트의 "연기"는 친밀함과 극적으로 대조된다. (사실 친밀해지고 있음을 알려주는 것이 가장이 무너지는 것이다.) 역설적으로 우리가 가장 사랑에 빠져 있을 때가 가장 친밀하게 행동하기 어려울 때이다. 이때는 의심과 불확실함이 함께 있다는 느낌을 압도하며, 사랑하는 사람은 자신의 친밀한 반쪽이 아니라 고통스러운 문젯거리가 되기 때문이다. 그러나 이는 또한 친밀감이 (친밀감 이외의 다른) 은밀한 동기에 저항하는 이유이기도 하다. 친밀감은 권력의 가면이 될 수 있으며, 그렇기 때문에 배신이 되기도 한다. (기분이 가라앉고 우울할 때 더 쉽게 친해진다는 점은 주목을 요한다. 자립심이라는 말은 기분이 좋을 때 튀어나온다.)

앞서 우리는 사랑에 대한 가장 참담한 오해는 사랑을 과정이 아니라 상태로, 역동적인 것이 아니라 정태적인 것으로, 불안정하고 긴장으로 가득차 있으며 언제나 잠정적인 조화가 아니라 평온함으로 바라보는 플라톤주의적 경향이라고 말했다. 마찬가지로 우리는 이따금 친밀감이 드러나는 언어를 통해, 즉 종교적 교감과 다르지 않은 고요하고 평화로운 경험으로 친밀감을 생각하는 경향이 있다. 그러나 여기서도 친밀감은 안정된 상태가 아니며, 가장 친한 관계에서도 친밀감은 상대적으로 드물고 예측할 수 없다는 점을 강조하는 것이 중요하다. 맥켄H.L. Mencken은 사랑 문제를 다룰 때는 더이상 궤변론자가 아니었는데, 그는 일부일처제에 대해 이렇게 말했다. "일부일처제는 계약 당사자들에게 지속적이고 엄격한 친밀감을 지나치게 강요한다. 부부는 너무 많은 곳에서 너무 꾸준히 접촉한다. 머지않아 관계의 모든 수수께끼는 사라지고 부부는 오누이처럼 무성적이게 된다." 우리는 거의 주목받지 못하고 있지만 관례적 형식에 의해 구속되는 관계—이를테면 전형적인 빅토리아 시대의 결혼이나 구애—의 이점을 인정할 수 있다. 친밀감이 짧게 순간적으로 터져나오면 친밀감은 그 희소성 때문에, 그리고 친밀감이 생기는 순간의 경직된 환경과 대비되어 더욱 강력해진다. 금지된 무도회장 바닥을 가로질러 서로를 흘낏 쳐다보는 눈길은 그 효과가 그날 저녁 내내 이어질 만큼 충격적일 수 있다. 마찬가지로 친밀감과 친숙함을 너무 쉽게 게으름과 무관심과 혼동하는 우리 현대인들은 가장 친근한 상황에서도—이를테면 사적인 침실 공간에서 헐렁한 옷차림으로 있는 것—친밀감이 생기지 않는다는 것을 알게 된다.

또한 친밀감은 역동적이다. 친밀감은 늘 정체성의 인식과 차이의 인식 사이의 긴장이다. 친밀함은 이 긴장과 우리 삶의 많은 부분을 차지하는 거리감이나 소원함과의 대비 때문에 즐겁지만, 친밀감이 이처럼 일시적인 현상이라 할지라도 가장 견고하고 영구적인 특성으로 느껴질 수도 있다. 친밀감 만큼 우리를 가장 높은 곳으로 장엄하게 솟구치게 하는 경험도 없다는 것이 진실일진대, 친밀감을 취약함과 비통함으로 이해하는 것은 얼마나 부끄러운 일인가?

평등과 권력의 문제

불평등한 이들 사이에서 어떤 사회를 만들 수 있고,

어떤 조화와 진정한 기쁨을 만들 수 있겠습니까?

조화와 기쁨은 주고받는 것에 맞춰 상호적이어야 합니다.

— 존 밀턴의 『실낙원』에서 아담이 한 말

앞서 말했듯이, 낭만적 사랑은 남성과 여성 간의 평등을 전제한다. 이것이 낭만적인 사랑이 부모와 자식 간의 사랑, 스승과 제자 사이의 사랑, 주인과 하인 사이의 사랑, 하나님과 그의 어린 양떼 사이의 사랑 등등 수많은 비대칭적 형태의 사랑과 구별되는 것이다. 그러나 평등의 가정은 쉬운 명제가 아니다. 이를테면 부모와 자식은 지식과 능력과 육체적 힘과 합법적 권위에서 분명 불평등하지만, 우리는 (적어도 우리 사회에서는) 아이들이 여러 측면에서 부모와 평등하다고 말하고 싶어한다. 우리는 아이들의 이익이 (적어도) 부모의 이익만큼 중요하며 기본적인 법적 권리는 대부분 똑같다는 식으로 말하고 싶어한다. 그러나 동시에 우리가 지닌 평등주의적 편견에도 불구하고 관계를 맺고 있는 두 사람이 모든 면에서 늘 평등하지 않다는 것 또한 분명하다. 관계를 맺고 있는 두 사람 중 한 사람의 커리어가 더 중요하게 여겨지거나, 대개 한 사람이 결정을 내리거나(결정을 내리는 사람의 수입이 반드시 더 많기 때문에 결정하는 것은 아니다), 그리고 가장 중요한 점으로 두 사람 중 한 사람이 다른 사람보다 더 사랑하거나 더 의존적이다. 실제로 어떤 이론가들은 관계에서 권력이 평등하게 분배되는 경우는 극히 드물다고 (그리고 종종 아주 짧은 시간 동안에만 일어난다고) 주장한다. 물론 차이와 불평등은 같지 않으며, 두 사람이 사랑과 서로를 다르게 바라본다는 것은 평등과 아무 관련이 없다. 그러나 이런 점들은 평등을 측정하기 어려운 특성으로 만들며, 여러 낭만적인 행동 방식들이 불평등으로 오해될 소지를 남긴다. 겉보기에 복종적 역할을 선택했다는 것이 반드시 관계에서 손해보는 역할을 한다는 뜻은 아니다. 이와 달리, 서로 다른 역할이 때때로 불평등을 보여주기도 한다(이를테면 "남성적" 역할과 "여성적" 역할은 불평등하다고 말해지곤 한다). 그러므로 이와 같이 역할의 불평등이 사랑의 핵심적 요소인지 아닌지의 여부는 매우 본질적인 문제이다.

이 문제에 대한 우리의 대답은 사랑은 평등을 **요구하며** 낭만적 역할은 엄격하게 평등하다는 것이다. 이런 생각은 "남성적인 것"과 "여성적인" 것이 어느 정도 낭만적 역할의 정의 속으로 들어올 수 있다는 점을 부정하지 않지만, 지나치게 단순화된 이 두 범주는 그 자체로는 불평등하지 않으며 낭만적인 역할을 묘사하는 데 반드시 필요하지도 않다. "여성적"이거나 "남성적"이라고 여겨지는 것들은—이는 생물학적으로 규정되는 남성과 여성의 구분과는 대립된다—문화적으로 결정되는데, 이런 젠더 구분은 현재 우리 문화에서 빠르게 급진적으로 수정되고 있다. 오늘날 많은 남자들은 (실제로 그렇게 생각하고 말하고 있는가 아닌가에 관계없이) 더이상 자기가 "보스"가 되어야 한다고 생각하지 않는다. 적지 않은 여자들은 (실제로는 더이상 그렇게 느끼지 않더라도) 여전히 남자에게 "봉사하거나" 남자 "곁을 지켜야 한다"라고 생각하거나 말한다. 낭만적 역할을 비난하지 않을 수 없게 만드는, 현상적으로 불평등해보이는 많은 것들은 실상 공적인 불평등을 옮겨놓은 것이다. 여기서 공적 불평등이란 불공평한 취업 기회와 임금 규모, 젠더와 연관된 다수 직업에서 "이미지"에 근거하여 이루어지는 차별과 노골적인 성차별을 말한다. 그러나 낭만적 사생활의 전제 조건은 바로 이런 공적 비교와 대조에서 분리되어 보호받는 사생활이다. (일부 페미니스트들이 주장하듯이) "개인적인 것은 정치적이다"라는 주장은 사실일 수 있지만, 이 정치성은 사적 정치성이다. 남편이 돈을 더 많이 벌거나 신체적으로 더 강하기 때문에 지배적 위치를 주장할 수는 있지만, 이런 식으로 행동하는 한 그는 사랑이 부족하다. 물론 사회적으로 유리한 이점이 늘 사랑의 지렛대로 이용될 수 있지만, 사회적 이점이 사랑에 개입하면 그것은 사랑 관계를 규정하기보다는 방해한다.

가정적 역할은 평등하게 할당될 수도, 불평등하게 할당될 수도 있다. 그러나 앞서 말했듯이, 가정적 역할은 사랑을 규정하는 낭만적인 역할과는 판이하다. 한 사람이 가정에서 모든 일을 다 하고 다른 사람은 하나도 하지 않을 수 있으며, 한 사람이 공을 독차지하고 다른 사람은 전혀 공을 나누지 못할 수도 있다. 그러나 가사의 불평등은 거의 언제나 갈등을 일으켜 사랑을 방해하지만, 가사의 불평등 자체가 사랑을 허무는 것은 아니며 가사의 평등이 낭만적 평등에 개입하는 것도 아니다. 관계의 역할은 가사의 역할보다 더 복잡하게 얽혀있다. 관계의 역할은 성적으로 순종적인 파트너와 성적으로 공격적인 파트너처럼 노골적인 불평등을 만들어내기도 한다. 그러나 관계의 역할을 평가함에 있어서 결정적인 것은 관계의 역할이 낭만적 역할 및 선택과 갖는 관련성이다. 이를테면 비대칭적인 성은 두 연인이 좋아서 선택한 것인가? 이런 성은 다른 대안들보다 사랑을 더 잘 표현할 수 있는가? 섹스를 즐기지만 수줍어하는 파트너에게 공격적 역할을 요구할 경우 파트너가 이런 역할을 수행하면서 어색해하거나 창피하게 생각할 뿐이라면, 그것은 결코 사랑의 표현이 아니다.

어떻게 평등을 측정할 것인가? "평등하다고 느끼는 것"으로 측정할 것인가, 아니면 좀 더 객관적 수치로 측정할 것인가? 우리가 기대하는 바가 측정 가능한 역할과 책임에 대한 명시적인 일반적인 합의이거나, 섹스와 젠더가 규정하는 특성들을 모두 무시하는 양성적 중립성이라면 실망할 수밖에 없다. 그러나 존 밀턴에 따르면 이런 불안정한 평등감각은 아담과 이브에게도 있었다. 아담이 하나님께 동반자를 만들어 달라고 간청했을 때 그가 분명하게 요구한 것은 평등한 사람이었다. 평등한 존재만이 친구가 될 수 있기 때문이다. 그러나 그녀는 또한 달라야 한다. 아담은 사랑이란 노예 상태이거나 타인에게 반영된 자아일 수 없다는 점을 알고 있었다. 그러나 남성과 여성이 다르다면 차이와 더불어 불평등의 위협도 생긴다. 밀턴의 해석자들은 종종 아래 구절에서 밀턴이 남성우월주의를 보여준다고 비판했다.

> 그들의 성이 같아보이지 않기 때문에 평등하지 않은 것이라네.
> 남성과 용기는 사색을 만들었고
> 여성과 달콤하고 매력적인 은총은 정다움을 만들었다네.
> —『실락원』4권

그러나 또한 밀턴은 평등—그리고 평등과 대립하는 우월성과 열등성—은 고정불변하는 것이 아니라 끊임없이 재협상 된다는 것을 인정했다. 이브는 자신이 새로이 알게 된 금단의 지식을 아담에게 말하기 전에 홀로 생각에 잠긴다.

> 이 지식의 곤란을 동반자 없이
> 내 힘 안에 지니고 있을 것인가? 그리하여
> 여성에게 결여된 것을 더하고
> 그의 사랑을 더 이끌어내어
> 나를 더 평등하게 만들 것인가? 어쩌면
> 괜찮을지도 모르고, 간혹은

더 우월할지도 몰라: 열등하다면 누가 자유롭겠는가?[15]

—『실락원』9권)

양성 간의 싸움은 의심할 여지없이 무한히 계속될 것이며, 남성과 여성이 서로를 실망시키고 원망하는 한 일반화의 유혹은 늘 존재할 것이다. ("너희 남자들!", "왜 너희 여자들은 언제나 ~하느냐?") 그러나 이런 비난을 액면 그대로 받아들이거나 전통적인 낭만적인 역할의 문제에서 각각의 성이 지닌 장단점을 평가하면 중대한 실수를 범하게 될 것이다. 평등이라는 공적이며 정치적인 문제를 사적인 낭만적 문제와 혼동하는 것도 잘못이다. 이를테면 대체로 남성은 여성보다 신체가 더 크다는 것은 생물학적 사실이며, 남성들은 대개 자기보다 몸집이 작은 여성을 선택한다(그러므로 여성은 자기보다 몸집이 큰 남성을 선택한다). 역사적으로 남성들은 전통적으로 사회의 교육자원과 자격조건을 자신들에게 유리하게 맞춰왔고, 그 결과 남성은 전통뿐만 아니라 우월함을 규정하는 실질적 정의도 가지게 되었다. 그리하여 우월함은 공적 권력과 숙련도, 합리성과 직업적 능력에 따라 규정되었고, 열등함은 사적 "소박함"과 감정적 능력과 가정성으로 간주되었다. 남성은 종종 "마음과 가정의 문제"에서 여성의 "우월함"을 기꺼이 인정하면서 (현실적인) 공적 권력과 지위를 가정적 책임에서 분리시켰다. (이를 통해 남

15 이 부분은 이브가 선악과를 따먹은 다음 그 사실을 아담에게 알릴지 말지 고민하면서 남성과 여성의 평등에 대해 사색하는 대목이다—옮긴이주.

성들이 집안에서 저지르는 낭만적 무책임함을 변명할 편리한 핑계거리를 제공했다.) 이것이 사랑에서 평등의 문제가 복잡해지는 이유이다. (이와 견주어 볼 때 평등에 대한 정치적 개념은 썩 복잡해보이지 않는다.) 젠더와 "양성 간의 전쟁"의 문제가 정치적인 것과 개인적인 것 속으로 끼어들어 와 혼란을 일으킨다. 개인적인 것은 당연히 정치구조의 영향을 받으며, 남성과 여성의 차별적 지위는 법에 의해서 (마지못해) 부정된다고 할지라도 습속과 관습 속으로 들어와 각인된다. 그러나 다시 한번 중요한 점은 공적, 정치적 고려 사항과 구분되면서—벗어난 것은 아니지만—개인적 관계에 특수하게 나타나는 평등의식이 존재한다는 것이다. 그리고 이런 평등 감각은 감정을 표현하는 평등한 기회 그 이상을 의미한다. 물론 이런 감정에는 억압과 의존의 감정도 포함된다. 사실 언론의 자유는 그것 못지않게 소중한 다른 자유의 박탈을 보상해주는 것에 지나지 않는 경우가 적지 않다. 그러나 공적 세계에서 섹슈얼리티의 평등과 연관된 수많은 문제들을 거론하지 않는다면, 사랑에서 젠더가 평등과 연관되어 있다는 말은 아무 의미가 없다.

사랑을 할 때 남성과 여성이 서로를 평등한 존재로 만난다는 생각은 힘겹게 따낸 역사적 승리이다. 사랑과 결혼의 역사에서 평등의 관념이 얼마나 부족했는지 알면 충격적인데, 이는 남편이 아내에게 '상관'으로 남아있다는 의미에서 그렇다는 뜻만은 아니다. 지금도 여전히 세계 여러 나라와 미국의 일부 주에서 간통법과 살인법은 터무니없을 정도로 불공평하여 남편은 간통한 아내를 어떤 처벌도 받지 않고 죽일 수 있지만 아내는 간통한 남편을 법적으로 용서해야 한다. 결혼은 남성의 취향에만 맞춰져 있었으며, 남성이 "괜찮으면" 여성의 감정은 전혀 문제가 되지 않았다. 현재 부분적으로 시정되었지만, 취업의 기회와 승진 상의 불평등은 대부분의 역사에서 발견되는 기본권적 불평등, 이를테면 신체적 학대에서 벗어날 자유, 섹스와 원치 않는 아이를 거부할 자유, 자신의 감정과 의견을 표현할 자유 같은 기본권적 불평등과 비교해보면 사실상 무죄에 가깝다. 역사상 대부분의 시기 동안 남자는 법적으로 "상관"이었으며 평등은 아예 문제조차 되지 않았다. 주인과 하인이 서로 사랑하는 매우 특수하고 의심스러운 경우를 제외하면 사랑도 이와 다를 바 없었다.

플라톤의 『향연』을 다시 읽어보면, 에로스에 대한 우아한 찬사와 재치 있는 사상과 표현의 전환 뒤에는 여성과 여성의 사랑에 대한 경멸이 만연해 있음을 알 수 있다. 가장 빈번하게 등장하는 말은 "저속한"이다. 부부 사이의 사랑은 논할 가치가 없으며, 찬양할 가치는 더더욱 없다. 일부 연사들은 남성의 사랑을 표현하기 위해 쓰는 말을 여성의 사랑에도 쓰는 것에 반대하지는 않지만, 이들은 이 말이 타락한 의미를 담고 있으며, 이 말과 남성들 사이의 사랑에만 존재하는 깨어 있고 고양된 에로스를 혼동해서는 안 된다는 점을 분명히 한다. 그러나 남성들 사이의 사랑도 낭만적일 수는 없었다. 이는 부분적으로 남성들 간의 사랑이 어른과 젊은이의 사랑, 스승과 제자 사이의 비대칭적인 사랑이었고, 평등한 사람들 사이의 사랑이 아니었기 때문이다. (성인의 감성과 청년의 감성을 모두 '사랑'으로 불러야 할지도 확실치 않은데, 사랑이라는 말은 사랑하는 사람에게는 적절하지만 사랑받는 사람에게는 적절치 않은 단어이다.)

여성들에게 평등한 지위가 현실적으로 가능해진 것은 궁정풍 사랑과 함께, 즉 봉건제가 무너지고 개인의 관념이 출현한 르네상스와 함께 시작되었다. 이 가능성은 먼저 여성들이 사랑을 할 때 기꺼이 "자신의 마음을 내어줄 수 있는" 의지만이 아니라 그런 권리를 통해 표명되는데, 이는 여성이 동의 없이 팔리거나 거래되는 것과는 배치된다. 실제로 궁정풍 사랑의 가장 중요한 특징이라 할 수 있는 구애는 여성의 자율성을 재는 척도, 즉 누구를 받아들이고 누구를 거부할지를 스스로 결정할 수 있는 능력을 재는 척도였다. 물론 궁정풍 사랑의 남성 연인들이 잠자리만 같이했던 농민 여성들과 그들이 사랑했던 여성들 사이에는 분명한 차이가 존재한다. 후자의 여성들만이 평등한 존재로 여겨졌다. 계급에 따라 여성에게 접근하고 구애하는 방식이 달라질 수 있지만, 사랑은 자체로 위대한 평등주의자이다. (사랑에 관한 안드레아스 카펠라누스Andreas Capellanus의 대화는 남성과 여성의 상대적 계급의 문제에 사로잡혀 있다.) 셰익스피어의 시대에 이르면 전통적 성별과 성차별주의적 역할과 차이들은 여전히 남아있지만, 남녀 사이의 낭만적 평등은 사회적으로 수용되고 있다. 셰익스피어의 인물들은 적어도 사랑 게임에 있어서는 역할을 교환하고 배역을 바꾼다. 남성은 여성의 옷을 입고, 여성은 남성의 옷을 입으며, 사랑의 결정은 남녀 모두에게 평등하다. 19

•

세기에 이르면 이런 젠더 역할 자체가 사라지기 시작한다. 예를 들어, 톨스토이의 『안나 카레니나』에서 브론스키가 사랑에 빠지는 것은 "여성적인" 언어로 묘사되고 있으며, 브론스키와 안나의 균형은 이들의 비극적 사랑이 발전하는 데 필수적이다. 오늘날 여성들은 "예민한"(그러면서도 여전히 강한) 남성을 요구하고 남성들은 강한(그러면서도 여전히 "다정한") 여성을 요구하게 되면서, 이 모든 역할의 경계는 혼란스럽게 흐려진다. 이는 사랑이 그것을 방해하는 불평등한 전통적 사회경제적 젠더 역할에서 보다 자유로워지면서 역사적 역할의 변화가 일어나고 있음을 보여주는 건강한 신호이다.

낭만적 사랑의 기원과 본질을 함께 이해하려면 우리는 평등이라는 매우 어려운 개념을 이해해야 한다. 평등은 그저 주어지거나 보증되는 것이 아니라 그것을 얻기 위해 요구하고 싸워야 하는 것이다. 사랑에서 평등은 "자연스러운" 상황이 아니라 거의 언제나 협상과 타협과 위협과 싸움을 요구하는 역동적인 평형상태이다. 평등은 단순히 등가나 "균형"이 아니라 언제나 투쟁이다. 평등은 어떤 측면에서는 주어지지만 다른 측면에서는 획득되어야 한다.

평등은 사랑의 전제이자 전제 조건이라는 의미에서 사랑에 주어진다. 처음부터 평등이 존재하지 않는다면—예를 들어 상사와 비서의 관계나 선생과 학생의 관계처럼—평등은 곧 관계를 압박한다. 따라서 스탕달은 "사랑은 평등을 찾을 수 없는 곳에서 평등을 창조한다"라고 말한다. 앞서 1장에서 우리는 신데렐라가 왕자를 사랑하고 왕자의 사랑을 받으려면 왕자의 눈에 공주가 되어야 한다고 말했다. 신데렐라가 공주가 되어야 한다는 것은 단순히 예의의 문제가 아니라 연애의 전제 조건이다. 두 사람이 아주 다른 사회적 지위를 가지고 있다면, 사랑은 이들에게 사회적 평등을 요구하거나—이것은 결혼의 사회적 기능 중 하나이다—, 또는 랜슬롯과 귀네비어의 불법적 간통처럼 사회적 정당성을 부정할 것이다. 물론 대부분의 사람들에게 사회적 정당성을 부정하는 것은 조용히 사생활을 추구하는 것 이상은 아닐 것이다. 사랑에 필요한 평등은 "외적" 기준에 따라 측정되는 것을 거부하는 데에서 시작된다. 사회적 권력, 부, 대중의 찬사와 인기, 육체적 힘과 매력은 모두 사랑에서 일어나는 상호 평가와는 관련이 없다. 이런 요인들은 모두 친밀감과 사적 덕목이라는 다른 관심사를 위해 사라진다. 그러나 다른 의미에서 이것이 평등을 보장해주지는 않는다. 다만 평등(과 불평등)의 결정을 연인들에게 맡길 뿐이다.

평등이란 무엇보다 먼저 사랑의 관계가 선행하거나 선험적인 이점과 권위 없이 시작된다는 것을 의미한다. 자신의 잘생긴 비서와 사랑에 빠진 여성 상사는 자신의 권위를 뒤로하고 실제로 그들이 동등한 위치에서 만난다는 것을 확인해줄 특별한 보상적 자세를 취할 수 있다. 학생과 관계를 가지는 교사는 곧바로 학생을 자신과 동등한 위치로 끌어올리며—이것이 실제 보증되었는지 아닌지의 여부와 관계없이—, 선생의 역할은 기본적으로 낭만적 각본에서 하찮은 배역에 불과하게 된다. 여기서 우리는 낭만적 사랑을 부모의 사랑이나 여왕과 신하의 사랑과 대조해 볼 수 있다. 부모의 사랑은—아무리 자주 없앤다고 할지라도—관계에 내재된 우월함과 권위와 함께 계속되며, 여왕과 신하의 사랑 또한 우월성과 권위가 관계의 성격을 규정한다. 낭만적 사랑에는 이런 규정이 없다. 확언컨대 이런 규정은 낭만적 사랑과 무관하다. 이것이 사회적 역할과 낭만적 역할의 대조적인 성격이 그토록 자주 그토록 극적으로 나타나는 이유이다. 이것은 또한 대부분의 사회에서 부모의 역할과 성적 역할을 뒤섞는 것이 **금기**가 되는 이유이기도 하다. 이것은 단순히 종의 유전학이나 사회생물학, 또는 오이디푸스 콤플렉스의 억압과는 다른 요인들과 연관되어 있다. 견딜 수 없고 해소할 수 없는 역할의 갈등이라는 측면에서 이런 요인들을 설명하는 것으로 충분하다. 사랑을 위해서라면 상사나 선생의 권위, 심지어 왕자나 공주의 권위도 훼손되거나 열외로 놓을 수 있다. 그러나 부모가 담당하는 권위적 역할은 너무나 중요하고 신화적이다. 그러므로 부모의 사랑과 낭만적인 사랑을 결합하려는 시도는 인간관계를 불가능하게 만들지 않을 수 없는 평등과 권위의 충돌로 이어질 것이다.

그러나 평등을 강조하는 것은 평등이란 규정된 지위의 부재나 결여, 전통적 위계질서와 가족 권력 구조의 붕괴에 불과하다고 말하는 것일 수 있다. 위임된 권한이 존재하지 않는 곳에는 당연히 평등이 존재한다고 추정할 수 있다. 이것이 바로 모두가 평등한 자연법칙은 존재하지 않으며, 또 모든 사람은 힘, 지성, 재능, 자원에 있어서 수많은 방식으로 "자연적으로" 불평등함에도 불구하고 "자연 상태"에서 평등이 가정되는 이유이다. 남성과 여성 사이의 "자연스러운" 질서가 평등인 것처럼 보이게 만드는 몇 개의 낯익은 주장들이 있다. 이를테면 "탱고를 추려면 두 사람이 필요하다"라거나, 어느 쪽이 말한 것이든 "아니요"는 동일한 무게를 갖고 있으며 밀회를 끝내기에 충분하다고 지적하는 다소 분명한 말들이 있고, 섹스가 최고의 평등주의자라는 말도 있다. 침대에 누워 있는 두 사람은 모든 공적 역할과 권력을 박탈당한다. 적어도 순간적으로 이들에게 서로의 사회적 지위는 자기 폐쇄적이고 상호적으로 규정된다. (잘 규정된 사회적 관계에서 이미 얽혀 있는 누군가와 처음 섹스를 나눌 때 경험하는 충격적인 방향감각의 상실과 친밀감을 떠올려 보라.) 그러나 평등을 모든 외부적 기준의 부재로만 생각하는 것은 잘못이다. 중요한 의미에서 평등은 "자연적 개념이 아니라 관계와 관련되어 있다." 평등은 사회적이고 공적인 권력과 확연히 구분되는 **권력 개념**과 깊이 연관되어 있다. 공적으로는 강력한 힘을 지니고 있고 막강한 존재감을 보여주지만, 사생활에서는 한심하거나 무능한 사람이 있으며, 사회에서는 소심하고 사회적 모임에서는 순종적이지만 친밀한 사적 관계에서는 아주 강한 사람이 있다. 사랑에 있어서 관건은 사적 권력이며, 보다 공적 형태의 권력과는 크게 상관 관계를 맺을 필요가 없다. (『블루엔젤』의 라스Rath 교수나 채털리 부인처럼 그렇지 않으면 존경받을 만한 강한 사람이 자기보다 낮은 사회적 위치에 있는 연인 때문에 수모를 겪거나 절박한 상태에 빠져들면서, 사회적 역할은 섹스와 성적 욕망에 의해 전복될 수 있다는 점에 주목할 필요가 있다.) 이런 사적 형태의 권력은 공적 영향력을 박탈당한 위대한 여성들에게 자원이 되었던 권력이다. 또한 사적 권력은 사랑받는 사람이라면 누구나 사랑하는 연인에게 행사하는 권력, 누군가에게 욕망 되는 권력이자 사랑하는 연인 자신의 정체성을 위해 의존하지 않을 수 없는 권력이다. 그것은 최종적 권력, 즉 "아니요"를 말하는 권력이자 파괴하는 권력이다.

영국 철학자 토머스 홉스는 서로를 죽일 수 있는 힘을 공유하고 있다는 불행한 의미에서 우리 모두는 평등하다고 주장했다. 그러나 인간 본성에 대한 홉스의 일반적 주장은 취약성을 공유하는 침실이라는 공간에서 모든 사람들에게 일어나는 권력에 보다 특수하게 적용된다. 나의 페미니스트 친구는 남녀 사이에 일어나는 지속적인 불신을 고대 전사의 모델로 설명하는데, 고대의 전사는 전투에서는 어느 누구에게도 지지 않는 무적의 존재이지만 자신이 최근에 붙잡아 강간한 여자와 섹스를 한 뒤에는 칼을 내려놓고 그녀 옆에서 정신없이 잠에 빠져든다. 이 고대의 전사는 희생 제물로 바쳐진 양만큼이나 취약하다. 이 이미지는 피해망상적이지만 평등에 대한 홉스적 주장을 잔인할 정도로 정확하게 표현한다. 정말로 친밀함이 있는 곳에서는 야만인 코난 Conan the Barbarian[16]도 취약하다. 잠자는 동안 살해될지 모른다는 것이 신경증적 연인들의 걱정거리는 아니겠지만, 이런 상황과 유추해볼 수 있는 감정 상태는 이 못지않게 위협적이다. 그것은 사랑받는 사람이

16 코난Conan the Barbarian : 1930년대 로버트 하워드의 판타지 시리즈에 등장하는 주인공—옮긴이주.

사랑을 중단하는 권력, (살인을 범하지 않으면서도) 가장 극적으로 표현하는 권력, 즉 떠나는 권력이다.

사랑에 필요한 평등은 부분적으로 성적 평등이지만, 이것은 종종 비현실적으로 잘못 해석된다. 최근 의지가 강한 내 여자 친구는 목하 진행 중인 사랑에 대해 이야기하면서, 자신이 난생 "처음으로" "그의 힘에 완전히 빠져 있는" 고도로 충만한 성관계를 가졌다고 말했다. 하지만 이런 느낌은 침실에서만 일어났을 뿐이다. 그녀는 침실 이외의 다른 상황에서는 완전히 평등해야 한다고 주장했지만, 나의 몇몇 친구들은 분개했다. 친구들은 그런 순종적인 성적 느낌에 굴복하면 관계 전체의 평등이 훼손된다고 주장했다. 그녀는 그렇지 않다고 말하면서 그에게 빠져드는 이런 느낌이 오히려 그에 대한 믿음을 강화시켰을 뿐이라고 이야기했다. 그러나 문제는 성적 복종이 아니다. 공적 권력을 가진 남성이 사적으로는 순종적이고 수동적이며 심지어 굴욕적인 성적 위치를 더 좋아하는 경향은 수 세기 동안 우리가 익숙히 보아온 역설적인 모습이다. 이제 공적 권력을 가진 여성이 비슷한 굴욕을 받고 싶다는 생각이 주목받고 있다고 해서 크게 놀랄 일은 아니다. (이런 생각은 종종 "강간 환상"이나 "마조히즘"으로 잘못 표현되고 있다.) 다른 한편, 대부분은 아니더라도 많은 남성들이 섹스를 하면서 강하고 지배하고 있다는 욕구를 느끼는 것 같은데, 이것이 일부 여성들이 남성을 불신하는 또 하나의 이유가 된다. 그러나 다른 사람들에게 이는 꽤 확실한 생리적 차이에 기초하여 남성을 바라보고 평가해왔던 (불행한) 전통적 역할의 속성에 지나지 않는 것 같다. 그러나 이는 사랑이나 평등과는 관련이 없으며, 성의 평등이 평등한 욕망과 비지배적인 대칭적 성역할을 의미한다면 사랑에서 성의 평등을 찾기란 거의 불가능하다고 해야 할 것이다. 모든 경우에 있어서 관건은 욕망의 평등이나—우리 모두에게 욕망의 평등은 때에 따라 다르다—지배와 종속의 문제가 아니라, 상대의 욕구와 욕망에 대한 평등한 존중이다. 이는 성적 평등이 섹스의 평등이 아니라 너 일반적인 의미의 평등, 즉 한 인간으로서의 평등, 특히 연인으로서의 평등이라는 것을 의미한다. 평등은 서로의 욕구와 욕망을 상호 존중하는 것이다. 물론 이런 욕구와 욕망은 비대칭적일 수 있으며 어느 한 사람이 더 많은 요구를 할 수도 있다. 이런 점은 낭만적 역할의 본질적인 특성으로 일반화될 수 있다. 연인들의 관심은 서로의 역할이 대조적일 때에도 경쟁적이지 않다. 낭만적 사랑을 지배하는 것은 연인의 의지를 **자신의** 욕망으로 삼는 것인데, 이는 역설적이게도 연인의 의지가 완전히 지배당할 때조차 그러하다.

평등의 정치에는 언제나 명백한 문제가 도사리고 있다. 어떤 사람들은 '자연적으로' 더 강하고 더 똑똑하고 더 재능이 있고 더 유능하다. 모든 관계에서 어떤 사람은 더 뛰어난 모습을 보이고, 더 지적이고, 공적 모임에서 더 편안하며, 친밀한 감정을 더 기꺼이 잘 표현할 수 있다. 이런 불평등이 불공평을 낳는가? 이런 불평등이 어떤 사람에게 더 우월한 권리나 지위를 부여하는가? 대부분의 인간 활동에서 어떤 사람이 관련되는 기술에서 보여주는 우월함은 특별한 권위를 갖고 있거나 그에게 그런 권위를 실어준다. 마찬가지로 우리는 낭만적인 관계에서 어느 정도의 "전문성"을 보여줄 것을, 즉 특정 행동에서 취향과 능력을 보여줄 것을 기대한다. 그러나 대부분의 다른 공동 활동과 달리 사랑에서는 상사나 감독관이나 선장이 있을 수 없다. 기술과 덕과 존경에서는 굉장한 차이를 보일 수 있지만 사랑은 우월함을 인정하지 않는다. 스키대회의 우승자는 연인의 존경을 받을지는 모르지만, 연인보다 자기가 우월하다고 느끼지는 않는다. 위대한 예술가는 연인의 칭찬을 즐길 수는 있지만 연인과 재능을 두고 경쟁하지는 않는다. (사랑하는 두 사람이 경쟁적인 직업에 같이 종사할 때 사랑은 종종 위태로워진다. 두 사람이 서로 비교될 수 있는 가능성을 내면화하지 않기란 쉽지 않다.) 사랑에서 사랑 이외의 모든 것들은 사랑에 비본질적이 된다. 그렇지 않다면 사랑에서는 기술과 덕이 전부 공유되므로 당연히 경쟁의 관념이 생기지 않는다.

사랑이 요구하는 평등은 이익의 평등, 관계 내에서 지위의 평등이다. 그럼에도 기술과 덕의 차이를 부정하거나 무시할 수 없다는 것은 분명하다. 드물지 않게 일어나는 일이지만 사랑에서 누리는 이점을 부인하면 관계의 슬픈, 때로는 비극적인 "평준화"에 이르게 된다. 이는 평등을 강화하려는 유일한 목적을 위해 미덕을 잘라내는데, 이는 당연히 서로 실망하고 범속해지는 상황을 고착시킨다. 아내가 촉망받는 커리어를 추구하지 못하게 하는 남편, 남편의 취미를 폄하하거나 남편의 능력을 비웃는 아내, 이것은 최악의 사랑이다. 많은 작가들은 이런 사랑은 사랑이 될 수 없다고 주장한다. 사랑이란 연인에게서, 또 연인을 위해 최상의 것을 바라는 것이기 때문이다. 나는 사랑이라는 감정은 지지하지만 사랑은 해로울 수 없는 것이라는 생각은 거부하지 않을 수 없다. 이런 생각과 달리 사랑이 지닌 본질적 속성이라 할 수 있는 평등의 요구가 이런 구속을 만들어낸다. 이 구속이 아무리 불행하고 비극적이라 할지라도. 매력적인 아내를 질투하여 아내를 좋은 사람들의 모임에 데려가지 않거나, 아내의 미모가 노출되지 않는 외부 활동(멀리 캠핑을 가거나 어두컴컴한 영화관에서 영화를 보는 것)을 하려는 남편은 가급적이면 경쟁상황을 모조리 없애는 방식으로 평등을 강요하고 있다. 자기가 "운동 능력이 없기"때문에 남편도 운동을 못하게 하는 아내는 정말로 남편을 사랑할 수도 있다. 그녀는 남편을 너무도 사랑한 나머지 부부 사이의 평등을 주장하기 위해 이런 행동을 하고 있는지도 모른다. 그 행동이 관계를 위태롭게 할지라도.

연인이 자기보다 뛰어나다는 것을 부정할 수도 없고 부정해서도 안 되겠지만, 요체는 사랑에는 우월함이 있을 수 없다는 것이다. 이렇게 말하면 여러 문제가 다소 분명해진다. 우선, 모든 연애는 관계 **안에**서 두 사람이 평등의 이점을 누릴 수 없는 수많은 경쟁으로 가득차 있다. 예를 들어, 두 사람 중 한 사람이 의견 차이가 있거나 말싸움을 벌일 때 더 똑똑하게 말하거나, 논쟁을 더 잘하거나, 감정을 더 잘 표현할 수 있다. (이런 면모는 모든 관계에 반드시 필요한 기술로서 종종 노골적으로 경쟁적이다.) 두 사람 중 한 사람이 더 풍부한 성 경험을 가지고 있기 때문에 연애 관계에 불가피하게 "사제" 관계를 끌어들일 수도 있다. (이처럼 가르치는 관계가 생성되지 못할 경우 실망과 원망이 생긴다.) 또한 요리와 집안일 같은 흔한 가사의 기술조차 경쟁과 경쟁적 평가를 유발하는 경향이 있다. (전통적 가사노동이 젠더에 따라 엄격하게 구분되고 전문화되었던 이유 가운데 하나가 이것이다.) 그러나 이 모든 것들 중에서 가장 기본은, 한 사람은 자신이 상대에게 필요해지고 사랑받는 것 이상으로 상대가 필요하거나 상대를 사랑할 수 있다는 것이다. 평등이 사랑하는 는 연인들의 전제 조건이라고 해서 두 사람이 반드시 서로를 평등하게 사랑한다고 말하는 것은 아니다.

문제가 더 복잡해지는 것은 외적 성공과 실패가 모든 관계의 사생활 속으로 어느 정도 들어올 수밖에 없다는 것이다. "공적인 것"과 "사적인 것"의 구분 자체가 공적 관행이다. 그러므로 공적 자아 관념이 사적 자아 관념에 큰 영향을 미친다는 것은 놀라운 일이 아니다. 자신이 세상에서 매력적인 존재가 아니라고 느끼는 남자는 자신이 연인에게 매력적이라는 사실을 더디게 받아들이는데, 이것이 매우 이상한 경쟁심을 낳는다. 그 경쟁심은 '누가 더 매력적인가'에 관한 것이 아니라 "당신이 날 매력적이라고 느끼게 해주겠어"라는 식의 도전의 형태를 취한다. 마찬가지로 자신이 직장에서 실패했다고 느끼는 여성은 사랑에 성공했다고 느끼기가 힘들 수 있다. 이런 느낌은 감탄을 자아낼 만큼 이해심이 많은 연인과 사귈 경우에도 여전히 그러한데, 그녀는 기회가 생길 때마다 자신의 실패를 연인의 성공과 비교한다. 두 사람 사이의 불평등이 세상에 정말로 존재한다면, 사적인 사랑의 세계에도 이 불평등의 그림자가 어른거리지 않을 수 없다. 물론 공적 삶과 사적 삶이 더 뚜렷하게 구별되고, 배우자나 연인이 공적 성공과 실패의 문제에서 더 멀리 떨어져 있을수록, 공적 세계의 불평등이 사랑에 가하는 압력은 적을 것이며, 이 경우 공적 성공과 실패가 관계에서 평등과 불평등의 관념에 끼치는 영향도 더 적을 것이다. 이것이 사랑하는 두 사람이 치열한 경쟁이 일어나는 기리어나 지업에 함께 종사할 경우 비슷한 이해관계와 관심이 서로에게 상호 정체성의 인식을 키워주기도 하지만, 완전히 **외적** 고려 사항에 바탕을 둔 관계 **안에서** 엄청난 갈등의 망령, 누가 더 인정받고, 누가 더 많이 벌며, 누구의 논문이 《더 쿼터리》지에 실리는지, 그리고 스펜서 트레이시와 캐서린 헵번이 주인공으로 등장하는 고전적 영화에 나오듯이 누가 소송에서 이기는가를 두고 엄청난 갈등의 망령에 직면하는 이유가 된다.

사랑은 공적 삶에서 일어나는 불평등을 침실과 식탁에서, 그리고 사적으로 정원을 걸으면서 중화하거나 보상하려고 한다. 평등의 지표 중 하나는—이것은 큰 혼란의 원인이기도 한데—서로 다른 사람들이 서로 다른 방식으로 우월하다는 것이다. 한 사람은 더 분석적이고 다른 사람은 더 직관적이며, 한 사람은 더 성적이고 다른 사람은 더 감각적이며, 한 사람은 동정심이 더 많고 다른 사람은 효율성이 더 높다. 우리가 관계에서 평등이라는 말로 의미하는 바는 이 각각의 측면에서의 평등이 아니라 전체적 균형이며, 여러 측면에서의 평등이 아니라 평등한 한 사람으로서 서로를 상호 존중한다는 점에서의 평등이다.

이 모든 점들을 종합해서 우리는 사랑에 나타나는 평등의 관념을 일련의 단계로 분석할 수 있을 것이다.

첫째, 사랑의 평등은 관계에 미리 확정된 위계가 없다는 것을 의미한다. 만일 관계에 미리 확정된 불평등이 존재한다면 해당 감정은 (낭만적인) 사랑이 아니다. 성인 남성과 젊은이 사이의 비대칭적인 그리스적 사랑은 (낭만적) 사랑이 될 수 없다. 경매에서 구매한 아내는 아무리 남편의 사랑을 받는다 해도 (낭만적) 사랑이 될 수 없다.

둘째, 사랑의 평등은 두 파트너의 감정이 동등하고 진지하게 받아들여진다는 것을 의미한다. 실제로 한 사람의 기분은 우울하고 울증에서 조증으로 바뀌었다가 다시 울증으로 돌아올 수 있고, 다른 사람의 감정적 날씨는 바다처럼 차분할 수 있지만 두 감정에는 (빈도와 중요성에 비례하여) 동일한 가중치가 매겨진다. 한 사람의 감정은 늘 관심사가 되지만 다른 사람의 감정은 그렇지 않다는 명백한 사실이 그 자체로 불평등의 문제가 아니다. 그러나 대체로 침착한 성향의 파트너가 위기를 겪고 있거나 감정을 격정적으로 폭발하는 데도 다른 사람이 습관적으로 자기 자신에 빠져 있으면서 파트너의 감정을 무시한다면, 이는 평등의 조건을 위반하는 것이다.

셋째, 평등이란 두 사람이 동등하게 의존적이고 동등하게 독립적이라는 것을 의미하며, 두 사람이 그들 모두에게 영향을 미치는 결정을 공유한다는 것을 의미한다. 또한 평등은 두 사람 중 한 사람이 모든 결정을 내린다는 점을 두 사람이 대체로 이해한다고 할지라도, 이 결정 자체는 상호 결정이어야 한다는 것을 의미한다. ("해리, 내가 사무실에서 하루 종일 결정 내리는 거 알잖아. 저녁 먹을 곳은 당신이 정해.")

넷째, 관심의 욕구, 대화의 시간, 만지고 애무하고 섹스하고 싶은 욕망 등등 각자의 욕구와 욕망에 동등한 중요성이 부여되어야 한다. (여성이 남성을 **좋아하지** 않기 때문에 프러포즈를 거절할 수 있었던 시절과 "아내가 마음이 내키지 않기 때문에" 남편의 섹스 요구를 거부할 수 있는 시절 사이에는 큰 역사적 진전이 일어났다.) 물론 이러한 욕구와 욕망들이 늘 같은 것은 아니며, 불행히도 서로의 욕구와 욕망을 똑같이 중요하게 다루는 데 성공한 커플은 사실상 거의 존재하지 않는다. 여기서 중요한 점은 낭만적 커플이 자동적으로 균형을 찾는다는 것이 아니라 평등의 기준이 언제나 전제되어 있다는 것이다. 그것은 정당한 불만의 근거이다. ("당신이 원하면 왜 늘 섹스를 하면서 내가 원하면 한 번도 하지 않는 거지?") 사랑이 보증하는 것은 평등의 이상이고, 평등을 실현하는 것은 지속적인 대화와 노력의 문제이다.

다섯째, (이제 사적 영역에서 공적 영역으로 이동하여), 평등한 관심과 존중은 각각의 파트너가 세계에서 차지하는 위치와 수행하는 역할에서 비롯된다. 이렇게 말한다고 해서 낭만적 사랑이 여성(또는 남성)이 경력을 포기하는 것을 금지한다거나, 재미 삼아 하는 취미가 가족 전체의 수입원이 되는 직업과 동등한 실질적 비중을 가져야 한다고 주장하는 것은 아니다. 이 말은 가정 안팎에서 수행하는 역할을 지시하지 않는다. 실제로 낭만적 사랑의 최근 전통에 제기되는 한 가지 심각한 불만은 낭만적 사랑이 "전통적인 가족의 가치"와 여성이 담당하는 순수하게 가정적인 역할에 대해 보수적 태도를 규정하려고 한다는 것이다. 그러나 사랑은 급진적 감정이지 보수적 감정이 아니며, 평등의 의미는 전통적이고 불평등한 역할과 정반대이다. 실용적 측면에서 정해지는 우선순위와 존중과 평등의 문제는 전혀 다른 것이다. (그녀가 로스쿨의 교수로 일해서 버는 수입으로 대출금을 갚고, 그가 도자기를 만들어 버는 수입은 지출 금액의 일부만 충당한다. 도자기를 만들기 위해 보낸 기분 나쁜 시간은 법정에서 보낸 기분 나쁜 시간 못지않게 개인적 관심사이다.)

미리 확립된 위계나 권위의 결여, 평등한 감정 상태, 모든 문제의 공동결정, 욕구와 욕망에 기울이는 동등한 관심, 세상의 한 사람으로서 서로에 대한 동등한 존중, 이것이 평등을 구성하는 다섯 가지 범주이다. 이 다섯 가지는 사랑과 관계에서 계속 발생하는 수많은 작은 문제들에 나타나며, 궁극적으로 사랑의 지속 가능성을 결정한다. 폭군들은 가장 안정적인 사회란 완고한 독재체제이며, 이 체제하에서는 국민들의 변덕스러운 의지가 공공질서를 방해하는 것이 허용되지 않는다고 지적해왔다. 마찬가지로 가장 안정적인 개인들 간의 관계는 권위에 의해 규정되고, 완고한 규칙에 따라 구조화되며, 평등한 존재로서 스스로를 지키도록 남겨진 두 사람의 변덕과 불안에서 벗어난 관계일 것이다. 그러나 우리는 안정된 사회를 바라보는 폭군의 생각을 거부하며, 지금까지 누구도 안정감이 사랑의 미덕이라고 주장하지 않았다. 사랑이 지속되지 못하는 이유 중 하나가 바로 이 개인적 평등의 이상이라고 할 수 있을 것이다. 평등의 이상은 사랑의 토대를 이루는 것 중 하나로서 그것에 도달하기 위해 끊임없는 경계와 지속적인 투쟁이 필요하다. 관계에서 평등이 사라지면 사랑도 사라져야 한다.

아마도 사랑의 평등에 관한 논의를 끝내는 가장 좋은 방법은 **불평등**이 사랑 관계에서 전적으로 바람직한 측면을 가지고 있다는 중요한 의미를 지적하는 것이다. 당신이 테니스 시합의 상대를 선택한다고 생각해보라. 당신은 당신보다 못한 사람, 당신보다 뛰어난 사람, 당신과 동일한 능력을 갖고 있는 사람 가운데 누구를 선택할 것인가? 각각의 경우 장단점이 있다. 당신은 당신보다 못한 사람을 별 어려움 없이 이길 수 있겠지만, 확실히 당신의 경기 능력을 키우지는 못할 것이다. 당신과 동일한 능력을 가진 사람을 선택하면 경기는 치열하고 공정하겠지만 경기력은 향상되지 않고 연습량만 늘어날 것이다. 그러나 당신이 당신보다 뛰어난 사람을 선택하면 당신은 배우고 존경하고 더 높은 수준에 이를 것이다. 사랑의 경우도 마찬가지이다. 자신이 우월하다고 느끼기 위해 사회적 기술, 성 경험, 교육, 지성 등등 여러 면에서 자기보다 못한 사람을 선택하는 사람들이 너무 많다. 불행하게도 이런 사람들은 많은 것을 배우지 못하고, 종종 권태를 느끼며, 사랑이 우리를 고양시키는 경험이라는 것을 알지 못한다. 이런 사람들은 사랑에 필요한 평등의식을 "장애"로, 자기를 떨어뜨리는 것으로 경험한다. 또 다른 부류의 사람들은 사랑에서 지위의 평등이라는 전제 조건을 기술과 성취의 평등으로 혼동한다. 이런 관계는 대체로 안정적이지만 종종 지나치게 경쟁적인 경향을 보이며, 자신을 크게 고양시키지 못한다. 그러나 자기보다 뛰어난 사람을, 특정 기술이나 업적이 아니라 정신적으로 뛰어난 사람을 사랑하는 것은 매우 다르고 특별한 경험이 될 수 있다. 『일흔 살에』라는 제목의 책에서 메이 사턴May Sarton이 쓴 아래 구절을 생각해보라.

> 나는 왜 미국인들이 평등을 주장하는 것이 정당한 정치적 공간이 아니라 그렇지 않은 사적 관계에서 "평등"을 주장하는지 의아하다. 나는 바질 드 셀랑쿠르Basil de Selincourt, 장 도미니크Jean Dominique, 버지니아 울프Virginia Woolf, 엘리자베스 보웬Elizabeth Bowen, 그리고 어린 시절 나를 가르쳤던 앤 소프Anne Thorpe 선생님과 캐서린 테일러Katherine Taylor 선생님에게 "우리는 평등하다"라고 말하는 것은 고사하고 그렇게 생각하는 것조차 상상할 수 없다. 나는 내가 이들로부터 그리고 이들을 통해서 배워야 했다

는 것을 너무나 잘 알고 있었다. 그리하여 나는 기쁜 마음으로 이들에게 사랑과 경의를 표했다. 적어도 나에게 있어서 가장 보람찬 감정 가운데 하나는 내가 진심으로 존경하고 배울 수 있는 사람과 함께 있음을 느끼는 것이다. 이것은 매우 순수한 감정이다. 이 감정에 시기심은 없고 열망만 있다. 함께 있다는 느낌 자체가 보상이다.

한 세기 전 여성해방운동이 시작할 무렵 존 스튜어트 밀이 썼듯이, "진정한 평등이 존재할 때 당신은 당신의 파트너를 '흠모할' 호사를 누릴 수 있다."

소유와 소유욕

실제 사랑에서 우리는 상대의 좋은 것을 원한다.

낭만적인 사랑에서 우리는 상대 자체를 원한다.

— 마거릿 앤더슨

사랑하는 사람이 상대의 자유와 자율성 이외의 다른 것을 추구하지 않으며 상대를 나와 별개로 구별되는 독립된 인간으로 존중한다는 것은 자유 지상주의적 연애에서 우리가 가장 좋아하는 교리 중 하나이다. 늘 그렇듯이 진실은 더 복잡하다. 이렇게 말하는 것이 인기가 없긴 하지만, 낭만적 사랑의 가장 큰 특징 중 하나는 사랑하는 사람에 대해 갖고 있는 강한 소유 감각이다. 이런 소유 감각은 '너는 내 꺼야' 라는 소유격 대명사를 사용하는 것부터 쥐거나 움켜쥐거나 안거나 껴안은 것 같은 직접적인 신체 동작에 이르기까지 우리의 생각과 말속에 뿌리 박혀있다. 의심할 여지없이 우리는 이런 소유 감각이 한 개인으로서 상대의 권리를 존중하는 것과 균형을 이루어야 한다고 주장하지만, 사랑에 강한 압박이 가해지는 순간 우리는 소유가 아니라 존중을 포기한다. 이것이 우리가 "소유욕"이라고 부르는 것이다.

소유, 아마도 '자기 것ownness'이라고 불러야 할 이 말은 기실 사랑을 이루는 정상적인 요소이자 심지어 필수적 요소이기도 하다. 『리시스Lysis』에서 플라톤은 인간은 "자기 것으로 만들 수 있는" 것만 사랑할 수 있다고 주장한다. 또한 플라톤은 (지식과 마찬가지로) 사랑도 "움켜쥐거나" "소유하는" 것이라고 말한다. 누군가를 사랑하면 그 사람이 원하는 것은 무엇이든 다 해줄 것이라는 생각은 (이미 여기에 일정 정도 권위나 통제가 전제되어 있다) 부모가 자식에게 그러하듯이 연인에게도 순진하고 비현실적이다. 자식을 사랑하는 것은 단순히 자식을 염려하는 것만이 아니라 자식이 특정한 행동을 하도록 하고, 아이 본인을 위해 염려하는 것만이 아니라 관계와 부모 자신을 위해 염려하는 것이기도 하다. 누군가를 사랑한다는 것은 그 사람과 그 사람이 느끼는 감정에 자신을 깊이 투여하는 것이다. 또한 우리는 그 사람이 잘되기를 바란다는 의미에서 염려할 뿐 아니라 타인의 손안에 놓인 자신의 운명을 바라보는 자기본위적인 의미에서 염려한다. 타인에게 어떻게 하느냐는 박애나 무관심의 문제가 아니라 자신의 생존의 문제이다.

사랑에 소유 감각sense of possession이 포함되어 있다는 것은 정확히 어떤 의미인가? 우리는 소유권ownership에 대한 표준적인 자본주의적 사유재산 개념을 이야기하는 것이 아니다. 노예 관계의 한 형태로서, 혹은 적어도 단순한 "대상화objectification"로서 "소유"를 완전히 거부하는 것이 바로 이런 소유권 의식이다. 그러나 자본주의적 재산 이론의 기원을 자세히 들여다보면, 영국 철학자 존 로크John Locke가 '자격

entitlement' 이론뿐만 아니라 다른 이론도 주장했음을 알 수 있는데, 이 다른 이론의 핵심은 우리가 어떤 것에 "우리의 노동을 섞었을" 때 그것을 정당하게 소유한다는 것이다. 물론 여기서 로크는 토지에 관해 이야기하고 있지만, 이 이론은 관계에 적용할 때에도 참고가 될 수 있다. 어쩌면 우리는 '투자'개념을 우리가 바라는 것 이상으로 사용하고 있는지 모른다. 투자라는 말은 경제학뿐만 아니라 감정에서도 핵심적인 개념이다. 우리는 우리의 **자아**를 무언가에, 이를테면 사람과 대의와 원칙과 상황에 투자한다. 사랑을 할 때 우리는 전형적으로 자신을, 그리고 중요한 의미에서 자신의 노동을 사랑, 관계, 타인에게 투자한다. 사랑의 일부를 이루는 소유는 이런 투자 감각이다. 즉, 우리는 우리의 시간과 에너지와 관심과 감정을 타인과 함께하는 삶에 투자하는 것이다. 이런 개인적 투자는 그 대가로 의무만이 아니라 어느 정도의 권리와 기대를 수반한다. 연인에게 완전한 자율성과 어떤 기대도 없이 완전한 수용을 허용해준다는 이상은 사랑이 관찰자의 감정이 아니라는 명백한 사실을 무시한다. 자아는 사랑에 깊이 관여되어 있으며, 이 관여와 함께 소유와 통제 감각이라는 불가피하고 나무랄 수 없는 감정이 개입된다.

소유 감각은 어느 정도까지는 친근감에 지나지 않는 것처럼 보일 수 있다. 한 집에서 몇 년을 살다 보면 소유권이라는 법적 문제와는 별도로 그 집이 자기 집인 것처럼 편안하게 느껴진다. 여기서 한 걸음 더 나아가 심지어 자신이 그 집의 소유에 **자격이 있다고** 느낄 수도 있다.

이는 매우 강력한 소유의 주장으로서 관습법에서는 합법적으로 인정되고 있다. 이와 마찬가지로 우리는 어느 정도 시간이 지나면 서로에게 친근감을 느끼는데, 그것은 소유라는 실질적 문제와는 별개로 "편안하다"는 느낌이다. 시간이 더 흐르면 서로에게 자격이 있다고 느끼기 시작하는데, 이런 느낌은 검증되지 않기 때문에 확실하지 않을 수 있다. 하지만 오래 사귄 연인이 떠나겠다고 하면, "내가 당신을 로스쿨에 입학시켰어"와 같은 가시적 헌신뿐만 아니라 자격의 요구가 솟구치는 것을 확인할 수 있다. 사랑이 끝날 때 흔히 생기는 배신감—단순히 실망감이 아니라—은 자격의 권리가 침해당했음을 보여주는 확실한 신호이다. 이런 배신감은 편안하거나 즐거운 합의의 슬픈 종말일뿐만 아니라 신뢰의 위반이자 신성한 기대의 위반이다.

'소유'란 집이나 오토바이를 합법적으로 소유하는 것과 같은 조잡한 소유권 의식을 뜻하지 않는다. 사랑을 할 때 연인을 소유하는 것은 노예제도를 소유하는 것과 같지 않으며, 인간으로서 모든 권리가 희생되고 경매에서 팔릴 위협에 처하게 되는 것을 의미하지 않는다. 소유대명사는 애착을 가리키는데, 애착은 소유권의 양상뿐 아니라 정체성의 양상도 지니고 있다. 상사를 '나의' 상사라고 말하지만, 이 말이 내가 상사를 소유하고 있다는 의미는 아니다. ("나의 상사"라는 말로서) 나는 상사가 나와, 그리고 나의 이익과 특별한 관계를 맺고 있으며, 나의 직업과 관련하여 매우 분명한 의미에서 나의 정체성을 규정한다는 것을 의미한다. 마찬가지로 포기Porgy가 "베스Bess, 당신은 내 여자야"라고 말할 때, 그가 거드름을 피우거나 그녀가 그에게 종속되었다거나 열등하다는 것을 말하는 것은 아니다.[17] 그러나 소유격이 그저 소속affiliation을 나타내는 표시인 것만도 아니다. 사랑에 연루되어 있는 소유의식은 기대와 많이 연관되어 있다. "당신은 내 거야"라는 말은 무엇보다도 나는 너에게 어떤 것을, 이를테면 어느 정도의 관심, 보살핌과 애정, 특별한 대우와 배려를 기대한다는 의미이다. 그리고 "나는 당신 거야"라는 말은 당신이 나와 같은 것을 기대할 수 있고 또 마땅히 그래야 한다는 것을 나타낸다. 이렇게 생각하면 우리는 처음 친해진 뒤 약간의 예의와 배려로 전화를 기대할 때에도 소유하고 소유되고 있다는 느낌을 받는다. 관계가 몇 년 지나고 나면 친근감은 오래 확정된 기대감이 되고, 시간이 흐르면서 기대감은 자격의 요구가 되기 쉽다. 특별한 경우 이런 자격의 요구에 이의를 제기할 수 있지만, 사랑에 소유 감각은 거의 불가피하다는 생각에 반대하기는 힘들 것이다.

사랑에서 소유의 위상이 가장 분명하게 드러나는 곳은 섹스이다. 남성의 가장 취약한 신체 부위를 완전하게 에워싸거나 여성의 신체 속으로 뚫고 들어가는 것보다 더 소유적인 것이 무엇이 있을까? 여성의 신체 속으로 뚫고 들어가는 것은—아무리 여성이 원한다고 할지라도—이런 행위가 미치는 심리적 여파를 고려하기 이전에도 그 자체

17 Porgy and Bess는 미국 작곡가 George Gershwin 의 오페라로, 작가 DuBose Heyward와 작사가 Ira Gershwin이 대본을 썼다. Dorothy Heyward와 DuBose Heyward의 희곡 Porgy에서 각색되었으며 DuBose Heyward의 1925년 동명 소설을 각색한 것이다—편집자주.

로 이미 공격적인 행위이다. 낭만이 사라지고 쾌락이 결여되면 성행위는 소유를 위한 투쟁에 지나지 않는 것 같다. 사랑에 나타나는 친밀한 느낌—"나를 데려가 줘"나 "나는 당신 거야"—은 소유의 역할을 상당히 명확하게 만들며, "나는 당신을 원해"라는 선언도 소유를 나타내는 분명한 표시임을 알 수 있다. 또한 우리는 신체적 움직임을 넘어 성적 친밀감이 어떻게 소유 감각을 유발하는지 이해할 수 있다. 적어도 잠시 동안은 그 한 사람이 매우 특별하고 심지어 세계 전체이며, 섹스는 강력한 일시적 의존감을 불러일으킨다. 성행위가 중단되는 것, 특히 애인의 "(흥분이) 꺼지는 것"은 세상에서 가장 파괴적인 거절이 될 수 있다. 이런 취약성은 불안을 낳고, 이는 직접적인 성적 맥락을 넘어 빠르게 일반화된다. 성행위가 지속되기를 원하고 성행위의 쾌락을 넘어 성적 친밀감이 확대되기를 바라는 것은 연인의 열정 때문만은 아니다. 사랑에서 성적 열정이 그토록 깊은 것은 성적 열정의 집중성 때문이다. 이 집중성은 배타적 독점욕과 소유 감각을 동반하지 않을 수 없다. 이런 배타적 느낌이 사라지고 연인의 특별함이 흩어지면 성적 열정은 곧 의미를 잃어버린다. 그러므로 성의 친밀감은 성적 맥락 바깥에서도 상대의 배타적 관심을 받으려는 욕망을 가리키는데, 이곳이 소유 감각이 가장 뚜렷하게 나타나는 곳이다. 성적 소유가 사랑의 소유 감각의 전부는 아니지만, 그 핵심을 이루고 있음은 분명하다. 우리는 친구들 중 어느 누구의 우정도 줄이지 않으면서 친구를 나눌 수 있지만 연인을 손실 없이 나눌 수는 없다.

•

여기가 질투심에 관해 이야기할 수 있는 지점이다. 대략 한 세대 전에는 일반적으로 질투는 사랑에 반대되는 "나쁜" 감정이라고 주장했다. 그러나 이런 주장의 이면에는 사랑이란 상대와 상대가 원하는 것을 '전적으로 수용하는 것'이라는 불합리한 생각과 질투에 들어 있는 소유 감각은 소유권에 불과하며 상대를 사실상 노예로 만드는 것이란 그릇된 생각이 자리잡고 있었다. 이상주의는 불륜과 잔인함마저 합리화하는 것이 아닐 때에는 칭송할 만하다. 하지만 이상주의는 사랑과 소유의 본질에 대해 개념적 혼선을 일으키고 있다. 질투는 (부분적으로는) 자신이 가질 자격이 있다고 느끼는 것을 잃어버릴지 모른다는 두려움이며, 우리는 사랑하는 사람에게서 상당한 정도의 존중과 애정을 받을 자격이 있다고 느낀다. 이런 존중과 애정이 훼손되거나 빼앗길 때 위협과 분노의 감정을 느끼는 것은 사랑과 상충되는 것이 아니라 사랑의 자연스러운 귀결이다. 물론 위협으로 여겨지는 것은 상당히 다를 수 있고, 얼마만큼의 존중과 애정을 기대하는지도 상당히 다를 것이다. 이것은 질투가 (다른 모든 감정과 마찬가지로) 근거가 없다거나 병적일 리 없다고 주장하는 것이 아니며, 질투란 결국 "좋은" 감정이라고 말하는 것도 아니다. 다만 질투는 정당한 감정으로서 사랑에 요구되는 소유 감각과 복잡하게 얽혀있다는 것을 말하는 것이다. 이런 소유 감각 없이 사랑한다는 것은 성스럽다기보다는 어리석으며, 적어도 질투할 가능성 없이 사랑한다는 것은 전혀 사랑하지 않는 것일 가능성이 크다.

사랑에서 소유 감각은 욕망과 기대가 공격적으로 합쳐진 것이다. 흔히 사랑은 부드러운 감정이라고 이야기되지만, 사랑은 부드러운 감정보다 더 많은 양상을 띠고 있다. 예컨대 사랑은 굶주리고, 영토적이며, 움켜쥐는 감정이다. 이것은 사랑이 잔인하다거나 짐승 같다고 말하는 것이 아니라 (우리는 동물의 왕국에 나타나는 부드러움은 거의 믿지 않는다), 보다 부드러운 성향을 지닌 이상주의적 시인과 철학자들이 종종 시사하는 것처럼 사랑이 달콤하지만은 않다는 것이다. 사랑을 할 때 우리는 어처구니없이 과도한 요구, 배타성의 요구, 이 세상 누구보다 "특별하고" 중요한 사람으로 간주되어야 한다는 요구를 한다. 물론 두 사람 모두 이런 요구를 받아들일 수 있지만, 그렇기 때문에 이 요구가 대단치 않은 것은 아니다. 궁정풍 사랑의 시절에는 사랑이 (소유라는 의미에서) "질투심을 보이지" 않을 수 없다고 생각했다. 아무리 우아하고 얌전하고 통제된 사랑이라 할지라도 사랑은 언제나 움켜쥐려는 것이고 상대를 향해 손을 뻗는 것이며, 상대의 안녕 이전에 자신의 이익에 대한 깊고 절박한 관심일 수 있다. 바로 이 소유가 사랑에 강고함과 고집스러움, 타협하려고 하지 않으며 심지어 어떤 경우에는 들으려고조차 하지 않는 자세를 부여한다. 사랑은 염려와 흠모이기만 한 것이 아니라 "내 것!"이라는 강력한 느낌이기도 하다.

그러므로 개인의 자율성에 대한 강한 의식이 이런 소유욕에 맞서긴 하지만 어느 정도의 소유 감각은 사랑이라는 공유된 정체성을 이루는 자연스럽고 정상적인 부분이다. 반면에 소유욕은 이런 소유 감각이 지나친 것이다. 소유욕은 사랑의 표현이 아니라 사랑의 고발이자 사랑의 위반이다. 그러나 소유욕은 사랑에 늘 존재하는 바로 그 소유 감각에 기초해 있다. 둘 사이의 차이라면 관계가 잘 굴러갈 때는 소유욕이 거의 눈에 띄지 않는다는 점이다. 만약 당신이 누군가에게 단단히 매달려있는 상태라면, 상대가 당신에게 매달려있다고 해서 쉽게 기분이 상하지는 않는다. 대부분의 관계에서 상호 소유는 당연하게 받아들여진다. 그것은 밧줄로 묶인 두 대의 트럭이나 잠자는 개의 목에 걸린 목줄처럼 너무 멀리 당기거나 너무 세게 당기기 전까지는 눈에 띄지도 않는다. 그러나 소유욕은 기회가 생길 때마다 끼어든다. 소유욕은 소유에 만족하지 않고 배타적 관심과 애정을 보여 달라고 지속적으로 요구한다. 소유욕은 욕망 없이 요구하며, 어떤 것도 필요하거나 적절하지 않을 때 모습을 드러낸다.

소유 감각이 사랑에 내재되어 있긴 하지만 소유욕이 사랑과 쉽게 양립할 수 있는 것은 아니다. 소유욕이 강한 남편은 아내가 다른 남자에게 말을 걸기만 하면 화를 낸다. 그는 질투하는 것이 아니다. 그는 아내가 자신의 시야에서 벗어나게 놔두지 않는다. 의혹이나 정당한 의심이 들어설 여지가 없다. 이 남자는 아내를 사랑하는 것일까? 소유가 사랑의 일부일 수는 있지만, 사랑이 소유욕이 되면 통제의 욕구가 타인의 자유와 자율성에 대한 존중만이 아니라 애초 사랑의 매력이었던 많은 미덕과 아끼고 염려하는 마음을 압도해버린다. 그저 여자를 확실히 "길들이기" 위해 "야성적이고 독립적인 여성"을 원하고 찾아 나서는 남자들이 있다. 관계가 진행되는 구애 단계에서는 사랑을 말할 수 있지만, 구애가 끝난 후 나타나는 길들여진 감옥을 가리켜 사랑이라는 말을 쓸 수는 없을 것이다. 소유는 정체성의 투자를 가리키는 반면, 소유욕은 잘못된 소유 감각으로서 정체성의 가치를 떨어뜨린다. 남성들이 여성에게 소유욕을 보일 때 특히 무례하다. (여성이 남성에게 소유욕을 드러낼 때는 더 애처롭게 보인다. 이는 소유와 소유욕이 권력과 관련되어 있음을 보여준다.)

소유욕은 위협의 세계를 만들어내며, 종종 그로부터 소유욕이 소유 감각 자체를 허물어버린다. 우리는 사랑하는 사람이 자기보다 "더 재미있고 나를 더 행복하게 만들어주는" 사람과 떠나겠다고 할 때 반대한다고 해서 그 사람이 소유욕이 있다고 말하지는 않는다. 연인이 떠나겠다고 할 때 반대하지 않고 상처받거나 화내지 않으면서 "그게 당신이 원하는 것이라면 그렇게 해도 좋아"라는 식으로 재미있게 응대한다면, 우리는 이런 사람을 기괴하거나 기껏해야 무신경하다고 생각할 것이다. 그러나 정말로 위협이 되는 경우도 있고 피해망상증도 있다. 아내가 다른 남자를 만날까 봐, 혹은 아내가 자신을 무시할 만큼 자기 계발을 할까 봐 무서워 아내가 학교로 돌아가지 못하게 "막는다면", 이런 남자는 분명 소유욕에 사로잡혀 있다. 이와 비슷하게 남편이 젊은 여성에게 끌릴 기회는 늘 존재하는 법이기 때문에 남편이 젊은 여자와 이야기를 나누지 못하게 끊어버린다면, 이런 여자는 분명 소유욕에 사로잡혀 있다. 흔히 소유욕은 이런 과장된 불안감으로 나타나지만 때때로 순전히 통제의 문제이기도 하다. 즉 무슨 일이 **일어날지 모르기** 때문에 지배하는 것이 아니라 통제 자체를 위해 타인의 행동을 지배할 수 있고 또 지배해야 한다고 생각한다. 이것 역시 소유욕이다. 이는 사랑의 필수불가결한 요소라 할 수 있는 보다 순수한 소유 감각을 넘어선다. 플라톤식으로 이야기하자면 사랑하는 것은 무언가를 "자신의 것"으로 만드는 것이다. 그러나 이 말이 연인을 가두거나 짓밟아도 된다는 뜻은 아니다.

소유 감각은 조용하고 미묘할 수 있지만 극도로 공격적일 수도 있다. 소유 감각은 예의 바르게 사회적으로 환기시키는 형태를 취할 수도 있고 ("코트 가져올까요?"), 적절한 순간에 팔을 가볍게 치거나, "자기야"나 "맙소사" 같은 갈퀴로 사회적 고삐를 휘두르는 형태를 취할 수도 있으며, 위협적일 수도 있다("저 여자에게 말 걸면 나랑 집에 갈 생각하지 마"). 때때로 소유 감각은 침묵하거나 일부러 빼버리는 식으로 표현되기도 한다. 이를테면 파티에서 애인에게는 별로 말을 하지 않고 다른 사람들과 어울리면서 자신의 요구가 너무 강해서 굳이 주장할 필요가 없다는 것을 분명히 드러낼 때가 그런 경우이다. 남성들은 보다 으스대며 위협하는 경향이 있고, 여성들은 보다 섬세하게 요구하는 경향이 있는 것은 사실이겠지만, 이는 성별이나 낭만적 역할의 문제가 아니라 사회적 권력의 문제이다. 그러나 남녀 모두에게 소유욕은 미묘한 것으로 알려져 있지 않으며, 소유욕이 강한 연인들은 공개적으로 잔인함을 과도하게 드러내는 경향이 있다. 종종 사랑의 폭력과 잔인함 뒤에 숨어 있는 것은 정당한 소유 감각이 아니라 소유욕이다. 사람들이 다른 사람에게 고통을 가하는 것은 경멸과 좌절을 표현하기 위해서가 아니라 자신의 힘을 믿지 못하기 때문이다. 사드 후작이 즐겨 지적했듯이, 연인들은 쾌락을 가장할 수는 있지만 고통을 가장하는 경우는 거의 없다. 폭력은 염려와 다정함의 반대일 수 있고, 그러하기에 사랑의 정반대처럼 보일 수 있지만, 또한 폭력은 사랑에 기원을 두고 있는 위협당한 소유욕의 직설적 표현일 수도 있다.

소유가 사랑의 본질적 일부라면 소유되는 것도 마찬가지이다. 실제로 우리는 "영혼이 사로잡힌다는" 마법적 의미에서부터 "누군가에게 속해 있다"라는 보다 일반적 의미에 이르기까지 사랑을 다양한 의미에서 소유되는 것이라고 말한다. 실제로 사랑의 목적은 능동적 소유가 아니라 수동적으로 "누군가에게 속해 있는 것"으로 이야기되기도 한다. 이와 달리 어떤 연인들은 소유는 주장하면서도 소유 당하는 것은 거부하는데, 이 역시 불완전한 연애의식이다. 영화 〈나를 선택해주오〉에서 여주인공은 "그 사람은 나한테 속하지 않고 나는 아무한테도 속하지 않아요"라고 씁쓸하게 이야기하는데, 그녀의 말속에 담긴 씁쓸함이 선명하게 들린다. 소유하는 것과 소유되는 것은 보완적이며, 이상적일 경우 상호적이다. 물론 소유하는 것과 소유되는 것이 언제나 대칭적인 것은 아니다. 한 사람이 다른 사람보다 조금 더 많이 소유하고 싶어하고, 다른 사람은 조금 더 많이 소유 당하고 싶어하는 경우가 더 흔한데, 사랑에 나타나는 이런 느낌이 흔히 "안정감"이라고 불린다.

우리 이전 세대는 사랑을 동반자 감정과 성적 쾌락의 공유로 환원시키면서 사랑에서 의무감을 지우려고 열심히 노력했다. 이런 노력은 근본적으로 결함 있는 시도로서 사랑에 내재하는 소유의식과 사랑에 개입해들어오는 엄청나게 큰 특별한 의무와 기대를 과소평가했다. 오늘날은 이에 대한 반발로 책임감으로서 사랑을 강조하면서 자발성과 연애의 많은 부분을 지워버리는 것 같다. (어쩌면 이것이 "연애"라는 말이 유행에 뒤처지게 된 이유일지 모르겠다.) 하지만 사랑은 필연적으로 자율성이면서 또한 의무일 수밖에 없다. 그리고 이것이 "나의 얼마만큼이 당신 것이고 또 얼마만큼이 내 것인가?"라는 질문이 모든 연애 관계에 반드시 생길 수밖에 없는 이유이다. 이 질문은 성적 충실성이라는 매우 어려운 문제로 나타날 수도 있고, 약속을 지키고 서로에게 시간을 내주는 것 같은 일상적인 가정사의 문제로 나타날 수도 있다. 사랑에 있어서 소유는 항상 불확실하다. 이는 사랑이 변덕스럽거나 예측할 수 없기 때문이 아니라, 사랑이 자율성과 공유된 정체성의 변증법과 마주하여 언제나 불안한 위치에 있기 때문이다. 소유 감각이 너무 예민해지면 연인의 독립의식이 침해당해 소유욕이 되어버리지만, 소유의식이 너무 적으면 연인으로서의 정당한 기대를 저버리게 된다. 소유 감각은 그 자체로 사랑의 증거가 아니며, 사랑의 보다 "낭만적인" 측면들 중 하나가 아닐 수 있지만, 그럼에도 사랑의 역동적 관계를 이루는 핵심 열쇠이다. 사랑이 시작되는 처음 몇 주 동안의 가벼운 순수함으로 사랑이 계속될 수 있다고 믿고 싶은 사람은 소유의 문제와 소유욕이 안고 있는 위험을 이해하는 데 실패할 것이다. 이것은 매우 중요하다. 지속하는 사랑이라면 모두 소유의 문제와 그것이 안고 있는 위험을 정면으로 마주해야 한다. 당신이 원하는 것이 긍정적 반응밖에 없는, 사랑이 시작되는 처음 몇 주 동안에는 자유방임주의자가 되기 쉽지만 일단 사랑에 자신의 자아를 투자한 뒤에는 그럴 수가 없다. 시간이 흐른 뒤 돌이켜보면 순수해보였던 것은 비록 그 순간에는 절박했을지 모르지만 무관심했거나 실질적인 감정의 투자가 부족했던 것으로 비칠 수 있다.

사랑에서 싸움의 중요성

몸집이 크고 힘센 암컷 사마귀는 실제로
수컷 짝의 머리를 집어삼킨 후에 더 욕정을 드러내기도 한다.
— 로버트 A. 월리스, 『그들이 그 짓을 하는 법』

우리 모두는 서로를 아주 많이 사랑하지만 늘 싸우는 사람들을 적어도 한 커플 정도는 알고 있다. 물론 그들은 화해한다. 그들의 화해는 자기들이 조금 전에 서로에게 가했던 언어폭력을 "벌충"하려는 듯 유난히 열정적이다. 하지만 그들의 싸움이 열정적인 "화해"의 시간을 갖기 위한 핑계에 지나지 않는다고 생각하는 것은 완전히 잘못된 것이다. 또한 성적 사과나 보상은 하지 않으면서 싸움만 유독 잘하는 커플들도 많다. (예를 들어, 『누가 버지니아 울프를 두려워하는가』에 나오는 조지와 마사가 이런 유형에 속한다.) 젊은 커플들은 사랑은 결합으로 시작했다가 싸움으로 분해되는 것인 양 종종 자신들의 첫 싸움이 관계의 종말을 알리는 서두가 아닐까 걱정한다. 그러나 진실은 그 반대이다. 사랑을 시작하는 초기에 두 사람이 하나로 결합한다는 것 자체가 대체로 환상이다. 싸움은 손으로 만질 수 있을 만큼 확실하고 호전적일 정도로 생생하고 독립적인 두 자아가 실제로 결합하도록 만들어준다. 한 커플이 수많은 방식으로 서로를 즐기게 해주는 온갖 유쾌하게 공유된 관심사나 섹스처럼 싸움 또한 사랑을 상호적으로 규정하고 결합이 일어나도록 하는 데 큰 기여를 한다. 싸움은 그 자체로 사랑을 위협하거나 견고한 관계를 위험에 빠뜨리지 않는다. 싸움은 사랑의 역동적 관계를 이루는 본질적 일부이다.

물론 싸움의 규칙이 있지만 그 규칙은 커플마다 다를 수 있다. "나중에 후회할 말은 하지 마라"는 규칙은 매사를 오래 기억하는 부드러운 마음을 가진 사람들에게는 필수적인 규칙이지만, 정말로 둘 사이의 관계를 이어가려면 복수에 가득찬 과장으로 서로를 찌르고 불태워버려야 하는 커플에게는 소용이 없다. (이들에게 분노하거나 모욕적 언행을 하지 않으면 싸움은 길들여진 의견 차이로 비칠 뿐이다.) 규칙이 말하는 것은 싸움이 아무리 파괴적이라 해도 싸움의 기능은 관계를 무너뜨리는 것이 아니라 관계를 세우는 데 도움이 된다는 것이다. 싸울 당시에는 이런 규칙을 마음에 담아두기가 쉽지 않고, 싸움은 분명 관계에 해로울 수 있다. 사실 싸움이 절정에 이르면 "그래 이거야. 나는 이렇게 나빠지는 건 더이상 필요 없어."라고 생각할 공산公算이 더 크다. 그러나 이 역시 싸움의 성격상 필수적으로 나타나는 것이다. 싸움의 본질은 관계의 한계를 정하고 사랑의 변수를 규정하는 것이다. 싸움은 "팔을 뻗으면 닿을 수 있는 거리에" 두 사람을 묶어두면서도 각자의 개별적 자율성을 강조한다. 싸움을 할 때 두 사람은 껴안지 않고 얼굴을 맞대고 있지만 서로를 만질 수 있을 만큼의 거리에 있다. 흔히 싸움은 누적되어온 원망과 좌절을 개선시킨다고 한다. 그러나 싸움은 갈등을 일으키지만, 관계에 매우 중요한 유대감을 드러내는 문제들을 제기한다.

싸움의 소재는 경미하거나 사소한 것일 수 있지만, 싸움의 진정한 내용을 이루는 것은 언제나 관계의 구조와 사랑의 한계이다. 가계부 청구서를 둘러싼 싸움은 필연적으로 관계에서 누가 재정적 책임을 전적으로 질 것인가를 둘러싼 싸움이다. 비 오는 수요일 밤 누가 쓰레기를 버릴 것인가를 둘러싼 싸움은 거의 언제나 어떻게 의무를 전체적으로 배분할 것인가에 대한 은밀한 투쟁이다. 성생활을 둘러싼 싸움은 일반적으로 가장 고통스럽고 상호 굴욕적이지만, 이 싸움 역시 일정한 기능을 한다. 즉 성생활을 둘러싼 싸움은 섹스를 더 좋게 만들거나 (때때로 이런 결과를 낳는다) 채워지지 않은 성적 요구나 기대의 압력을 누그러뜨릴 뿐만 아니라(통상 이렇게 된다), 관계에서 섹스가 차지하는 위상을 제자리에 놓고, 섹스의 중요성을 제한한다. 또한 싸움을 할 당시에는 또렷이 드러나지 않았을 수 있지만 사랑의 다른 측면들이 갖는 중요성을 부각한다. 놀랄 것도 없이, 이런 말다툼은 거의 언제나 일반화되고 "통제 불능"상태에 이르게 되는데, 이는 싸우는 이들이 비이성적이기 때문이 아니라 싸움이 다루는 것이 하룻저녁에 해결될 수 없는 문제이거나, 해당 문제에 한정한다고 하더라도 일주일 안에 해결할 수 없는 더 많은 문제들과 연관되어 있기 때문이다. 싸움은 피할 수 없을 뿐 아니라 사랑에 필수적인 긴장을 공격적으로 표현하는 것이다. 그러나 또한 싸움은 그 이상의 것이기도 하다. 아리스토파네스의 이미지처럼 서로 그렇게 딱 맞는 두 사람은 존재하지 않으며, 거칠게 튀어나온 가장자리가 시간이 흘러 짓눌려지면 적지 않은 마찰을 일으키게 마련이다. 공유된 정체성이란 엄청난 개인적 차이와 모순이 있음에도 공유된 자아를 발달시키는 것이다. 싸움은 단순히 차이를 "공개 발표"하는 것이 아니라 차이 자체를 관계의 일부로 만들려는 노력이다. 그렇게 함으로써 사랑을 상호환상의 문제에서 함께 보낸 시간과 경험을 통해 견고해지는 일련의 유대로 바꾸려는 것이다.

우리는 너무나 자주 싸움을 사랑이 약해지고 있다는 신호이거나 자기 이익이 상호 애정을 압도하게 놔두고 있는 증거로 바라본다. 그러나 다시 한번 말하지만, 싸움은 사랑에 힘이 있다는 신호이다. 싸우지 않는 커플 중에 완벽한 조화를 이루고 있는 이들은 극히 드물다. 싸우지 않는 커플들은 두 사람이 공유하는 정체성이 너무 적기 때문에 서로에게 관심을 보이지 않는 경우가 더 많다. 사랑이 시작될 때 환상은 현실을 무시할 수 있을 만큼 크다. 사랑이 끝나갈 때에는 두 사람이 너무 지쳐 환상을 방치하는 것이 더 쉬울 수 있다. 그러나 망각도 무관심도 사랑의 표시가 아니다. 관계의 힘은 두 사람이 염려하는 정도, 비단 상대에 대해서만이 아니라 자신과 자신의 이익을 침해하는 것 같아보이는 것을 염려하는 정도에 달려있다. 사랑은 자아가 깊숙이 관여되어 있다는 의미에서 자기 이익이다. (단순히 의존하는 것과 반대로) 사랑이 가능하도록 만들어주는 것은 사랑할 때 개인의 자율성을 주장하는 것이다. 사랑이란 타인의 눈에 비친 자신의 자아를 재창조하는 것이라는 점이 우리가 자신을 창조하면서 이익이나 책임감을 몽땅 내버린다는 것을 의미하지는 않는다. 이와 정반대로, 사랑을 움직이는 힘은 사랑의 결과로 만들어지는 자아의 매력적 가치이다. 원한이 뒤범벅된 자기 경멸만큼 사랑에 반하는 것은 없다. 사랑이 지속되는 것은 사랑에서 생기는 자아가 혼자 있을 때의 자아보다 낫기 때문이다. 또한 (다시 한번 이야기하자면) 사랑이 대체로 실패하는 것은 연인에게 실망해서가 아니라 바뀐 자기 모습이 혐오스럽기 때문이다. 싸움은 사랑을 할 때 자아의 성장을 감시하고 바로잡아주는 수단이다. 사랑을 할 때 우리는 자신의 자아가 너무 순종적이고 위축되어 있거나, 책임감의 무게에 짓눌려 있거나, 너무 인정받지 못할 때는 이를 수용하려고 하지 않는다. 싸움은 두 사람을 갈라놓는 차이를 마모시키는 동시에 독립성을 재확인해준다. 싸움은 우리가 서로에게 취하는 상이한 역할들을 수행한다. 집안 문제를 둘러싼 싸움은 가정적 역할이 낭만적 역할을 능가하기 시작했다는 점을 상기시켜 준다. ("당신은 내가 당신 뒤치다꺼리해줄 줄 알았어?") 집안 싸움은 일상생활에서 경험하는 좌절을 다시 들여다보게 하면서, 이 좌절이 사랑을 압도하지 못하게 차단한다. 또한 싸움은 관계의 역할에 이의를 제기하고 문제 삼는다. 그렇게 함으로써 싸움은 당연한 것으로 받아들여져 왔지만 실제로는 관계에서 최근에야 발전되어왔던 차이들에 도전한다. 싸움은 일상적 흐름을 깨뜨리고, 사랑을 통해 가장 잘 해결될 수 있는 위기를 유발한다.

•

싸움은 친밀감과 반대되는 (그러나 또한 친밀감에 도움이 되기도 하는) 사랑의 역학관계의 나머지 반쪽 측면이자, 완전한 결합이라는 유혹을 가로막는 사랑에 내장된 브레이크이다. 그런데 완전한 결합은 (만일 그게 가능하다면) 우리의 개별적이고 자율적인 자아를 완전히 쫓아낼 것이다.

사랑의 토대로서의 우정

> 불행한 결혼의 원인은 사랑의 부족이 아니라 우정의 부족이다.
>
> — 프리드리히 니체

고대 세계에서는 "친구를 버리는 사람은 자기 목숨을 버리는 사람만큼이나 어리석다"(소크라테스)라거나, "누구도 친구 없이 사는 인생을 택하지는 않을 것이다"(아리스토텔레스)라는 생각이 상식적으로 통용되는 지혜였다. 중세 시대에도 우정은 신성한 것으로, 즉 기독교적 사랑을 세속적으로 예시하는 이상으로 여겨졌다. (궁정풍 사랑이 꽃피기 시작되던 때와 같은 시기인) 12세기에는 기독교적 우정을 숭배하는 컬트가 있었다. 성 토마스 아퀴나스는 이렇게 말했다.

> 행복한 사람은 친구가 필요하다. 행복한 사람이 친구가 필요한 것은 스스로 만족하고 있기 때문에 친구를 이용하기 위해서가 아니다. 또한 덕을 연마하며 완전한 기쁨을 누리고 있기 때문에 친구에게서 기쁨을 찾기 위해서도 아니다. 행복한 사람이 친구가 필요한 것은 친구에게 좋은 일을 하고,

또 친구가 좋은 일을 하는 것을 지켜보면서 기쁨을 누리고, 자신이 좋은 일을 하면서 친구의 도움을 받기 위해서이다. 활동적인 삶에서든 관조적 삶에서든 사람이 잘 살려면 친구와 나누는 친교가 필요하다.

확실히 우정은 인생에서 누릴 수 있는 완전한 축복 가운데 하나로 인식되었으며, 사랑과 우정이 종종 같은 언어로 언급되는 것은 놀랍지 않다. 이와 대조적으로 오늘날 우리 주변에는 "자기 자신의 가장 친한 친구가 되는 법"을 가르쳐 주고, "이기심의 미덕"을 칭송하며, "일등 하는 사람을 조심하라"라고 일깨워주는 책들이 많다. 우정은 상품이 되었을 뿐 아니라 그것도 아주 싸구려 상품이 되었다. 우리는 가볍게 아는 지인이나 동료를 "친구"라고 부르거나, 심지어 "내 절친 중 한 명"이라고 칭하기도 한다. 우리는 사업상 거래나 가벼운 연애의 막간극을 위해 친구를 버리기도 한다. 우리는 너무 쉽게 우정을 진부하고 중요하지 않은 것으로 취급하며, 우정이란 기껏해야 사랑의 약한 형태가 될 수 있지만("**그냥** 친구로 지내자") 어쨌거나 사랑과는 구별된다고 생각한다. 그러나 사랑과 우정은 공유하는 점이 많은 것 같다. 특히 개인적 **선택**이라는 결정적 요소가 그렇다. 현재 일어나는 우정의 가치 저하 현상에 예외적인 가장 주목할 만한 사례는 최근 여성들 사이에서 우정의 중요성이 재발견되고 있다는 점이다. 어떤 사람들은 여성들의 우정을 지난 10년간 역사의 무대를 차지했던 보다 정치적이고 공격적인 "자매애" 관념을 개인적이고 친밀한 우정이 대체한 것으로 묘사한다. 불행하게도 아주 긍정적인 이런 움직임은 빈번하게 사랑과 우정 사이에 벌어진 틈을 더욱 벌리고 있다. 낭만적 연애 관계로부터 벗어나는 피난처의 이미지는 "낭만적 우정"이라는 빅토리아 시대의 관념을 복원하는 데에서 특히 생생하게 나타난다. (이런 복원 작업은 작가 마거릿 애트우드Margaret Atwood를 비롯한 여러 사람들에 의해 이루어졌다.) 낭만적 우정의 관념은 문학적, 정치적으로 낭만적 사랑과 겨루겠다는 점을 분명히 한다. "성적 지배 없는 친밀함"이 주제인 것 같지만, 사랑과 우정 어느 쪽에도 큰 도움이 못 될 것이라고 말해야 할 것 같다. 우정은 인생의 가장 중요한 요소 중 하나로서, 양성 간 전쟁의 분쟁 지역의 일부가 되기에는 너무 중요하며, 사랑과 대조되거나 사랑과 반대된다고만 보기에는 우정이 사랑에서 차지하는 중요성이 너무 크다. 우정이 늘 사랑은 아니다. 또 사랑이 반드시 우정도 아니다. 하지만 사랑과 우정은 서로를 보완하고 강화한다. 사랑과 우정은 거의 쌍둥이에 가깝게 비슷한 열정으로서, 대체로 같은 심성과 기질을 지니고 있으며, 때때로 격렬한 경쟁 관계에 휘말린다. 우정의 가치를 떨어뜨리고 사랑을 높이는 것은—또는 그 반대로 하는 것은—둘 모두를 훼손하는 것이다.

우정이 사랑에 꼭 필요한가? 그렇진 않다. 하지만 우정은 사랑의 토대이기 때문에 사랑이 지속하려면 우정이 반드시 필요하다. 문제는 커플들이 대개 친구 관계에서 시작하는 것이 아니라 연인으로 시작한다는 것이며, 친구가 연인이 될 때는 흔히 사랑의 역학관계가 우정을 압도한다는 것이다. 그렇다면 문제는 어떻게 우정을 사랑 속으로 통합해들일 것인가이다. 우정이 없으면 사랑은 너무 쉽게 소유적으로 되거나, 습관에 빠지거나, 사랑이기를 멈추기 쉽다. 사랑을 지속시키는 것은 우정이고, 사랑이 흔들리는 것은 우정의 부족에서 비롯된다. 이렇게 되는 것은 함께 시간을 보내면 성적 욕망과 매력은 줄지 않을 수 없다는 반복되는 관찰 때문만은 아니다. 오히려 우정이 없으면 성적 욕망과 만족이 아무 **의미**가 없다는 것이다. 이것의 다른 측면은 오래 사귄 두 친구가 섹스를 할 때, 특히 섹스가 처음일 때 아주 분명하게 나타난다. 여기서 중요한 것은 섹스가 아니라 섹스의 의미이다. 바로 이런 연유로 성적 우정은 쉽게 성공적으로 사랑으로 바뀔 수 있다(하지만 꼭 그럴 필요는 없다). 그러나 우정에는 사랑과 공유할 뿐만 아니라 사랑에 추가되는 다른 미덕이 있다. 우정은 친구에게 충실하고, 친구를 염려하고 신뢰하며, 친구가 잘되기를 바란다. 또한 우정에는 친밀감과 영감, 그리고 친구가 없으면 자신의 삶이 완전하지 않다는 느낌이 있다. 그러므로 우정은 사랑을 강화하고 사랑은 우정을 강화한다. 사랑이 잘 되지 않더라도 우정은 사랑에 남아있는 유일하게 바람직한 잔존물이다. 사실 사랑이 우정으로 바뀌지 않으면 그건 사랑이 아니었다고 말할 수도 있다.

우리가 눈치챌 수 있는 것 하나는 사랑에 짝사랑이 있는 것처럼 우정에 짝우정 같은 것이 있는 것은 아니라는 점이다. 이는 사랑과 달리 우정은 관계와 마찬가지로 보다 객관적인 상태에 가깝다는 점을 시사한다. 이런 점은 사랑과 우정의 차이를 보여주는 한 가지 방식을 설명해줄 것이다. 우정은 사랑의 약한 형태이거나, 사랑이 강렬하고 격정적인 열정을 보여주는 곳에서 고요한 감정을 보여주는 것이 아니다. 관계가 단순히 감정이 아니듯 우정도 그 자체로 감정이 아니다. 물론 "친하다는 느낌"은 상당히 독특한 본질적 감정일 수 있다. 그러나 우정은 본질적으로 관계이며, 어느 한 사람이 아무리 강렬하게 "느낀다고 할지라도" 상호적이어야 한다. 이는 우정이 관계의 성공에는 매우 중요하지만, 사랑의 감정과 쉽게 구별되는 이유를 설명해준다. 물론 우정은 다른 관계와 마찬가지로 힘이나 상호 감정에 있어서 비대칭적이거나 불평등하거나 불균형적일 수 있다. 하지만 사랑과 마찬가지로 우정은 상호 호혜성을 요구하고 평등을 주장한다. 사랑과 달리 우정은 항상 평등을 요구할 뿐만 아니라 평등을 보장하기 때문에 사랑의 이상적 모델이자 토대가 된다.

사랑은 전투적이고 경쟁적일 수 있는 반면 우정은 서로 겹치거나 서로를 강화한다. 우정은 사랑을 보완하고 진정시키기 위해 필요하다. 우정 없는 사랑은 고약하고 잔인하며 단명할 수 있다. 우정은 사랑을 부드럽게 만들어준다. 그러나 우정이 사랑을 부드럽게 만들어준다는 것을 사랑의 흥미를 줄인다거나 사랑을 보다 일상적으로 만든다는 것과 혼동해서는 안 된다. 우정은 소유욕의 유혹을 막으면서 소유하고 있다는 소중한 느낌은 유지한다. 우정은 불안과 상호 불신과 호전성은 감소시킨다. (그 결과 표면적으로는 "열정이 상실한 것"처럼 보인다.) 우정은 관용이라는 꼭 필요한 색조를 끌어들이면서 염려를 강화하고, 서로 의존해야 할 거창한 이유를 제공해줄 때에도 독립성을 키운다. 사랑에서 타인의 자율성과 자유에 대한 존중과 소유 사이에서 발생하는 갈등이 우정에서는 완화된다. 왜냐하면 우정에서는 사랑과 달리 소유욕이 거의 없고 타인의 자율성과 자유는 위협으로 작용하지 않거나 위험이 되지 않기 때문이다. 반면에 우정에서 소유의 욕망이 커지는 것은 우정이 낭만적 사랑으로 바뀌고 있음을 알리는 숨길 수 없는 신호이다.

아리스토텔레스는 『니코마코스 윤리학』에서 우정을 논의하면서 우정의 세 단계를 구분한다. 우정의 첫 번째 단계는 우리식 용어를 쓰자면 두 사람이 서로를 "이용"하는 것이다. 이는 우정의 세 단계 중에서 가장 낮은 단계이다. 이런 유형의 친구는—이런 경우에도 친구라는 말을 써서 이 말을 더럽힌다면—우리가 테니스 강습, 무료 저녁 식사, 출퇴근 교통편을 계속 줄 때에만 우리 곁에 있다. 물론 우리도 마찬가지로 무료 연극 티켓의 이익을 즐기기 때문에 이들의 존재를 용인한다. 우정의 두 번째 단계는 동반자 관계로, 상대가 옆에 있는 것을 좋아하고 함께 일한다. 이는 우리가 쉽게 받아들일 수 있는 우정 개념이다. 그러나 아리스토텔레스에 따르면 최고의 우정은 서로의 덕을 키우는 우정, 즉 서로에게 영감을 주고 "서로에게서 최상의 것을 끌어내는" 친구 사이의 우정이다. 사랑은 이런 종류의 우정보다 우월하지 않다. 실제로 이런 우정은 최고 수준의 사랑인 동시에 우정이다. 이런 우정은 사랑과 우정을 구별할 수 없는 수준이라는 점에 주목하자. 사랑과 우정을 모두 의미하는 그리스어 "필리아philia"는 이런 수준의 우정을 가리키기 위해 남겨진 말이다. 우리는 두 사람이 섹스를 위해 서로를 "이용"할 때의 사랑에 관해 이야기할 수 있다. 두 사람이 나누는 섹스가 굉장하고 극히 열정적인 섹스라는 점이 이런 사랑을 반박할 논거가 되지는 못한다. 우리는 두 사람이 온갖 낭만적 방식으로 서로의 곁에 있는 상태를 즐기는 변함없는 동반자일 때의 사랑에 관해 이야기할 수 있다. 그러나 사랑에 대한 우리의 이상—그리고 우정에 대한 우리의 이상—은 이보다 더 높아야 한다. 그것은 유용성과 향유를 넘어 자신은 누구이며 어떤 사람이 될 것인지에 대한 가장 근본적인 물음 속으로 파고드는 것이어야 한다. 그러자면 사랑만으로는 충분하지 않고 우정이 필요하다. 사랑만으로는 지속될 수 없을 때 우정이 사랑을 지속시킬 수 있다.

우정은 사랑을 진정시키고 견고하게 만든다. 그렇지만 우리는 사랑과 우정의 차이를 인정해야 한다. 사랑처럼 우정에도 정체성이 관련된다. 그러나 우리는 우리에게 몇 명의 친구가 있다는 데 대해, 심지어 아주 많은 친구가 있을 수 있다는 데 대해 망설임이 없기 때문에, 한 사람의 정체성이 특정 친구에게 묶여 있는 비중은 상대적으로 적으며, 낭만적 사랑이 요구하는 것보다 훨씬 적다. 물론 이 비중은 다를 수 있다. 또 사랑이 지닌 배타적이고 "전부 아니면 무"의 속성이 "서로 떨어질 수 없는 두 친구"나 낭만적 우정이라는 특별한 경우에도 나타날 수 있다. 그러나 일반적으로 우정에서는 사랑에서처럼 절대적 요구를 하지 않는다. 흥미로운 것은 왜 그렇게 하지 않느냐는 것이다. 친구의 숫자가 더 많기 때문에 요구가 적다고 답하는 것은 동어 반복이다. 사랑은 왜 그렇게 배타적이고 요구가 많은가? 이 질문에 대한 가장 분명한 대답은 사랑에 성이 포함되어 있기 때문이라는 것 같지만, 우리 사회에서 배타적이지 않은 성적 우정도 드물지 않게 존재한다. 그러나 가장 친밀한 우정—여기에 섹스가 들어 있든 아니든—도 가장 개방적인 연애보다 기대하는 바가 더 적고 더 관대하고 더 느긋하다는 것은 사실이다.

이 문제에 답할 수 있는 한 가지 제안 사항은, 우정에는 친밀함은 있지만 강박적 욕망은 들어 있지 않다고 말하는 것이다. 강박적 욕망은 성적 욕망만이 아니라 다수의 낭만적 욕망들에도 들어 있다. 낭만적 욕망에는 반드시 섹스에서 유래하지는 않지만, 성을 통해 표현될 수 있는 소유의 감정—소유욕이 아니라—과 "움켜쥐려는" 다른 감정들이 들어 있다. 그러나 중요한 의미에서 이것은 사실이 아니다. 우정에는 사랑에 들어 있는 욕망만큼이나 강력한 욕망이 있을 수 있다. 이 욕망에는 특히 서로를 향한 승화된 성적 욕망이 포함된다. 둘의 차이라면 우정 속에 있는 욕망은 방어적이지 않고, 반드시 배타적이지 않으며, 사랑에 나타나듯 절망적이고 전투적인 역할로 나타나지 않는다는 것이다. 우정에, 적어도 아리스토텔레스가 말한 세 번째 수준의 우정에 나타나는 욕망은 타인의 안녕을 위한 것이다. 다시 아리스토텔레스와 아퀴나스의 말을 인용해보자.

> 우리는 우리 자신을 위해서가 아니라 그 사람에게 좋은 것이라고 생각되는 일이 일어나길 바라고, 또 이런 일이 일어나도록 최선을 다하는 것을 타인에 대한 친애의 감정이라고 부를 수 있다. 친구란 이런 감정을 느끼면서, 또한 이런 감정이 상대에게 일어나도록 자극한다. (…) 그러므로 친구란 선하고 악한 것이 같은 사람들이다. 친구란 자신에게 일어나기를 바라는 것이 상대에게 일어나기를 바람으로써 상대에게 자신이 친구라는 점을 보여준다.
>
> — 아리스토텔레스

> 모든 사랑이 우정의 속성을 지니고 있는 것은 아니지만, 박애와 함께하는 사랑, 즉 상대에게 좋은 것만을 빌어주는 사랑은 우정의 속성을 지니고 있다. 그러나 좋은 것을 빌어준다는 것이 우정의 전부는 아니다. 우정은 친구와 친구 사이에 일어나는 것이기 때문에 우정에는 상호적 사랑이 반드시 필요하다. 그리고 이렇게 서로가 잘 되기를 바라는 상호적 마음은 특정 형태의 소통방식에서 찾을 수 있다.
>
> — 아퀴나스

"진정한 사랑을 할 때 당신은 상대가 잘 되기를 바란다"라고 말했을 때 마거릿 앤더슨Margaret Anderson은 부분적으로 아리스토텔레스와 아퀴나스의 통찰을 알고 있었다. "진정한 사랑"을 우정으로 해석한다면, 이 말은 양자의 차이가 지닌 특징을 더 잘 드러낼 것이다. 우리의 문제는 진정한 사랑과 낭만적 사랑 사이에 존재하는 이 차이를 극복하는 것이다.

문제는 우리에게 사랑과 우정이 같지 않다는 것이다. 우리는 좋아하고 그를 위해서라면 죽을 수도 있는 친구가 있지만, 친구와 섹스를 하고 싶거나 친구와 한 침대에서 인생을 보내고 싶지는 않다. 우리는 주저 없이 친구를 사랑한다고 말할 수 있지만 "그런 식은 아니야"라고 덧붙일 수 있다. 확실히 우리는 친구가 아니며, 친구가 될 가능성도 없고, 시간이 흐른다고 친구가 되지 않을 사람과 사랑에 빠질 수 있고 종종 사랑에 빠지기도 한다. 우정은 사랑을 나누기 좋은 이유 중 하나이긴 하지만 가장 설득력 있고 핵심적인 이유는 아니다. (**서로** 떼어놓을 수 없이 가까운 친구 사이인) 내 두 친구는 지난 6, 7년을 함께 보냈고 여느 낭만적 연인 못지않게 서로 친하고 행복하다. 이 두 친구가 함께 가장 즐기는 활동 중 하나는—어쨌든 함께 가장 많은 시간을 보내는 일—괜찮은 연인, 각자가 서로 흥분할 수 있을 뿐 아니라 신뢰할 수 있고 잘 지낼 수 있는 사람을 찾으면서 겪는 개인적 어려움을 토로하는 것이다. 두 사람의 친구인 우리들은 이구동성으로 이렇게 제안했다. "너희는 이미 그런 애인이 있으니 너희 둘이 애인이 되어 더이상 징징거리지 마라." 그러나 이들은 서로를 사랑하고, 서로를 매우 매력적이라고 생각하고, 실제로 몇 년 동안 함께 시간을 보냈고, 자신들의 최근 인생에 있었던 다른 관계들이 (부드럽게 표현해서) 처참했다는 것을 잘 알고 있지만, 자기들이 "그런 식으로" 사랑하는 것은 아니라고 계속 주장한다. 그들은 자기네가 서로를 너무 잘 알고 있고 서로를 오누이처럼 생각한다고 말한다. 그들은 가장 맛있는 우정을 즐기고 있으면서도 연애에는 목말라 한다. 왜 이것이 "사랑"이 되기에는 충분치 않은가?

사랑과 우정의 분리는 일찌감치 시작된다. 이 분리는 우리 연애사의 초기에 일어난다. 1장에서 나는 이제 막 데이트를 시작한 열세 살 소녀의 말을 언급했다. 지난 6월 중학교 연말 무도회에 자기를 데려갈 사람을 찾기 위해 이 소녀는 엄마와 같이 가장 좋아하는 후보자 명단을 훑어봤다. 엄마는 그녀가 가장 좋아하고 가장 오래 사귄 놀이 친구 한 명을 짚었다. 그녀는 소스라치게 놀라며 소리쳤다. "지미는 아니야! 걔는 그냥 **친구**야." 우리는 이미 친구인 사람과는 연애 관계로 얽히려 하지 않거나 그렇게 얽히기를 기대하지 않는다. 왜 그런가가 낭만적 사랑에 관한 연구에서 우리를 가장 감질나게 만들고 가장 애태우게 만드는 문제 중 하나이다.

이 문제에 대한 한 가지 확실한 설명 방식은 불확실한 연애로 좋은 우정을 위험에 빠뜨리고 싶지 않다는 것이다. 우리에게는 가까운 이성 친구, 이를테면 성적으로 매력적이면서도—물론 우리는 가급적이면 이 사실을 인정하려고 하지 않는다—허물없이 자신의 속내를 터놓을 수 있는 친구이자 유쾌한 동반자가 있다. 섹스를 말하거나 성적 암시만 해도 나쁜 쪽으로 "사태를 바꿀" 것이다. 하지만 사랑이 그렇게 좋고 중요하다면 왜 위험을 감수하지 않는가? 아마도 사랑이 잘 안될 거라는 걸 알고 있기 때문에, 그렇게 되면 연인도 잃고 좋은 친구도 잃게 될지 모르기 때문에 위함을 무릅쓰지 않는다는 것이다. 그러나 어떻게 될지 모른다. 서로를 잘 아는 두 친구가 연애를 하면서 (특히 장기적으로) 잘 지낼 가능성이, 서로에 대해 아무것도 모르면서 서로의 매력 때문에 끌리는 낯선 두 사람이 잘 지낼 가능성보다 훨씬 더 크다고 해야 할 것이다. 그림에도 우리는 서로에 대해 너무 많이 알고 있기 때문에 친구 사이에서 사랑이 성공할 가능성을 의심하고, 서로에 대해 알지 못하기 때문에 낯선 사람들에 대해서는 판단을 유보한다. 이런 주장은 크게 설득력 있는 주장이 아니다.

앞서 던진 질문에 대한 다른 설명 방식은 친구와 섹스를 하는 것은 부적절하다는 것이다. 이 설명의 배후에 있는 주장은 영혼의 상이한 수준 또는 "능력"에 대한 오래된 관념을 불러들인다. 이 관념을 따를 경우 섹스는 영혼의 가장 낮은 수준에 속하고 우정은 가장 높은 수준에 속한다. 그리하여 나이가 들어 청교도적으로 되면서 플라톤은 『법』에서 서로에 대한 사랑을 "짐승처럼" 표현하는 남자들에게 혐오감을 드러냈다. "플라토닉 러브"라는 중세 후기의 관념을 만들어낸 데 일차적 책임이 있는 중세 철학자 마르실리오 피치노Marcilio Ficino도 그렇게 생각했다. 사랑과 우정은 신성한 것이지만 "그런 식은 아니다." 우리는 이로부터 현재 통용되고 있는 "플라토닉 러브"에 대한 속류화된 관념을 찾을 수 있다. 그러나 이런 생각은 낭만적 사랑과 관련된 것이라기보다는 섹슈얼리티에 대한 경멸적 태도를 전제한다. 놀라울 것도 없이, 이로부터 생겨 나는 우정의 관념은 너무나 미묘해서 (신학과 형이상학을 제외하고) 과연 "친구"와 무슨 이야기를 나눌 수 있을지 상상하기 어렵다. 그러나 더 중요한 점은 성적 매력과 욕망이라는 명백한 문제와 "궁합"이라는 복잡한 문제가 우정과는 무관하다는 것이 대체로 사실이라는 점이다. 물론 더 복잡한 진실은 친구와 섹스를—심지어 근사한 섹스를—하면서도 그 관계가 낭만적 연애로 넘어가지 않도록 할 수 있다는 것이다. 섹스는 우정에서 복잡한 문제일 수 있고, 아마도 그렇게 될 것이다. 그러나 여기서 우리가 다루는 대조적 차이는 섹스에 관한 것이 아니라 사랑과 우정에 관한 것이다.

낭만적 사랑에 제안할 한 가지 사항은 새로움이다. 여기서 새로움은 무지가 아니라 모험을 말한다. 낭만적 사랑은 맨바닥에서 관계를, 다른 종류의 관계를 만들겠다는 생각이다. 낭만적 사랑이 안고 있는 이런 새로움의 일부가 표준적인 러브 스토리에 나타나는데, 이 사랑 이야기는 "소년이 소녀를 만나다"가 출발점이 되어 구체화된다. "첫눈에 반하는 사랑"이 실제 일어날 가능성이나 이런 사랑이 과연 바람직한가를 받아들이든 않든, 확실히 우리는 먼저 사랑을 새롭게 시작하는 것으로 생각하고, 그다음으로 기존의 우정이 사랑으로 바뀌는 것으로 생각하는 경향이 있다. (물론 증오를 사랑으로, 필멸必滅의 적이었던 사람을 애인으로 바꾸는 것이 우리가 가장 좋아하는 전통인 것은 사실이다.) 친구를 사랑하는 것에 반대하는 주장 중 하나는 친구를 사랑하는 것이 완전히 새롭게 시작할 기회를 빼앗아 간다는 것이다.

한 사람이 좋은 친구가 되는 것은 그 사람이 연인으로서 갖는 매력과는 매우 다르며, 좋은 연인으로서의 매력과는 더더욱 다르다. 이런 주장에 의할 것 같으면, 우리가 친구에게 끌리는 것은 그의 충성심, 지성, 공유하는 관심—어쩌면 상당히 중요한 하나의 관심—이며, 외모보다는 성격이다. 우리가 연인에게 끌리는 것은 모종의 성적 매력과 환상이며, 성격보다는 외모이다. 그러나 연인들을 하나로 묶어주는 것이 무엇이든 간에 연인들을 유지시켜주는 요인은 매우 다를 수 있다. 이 요인들 중에서 가장 중요한 것이 우정이다. 반면 아주 가까운 많은 남자와 여자 친구들이 연인 사이가 되어보려고 하지만—어쩌면 몇 개월이나 몇 년 동안은 연인이 될지도 모르겠다—잘되지 않는다는 것을 알게 되는 경우도 많다. 이들은 친구 사이로 남았고, 사랑과 달리 우정은 순조롭게 이루어진다. 이들의 우정에 여전히 친밀감도 있고, 표현도 부족하지 않다. 다만 요구와 기대가 적을 뿐이다. 사랑은 우정이 아니고, 우정은 낭만적 사랑이 아니다. 하나가 실패할 때 다른 것이 성공할 것이다. 우정은 사랑의 실패를 보상해주는 것 이상일 수 있다. 그러나 우정이 사랑의 실패를 보상할 경우 정말로 문제가 생길 수 있다.

우리는 대개 여러 명의 친구를 사귀기 때문에 우정은 사랑처럼 우리의 정체성을 규정하기보다는 정체성을 제한한다. 친구는 우리에게 범례를 제공해주지만, 연인은 정의를 준다. 우정은 도움이 되지만 사랑은 그 이상이다. 사랑은 모든 것을 포괄하지만, 그렇기 때문에 제한적이고 배타적이기도 하다. 바로 이런 연유로 우리는 사랑과 우정이 모두 필요하며 (만일 우리가 선택해야 한다면 우정을 택할 것이다), 사랑 안에 사랑과 우정이 함께 들어 있을 필요가 있다. 그러나 이와 함께 우리는 또한 사랑을 에워싸고 있고 이따금 사랑으로부터 벗어날 도피처를 마련해주는 우정이 필요하다. 『연애하는 연인들』의 마지막 대목에서 로렌스Lawrence는 아내 어슐라Ursula와 이야기를 나누는 버킨Birkin의 말을 통해 자신의 비전을 제시한다.

"나는 당신에게 충분하지 않나요?" 그녀가 물었다.

"그렇지 않소" 그가 말했다. "여자로서라면 당신은 나에게 충분하오. 나에게 여자는 당신뿐이오. 그러나 당신과 나 사이가 영원하듯 나는 영원한 남자 친구를 원했소."

"왜 나로는 충분하지 않나요?" 그녀가 말했다. "나는 당신으로 충분해요. 나는 당신 외에 다른 누구도 원하지 않아요. 왜 당신은 나와 같지 않나요?"

"당신이 있으면 나는 아무도 없어도, 온전히 친밀한 다른 관계가 없어도 평생 살 수 있소. 그러나 내 인생이 진실로 온전히 행복해지기 위해 나는 남자와 영원한 결합을 원했소. 나는 또 다른 종류의 사랑을 원했소." 그가 말했다.

"나는 당신 말 믿지 않아요." 그녀가 말했다. "그건 고집이고 이론이며, 변태예요."

"글쎄—" 그가 말했다.

"당신은 그걸 가질 수 없어요. 그건 잘못된 것이고 불가능해요." 그녀가 말했다.

"나는 당신 말 믿지 않소." 그가 대답했다.

충실성의 의미

> 당신 자신의 성격을 절대 훼손하지 마십시오. 정사를 갖는 것은
> 남편과 아내 사이의 유대를 깨뜨리는 일입니다. 설령 배우자가
> 이 사실을 모른다고 하더라도 관계에서 열린 마음은 덜 할 것이며,
> 아주 중요한 뭔가가 예전과 같지 않게 될 것입니다.
>
> — 로런 버콜 Lauren Bacall

충실성은 우리말에서는 남용되는 단어이다. 우리는 성적 배타성이 낭만적 진실성과 헌신을 측정하는 유일한 잣대인 것처럼, 충실성을 성적 충실성(정절)과 혼동한다. 우리는 또한 충실성을 일부일처제와 혼동한다. 그런데 일부일처제는 마음의 상태나 도덕적 교훈이 아니라, 윤리적으로 중립적이며 인류학적으로 진화적 이점이라곤 전혀 없는 사회적 합의이다. 역사적으로 일부일처제는 성적 부정이 일어나는 환경이었을 뿐 아니라 결혼과 섹스와 연애는 별개라는 구실이었다. 과거에 성적 충실성은 개인의 진실성의 문제가 아니라 정치성과 예의의 문제였다. 성을 다루는 지배적 고려 사항이 양심보다는 안전과 사회적 지위였기 때문이다. (오늘날 안전은 다시 중요한 관심사이다.) 충실성fidelity, 충성심loyalty, 헌신devotion의 문제가 한쪽에 있었고, 다른 쪽에 섹스의 문제가 있었다. 17세기 이전 역사상 보다 유명했던 몇몇 결혼을 살펴보

면, 좋은 정부情婦란 결혼에 방해가 되지 않는 사람이고 좋은 결혼이란 정부가 가는 길에 장애물을 놓지 않는 사람이라고 결론 내릴 수 있을 것 같다.

충실성 그 자체는 당연히 덕으로 간주되어야 한다. 그러나 충실성은 성적 충실성(한 사람하고만 성관계를 갖는 것으로 제한하는 것)과는 상당히 다르고 훨씬 폭넓은 의미를 가지고 있다. 사실, 무엇이 성교인지 가르는 기준—이른바 "끝까지 가는 것"—은 종종 우스꽝스러울 정도로 정확하면서 자의적이다. 수많은 불륜 커플과 혼전 커플의 경우 페니스를 질에 삽입하는 것에 미치지 못하면 여전히 완전 결백한데, 이 결백에 얼마나 많은 비명과 오르가슴이 동반되었는가는 상관이 없다. 우리는 사춘기 시절 이런 관행을 깔깔 웃어넘기는데, 이런 논리적 왜곡이 우리 자신에게 나타날 때 더 웃어넘겨야 한다. 왜냐하면 충실성은 실제로 그것이 감정, 의도, 강도의 문제가 되는 한에서만 중요하기 때문이다. 성 바울St. Paul부터 지미 카터Jimmy Carter에 이르기까지 수많은 이들이 증명하듯이, 실제 몸으로 옮기지 않고 스쳐지나가는 생각과 감정만으로도 바람을 피운 것이거나 간음을 저지른 것일 수 있다. 키스나 애무보다 커피를 마시며 나누는 대화가 배신과 더 가까울 수 있으며, 주기적으로 서로의 등에 칼을 꽂는 커플들은 역설적으로 다른 누구에게도 애정을 표하지 않았기 때문에 자신들이 신의를 지켰다고 생각한다.

사실 사랑의 가장 큰 기쁨 가운데 하나는 자기 앞에 있는 유난히 매력적이고 완벽하게 만족감을 주는 사람에게서 영감을 받고 그 한 사람을 향해 터져나오는 욕망의 감각이다. (당신은 어떤 사람에게서 눈을 떼지 못하면 그 사람이 당신에게 완벽한 만족감을 준다는 것을 알 수 있다.) 그러나 이것은 충실성의 본질이 아니다. 성적 배타성을 충실성과 혼동하는 것은 충실성의 범위와 중요성을 제한하고 부정하는 것이다. 성적 충실성의 이상은 한 사람이 상대가 감당할 수 있을 만큼의 열정과 욕망을 불러일으킬 수 있다는 것인데, 이것은 충실성이라기보다는 서로가 성욕이 낮아서 생기는 것일 수 있다. 니체가 수많은 도덕을 직설적으로 다루면서 지적했듯이, "거세된 사람은 언제나 선한 사람이었다." 다른 사람에 대한 욕망이 부족한 것은 칭찬받을 일이 아니라 문제적 증상일 수 있다. 다른 한편, 욕망을 승화시키고 욕망의 방향을 전환하는 것은 성적 충실성에 이르는 가장 정직하고 효과적인 수단일 수 있다. '누군가 다른 사람을 상상하면서' 연인과 섹스를 하는 것은 결코 칭찬할 만한 일이 아니지만, 섹스를 하는 사람이 고유하고 개별적인 연인으로서의 그 남자 혹은 그 여자일 뿐**만 아니라** 남자 일반이나 여자 일반이 될 수 있는 보다 형이상학적인 의미를 띠는 경우도 있다. 성욕이 자연스럽게 방황하면 이는 흔히 거부의 신호("당신은 더이상 나를 원하지 않는군요")로 받아들여지는데, 사실 이때는 욕망이 내적으로 경쟁적이거나 배타적이지 않은 것일 뿐이다. 섹스가 갖는 힘이나 상징적 중요성을 조금도 과소평가하지 않으면서, 왜 우리는 다른 사람과 하는 섹스는 부정이라고 여기면서 자기 애인에게 가하는 가장 끔찍한 행동은 충실함으로 여기는지는 물어봄 직하다. "배신"의 가능성을—우연히 일어났든 깊은 애정으로 일어났든—다른 사람과 같이 자는 행동으로 제한하는 것은 사랑과 헌신의 표현이 아니라 충실성에서 금기를 만들어내는 것이다.

그러므로 프랑스 작가 마담 드 라파예트Mme de Lafayette는 성적 충실성을 바라보는 한 가지 방식은 그것을 일종의 선물gift로 보는 것이라고 제안한다. 우리는 다른 성적 모험이 일어날 가능성에 관심이 없거나 흥분하지 않는 척 가장하지 않으면서, 그런 욕망에 따라 행동하지 않음으로써 연인에게 최종적 희생을 선사한다. 사실 우리가 모험을 원한다는 사실은 선물의 가치, 그런 행동의 비용을 높여준다. 이는 "누구와 잘 생각조차 할 수 없기 때문에" 성적으로 충실하다는 (종종 위선적인) 제안과는 매우 다르다. 우리는 다른 사람과 잘 수 있고 또 자기도 하는데, 바로 그렇기 때문에 그렇게 하지 않겠다는 거부가 의미 있는 것이다. 그러나 설령 그렇다 하더라도 중요한 것은 선물이 아니라 마음이다. 원망과 저항을 동반하는 배타성은 선물이 아니라 그것이 만족시켜주고자 하는 사랑을 파괴할 것이 확실하기 때문이다.

(성적 충실성과 대립하는) 충실성이 관계와 갖는 의미는 진실함이 개인의 성격과 갖는 의미와 같다. 충실성은 모든 것을 포용하는 좋은 믿음, 상처를 주거나 배신하지 않으며 사랑과 관련된 모든 일에서 옳은 일을 하겠다는 주장이다. 충실성은 염려와 같지 않지만, 확실히 염려는 충실성의 한 측면이다. 충실성은 오랫동안 진정한 우정의 특징으

로 여겨져 왔는데, 이제 우리는 충실성을 진정한 사랑의 속성으로 받아들여야 한다. 또한 충실성은 책무commitment와도 같지 않다. 책무는 다른 사람에 도움이 되고 관계의 번성을 위해 온 마음을 바쳐 몰두하는 것이라기보다는 약속과 더 비슷한 것으로서 보다 명시적이다. 충실성에는 정직함이 뒤따르지만, 반드시 정직함과 같지는 않다. 충실성은 이따금 선의의 부정직함이 필요하고, 심지어 속임수가 필요할 때도 있다. 충실성은 헌신devotion이지만 그것은 날카로운 자아 감각에 반영되어 있는 헌신이다. 흔히 성적 부정의 일부인 "몰래 행동하기"는 아무리 속임수가 성공한다고 하더라도 상대는 파트너가 아닌 장애물이 되고 언제라도 원망이 사랑을 가리는 보증수표가 된다.

금지가 아니라 신중함이 충실성을 이루는 더 좋은 덕목이다. 신중함discretion과 은밀함being sneaky의 차이는 무엇인가? 신중함은 충실성을 구성하는 한 부분으로서 연인을 괴롭히거나 배반하지 않으려고 애쓰고, 바른 행동을 하고, 나무랄 데 없는 매너를 지키는 것이다. 은밀함은 회피하기 위한 장치이며, 단지 자신을 지키고 자신을 아는 것과 달리 비밀스럽지 않을 수 없다. 행동거지만 놓고 보면 신중함과 은밀함은 구분이 안 될 수 있지만 의도의 측면에서 보면 둘은 상반된다. 신중함은 연인을 항상 파트너이자 동맹으로 의식하는 반면, 은밀함은 연인을 장애물, 맞수, 위협으로 의식한다. 혼외 성관계가 늘 사랑을 배반하는 것은 아니지만 (정치에서 그렇듯이) "숨기는 것"이 행위 자체보다 해로울 수 있다. 정직함을 옹호하는 훌륭한 주장 가운데 하나는 상처를 받고 의견이 일치하지 않을 때에도 신중함은 적어도 관계 안의 문제로 남아 있다는 것이다. 반면 은밀함은 항상 관계 밖이나 관계 아래에 숨어 있으면서 관계를 무너뜨린다. 어떤 관계가 그 관계 바깥의 성적 만남이나 정사를 용인할 수 있거나 용인할 것인지의 여부는 열린 문제이지만, 속임이 관계에 얼마나 위협이 되는가는 그렇지 않다. "당신은 원하는 대로 뭐든 할 수 있어. 하지만 나는 알고 싶지 않아"라는 말은 메시지가 이상하게 섞여 있는데, 그것은 관용과 안전 사이에 벌어진 틈새를 메우려는 역설적 시도이다. 이 발언은 신중함을 요구하지만 그렇게 하면서 신중함과 기만의 차이를 흐리고 오해와 갈등의 위험을 보탠다.

이 말이 성적 배타성—이 대목에서는 "충실성" 대신 배타성이라고 불러야 할 것이다—은 바람직하지 않다고 말하는 것도 아니고, 어리석든 아니든 관계에서 서로의 마음의 평화에 필수적이라고 말하는 것도 아니다. 다만 헌신과 금지의 차이를 지적하는 것이다. 성적 배타성 그 자체를 도덕적 의무나 사회적 제약으로 바라보는 것은 배타성이 필요한 유일하게 바람직한 동기, 즉 성적 배타성은 외부에서 강제되는 것이 아니라 "내부에서" 헌신과 욕망의 지시를 따르는 것이라는 점을 부정한다. 일부일처제와 성적 충실성을 사회적으로 강하게 역설할 때의 위험 중 하나는 성적 배타성이 강요된 것으로, 외견상 억압적인 문화적 관습으로 해석된다는 것이다. 이런 억압적 관습에 맞서 간통과 심지어 난잡함마저 "자연스러운" 것으로 비치게 된다. 성적 배타성이 우리 자신의 결정으로, 다시 말해 우리가 자신의 연애를 운영하기 위한 규칙으로 받아들일 경우에만 이런 강제된 느낌은 사라지고 정말로 개인적인 진실함과 충실함의 느낌만 남게 될 것이다. 또한 배타성을 향한 충동이 금지가 아니라 욕망의 문제가 될 때에만 배타성은 우리가 그 안에 갇혀 있다고 느끼는 경계가 아니라 관계에 본질적이게 된다. 이와 달리 욕망이 존재하지 않는 경우라면 성적 배타성은 걱정할 거리가 되지 못한다. 이 경우 "충실성"이란 이미 잃어버린 사랑을 다른 사람이 줄 수 있는 가능성을 필사적으로 거부하는 것이다.

올바르게 해석된 충실성은 타인의 욕구와 욕망만이 아니라 자신의 욕구에 대한 온전한 느낌이다. 한 친구가 충실성의 특이한 사례를 보여주었는데, 그건 지극히 관능적인 한 여성의 남편이 갑자기 성 불능이 된 경우이다. 어떤 경고도 없었고 확실한 원인도 없었지만, 남편의 성 불능상태는 거의 1년 가까이 계속되었다. 그러다가 남편의 성 불능은 나타날 때처럼 이유도 없이 갑작스레 사라졌다. 그 1년 동안 아내는 남편의 성 불능을 입에 올리지 않았고, 비웃음이나 동정심으로 대응하지 않았으며, 남편을 향한 애정 어린 행동을 바꾸지도 않았고, 남편이 자신의 (그리고 아내의) 인생에서 가장 굴욕적이라고 느꼈을 수도 있는 경험에 그녀를 향한 죄책감이나 난처함을 보탤 최소한의 이유도 주지 않았다. 그 친구는 "이게 바로 충실함이야"라고 말했다. 아내가 보인 태도는 완전히 정직한 것도 "자신의 감정에 솔직한 것"도 아니다. 아마도 그녀는 상당한 좌절감을 느꼈을 것이고 적어도 실망했을 것이다. 그녀는 염려와 헌신을 보여주었지만 충실함은 그 이상이었다. 그것은 일종의 신중함과 관심이었다. 친구는 아내가 그 1년 동안 다른 성적 접촉이 필요했는지 또는 성적 접촉을 원하고 받아들였는지의 여부는 알지 못할 뿐 아니라 개의치 않는다고 덧붙였다. 아내의 충실성을 측정하는 것은 성적 배타성이 아니라 관계에 대한 믿음이다.

우리는 이 사례에 대해 엇갈린 반응을 보일 수 있지만 충실성이 사람과 관계에 보이는 궁극적 관심이라는 것 정도는 올바른 반응인 것 같다. 성적 배타성이 삶을 단순화하고, 단일한 관계에 대한 집중도를 높이고, 분산과 위험을 줄이면서 흔히 사랑에서 의심과 질투와 불안정을 불러들이는 원천을 제거한다는 것은 의심의 여지가 없다. 위험한 것은 충실성을 욕망 대신 경고, 영감 대신 제약을 통해 관계의 가장 본질적인 유일한 특성으로 취급하면서 사랑을 확장이 아닌 제한으로 변질시킨다는 것이다. 최근 몇 년 동안 일부일처제는 부분적으로 낭만적이고, 부분적으로 편의적이고, 부분적으로 두려움으로 구성된 신흥종교가 되었지만, 이는 낭만적 긴장을 거부하고 관계에서 경영의 효율성을 재천명하는 것이다. 간통을 반박하는 주장은 대개 충실성이 아니라, 간통을 하려면 "너무 많은 시간과 에너지가 들고" 거의 언제나 비밀스러운 행동과 속임수로 이어지게 된다는 것이다. 충실성이 의미가 있다면 그것은 단지 수동성과 무관심에서 나오는 것일 수는 없다. 이는 하루 종일 혼자 침대에 드러누워 있어야 '진실함'에 도달할 수 있다고 생각할 수 없는 것과 마찬가지이다. 또한 충실성은 정직함만을 의미할 수도 없다. 애인에게 진실하면서도 다정하거나 기운을 북돋아

주거나 사랑스러운 말을 전혀 하지 않을 수도 있다. 다른 한편, 부정적 감정을 전부 털어놓지 않는 것으로 사랑을 지킬 수도 있다. 연애는 관점perspective이지만 진실은 그렇지 않다. 진실은 사랑의 프레임에 맞는 경우에만 중요하다. 마지막으로, 충실성은 사람에게 헌신하는 것이 아니라 관계에 헌신하는 것이다. 때로 사랑을 보호하기 위해 연인에게 상처를 줘야 할 때도 있다. 사랑의 감정은 사랑 자체만큼 중요하지 않다.

사랑의 쇠퇴와 사랑을 유지하기

행복한 가정은 모두 같다.

그러나 모든 불행한 가정은 제각각의 방식으로 불행하다.

— 톨스토이, 『안나 카레니나』

톨스토이는 두 가지 면에서 모두 틀렸다. 사랑에는 여러 종류의 행복이 있고, 사랑을 잃게 되는 세부 내용은 다를 수 있지만 사랑의 상실이 일어나는 양태는 유한하고 익숙하다. 물론 사랑과 행복은 같지 않다. 사랑은 (상대의 마음을 얻었을 때나 혹은 상대의 마음을 얻었기 때문에) 우리를 비참하게 만들 수 있다. 열정적 사랑을 잊어버린 후에도 우리는 행복한 관계를 수10년간 유지할 수 있다. 그러나 사랑이 행복한 관계를 이루는 가장 중요한 요인이 될 수 있다는 것은 의심의 여지가 없다. 우리는 사랑이 계속되기를 바라고, 사랑은 그 안에 우리가 상상할 수 있는 한계까지 사랑이 지속될 수 있는 추진력을 내장하고 있다. 그러나 사랑은 영원히 계속되지 않는다는 것, 사랑은 젊음처럼 시들고 늙는다는 것, 정말로 지속되는 사랑은 드물고 칭송할 만한 엄청난 행운이라는 것은 사랑에 관한 가장 익숙한 사실 중 하나이다. 열정적 사랑은 그 성격상 새롭고 참신하기 때문에, 오래 유지될 수 없는 생리적 "들뜸 상태"에 기초해 있기 때문에, "익숙함은 경멸을 낳기" 때문에, 사랑의 환상과 망상은 오래된 관계에 환멸을 경험한 뒤에는 오래 살아남을 수 없기 때문에 등등의 이유로 사랑은 오래 유지될 수 없다는 주장이 펼쳐진다. 나는 이런 주장들이 모두 타당하지 않다고 생각하지만, 사랑은 지속되는 만큼이나 종종 끝이 나며, 그것도 서로 가장 잘 어울리고 사랑하는 사람들 사이에서 종종 끝난다는 사실을 직시해야 한다. 그렇다면 사랑이 쇠퇴하는 것은 '잘못된' 두 사람이 잘 맞지 않기 때문이라고만 할 수는 없다. 사랑을 시들게 만드는 것은 사랑 안에 내재된 어떤 것, 심지어 사랑을 가능하게 할 때에도 사랑을 위협하는 어떤 것이다.

사랑은 왜 시드는 것일까? 열정적 사랑이 신기함에 기대고 있다는 주장은 "사랑에 빠지는" 처음의 흥분 상태를 사랑의 본성과 혼동하는 것이다. 물론 신기함은 닳아 없어지지만, 열정도—열정을 불안과 구분하기는 늘 쉽지 않다—줄어든다면 우리는 주저 없이 처음의 흥분이 사랑이었을 리 없다는 결론을 내린다. 어쩌면 처음의 흥분은 가벼운 바람이었거나 도전이었을 수 있다. 어쩌면 그것은 새로운 성적 정복이었을 수도 있고, 일주일간의 휴가를 보내는 신나는 방법이었을 수도 있다. 그러나 사랑은 새롭더라도 신기하지는 않다. 사랑은 미래로 무한히 확장되는 구조이다. 사랑이 지속되지 않는다면 이는 사랑의 구조 자체가 어떻게든 손상되었음을 의미한다. 사랑은 정신 생리적 자극에 기대고 있고 이 모든 자극이 지속되는 데에는 한계가 있기 때문에 식지 않을 수 없다는 주장 또한 견고하지 않다. 이 주장은 사랑에 본질적인 거의 모든 점들, 이를테면 사랑은 단순한 흥분 이상이라는 것, 사랑은 흥분 그 자체가 아니라 다른 인간과 관계에 **관한** 흥분이라는 것, 사랑에 내재된 열정은 뇌 생리의 변화보다 훨씬 더 견고한 토대를 가지고 있다는 것을 놓친다. 사랑은 사랑하는 사람의 자아 전체와 관계한다. 그리고 아이로니컬하게도 사랑이 식는 이유에 대한 이런 식의 설명은 사랑이란 애초에 가질만한 가치가 별로 없는 것이라는 사랑 관념에서 출발하고 있다.

"익숙해지면 경멸하게 된다"라는 생각은 사랑의 쇠퇴에 대해 훨씬 불길한 설명을 제공해주는데, 이런 생각은 "곁에 없으면 마음은 어떻게 더 애틋해지는가?"를 말해주는 흔한 아포리즘적 변증법과 더 잘 어울린다. 그러나 쌍을 이루는 대부분의 통속적 지혜와 마찬가지로, 이런 생각은 절반만 맞다. 익숙함은 존경, 흠모, 헌신, 사랑을 낳을 수도 있고, 부재의 위험은 "눈에서 멀어지면 마음에서도 멀어진다"라는 말처럼 되기도 한다. 일상적 관계의 현실에 매일매일 부딪칠 때 사랑이 수없이 많은 사소한 실망과 환멸을 겪는다는 것은 확실하다. 이를테면너무 자주 떨어져나간 치약 뚜껑, 일상적인 신체 기능의 장애에 느끼는 난처함, 성적 좌절을 겪은 첫날 밤, 명백한 오류를 저질러놓고도 고집스레 우기는 것, "모르겠다"라는 말을 하지 않겠다고 거부하는 것 등등이 우리가 일상적으로 부딪치는 관계의 현실이다. 그러나 이런 실망감 때문에 사랑을 잃어서는 안 된다. 오히려 이런 일들을 사건의 맥락 속으로 끌고 들어와 타인에 대한—그리고 자기 자신에 대한—생각을 재정비하여 비록 이런 일들을 열렬하게 받아들이지는 않더라도 적어도 너그럽게 포용해들이는 것이 사랑이 하는 일이다. 누적된 실망감으로 인해 사랑이 끝나버릴 때, 우리는 사랑이 처음부터 맞지 않았다거나, 사랑이나 연인에 대한 생각이 너무 천상적이고 너무 단호했다는 결론을 내릴 것이다. 마찬가지로 사랑이 **환멸**로 이어진다면, 그것은 사랑이 환영적이거나 기만적이기 때문이 아니라 사랑에 대한 우리의 생각이, 아니면 적어도 사랑에 대한 우리의 특별한 경험이 처음부터 지나치게 이상화되었기 때문이다.

사랑이 시드는 한 가지 요인이 성욕의 빈도와 강도라는 것은 확실하다. 남성의 성 생리는 18세가 "절정"이고 남은 생애 동안—대부분의 사람들에게 이 시간이 성생활이 일어나는 전체 시간이다—서서히 줄어든다고 한다. 첫 성 경험의 불안과 기대는 두 번째 성 경험을 할 때까지 좀체 지속되지 않으며, 처음 몇 주간의 혹은 몇 달간의 황홀감은 줄어들지 않을 수 없다. 이는 신기함과 불확실함이 옅어지고, 섹스가 당연한 것으로 여겨지는 것이 아니라 적어도 예측 가능해지고 기대되기 때문에 발생한다. 그러나 확실히 불안은 긍정적 경험이 아니며, 섹스가 보다 예측 가능해지고 안전해지는 것이 반드시 불쾌하거나 나쁘지만은 않다. 익숙한 섹스, 편안한 섹스, 잘 아는 섹스가 지루한 섹스, 공허한 섹스, 낭만적이지 않은 섹스를 의미하는 것은 아니다. 반대로 성적 수행에서 벗어나 "자신을 증명해야 한다는" 불안에서 자유로운 섹스를 할 때 낭만적 표현을 가장 많이 쓰고 개인적 변이와 유희와 기발함을 최대치로 발휘할 여지가 생긴다. 섹스의 빈도와 열광이 약해지는 것과 낭만적 사랑이 지속하거나 감소하는 것 사이에는 별 상관 관계가 없다.

그러나 안타까운 몇몇 커플들의 이야기를 들어보면, 성적 빈도와 강도의 변화는 서서히 시들거나 익숙해지는 것이 아니라 완전히 무너져 내린다고 한다. 활기차고 건강한 기혼 친구 두 명 가운데 한 명은 슬픔과 원망과 당혹감이 뒤범벅된 감정 상태로 자신들이 몇 개월간 또는 몇 년간 섹스를 하지 않았다고 털어놓을 것이다. 일간지 조언 칼럼니스트들에게 보내는 솔직한 편지들은 "짐승처럼 요구하면서 만족할 줄 모르는" 남편에 대해, 또는 "1년에 두 번이면 족하다고 생각하는" 아내에 대해 씁쓸하게 불평을 늘어놓고 있다. 이런 불평 가운데 하나는 영화 〈애니 홀〉의 분할된 화면 속 한 장면을 연상시킨다. 이 장면에서 애니는 만족할 줄 모르는 남자친구에게 불만을 토로하며 말한다. "끊임없이 했어. 한 주에 세 번은 했다고." 반면 알비 싱어는 불평한다. "한 주에 세 번 했던 적은 거의 없었어." 그러나 욕망과 선호의 차이를 제쳐놓으면 정욕의 쇠퇴가 사랑의 쇠퇴와 같은 것은 아니다. 물론 전혀 관련성이 없는 것은 아니다. 영화 〈뜨거운 양철 지붕 위의 고양이〉에 나오는 빅마마는 침대를 내리치며 소리친다. "결혼생활이 바위에 부딪힐 때 그 바위가 놓인 곳이 바로 여기야"라고. 섹스의 빈도와 열광이 줄어드는 것은 예상할 수 있다. 그러나 섹스가 사실상 끝나는 것은 거의 언제나 더 깊은 곳에서 일어나고 있는 결정과 환멸의 신호이다. 그것은 권력 게임의 일부이거나 관심과 도움을 요청하는 외침이다.

사랑이 시드는 이유로 종종 언급되는 것 가운데 하나는 "아름다움이 사라졌기"때문이라는 것인데, 이는 설명이 아니라 유추에 불과하다. 앞서 말했듯이, 실제 일어나는 일은 관계가 진행되면 아름다움은 덜 중요해진다는 것이다. 어쩌면 맨 처음부터 아름다움은 훨씬 덜 중요했을 수도 있다. 성격이 우위에 서기 전에 한 사람과 많은 시간을 보낼 필요는 없다. 그저 아름다움을 사랑할 뿐이라면 아름다움이 줄어들거나, 상대의 아름다움에 익숙해져서 그것을 당연하게 여기게 되면 사랑이 식는다고 생각하는 것이 이치에 맞을 것이다. 그러나 사랑은 미적 감상이 아니라 공유된 정체성의 감정이다. 연인은 당신을 바라보고 당신과 관계 맺는 방식 때문에 아름답게 보인다. 언젠가 니체는 결혼을 긴 대화로 생각해야 한다는 농담을 한 적이 있다. 인격은 시들지 않는다. 인격은 나이들수록 더 좋아지고, 수행이 더 많이 되고, 더 자신 있게 되고, 더 개인화된다. 또한 두 사람의 인격이 함께 있으면 서로 더 잘 맞추고, 더 능수능란해지고, 더 편안해질 뿐 아니라, (최상의 경우) 서로를 더 잘 이해하고 더 잘 고무시킨다. 우리는 육체적 아름다움처럼 우리를 처음 매혹시켰던 특성들을 계발하라는 이야기를 너무 많이 듣지만, 불행하게도 인격이나 의사소통과 관련하여 듣는 주된 조언은 ("그냥 너 자신이 되어라") 유익하지 않을 뿐 아니라 냉소적이기까지 하다. 그러나 특히 사랑에서는 잘못된 성격적 특성에 영향을 미치려 해서는 안 되지만, 성격과 인격은 "타고나는" 것이 아니라 학습된다. 사이좋게 지내고, 사랑에 빠지고, 관계를 형성하고 사랑을 발전시키는 것은 실험과 경험을 통해 숙달된다. 우리를 처음 끌어당겼던 매력들이 아닌 이런 요소들이 사랑을 지속시킨다. 아름다움이 퇴색하든 말든 두 인격은 더 가까워지고, 평생 지속되는 사랑을 설명하고 지원하는 것은 이런 가까움, 함께 하는 삶에서 형성되는 공유된 정체성이다.

사랑의 쇠퇴는 많은 경우 관심의 부족, 즉 상대에 대한 관심의 부족, 관계 자체에 대한 관심의 부족에서 기인할 수 있다. 사랑의 초기 단계에서는 상황의 참신성과 상대의 새로움에 의해 사실상 관심은 보증된다. 모르는 것들이 너무 많고 예상하지 못한 일들이 너무 많다. 사랑이 쇠퇴하는 이유는 참신함이 사라지기 때문이 아니라—물론 참신함은 사라질 수밖에 없다—, 오히려 익숙함으로 인해 상대와 상황을 너무 쉽게 당연하게 생각하기 때문이다. 우리는 관심을 기울이는 대신 있는 상태를 그냥 가정한다. 관계는 자동적으로 진행되고, 한때 주의를 기울여 했던 답변은 열정 없이 읊조리는 "응"이나 "멋져" 같은 기계적 응대로 바뀐다. 때때로 이런 무시를 "자연스럽다"라는 식으로 우기기도 한다. 편안함, 익숙함, 알고 있다는 생각과 함께 이런 무시가 일어난다. 그러나 이것은 자연스러운 것이 아니라 게으른 것이다. 자신과 가장 가까운 것에 관심이 부족한 것은 자연스러운 것이 아니라 비뚤어진 것이다. 그럼에도 각자 자신에게 가장 가까운 것이 자기 마음이든, 자아이든, 영혼이든, 사랑하는 연인이든, 우리가 이것들을 당연하게 여기는 경향이 있는 것은 사실이다. 니체는 우리가 자신과 가장 가까운 것에서 가장 멀리 떨어져 있다는 점을 일깨워주었는데, 때때로 우리가 자기 삶을 사랑하는 일에 보이는 무관심이 이를 보여주는 가장 적절하고 비극적인 예라고 할 수 있다. 사랑은 공유된 자아의 "두 반쪽"의 상호 작용으로 이루어지지만, 두 반쪽이 전체를 형성하는 것은 서로에게 아낌없이 쏟아붓는 관심 덕분이다. 공유된 관심을 설명해주는 것은 **생각**thinking이지 아리스토파네스가 상상한 유사—신체적 기원이나 성교에서 일어나는 실제 육체적 공유가 아니다. 실제 육체의 공유는 그것이 아무리 생생하다고 해도 여전히 이 관계가 사랑인지 아닌지에 대한 물음은 완전히 열린 상태로 남겨놓기 때문이다. 사랑은 두 자아가 자신들을 서로 묶여 있는 "두 반쪽"으로 바라보지 않을 때 약해질 수밖에 없다. 이런 사랑의 쇠퇴는 두 사람이 더이상 나누고 돌보고 소통하지 못할 때 일어날 뿐만 아니라 관심이 부족할 때에도 일어날 수 있다. 관심이 사랑의 주요 요구사항인 것만은 아니다. 성욕 또한 관심이 필요하다. 새로운 섹스의 흥분은 감각만이 아니라 적어도 강렬한 관심의 결과이다. 성욕도 관심이 필요한 욕구이다. 성욕은 욕망일 뿐만 아니라 욕망 받고 싶은 욕망이다. 섹스와 뇌의 생리, 그리고 인생에서 우리를 괴롭히는 다양한 놀라움과 달리, 관심은 철저하게 우리의 영역 안에 있고 우리의 통제하에 있다. 무관심과 그에 따른 사랑의 쇠퇴는 대부분 우리 자신이 하는 일이다. 관계의 처음뿐만 아니라 관계 전반에 걸쳐 상호 낭만적 관심을 보이는 것은 지속적인 사랑의 열쇠이다.

말할 필요도 없이, 모든 관심이 사랑에 도움이 되는 것은 아니다. 어떤 커플은 그들의 사랑이 시들지 않고 사소한 반대와 불평에 야금야금 먹히거나 일거에 집어삼켜지는 것을 지켜본다. 무관심을 보일 때와 마찬가지로 커플들 스스로가 그렇게 행동한다. 물론 이런 트집과 잔소리는 관심의 부족에 보이는 반응일 수 있는데, 사소한 벌주기, 비뚤어진 요구, 화를 내거나 짜증을 부려서라도 상대가 알게 하려는 좌절된 시도일 수 있다. 그러므로 이런 비판적 관심과 무관심은 흔히 함께 일어난다. 고로 우리는 "무엇에 관심을 가져야 하는가?"라는 질문을 던짐으로써 관심의 중요성에 대한 요구에 한계를 정해야 한다. 우리가 관심을 가져야 하는 것은 다른 사람만이 아니라 그 사람의 매력과 덕이어야 한다. 아마도 이것들이 애초에 우리를 결합시켜주었던 것일 것이다. 또 우리가 관심을 가져야 하는 것은 단지 관계에 대한 관심만이 아니다. 관계에 관심을 갖는 것은 연애의 문제라기보다는 대개 유지와 타협의 문제일 수 있다. 실제로 관계에 지나치게 관심을 가지면서 한 개인으로서 다른 사람에 대한 염려와 관심을 배제하는 것은 소유욕으로 이어지고 공유된 자아와 자율성의 균형을 무너뜨린다. 우리는 사랑 자체에, 그리고 사랑이 번성할 수 있는 환경에 관심을 기울여야 한다. (사랑이 잘 자랄 수 있는 환경에 포함되어야 하는 요소 중에서 가장 중요한 것이 바로 홀로 함께 지내는 시간이다.) 쉴 새 없이 관계에 대해 이야기하는 것이 관심을 보이고 있다는 증거인 것은 확실하지만 사랑에는 거의 도움이 되지 않는다. 이것은 사랑을 더럽히고 말살하며, 위험스럽게도 관계를 사랑이 아니라 끝없는 갈등의 원천으로 바꾸는 트집과 잔소리와 상호 비방에 도움이 된다. 여기서 스탕달과 지드가 "탈결정화decrystallization"라 부른 개념이 사랑의 쇠퇴 세 번째 단계를 겪는 것 같다. (우리는 이를 "외피형성encrustation"이라고 부를 수 있을 것이다.) 사랑이 쇠퇴하는 세 번째 단계에서는 관계에 너무 많은 오물들이 쌓여 관계 자체가 지루하고 더럽고 불쾌한 모양새가 된다. 이런 일이 벌어지면 관계는 더 많은 오물을 끌어들이고, 서로를 빛나게 해줄 어떤 광채나 빛도 되비추지 못하게 된다.

그러나 사랑이 쇠퇴하는 세 가지 파괴적인 이유는 모두 사랑에 대한 우리의 잘못된 생각과 관련되어 있다. 첫 번째는 우리가 사랑을 너무 쉽게 그 초기 단계를 기준으로 바라본다는 것이다. 두 번째는 우리가 선택지option의 관점으로 사랑을 바라본다는 것이다. 세 번째 가장 심각한 이유는 우리가 다른 사람이나 관계가 아니라 자기 자신에게 지친다는 것이다.

사랑이 쇠퇴하는 첫 번째 이유, 우리는 너무나 익숙해서 문제 삼지 않는 사랑의 구분법, 이를테면 새로운 사랑과 옛사랑, "낭만적 사랑"과 "부부간의 사랑"(어색한 신조어를 쓰자면 동반자적 사랑)의 구분을 넘어서야 한다. 물론 새것과 옛것이 없는 것은 아니다. 시간의 존재가 연대기를 요구한다. 그러나 우리는 이것을 두 가지 다른 유형의 사랑, 즉 전자는 열정적이고 관능적 사랑이고 후자는 지루하지만 오래 지속되고 편안한 사랑이라는 식으로 바라보는 경향이 있다. 물론 사랑—대부분의 사랑—은 화려함으로 시작하고 사랑의 불꽃놀이는 머지않아 가정의 안락함으로, 혹은 그보다 더 나쁜 상태로 줄어들 게 분명하지만, 우리는 사랑에 나타나는 이런 변화를 분석할 때 조심해야 한다. 가장 중요한 점으로, 우리는 이런 변화는 어쩔 수 없다고 생각하도록 만드는 모든 이론에 저항해야 한다. 이를테면 낭만적 사랑을 암페타민 유형의 화학물질 탓으로 돌리는 신종 신경화학 이론이 있는데, 이 이론에 따르면 암페타민 유형의 화학물질이 "높으면" (생리학적 필연성에 따라) 불가피하게 "충돌"로 이어진다는 것이다. 이런 이론은 마땅히 거부되어야 한다. 첫사랑의 흥분은 그저 흥분에 지나지 않을 수 있다. 흥분은 사랑이면서 동시에 두려움이고 불안이다. 오래된 사랑은 새로운 사랑 못지않게 열정적일 수 있지만, 생리적 폭발성이 적기 때문에 열정이 떨어진다고 주장하는 것은 잔인하다. 새로운 사랑이든 오래된 사랑이든 상황은 분명 다르지만, 사랑의 구조는 같다.

우리는 이 문제를 좀 다른 식으로 생각해볼 수 있다. 당신이 마지막으로 새로운 도시나 이웃으로 이사했던 때를 떠올려보라. 처음에 당신은 호기심과 탐구심이 무척 강했다. 당신은 새로운 상점이나 박물관이라면 죄다 방문했고, 새로운 사람들을 만나거나 새로운 우정을 맺을 가능성에 완전히 열려 있었다. 다소 시간이 흘러 모든 것이 익숙해지면 당신은 자리를 잡고 편안해진다. 사실 오래전에 답사했던 것들은 이제 대부분 귀찮게 더 할 필요가 없는 것 같고, 새로운 우정은 생기면 좋지만 더이상 필요하지는 않은 것 같다. 도시가 바뀌거나 도시에서 당신의 삶이 바뀌는 것이 아니다. 다른 점은 발견과 익숙함의 차이, 기대와 향유의 차이이다. 도시가 변하는 것은 아니다. 도시는 **똑같이** 그대로 있다. 관계도 마찬가지이다. 배우고 탐구하려는 처음의 열의는 변하지 않고 단단해진다. 열정은 여전히 존재하고 과거와 똑같다. 첫 섹스는 황홀할 수 있다. 섹스를 한다는 생각만으로 혹은 성적 수행의 충동으로 황홀하게 느낄 수 있다. 열정은 익숙해지면 더 커지고 파트너들은 의례적 행위를 하게 된다. 여기서 의례는 부정적이거나 무의미하지 않고 오히려 그 반대이다. 의례는 첫 탐험에는 없던 의미를 담고 있다. 사랑이 나빠지면 섹스는 아무리 '좋다'고 해도 (그녀는 경멸하듯 "나는 매번 오르가슴을 느꼈어요"라고 말했다) 참을 수 없을 만큼 지루해지거나 더 안 좋아질 수 있다. 물론 섹스는 사랑과 분리될 수 있다. 다시 말해, 섹스는 사랑의 표현이 아니라 다른 열정의 표현일 수 있고, 사랑이 온전히 유지된다고 할지라도 섹스가 만족스럽지 않을 수도 있다. (성적 불만은 종종 불꽃을 잃어버린 사랑과 혼동되기도 한다.) 사랑을 주로 힘과 정복으로, "자신을 증명하는 것"으로 생각하는 사람들에게 친숙함과 친밀함은 설령 그들이 상대를 사랑하고 있을지라도 환영받지 못할 것이다. 그러나 이것을 사랑의 쇠퇴 탓으로 돌리는 것에는 신중하도록 하자. 다른 욕망이 충족되지 못했기 때문에 생긴 것일 수도 있는 것이다.

물론 낭만적 사랑과 관계에서 모든 문제를 일거에 바꾸는 한 가지 전형적인 결과가 있는데, 그것은 바로 아이이다. 문제는 아이가 생기면 어쩔 수 없이 가정적 의무, 허드레 집안일, 잠 못 자는 밤, 여가 시간의 부족 등이 폭발적으로 늘어난다는 것만이 아니다. 오히려 부부가 갑자기 혼자 있지 못하고, 그에 따라 지금까지 쉽게 얻을 수 있었던 혼자 있는 시간이라는 친밀감의 전제 조건에 결핍이 발생한다는 사실이다. 사회심리학에서는 이른바 "삼각측량 이론"에 대한 연구들이 많이 이루어져 왔는데, 간단히 말해 이 이론은 두 사람이 아닌 세 사람이 있을 때 대인 관계에 일어나는 극적인 변화를 가리킨다. 그 세 번째 존재가 어린 아기일지라도. 아기는 뭔가를 요구하고 웃고 애정을 표시한다. 이것만으로도 부부가 한때 서로에게 기울일 수 있었던 독점적 관심을 돌리기에 충분하다. 그러나 다른 한편으로 아이는 공유된 자아의 산물일 뿐 아니라 그것을 인격화한 존재이다. 아이 자체가 사랑의 궁극적 유대가 될 수도 있다. 그러나 (종종 그렇듯이) 이렇게 될 것이라고 단순히 가정할 수는 없다.

둘째, 사랑이 시들기 쉬운 또 한 가지 이유는 우리에게 선택의 여지가 너무 많다는 행복한 사실이다. 오늘날 수많은 결혼들이 이혼과 불행으로 끝나기 때문에 우리는 합당한 근거 없이 이혼이 더 힘들었거나 불가능했던 시절에는 사랑 없는 비참한 결혼이 있었을 것이라고 결론짓고 싶은 유혹에 빠진다. 그러나 이런 생각은 지나치게 비관적이고 암묵적으로 자기 위안적이다. 탈출할 선택지가 존재하지 않을 때는 사랑에 맞서는 반성적 압력도 크지 않을 수 있다. 당시 사람들은 "나는 만족을 얻었는가?"라는 질문을 던지지 않았는데, 이는 그들이 만족을 얻지 못했다는 것을 의미하지 않는다. 또 당시 사람들은 "우리는 정말 서로를 여전히 사랑하는가?"라는 질문을 던지지도 않았는데, 이는 부부가 서로 사랑하지 않는다는 것을 의미하지 않는다. 강제 결혼에는 나름의 여러 이점이 있는데, 그중 하나가 사랑을 보호하는 것이다. 이 경우 사랑은 하나의 **문제**issue로서의 사랑이 아니라 어느 정도 안정되고 변함없는 상태로서의 사랑을 말한다. 심리학자 존 머니John Money는 이렇게 말한다.

> 비교적 잘 맞지 않는 커플일지라도 2년 정도—이 기간이 연애의 불꽃이 타오르는 자연사의 시간이다—는 관계가 지속될 수 있다. 이후에는 사랑의 화력이 약해지기 시작한다. 그러나 자연은 매우 영리하다. 자연은 임신을 하고 아이를 가질 수 있을 만큼의 시간을 준다. 그러고 나면 연인들의 유대는 아이를 포용해들이기 위해 더 커져야 하고, 이제 이들의 유대는 삼자 유대가 된다.

당신이 평생 사랑하고 결혼하고 있어야 한다는 사실을 알면 모든

게 바뀐다. 선택의 여지가 전혀 없지는 않다. 결정을 내리는 일이 점점 더 커지고 위험해질 뿐이다. 그러나 결정을 내리는 매 단계마다 다른 선택지를 고려하라고 강요당하지는 않는다. 우리가 (그로부터 쉽게 빠져나올 수 있다고 생각할 수 있기 때문에) 참을 수 없다고 여기는 것들을 우리 할머니와 할아버지들은 평생 그 안에서 살아야 한다는 것을 알고 있었기 때문에 짜증을 내면서도 받아들일 수 있었다.

사랑은 흔히 부부가 맺은 "약속commitment"을 통해 지속된다고 말해진다. 우리는 약속이라는 이 준법률적 개념이 지속적인 사랑을 설명해주는 감정적 비타협성과 결단력과는 상당히 대립된다는 점을 지적함으로써 사랑에서 이 낯익은 개념의 중요성에 다소 의구심을 보였다. 이는 관계를 "작동시키는" 의식적이고 상호적인 결정이 중요하지 않다거나, 그것이 위기의 순간에 관계를 유지하는데 효과적이지 않다고 말하는 것이 아니다. 약속이 연애와 무관하다고 말하는 것도 아니다. 특히 근자에 들어 결혼은 연애가 정점에 이른 것으로 진화해왔으며, 아마도 결혼은 우리 대부분이 맺는 가장 큰 약속일 것이다. 그러나 법적 실체로서의 약속은 오늘날 힘이 부족하다. 미국의 여러 주에서 이혼은 운전면허를 따는 것보다 쉽다. 사회적 기대로서의 약속은 공허하다. 내 친구들은 결혼 발표 소식보다 임박한 이혼 소식을 들으면 덜 놀란다. 또한 우리 모두는 약속이 개인적 결단이나 약조일 때 그 핵심적 의미를 깨닫지 못하면 약속이 얼마나 허망하게 무너져 내릴 수 있는지 잘 알고 있다. (정말 약속이 문제라면) 문제는 바로 이것이다. 즉 우리가 약속을 바라는지 물을 수 있게 해달라고 요구할 때, 이 물음에 대한 손쉬운 한 가지 대답은 언제나 "아니오"라는 것이다. 가급적 최고의 사람과 사랑에 빠져야 한다는 교훈은 연인에 대한 고귀한 이상화를 더 나은 사람을 찾아 끊임없이 옮겨 다니는 것으로 바꾸었으며, "전부를 원한다"라는 신종 부조리는 사회적 성공에 이르는 길로 결혼과 연애를 찾아 이리저리 뛰어다니는 것을 바람직한 것으로 여기는 것 같다. 이는 마치 야망에 찬 회사의 젊은 임원이 승진 사다리를 오르기 위해 직장을 옮겨 다니는 것을 바람직하게 보는 것과 흡사하다. 이런 태도를 가지고 있으면 사랑이 항상 존재하는 선택지와 끝없는 경쟁을 마주할 경우 쉽게 허약해지는 것은 놀랍지 않다.

셋째, 사랑은 대체로 자기 자신과 관련된 감정이 아니라 상대에 대한 존중의 감정—경외감이 아니라면—으로 여겨져 왔다. 그리하여 우리는 사랑의 쇠퇴를 다른 사람에 대한 존중감의 상실이나 우리의 약속이나 관대함의 부족으로 바라보는 경향이 있다. 물론 다른 사람에 대한 존중을 잃어버려서, 또는 자신을 바꾸라는 수많은 경고와 기회를 무시한 뒤 생긴 실망감과 배신감을 더이상 견딜 수 없어서 파탄 난 수많은 결혼과 관계들이 있다. 그러나 가장 극적이고 가장 파괴적인 사랑의 반전은 자신의 내면에서 자신을 향해 일어나는데, 이는 바뀐 자신의 모습이 경멸스럽고 배신감이 들기 때문이다. 우리는 이런 자신에 대한 원망과 배신감을 외부로 투사하여 한때 사랑했던 연인을 비난할 수 있다. 그러나 시간이 흐르면서 서서히 일어나긴 하지만, 우리는 이 비난이 자기 자신을 향해 있음을 깨닫고 자기 비하의 발걸음을 되돌릴 수가 없다. 간단히 말해, 사랑이 끝나는 것은 변화된 자기 모습을 더이상 견딜 수 없기 때문이다. 공유된 정체성을 발전시키면서 우리는 잘못된 역할을 선택하는 것을 선택한다. (우리는 이런 선택을 하도록 강요받지 않았다.) 한 여성은 자기가 늘 경멸해왔던 가정의 의무를 떠맡으면서 자신이 사랑을 실천하고 있다고 생각해왔지만, 세월이 흐른 뒤 자신은 가정적 의무의 화신이 되어버렸고, 남편은 자신이 하는 의무를 당연하게 여기고 그것에 의존하고 있으며, 그녀 자신은 이 의무를 바탕으로 인생의 성공과 실패를 측정하고 있다는 것을 알게 된다. 그 결과 그녀는 자신을 실패자로 여기면서 자신을 경멸하고 남편을 원망하고 더이상 사랑할 여지가 남아있지 않다고 느낀다. 한 남자는 아내에게 세심한 관심과 명품의 삶을 선사하려고 노력했지만, 몇 년 후 자신이 아내의 연인이 아니라 머슴이 되어버렸다는 것을 깨닫고 자신을 경멸한다. 한 남자는 자신의 힘과 관계의 지배력을 자랑스럽게 여기면서도, (아내가 그를 바라보는 것처럼) 그도 자신을 무신경하고 거들먹거리는 불한당으로 바라보고 있다는 것을 깨닫는다. 남자는 자신을 비난하기는 하지만, 마치 이것이 처음부터 그가 인정했던 역할이 아닌 것인 양 아내가 자기 말을 순순히 따라주지 않을 거라며 불평한다. 강하고 단호한 남자를 원했던 한 여성은 자신이 지속적으로 학대당하는 방어적 위치에 놓여 있음을 깨닫는다. 마침내 그녀는 사랑에 진절머리를 내게 되는데, 이런 감정은 다시는 그런 위치에 있고 싶지 않기 때문에 (혹은 자신을 그런 위치에 놓고 싶지 않기 때문에) 생긴 것이다.

마침내 사랑은 자아의 문제로 귀결되고, 사랑의 쇠퇴는 우리가 어떤 자아가 되기를 원하는가의 문제임이 드러난다. 우리는 사랑에 주의를 기울이는 자아를 원하는가, 아니면 사랑의 소멸을 무시하는 자아를 원하는가? 우리 모두는 "자신을 위해" 사랑받고 싶어한다. 그러나 진실은 우리 중 소수만이 자신이 진정 사랑할 만한 가치가 있는 자아를 가지고 있는지 물을 용기가 있다는 것이다. 사랑이 시드는 가장 흔한 이유 중 하나는—제삼자에게는 놀라울 것도 없지만—우리가 사랑받으려고 기대하는 자아가 지루하고 흠결 많은 자아라는 것이다. 이 자아는 처음에 우리가 사랑 속으로 들어가기 위해 노력할 때 스스로에게 제시했던 모험적이고 매력적이며 우아한 자아와는 대조적이다. 사랑스러움을 판단할 고정된 기준은 없다. 어떤 사람은 캐주얼한 우아함으로 사랑받고 다른 사람은 세련된 패션으로 사랑받는다. 어떤 사람은 동물적 통찰력과 기민함으로 사랑받고 다른 사람은 교양 있는 천상의 명석함과 명료함으로 사랑받는다. 그러나 우리가 사랑하고 사랑받는 이유가 무엇이건 간에 그 이유는 배반될 수 있다. 예술애호가를 자처했지만, 후일 예술에 관심이 없거나 속물이라는 것을 인정해야 한다면, 이는 배신이 될 것이다. 자신을 우아하고 매력적인 남자로 구혼했던 사람은 사랑이 점점 심해지는 무례함과 추잡함을 견디지 못할 때 놀라지 말아야 한다. 사랑은 새로운 자아를 만들기 위해 두 자아를 결합하는 것이다. 그러므로 자기 의식이나 자기인지가 줄면 자기 향상에 관심이 없는 둔감한 자아가 사랑에 지속적 자양분을 주지 못한다는 것은 충분히 예측할 수 있다. 그러나 많은 사람들은 사랑은 일단 얻기만 하면 평생 무조건 보장되는 것처럼 행동한다. 마치 처음 보여준 모습으로 충분하고, 이런 겉모습의 자아가 사라진 지 한참이 지난 후에도 자신이 여전히 관심의 중심에 있는 것처럼.

사랑은 자연스러운 과정 때문에 시드는 것이 아니라 방치되기 때문에 시든다. 이런 방치의 위험은 사랑 속에 이미 내재되어 있다. 사랑이 만들어내는 안락함과 익숙함이 부주의함으로, 그다음엔 원망으로, 그다음엔 쓰라림으로, 그다음에는 외피형성으로 이어지는 전제와 나태함을 낳는다. 그러나 이렇게 이어지는 과정에서 어쩔 수 없는 것은 없다. 일반적으로 사랑이 쇠퇴하는 것에 희망적인 부분이 있다면, 그것은 우리가 우리 자신에게 이런 일을 저지르고 있다는 깨달음이다. 우리는 부주의하거나, 다른 사람과의 사랑을 당연하게 여기거나, 혹은 우리 자신을 무시하면서 이런 일을 저지르고 있다. 오늘날 대부분의 사람들이 실수를 저지를 거의 완전한 자유를 누리고 있음을 고려하면, 이 말은 사랑은 결코 잘못 시작되지 않는다고 말하는 것이 아니며, 수많은 관계가 잘못된 선택 때문에 무너진다는 점을 부정하는 것도 아니다. 그러나 사랑의 쇠퇴는 저절로 일어나는 것이 아니고, 우리가 일어나도록 내버려두는 것도 아니다. 그것은 우리가 하는 일이다. 물론 너무나 자주 우리는 파괴를 되돌릴 수 없을 때에야 자신이 무슨 일을 했는지 깨닫는다. 잡지에 실린 조언들은 대개 연애의 시나리오를 재창작하거나 새로운 유혹의 방식을 실험하라는 식으로 되어 있는데, 이런 조언들은 실제로 문제의 핵심을 건드리지 못하고 있다. 이런 조언들은 우리가 가진 것과 우리가 잃게 될 것에 주의를 기울이고, 우리가 오랫동안 "가장 훌륭하다"고 생각해 온 사람의 매력과 덕목을 다시 한번 감탄하도록 일깨워주는 장치이다.

비평가들은 흔히 사랑의 "맹목성"과 연인의 단점을 인정하지 않으려는 사랑의 의지를 문제 삼는다. 그러나 이 문제의 다른 측면을 살펴보면, 사랑을 살아있게 하는 것이 바로 이렇게 연인을 이상화하고 연인의 단점을 지나쳐서 그의 아름다움을 온전히 인정해줄 수 있는 힘이다. 15년이나 20년을 함께 산 부부가 서로의 결점과 흠결을 지켜보면서 미덕을 칭찬하거나 과장하지 않는 것이 현실주의의 승리는 아니다. 비판의 대안은 "맹목"이 아니라 당신이 오랜 세월 함께 시간을 보냈고, 보내고 있고, 또 앞으로 보내게 될 사람을 사랑하고 관심을 기울이고 온전히 인정하는 것이다. 수년의 세월이 흐른 다음에도 서로를 사랑하며 섹스와 연애를 생생하게 유지하는 커플들의 특징 하나를 골라야 한다면, 그것은 화려함과 섹시함을 유지하려는 강박적 노력과는 정반대되는 특징, 즉 상호 이해를 목표로 진지한 치유의 시간과 치유적 과제를 수행하고 있다는 점이다. 한마디로 말해, 그것은 상호 유머 감각이다. 그것은 서로에게서 **즐거워질** 수 있는 능력, 단점을 매력으로 바라볼 수 있는 능력이다. 연애가 시작되는 첫 몇 주 동안 이 능력을 발휘하기는 무척 쉽지만, 관계의 효율성에 대한 요구가 시작되면 곧 짜증스러운 일이 된다. "당신의 사랑을 유지하는 방법"을 알려주는 잡지의 온갖 조언들에도 불구하고 사랑을 구원하는 것은 성욕의 연장이 아니라, 갈등과 불안을 완화하고 진지한 관심에 집중하는 낭만적인 가벼운 마음을—심지어 그것이 진지함을 약화시킬 때에도—평생 함께 계발하는 것이다. 함께 웃고 있는 한 사랑을 잃기는 어렵다.

사랑의 재발명

> 나는 사랑이 대중가요가 우리를 믿게 만든 것보다 훨씬 더 배타적이라고 생각한다. 확실히 오늘날 사람들은 연애를 발전시키는 것보다는 경력을 발전시키는 것에 관심이 더 많은 것 같다.
>
> — 톰 로빈스, 『딱따구리가 있는 정물화』

사랑은 일시적 열정이 아니라 과정이다. 그러므로 어떻게 사랑을 지속시킬 것인가를 묻는 것은 의미가 없다. 사랑에는 이미 시간이 내재되어 있다. 아마도 올바른 질문은 '사랑은 왜 그렇게 자주 지속되지 않고, 발전하지 않으며, 사랑이 스스로를 위해 만든 공유된 정체성의 토대를 충분히 활용하지 않는가'이다. 간혹 두 사람이 서로에게 "잘못되었다"라는 분명한 대답을 내릴 수 있는 경우가 있지만, 나는 그런 대답이 통하지 않을 것이라는 점을 점점 더 확신하게 되었다. 사랑의 본질은 아주 다른 두 인격의 불가능한 결합을 지향하는 것이다. 따라서 이런 의미에서 우리 모두는 서로에게 "틀렸으며" 누구도 완벽하게 아리스토파네스적 적합성을 이룰 수 없다. 적합성의 "정도"를 말하는 것이 적절한 설명이 되지도 못한다. 사랑의 열정은 종종 그 어려움에 정확히 비례하며, 가장 힘든 관계는 가장 많은 헌신과 관심과 염려를 요청하고 요구하는 관계이며, 가장 오래 지속되는 관계이다. 사랑이 지속하지 않는 것은—추상적 예찬과 처음의 열정과 달리—우리가 사랑을 충분히 진지하게 받아들이지 않기 때문이다. 우리는 사랑을 느낌으로, 신기함으로, 젊음이나 아름다움과 연관되는 것으로 잘못 생각한다. 우리는 습관화된 집안일과 반복되는 일상에 빠져 사랑이 저절로 해결될 것이라고 가정한다. 물론 그렇지 않다. 우리는 사랑을 우리가 통제할 수 있는 과정으로, 시간이 지나면 줄어드는 것이 아니라 더 커지는 과정으로 바라보는 대신에, 처음에 온갖 부침을 겪으며 사랑에 연료를 공급할 수 있을 만큼의 강력한 폭발을 기대한다. 그러나 사랑을 지속하는 데 있어서 가장 중요한 특징은 사랑이 우리 사회에 아무리 만연되어 있다고 할지라도 실제로 사랑은 최근에 만들어진 불완전한 발명품이며, 우리 모두는 관계에서 자신을 위해 사랑을 재발명해야 한다는 것이다.

"진정한" 사랑 같은 것은 없다. 진정한 사랑이라는 말로서 우리가 의미하는 바가 가능한 다른 모든 관계나 애정을 능가하는 유일한 관계나 애정을 가리키는 것이라면 그렇다. 격렬한 연애보다 평생 지속되는 안락한 결혼생활이 더 "진정한" 것은 아니고, 자녀가 없는 미혼 커플보다 자녀가 있는 기혼 커플이 더 올바르고 더 "자연스러운" 것은 아니며, 굳이 애쓰지 않고도 콧노래를 흥얼거릴 수 있는 커플이 그들의 사랑이 억지 싸움과 열정적 섹스로 점철된 커플보다 더 "건강하거나" 더 좋은 것은 아니다. 일부일처제나 성적 독점에 권위적인 것은 없으며, 궁극적으로 무엇이 가능하고 무엇이 허용되어야 하는가에 관한 미리 정해진 기준은 없다. 이렇게 말한다고 해서 '아무거나 괜찮다'라고 말하는 것은 아니다. 단지 절대적 권위나 기준이 존재하지 않는다는 얘기다. 사랑을 잘못하거나 사랑을 얻지 못할 수천 개의 길이 있지만, 사랑에 관한 한 "굴러가기만" 하면 괜찮다. 관건은 커플을 유지시켜주는 기술만이 아니라 사랑의 구조 자체이다. 이제 더이상 사랑의 규칙 같은 것은 없으며 사랑과 관계만 있을 뿐이고, 사랑과 관계를 가동시키고 움직이는 다수의 방식이 있을 뿐이다.

(성 혁명이 일어났음에 불구하고) 우리는 여전히 우리 할머니 할아버지 세대에게 어울릴 것 같은 기대와 지침을 너무 많이 믿고 있으며, 사랑은 위험을 감수하고 지속적으로 스스로를 시험하고 갱신하는 것이 아니라 일정한 선 안에 머물면서 지속된다는 생각을 너무 쉽게 받아들인다. 일부 연구자들이 (남성뿐 아니라 여성의) 외도 비율이 70%에 이른다고 추산하고 있음에도 우연히 벌어진 외도를 해결해야 할 가벼운 문제나 위기가 아니라 관계의 "종말"로 바라보는 커플들이 여전히 많다. 현재 투잡 커플이 노동 인구의 엄청난 비중을 차지하고 있지만 직장과 가정에서의 행동 양식에 대한 낡은 성적 고정관념은 계속되면서 남성과 여성에게 더이상 일상생활에 맞지 않는 낭만적 역할을 떠맡긴다. 오늘날 사람들은 점점 더 자주 이혼할 뿐 아니라 점점 더 자주 결혼하고 있지만, 우리는 여전히 첫사랑을 찬양하는 경향이 있다. 우리는 시간이 흐르고 많은 실수를 저지른 후에야 숙달할 수 있는 감정

을 온전히 인정해주기보다는 참신함과 순수함이라는 시각으로 첫사랑을 찬양하는 경향이 있다. 12세기에 안드레아스 카펠라누스Andreas Capellanus는 오늘날의 우리에게는 사소하지만 재미있어 보이는 궁정풍 사랑의 규칙을 만들었다. 불과 100년 전만 해도 엄격한 사랑과 구애의 규칙들이 존재했다. 그러나 오늘날 우리는 이 규칙 중 상당수가 잔인하고 야만적이라고 생각한다. 우리에게 역사적 공감 능력이 부족하다는 점을 제쳐 놓는다면, 우리만의 사랑의 규칙을 만들어야 한다는 것은 분명하다.

우리 안의 생물 작용이나 확립된 문화적 규칙이 무엇이든 간에, 우리가 어떤 사람이고 또 어떤 사람이 될 것인가를 만드는 일은 우리 자신에게 달려있다고 주장하기 위해 생물학이나 시대정신을 부인할 필요는 없다. 정교한 성교의 기술에서부터 성적 차이의 미화나 부인에 이르기까지 생물학적 사실은 우리가 취하는 우리의 것이다. 확고한 사회적 기대는 우리 자신의 만족을 위해 우리가 활용하는 우리의 것이다. 연애는 개인적 모험이 되고, 결혼은 개인적 발언이 된다. 사랑의 시간표가 있다는 점을 부인할 수는 없지만, 관능적인 흥분의 일시적 일정부터 충실성과 지속적 연애라는 장기적 문제에 이르기까지 사랑의 시간표는 조정될 수 있다. 20년 전에는 다자 연애, "열린" 결혼, 스스로 저자가 되어 작성한 혼인계약서의 영역에서 창조성이 터져나왔다. 이런 광범위한 반란을 일으켰던 것은 1960년대의 흥분만이 아니다. 우리는 사랑과 관계를 관련된 "동의하는 두 성인" 간의 상호합의에 달린 개인적이고 사적인 문제로 바라본다. 일부일처제만이 자연스럽고, 혼전 성관계나 혼외 성관계는 부도덕하며, 한 번에 한 사람 이상 사랑하는 것은 심리적으로 불가능하다는 것을 입증해보이려는 보수적 주장은 늘 존재할 것이다. 그러나 사실 "자연적인" 것은 우리 손에 달려있고, 도덕적인 것은 협상 가능한 일련의 요구에 따라 결정된다. '심리적으로 가능한 것은 무엇인가'라는 문제는 실험의 주제이지 누군가 거만하게 교시를 내릴 사항은 아니다.

자신만의 사랑의 규칙을 만들어야 할 필요성은 젊음의 반항과는 상관이 없다. 실제로 사랑을 새롭게 발명해야 할 필요성에 직면하는 사람들은 나이 든 커플이다. 이는 무엇보다 먼저 장기간의 사랑을 인도할 가이드가 처참할 정도로 부적절하기 때문이다. (역할 모델의 부족, 장기간의 사랑을 다루는 규칙은 자극보다는 금기를 제공해야 한다는 생각, "행복하게 잘 살았다"라는 망상 등등.) 두 번째는 연애의 규칙들이 너무나 젊은 사람과 유혹 쪽으로 경사되어 있어서 나이 마흔이 넘는 커플들은 이런 규칙들이 자신과는 거의 상관이 없다고 생각하지 않을 수 없기 때문이다. 우리는 젊음은 반항적이고 나이 든 사람은 전통에 얽매여 있다고 생각한다. 그러나 실상 젊음의 사랑은 사회에 반항하는 척하지만, 자신도 모르게 연애의 규칙을 따르는 데 반해, 나이가 들었거나 오래 사귄 커플들은 자신들의 규칙을 만들지 않을 수 없는 것 같다. 첫 데이트 때, 혹은 약혼식과 결혼식 다음 날 아침에 해야 할 적절한 행동을 규율하는 예절의 규칙—도덕의 규칙이 아니라면—은 존재하지만, 아이들이 대학에 갈 때, 쉰다섯에 이혼을 할 때, 최근 심장 마비를 일으켰거나 신장질환을 안고 있는 사람과 데이트를 할 때 어떻게 행동해야 할지 알려주는 규칙이나 힌트는 없다. 초심자에게는 아무리 기적적으로 보인다고 할지라도 첫사랑은 결코 특별하지 않다. 두 번째 사랑과 세 번째 사랑은 아무리 오래된 낭만적 관습에 고착되어 있다고 할지라도 늘 창조적이지 않을 수 없다. 우리는 처음에는 "규칙"을 따르지만, 그다음에는 자신의 환상과 실수에 대응해야 한다.

이 책의 주제 가운데 하나는 강박적 사랑부터 다정하고 관대한 사랑, 우정, 형식적인 결혼 약속에 이르기까지 사랑의 다양한 양태들이다. 이것이 의미하는 바는 사랑의 양태들 사이에 선택을 내릴 수 있다는 것이며, 누군가와 "관여되는" 것이 특정한 경로나 열정을 가리키는 것은 아니라는 것이다. 함께 보내는 시간이나 서로 떨어져 있는 시간에 허용되거나 기대되는 것과 관련하여 최소한으로 기대하고 요구한다면, 이럴 때 관계는 (섹스의 여부에 상관없이) 우정이 될 수 있다. 다수의 명시적이거나 암시적인 규칙과 합의 방식을 가지고 있으면서 모호하게 낭만적인 다른 관계까지 전부 금지시켜버린다면, 이럴 때 관계는 독점적이고 노골적으로 강박적이 될 수 있다. 커플들은 별도의 아파트에서 각기 별도의 연인들과 평생을 함께 보내기도 한다. 장 폴 사르트르jean-Paul Sartre와 시몬느 드 보봐르Simone de Beauvoir가 평생 나눈 유명한 사랑이 떠오른다. 사르트르와 보봐르는 각기 별도의 집에서 살았고, 다양한 연애와 우정을 함께 또 따로 수행했으며, (아주 양심적으로)

부르주아적 사랑과 결혼의 범주에 도전하는 삶을 살았지만, 이들의 삶과 경력은 긴밀하게 얽혀 있었다. 이처럼 복잡한 사회적, 성적 합의 방식을 꾸려나가는 데 싸움과 원망이 없었을 것이라고 기대할 수는 없다. 하지만 이런 어려움을 지적하는 것이 도덕적 비난이나 자연의 명령은 아니다. 이들 사이에 벌어졌던 싸움과 원망은 세계인들을 위해 문학과 철학을 통해 훌륭하게 기록되었다.

"자신만의 규칙을 만든다"라는 생각은 거의 언제나 자유분방한 성이라는 단일 차원에서만 해석된다. 우리는 자신의 규칙을 만들면서 "놀아날" 권한을 얻는다고 가정한다. 그러나 섹스는 필수적이긴 하지만 결정적인 문제는 아니다. 성적 무책임에 대한 변명으로 (대개 남성들이) 자율성을 주장하는 것이 내가 염두에 두고 있는 것은 전혀 아니다. 10년 전 니나 오닐Nena O'Neill과 조지 오닐George O'Neill이 공동 집필한 베스트셀러 『열린 결혼Open Marriage』이 독자들과 평론가들을 실망시켰던 것은, 이 책이 혼외 성관계는 괜찮고 심지어 결혼생활을 위해 건강하다는 식으로—많은 사람들이 읽고 싶어 했던 것—말하지 않았기 때문이다. 이들의 관심과 나의 관심은 관계의 본질, 이를테면 함께 보내는 시간과 떨어져 있는 시간, 의무와 의도, 자녀와 직업, 관계를 지원하기보다는 관계를 위협하고 질식시키고 죽이는 것으로 경험되는 모든 책임과 요구와 애착의 문제에 쏠려 있다. 성적 충실성의 문제는 가장 감질나고 충격적인 문제로 보일 수 있다. 그러나 사랑 관계를 이루는 대부분의 다른 측면과 마찬가지로 섹스는 해석의 문제이며, 한 커플에게 부정과 배신으로 여겨지는 것이 다른 커플에게는 서로 즐기는 유쾌한 막간극에 지나지 않을 수도 있다. 더 중요하게, 성적 충실성을 실천하자는 결정은 자유롭게 놀자는 결정만큼이나 사랑에서는 개인적 선택과 약속의 문제라는 것이다. 전통적 규칙은 언제나 정조를 요구해왔다고 지적할지 모르겠지만, 천년에 이르는 역사적 문헌과 경험을 살펴보면 실제로 우리의 기대와는 매우 다르다는 것을 알 수 있다.

이 중 어느 것도 "자신만의 규칙을 만드는 것"이 단순히 반항심에서 쉽게 이루어지거나 교활하게 이루어져야 한다고 말하는 것은 아니다. (예를 들어 성적 만족 없이 열정적 관계를 지속하거나, 정절이나 미래의 기대 없이 동거 중인 연인과 성적으로 열정적인 관계를 유지하는 것처럼) 규범에서 벗어나겠다는 결정을 내리는 것과 개인의 저항과 비타협성뿐 아니라 사회적 반감과 비난에 직면해서도 관계를 이어가는 것은 별개의 문제이다. 사랑의 시간표와 기대는 "저기 바깥" 사회의 의견과 제재 속에만 있는 것이 아니다. 그것은 우리의 언어와 문화, 그리고 무엇이 공정하고 "자연스러운가"에 대한 기대와 함께 "우리 안에" 내면화되어 있다. 우리가 각자 자기 안에서, 그리고 두 사람 사이에서 얼마나 멀리 나아갈 수 있는가는 심각한 한계를 지니고 있다. 그러나 기존의 확립된 의례와 기대가 모순적이고 부적절하기 때문에 자신의 규칙을 만드는 것은 가능할 뿐만 아니라 바람직하고 필요하기까지 하다. 어떤 의미에서 모든 커플은 자기만의 규칙을 만들 것이다. 아무리 자기는 "정상적"이며 정해진 규칙을 따른다고 생각할지라도. 사랑은 자신의 가장 개인적인 정체성을 (재)창조하는 것에 다름 아니다. 이 과정에서 풍부한 개인의 창조성과 기벽 또한 드러난다고 해서 놀랄 일은 아니다.

사랑의 규칙을 재사유하고 자신을 위해 사랑을 재발명해야 할 필요성은 사랑이 주는 가장 강력한 영감 가운데 하나이다. 사랑은 사랑에 대한 사유가 일어나면서 번성한다. 사랑은 우리가 사랑에 관심을 기울이냐 아니냐에 상관없이 저절로 일어나는 감정이 아니다. 여러 철학자들 중에서 헤겔은 적어도 세 단계의 의식이 있다는 생각을 발전시켰는데, 마지막 가장 높은 단계의 의식이 우리가 "반성reflection"이라고 부르는 것—헤겔은 이를 "이성"이라고 불렀다—이다. 반성은 단순히 자기 의식self-consciousness이 아니라 "자기 인식self-awareness"이다. 반성은 단순히 자기 감각이 아니라 자신에 대한 시각이자, 자신에 대해 **사유**하고 자신이 누구이며 무엇을 하는지 이해하려는 시도이다. 많이 알려진 '첫사랑'의 경험은 낭만적 자기 의식 이상으로 나아간 경우가 거의 없다. 첫사랑에는 이해가 거의 없거나, 이 점에 관해서라면 물음도 거의 존재하지 않는다. 그러나 이후의 사랑에는 일정한 시각이 있다. 여기엔 혼동만 있는 것이 아니라 이해하려는 시도가 있고, 다른 사람과 대적하려는 시도, 더 중요하게는 타인에 의해 타인 속에 반영된 자기 이미지나 기대와 대적하려는 시도가 있다. 이런 시도가 다시 사랑에 반영되어 사랑을 반항적일 뿐만 아니라 철학과 열정으로 가득찬 삶의 혁명적 힘으로 바꾼다. 헤겔은 반성이 자유에 필수적이라고 주장했다.

•

보다 중요하게 마르크스는 반성이 자유를 가능하게 만든다고 덧붙였다. 반성은 우리가 우리의 본질적 자아를 구성한다고 이해하는 특성 자체를 변화시킬 수 있게 해주기 때문이다. 첫사랑을 할 때 우리는 자기도 모르게 사랑의 규칙을 따른다. 더 보수적이라고 생각될 수 있는 이후의 사랑에서 우리는 사랑의 규칙을 만든다. 사실 우리는 다르게 행동할 수가 없다. 우리는 과거에 기대했던 것이 좋은 추억과 향수에 지나지 않을 정도로 우리 자신을 복잡하고 세련된 수준으로 발전시켜 왔기 때문이다. 사랑은 재발명되어야 한다. 그러나 이 일은, 바로 지금, 한 번에 두 사람씩, 우리 모두에 의해 이루어져야 한다.

옮긴이 후기

사랑, 정체성의 공유가 일어나는

모순과 역설의 드라마

사랑, 정체성의 공유가 일어나는 모순과 역설의 드라마

이 책은 로버트 C. 솔로몬의 《*About Love: Reinventing Romance for Our Times*》(*Madison Books, 2001*)을 완역한 것이다. 로버트 솔로몬은 미국 텍사스대학교(오스틴 소재)에서 실존주의철학과 감정철학, 그리고 철학과 경영의 관계에 대해 사유하고 가르친 철학자이다. 국내에는 그의 아내이자 철학적 동반자라 할 수 있는 캐슬린 히긴스와 공동 저술한 두 권의 책이 번역되었다. (『세상의 모든 철학』 박정호 역 (이론과 실천, 2007); 『한 권으로 읽는 니체』 고병권 역 (푸른 숲, 2001))

솔로몬은 2007년 스위스 취리히 공항에서 비행기를 갈아타던 중 폐동맥 출혈이 일어나는 바람에 64세의 나이로 세상을 떠났다. 아내 캐슬린이 옆에 있었지만, 전혀 손을 쓸 수가 없었다. 사실 솔로몬은 태어날 때부터 "심장에 구멍이 뚫려 있는" 희귀 질환을 앓고 있었다. 살아서 어른이 되지 못할 거라는 불길한 예언이 그의 어린 시절을 짓눌렀고, 예상보다 늦게 닥치긴 했지만 결국 이 예언이 그의 삶을 급작스럽게 중단시켰다. 다른 사람들보다 짧은 인생을 살아야 할지 모른다는 두려움 때문이었는지 솔로몬은 유난히 삶의 의미와 목적을 찾는데 열정적이었다. 그는 미시간대학교 의과대학을 다니다가 우연히 프리스조프 버그만Frithjof Bergmann 교수의 니체 철학 수업을 청강하게 되는데, 그 자리에서 바로 전공을 철학으로 바꾸는 결단을 내린다. 그리고 1967년 같은 대학에서 철학 박사 학위를 받는다. 제도권 대학의 학위를 취득했지만, 그는 대학에 교수로 자리 잡는 통상적 경로를 택하지 않고 세계 유수 대학을 유랑하며 1~2년짜리 단기 강좌를 맡는 강의 투어에 나선다. 미국의 오클랜드대학교, 프린스턴대학교, 펜실베이니아대학교, UCLA를 거쳐 호주의 멜버른대학교와 퀸스칼리지에서 강의했고, 1972년 텍사스대학교(오스틴)로 오게 된다. 그는 강의 투어의 중간 기착지 정도로 생각했던 오스틴에 정착하여 세상을 떠나기 전까지 이곳에서 철학을 강의하고 연구하는 교수로 살았다. 그는 그 도시와 그 대학을 사랑하게 되었고, 그곳에서 평생의 반려자가 될 캐슬린을 만났다. 솔로몬은 2005년 한 일간지에 쓴 글에서 당시 자신의 결정에 대해 이렇게 말한다. "당시 나는 젊고 모험적이었다. 나는 세상을 보고 싶다는 그 한 가지 이유로 1~2년짜리 단기 일자리를 수도 없이 선택했다."

혈기 왕성한 젊은 시절의 일이긴 하지만 솔로몬이 내린 결정은 그가 우리에게 익숙한 철학 교수의 모습과는 상당히 다른 활동을 하리라는 것을 예견하게 한다. 이후 철학자로서 그의 행적은 젊은 시절 그가 내린 결정이 세상 물정 모르는 젊은 철학도의 치기가 아니었음을 증명한다. 그에게 철학은 더 좋은 삶, 더 충만한 삶을 살기 위한 '삶의 기예the art of living'가 되는 것이었다. 그런 그에게 "네 운명을 사랑하라"라는 니체의 주문은 애초에 그를 철학으로 이끈 영감의 원천이었을 뿐 아니라 이후 그의 철학을 안내하는 나침반 가운데 하나였다. 솔로몬은 분석철학이 지배적 흐름을 이루고 있는 영미철학계에서 니체, 하이데거, 사르트르 같은 유럽대륙의 현상학적, 실존주의적 철학에 적극적으로 공명했다. 포스트모더니즘이 맹위를 떨치던 시절에도 그는 현상학과 실존주의철학의 의의를 포기하지 않았다. 2001년 그는 리처드 링클레이터Richard Linklater 감독의 영화 〈웨이킹 라이프Waking Life〉에 카메오로 출연하여 '포스트모던 세계에서 실존주의의 적절성'에 대해 논하기도 했다.

현상학 및 실존주의와 더불어 솔로몬의 철학적 탐구를 이끌었던 두 영역이 감정철학과 비즈니스윤리학에 관한 것이었다. 문학 전공자인 옮긴이가 국내에 잘 알려지지 않은 솔로몬을 발견하게 된 것은 감정에 관한 관심에서 비롯되었다. 사실 나는 이 책을 번역하면서 관련 자료를 찾아보기 전까지는 그가 텍사스대학교에 개설된 '철학과 비즈니스' 프로그램에 관여하고 비즈니스 윤리에 대해 다수의 저서를 남겼을 뿐 아니라 실제로 체이스맨해튼은행, AT&T, 폭스바겐 같은 유수 글로벌 기업의 자문역을 맡아 기업의 임원들과 깊은 교류를 했다는 사실을 알지 못했다. 삶의 목적과 의미를 찾고 삶이 벌어지는 현장에서 덕을 추구하는 것이 철학이 해야 할 일이라고 생각했던 그가 현대적 삶의 가장 중요한 일부가 된 비즈니스 영역에 관여했다는 것이 하등 이상할 것은 없다. 비즈니스가 돈벌이만이 아니라 공동체를 더 풍요롭고 더 선하고 좋은 방향으로 이끄는 '덕virtue'이 되려면 철학의 개입이 필요하다고 판단했을 것이다.

그러나 앞서 말했듯이, 문학도인 옮긴이의 지적 안테나에 솔로몬이 잡힌 것은 그의 감정철학적 관심 때문이다. 솔로몬은 감정emotion, 정동affect, 느낌feeling, 감성sentiment 등등 감정 관련 어휘들과 그것들이 포괄하는 영역이 인문학과 사회과학, 심리학과 뇌과학과 생물학을 관통하는 통합적 화두가 되고, 정치와 사회, 예술과 문화와 매체를 포괄하는 우리 시대의 키워드로 떠오르기 한참 전에 감정에 관심을 두고 철학적 해명을 시도했던 선구자 중 한 사람이다. 일찍이 1976년에 그는 『열정: 감정과 삶의 의미』(The Passions: Emotions and the Meaning of Life)라는 저서를 집필했고, 이후 감정 일반과 개별 감정에 대한 철학적 해명을 시도하는 다수의 저서를 출판했다. 감정론의 계보에서 보자면 그는 감정에 대해 구성주의적이고 인지주의적 관점cognitive perspective을 취하면서, 철학적으로는 합리주의와 이성주의에 맞서 감정이 개인적 삶과 사회적 삶에서 담당하는 역할과 의의를 옹호하는 입장에 서 있다. 관조적 삶에 필요한 정신의 기율로 '아파테이아'(apatheia, 평정심)를 옹호해왔던 오랜 철학적 전통에 맞서 그는 감정적 반응과 표현과 성찰에 정당한 위치를 부여하고자 한다. 그에게 감정이 배제된 삶이란 깨어 있는 맑은 정신의 삶이 아니라 메마르고 불완전한 불구의 삶이다. 이 책의 어느 대목에서 솔로몬이 인용하고 있는 파스칼의 언어를 빌자면, 우리의 감정에는 "이성이 너무 어리석거나 오만해서 인정하지 못하는 나름의 합리reason가 있다."

솔로몬에게 감정은 생각이나 상상, 욕망, 판단과는 아무 관련이 없는 동물적 에너지이거나 생물학적 충동이 아니며, 단순히 신체적 느낌도 아니다. 물론 느낌도 감정의 일부를 이루기는 하지만 보다 중요하게 감정은 세계에 대한 인지cognition와 판단judgment과 평가appraisal이다. 감정은 무언가에 대해 혹은 무언가에 반응하여 보이는 지향적 활동이지 날 것 그대로의 느낌이 아니다. 아무리 어리석고 고통스럽게 보일지라도 모든 감정에는 나름의 목적과 목표가 있다. 실존주의적 입장을 취하는 솔로몬은 판단이나 평가라는 표현이 주는 주지주의적 인상을 피하기 위해 나중에는 '관여engagement'와 '대결grappling'이라는 말을 더 선호한다.[18] 그러나 세계에 대한 관여와 대결이 인지와 판단을 포괄하는 보다 광의의 의미를 담고 있는 것은 사실이다. 사랑의 감정을 다루고 있는 이 책에서 솔로몬은 사랑을 단순히 성적 충동이나 신체적 반응만이 아니라 무엇보다 '생각thought'과 '관념idea'으로, 특히 사회 역사적

18 Robert C. Solomon, "Emotions, Thoughts, and Feeling: Emotions as Engagements with the World," in Robert C. Solomon (ed.), *Thinking about Feeling: Contemporary Philosophers on Emotions* (Oxford: Oxford UP, 2004), pp. 76-88.

으로 구성된 생각과 관념으로 바라보는 입장을 견지한다. 이런 점에서 그는 한국 지식사회에 많이 소개되고 있는 감정철학자 마사 누스바움과 비슷한 입장을 취한다. 아리스토텔레스의 고전철학에 더 깊이 경도되어 있고 감정을 법과 연결시키는 작업에 더 적극적인 누스바움과 달리, 솔로몬은 실존주의와 현상학에 더 쏠려 있고 비즈니스 영역과의 결합에 보다 많은 관심을 보이고 있다. 나는 한국의 지식계와 출판시장에서 누스바움의 책은 실시간으로 번역되어 많이 읽히면서, 솔로몬은 그의 주저라고 할 수도 없는 책 두 권만 달랑 번역되고 거의 언급조차 되지 않는 것이 늘 궁금했다. 더욱이 솔로몬은 학계의 좁은 울타리를 넘어 철학을 삶의 현장으로 데려오기 위해 누구보다 적극적이었고 대중과 소통할 수 있는 수많은 저서를 남긴 감정철학자인데, 이런 무관심이 잘 이해가 되지 않았다. 나는 목마른 사람이 샘 판다는 심정으로 솔로몬의 책을 번역하기로 마음먹었다.

사랑, 그중에서도 낭만적 사랑romantic love을 다루고 있는 이 책은 엄밀한 의미에서 학술적 저서가 아니다. 초판본 서문에서 저자 스스로 밝히고 있듯이 "이 책은 에세이로서 학술적 연구나 과학적 탐구가 아니라 개인적 시도"이다. 이 책에서 솔로몬은 그에게 익숙한 철학적 개념이나 이론적 지지대 없이 "벌거벗은" 상태에서 사랑에 대한 "개인적 에세이"를 쓰고자 했다. 그런데 그는 이 작업을 하기까지 "엄청난 지성과 경험과 감정과 잘못된 판단을 소모했다는 데 놀라지 않을 수 없었다"라고 고백한다. 나는 이 한 문장이 솔로몬이 이 책을 쓰게 된 동기,

책의 성격과 지향점을 가장 잘 보여준다고 생각한다. 플라톤에서부터 스피노자, 프로이트, 니체, 그리고 레비나스와 바디우에 이르기까지 사랑에 관한 수많은 철학적 담론들을 설명하고 논박하는 것이 이 책의 목적은 아니다. 사실 이런 난해하고 고상한 담론들은 사랑에 관해 유용한 통찰을 주긴 하지만, 우리가 관계의 현장에서 경험하는 사랑의 실상과는 너무 멀리 떨어져 있다는 느낌을 지울 수가 없다. 더욱이 사랑 자체가 불가능해지고 파탄났다는 진단이 곳곳에서 내려지는 우리 시대에 "사랑의 재발명"을 이야기하고 "사랑의 규칙"을 다시 세우려면 철학의 언어가 사랑이라는 이 복잡다단한 감정의 현실로 내려와야 한다. 이 작업이 이루어지지 못할 때 저자가 서문에서 "궤변론자"와 "조력자"라고 부르는 사람들이 사랑을 이해 불가능한 미스터리로 만들거나, 사랑 따윈 없고 관계의 혹은 섹스의 테크닉만 계발하면 된다는 냉소적 기능주의로 흐른다. 우리가 사랑을 이해하고 사랑을 실천하기 위해서는 사랑의 어려움을 직면해야 한다. 그러나 궤변론자들의 허황된 언사처럼 사랑의 어려움을 과장해서 사랑하는 일을 성인聖人이 되는 것으로 만들어서는 안 된다. 우리는 제한된 이해와 관심을 가지고 있으면서 끊임없이 자기를 확장하려는 개별적 존재로서 일상적으로 수행하는 사랑의 경험, 그 과정에서 만나는 환희와 기쁨뿐 아니라 갈등과 모순과 파괴성을 해명할 수 있는 사랑의 이론을 원한다.

솔로몬은 그런 사랑의 이론을 정립하기 위해 가장 먼저 버려야 할 것이 사랑을 자아가 없는 이타적selfless 경험으로 바라보는 것이라고 주장한다. 그에게 있어서 사랑은 무엇보다 '자아self'의 이론이 되어야 하고, '우리가 어떻게 우리 자신이 되는가'를 말해주는 이론이 되어야 한다. 이런 의미에서 솔로몬의 사랑 개념은 자아 혹은 주체에 대한 관심을 비워둔 채 타자 혹은 타자성에 대한 존중과 헌신으로 사랑을 바라보는 입장(엠마누엘 레비나스)이나 자아를 넘어 보편적이고 무조건적 사랑을 주장하는 입장(에리히 프롬)과 다르며, 자본주의적 변화에 따라 낭만적 사랑이 소비사회에 편입되어버렸다는 사회학적 입장(에바 일루즈)이나 사랑을 성욕으로 환원하는 수많은 심리학적, 정신분석학적 입장(포스트프로이트주의)과도 다르다. 자아의 변형, 특히 사적 영역에서 친밀한 타자와의 공유를 통해 일어나는 자아의 변형과 재구성을 사랑의 핵심으로 바라보는 것이 솔로몬의 독특한 시각이다. 그러나 이타적이지 않다는 것이 이기적이라는 뜻은 아니며, 자아의 주장이 흔히 말하는 나르시시즘에 떨어지는 것이라는 뜻도 아니다. 이기심과 나르시시즘을 넘어서는 자아의 이론, 자아와 타자의 존재론적 의존에 기초하여 자아의 변형과 재구성을 해명하는 이론이 솔로몬이 생각하는 사랑의 이론이다. 이를 위해 솔로몬이 기대는 사상적 원천은 우리에게도 익숙한 이야기, 플라톤의 『향연』에서 희극작가 아리스토파네스가 지어낸 우스꽝스러운 이야기이다. 사실 이 책은 아리스토파네스의 희극적 우화에 대한 철학적 해명이라고 해도 과언이 아니다. 솔로몬은 디오티마라는 가상의 지혜로운 여성의 입으로 대신 말해지고 있는 소크라테스의 사랑담론(보편적이고 이상적인 아름다움과 좋음에 대한 갈망)이 아니라 아리스토파네스의 이야기에서 사랑을 이해할 실마리를 찾을 수 있다고 말한다.

> 내가 이 책에서 사유하고 싶은 이론은 아주 오래된 것으로서 적어도 플라톤과 그의 동시대 친구들에게까지 거슬러 올라간다. 그것은 사랑을 두 영혼의 "융합" 혹은 "결합"으로 보는 형이상학적 관점이다. 이 생각은 기독교와 낭만주의 철학에 상당히 스며들다. 그러나 이 견해를 보여주는 고전적 진술은 플라톤의 위대한 대화록『향연』에 등장하는 극작가 아리스토파네스의 연설에서 찾을 수 있다. 이 대화에서 아리스토파네스는 사랑이란 공유된 자아—정체성, 우리 각자가 자신의 나머지 반쪽을 찾으려는 절절한 필생의 노력이라고 제안한다. 희극작가인 아리스토파네스는 이런 생각을 희극적으로 말한다. 즉 우리 모두는 한때 두 겹으로 된 존재였는데, 너무 오만(고대의 휴부리스hubris)해서 제우스가 우리를 "사과처럼" 둘로 싹둑 잘랐다는 것이다. 그때 이후로 우리는 우리 자신을 다시 완전한 존재로 만들고 싶어한다는 것이 아리스토파네스가 내린 결론이다. 이 이야기의 내용은 터무니없지만, 그 결론은 심오하다. 이 책의 목적이 바로 이 결론을 이해하는 것이다. 이 책은 두 영혼의 결합을 형이상학적으로 이해하는 것이 아니라 축자적으로 이해함으로써 사랑에서 새로운 의미를 끌어내고자 한다. (32-33면)

솔로몬은 잃어버린 반쪽을 되찾아 온전한 전체가 된다는 생각, 원초적 합일이라는 잘못된 관념을 버리고 아리스토파네스의 견해를 새롭게 읽어낸다면 사랑의 본성에 접근할 길을 찾을 수 있다고 주장한다. 그것은 사랑에서 타자를 통한 정체성의 공유 과정이라는 생각을 살려내는 것이다. 낭만적 사랑은 (아가페나 필리아와 구분되는) 에로스적 사랑의 근대적 형태로서 서구적 근대의 발명품이다. 그것은 특정한 한 사람, 나와는 '별개'로 존재하고 '자율성'을 지닌 '평등한' 다른 한 개체적 존재에 대한 유사-육체적pseudo-physical 감정이다. 사랑에서 성욕으로 나타나는 것은 실제로는 성욕 이상을 담고 있다. 문제는 그 이상이 무엇인지 분명치 않다는 것인데, 아리스토파네스는 '존재의 공유'라는 아이디어를 던져주었다. 공유란 한때 내 것이었지만 잃어버린 것을 되찾는 것이 아니라 차이를 지닌 타자와의 관계 속에서 새롭게 구축하는 창조행위이다. 그것은 기존의 자신으로부터의 분리와 이탈, 차이를 지닌 타자와의 교섭을 통해 자아의 변형과 확장과 재구축을 시도하는 행위이다.

사랑은 자신에 대한 관심에 토대를 두고 있으면서 타자에 대한 관심과 염려로 나아간다. 사랑은 타자를 자신을 되비추는 거울이 아니라 자신의 삶의 준거점으로 삼는다. 내가 누구인가는 내가 누구를 사랑하는 것과 떼려야 뗄 수 없다. 사랑은 자아를 재정의하는redefine 작업이다. 사랑은 원래 하나였다가 분리된 반쪽이 신비롭게 맞춰 들어가는 것이 아니라 조정해야 할 차이를 전제한다. 내가 결합하고자 하는 타자는 나의 의지와 욕망으로 환원되지 않는 자유롭고 독립적인 존재이다. 그런 개별성을 지닌 존재에게 자신을 열고 접촉하고 결합하면서 정체성을 공유하려면 갈등과 모순에 직면할 수밖에 없다. 정체성의 공유가 일어나는 사랑의 과정은 자율적 개인주의의 이상과 충돌한다. 사랑의 열정 이면에 소유욕과 적개심이 놓여 있으며, 사랑의 과정은 주도권을 쥐기 위한 권력다툼의 형태를 띠게 된다. 그러나 이 파괴적이고 소모적일 수 있는 과정을 겪어내면서 자아를 재정의하는 작업이 사랑이다. 솔로몬이 요즈음 자주 거론되는 '사건event'이라는 개념보다는 '역동적 과정dynamic process'으로 사랑을 바라보는 이유가 여기에 있고, 첫 만남에 몰입하는 젊은이들의 낭만적 사랑 이야기(로미오와 줄리엣의 이야기)를 넘어 시간을 버텨내면서 자아를 재구축하는 어른의 사랑(단순히 생물학적 나이만이 아닌 성숙한 존재라는 의미에서)을 옹호하는 이유가 여기에 있다. 시간 속에서 깊어지지 못하는 사랑이라면 과연 사랑이라는 이름으로 불릴 자격이 있을까.

이 책은 사랑에 대한 이론을 제공해줄 뿐만이 아니라 역동적 과정으로서 사랑을 겪으면서 우리가 부딪칠 수밖에 없는 수많은 경험들, 환상과 낭만적 끌림과 아름다움에 대한 매혹, 섹스의 공유만이 아니라 한 침대에서 같이 잠을 자는 문제, 친밀성과 염려, 평등과 권력투쟁과 싸움, 우정과 충실성의 문제 등등에 대해 이야기해준다. 사랑의 경험을 구성하는 이 모든 것들은 정체성의 공유 과정으로서 사랑에 나타날 수밖에 없는 필연적 측면들이다. 이런 복잡다단한 사랑의 현상들을 이해하고 성찰하는 것이 철학이 해야 할 일이다. 그럴 때 철학은 삶의 현장으로 내려와 삶을 바꾸는 기예가 되고 혁명적 실천이 된다.

흥미로운 것은 사랑을 이해하기 위한 솔로몬의 철학적 작업에 가장 든든한 동반자가 문학이라는 것이다. 애초에 사랑을 정체성의 공유 작업으로 이해할 아이디어를 준 것도 희극작가 아리스토파네스였을 뿐 아니라, 이 책의 각 섹션 서두에 인용되어 있는 문장들도 대부분 문학 작품에서 가져온 것이다. 에밀리 브론테의 『폭풍의 언덕』과 D. H. 로렌스의 『연애하는 여인들』은 솔로몬이 가장 핵심적으로 기대고 있는 작품이다. 『폭풍의 언덕』에서 여자 주인공 캐시가 했던 말, "내가 바로 히스클리프야. 그는 언제까지나 내 마음속에 있어. 나 자신이 반드시 나의 기쁨이 아닌 것처럼 그도 그저 기쁨으로서가 아니라 나 자신으로서 내 마음속에 있는 거야."라는 고백, 그리고 『연애하는 여인들』에서 남자 주인공 버킨이 했던 말, "왜? 왜 우리는 남자든 여자든 우리를 하나의 전체에서 부서져 내린 파편으로 여겨야 합니까? 이것은 사실이 아닙니다. 오히려 우리는 뒤섞여 있는 것에서 순수하고 맑은 존재로 단독화되는 것입니다. 최상의 의미에서 섹스의 결합은 두 개의 별처럼 단독적인 두 존재가 별 무리를 이루며 초월하는 것입니다."라는 발언은 존재의 뿌리를 '공유'하는 것이되 하나로 '합일'되지 않는 '결합'으로서 사랑의 성격을 압축해주고 있다. 나는 이 책이 사랑에 대해 철학적 해명을 시도하는 책이면서 또한 문학에서 영감을 끌어내는 책으로 읽히기를 원한다. 나는 독자들이 사랑에 어려움을 겪고 사랑 따윈 없다고 포기하고 싶은 유혹에 시달릴 때 이 책으로 돌아와 가장 어려움을 겪는 대목을 조금씩 읽고 다시 사랑의 항해를 계속하기를 기대한다. 비록 그 항해가 매끄러운 순항이 아니라 거친 파도를 헤쳐나가고 때로 익사의 위험을 배제할 수 없는 험난한 여정이라 할지라도.

끝으로 많이 지연되고 여러 차례 수정을 거친 번역 작업에 동행해주고 아름다운 책으로 만들어준 오도스 출판사의 김하늘 편집장에게 사랑의 마음을 전한다.

2023년 2월

이명호